박이문

둥지를 향한 철학과 예술의 여정

박이문

둥지를 향한
철학과 예술의 여정

강학순 지음

미다스북스

■ 본문에 사용된 약호

AP : 박이문, 《예술철학》, 문학과지성사, 1983.

DS : 박이문, 《시와 과학》, 일조각, 1990.

EC : 박이문, 《자비의 윤리학》, 철학과현실사, 2008.

EP : 박이문, 《환경철학》, 미다스북스, 2002.

IK : 박이문, 《이카루스의 날개와 예술 : 박이문 선집 2》, 민음사, 2003.

IW : 박이문, 《나는 왜 그리고 어떻게 철학을 해왔나》, 삼인, 2006.

KE : 박이문, 《예술과 생태》, 미다스북스, 2010.

LP : 박이문, 《문학과 철학》, 민음사, 1995.

LT : 박이문, 《노장 사상 : 철학적 해석》, 문학과지성사, 1980.

MH : 박이문, 《미술관에서 인문학을 만나다》, 미술문화, 2010.

PN : 박이문, 《둥지의 철학》, 생각의나무, 2010.

PT : 박이문, 《철학의 흔적들》, 소나무, 2012.

PU : 박이문, 《통합의 인문학 – 둥지철학을 향하여》, 知와사랑, 2009.

SA : 박이문, 《존재와 표현》, 생각의나무, 2010.

WN : 박이문, 《더불어 사는 인간과 자연》, 미다스북스, 2001.

WR : 박이문, 《종교란 무엇인가?》, 아름나무, 2008.

일러두기

1. 이 책에 사용된 박이문 선생님 관련 사진들과 다양한 이미지 자료들은 대부분 박이문 선생님으로부터 직접 제공받은 것입니다. 또한 표지에 쓰인 폴 고갱의 그림은 보스턴 미술관의 소장 자료인 〈우리는 어디서 왔는가, 우리는 무엇인가, 우리는 어디로 가는가〉로, 박이문 선생님의 지인 분께서 소유하고 있는 이미지를 제공받은 것입니다. 그 외의 인터뷰 사진 등은 출판사에서 직접 촬영한 것입니다.

2. 인터뷰는 본문에서 밝힌 것처럼 2014년 7월 일산 박이문 선생님 자택에서 행해진 저자와 박이문 선생님의 대담을 수록한 것입니다.

저자 서문
거인의 어깨에 올라탄 난쟁이

나와 박이문 선생님의 인연은 1970년대로 거슬러 올라간다. 평소 문학과 철학에 관심이 많았던 나는 박이문 선생님이 쓴 《시와 과학》, 《문학 속의 철학》, 《철학이란 무엇인가》 등의 책들을 읽었다. 이것은 하나의 사건이었다. 그 이후 나는 1980년대 초에 서울의 어느 대학교에서 한 학기 동안 진행된 선생님의 '인식론' 특강을 직접 수강하게 되었다. 선생님의 지성과 인품을 생생하게 대면할 수 있었던 특별한 기회였다. 그때부터 선생님과 서신을 나누었다. 1986년에는 당시 내가 대학원생으로 공부하고 있던 독일 마인츠 대학교에 선생님이 교환교수로 오셨다. 1년 동안 선생님과의 인간적이고 학문적인 만남이 이루어졌다. 다시 몇 년이 흘러 선생님은 1990년대 초에 미국에서 다소 빨리 명예퇴직을 하고 귀국하여 포항공대에 자리를 잡으셨다. 그 후로 나는 선생님의 인생과 학문에 대해 많은 것을 가까이에서 배울 수 있는 기회를 갖게 되었다.

1996년에 나는 선생님의 대표적 저서인 《문학과 철학》에 대한 서평, 〈한 편의 시를 위한 철학적 프롤레고메나〉(《외국문학》)를 기고한 바 있다. 2013년에는 박이문의 철학에 관련된 두 편의 학술논문, 즉 〈문학과 철학의 양상적 차이 – '박이문의 텍스트 양상론'을 중심으로〉(《철학연구》), 〈'둥지의 철학'의 근본개념과 사상에 대한 고찰-'존재-의미 매트릭스'를 중심으로〉(《존재론 연구》)를 발표한 바 있다. 2014년에는 푸른역사 아카데미가 주관한 정수복 선생님의 《박이문, 삶을 긍정하는 허무주의》의 서평회에 토론자로 참여한 바 있다.

널리 알려진 대로, 고전을 높이 평가한 중세 프랑스의 철학자 베르나르(Bernard de Chartres)는 이렇게 말했다.

> 우리는 거인들의 어깨에 올라탄 난쟁이다. 이로써 우리는 그들보다 더 멀리 잘 볼 수 있지만 이는 우리의 시각이 예민하다거나 우리 키가 더 크기 때문이 아니라, 그들이 우리를 공중에 들어 올려 그들의 거대한 키만큼 높여줬기 때문이다.

그는 고전학자 또는 문법학자로서 고전을 높이 평가했고, 우리가 옛 사람보다 더 멀리 볼 수 있는 것은 고전 위에 서 있기 때문이라고 가르쳤다.

박이문 선생님의 저서들은 한국 인문학계의 현대적 고전으로 평가되기에 충분하다. 이런 점에서 그의 지혜사랑 이야기는 노인들의 지혜가 뒷방으로 내몰리는 권력역전 현상이 일어나는 인터넷 세상에서 젊은 세대라면 반드시 경청해야 할 것으로 생각한다.

무엇보다 박이문 선생님의 철학과 예술은 지난 시대의 사상적 격랑이 쓸고 간 황량한 퇴적지를 다시 경작하기 위하여 우리가 간직해둬야 할 사유의 씨앗이라 할 수 있다. 물론 그의 철학과 예술사유의 한계와 그에 대한 반론은 여러 곳에서 확인될 수 있다. 이 저서에는 사유와 경험의 한계 때문에 피할 수 없는 편견과 오독 가능성이 있음을 인정하지 않을 수 없다. 그러나 이것이 이후의 '박이문 철학과 예술' 연구에 이정표가 될 수 있기를 바란다.

근자에 미다스북스에서는 '박이문 전집'을 야심적으로 기획하고 있다. 이 책이 의미있는 전집출간을 위한 예비 작업이 될 수 있기를 바란다. 이 작품이 나오기까지 온갖 노고를 아끼지 않은 류종렬 사장님과 무더위에 편집과 교정을 위해 정성을 다해 애써주신 출판사 직원들에게 고마운 마음을 전하는 바이다. 늘 곁에서 한결같이 맑고 따뜻한 마음으로 지지해주고 후원해주는 아내와 사랑스럽고 믿음직한 한길·은샘에게 고마운 마음을 전한다.

아무쪼록 후학들이 앞으로 한국 인문학계의 사표이신 박이문 선생님의 어깨에 올라설 수 있는 기회가 더 많아질 수 있기를 기대한다.

2014년 7월 '검푸른 계절의 품'에 안긴 우거에서
강학순

차례

프롤로그
'지혜사랑'의 이름으로

'하나의 별'을 향하다

푸르고 눈먼 사랑 이야기! 그것은 밤하늘을 찬란히 비추다 스러지는 별들의 명멸처럼, 또는 광활한 들판에서 비온 후의 잡초처럼 무성하게 돋아나고 이울기를 반복한다. 일체의 추하고 속된 사랑으로부터 그지없이 아름답고 숭고한 사랑에 이르기까지, 그 사랑 이야기는 동서고금을 불문하고 저 허황된 반복을 거듭한다. 하여 식상하고 진부하기 그지없다. 롤랑 바르트(R. Barthes)가 지적했듯이, 정녕 '사랑에 관한 담론은 동어반복의 세계' 외에 다른 것이 아니지 않는가! 그렇다. 인류라는 종족의 현실과 상상의 세계에서 한시도 떠나지 않고 행성처럼 돌고 도는 사랑 이야기의 존재 방식! 그것의 무한한 반복성과 영원한 순환성의 궤도 주위에 서성이는 우리는 대체로 어리석고 무력하다. 그 역사의 부침을 횡단하여 무한히 복제되고 변주되는 값싼-사랑, 유사-사랑, 그리고 사이비-사랑, 사이버-사랑까지.

도무지 사랑 이야기의 맹목적인 상상력과 야생적 생장력을 제어하거나 차단할 방법이 없다. 그러니 어찌하랴! 사랑 이야기를 삭감하거나 부정하기라도 하면 인생도, 학문도, 예술도, 종교마저도 그 존재 의미와 빛과 생명력이 환상처럼 사라지거나 증발해버린다. '사랑이란 이름이 더러워져서 이제 더 이상 사랑이란 말을 사용하지 않겠다'는 사람마저도 역시 사랑 타령에서 자유롭지 못함을 여전히 고백하고 있는 셈이다. 더욱이 "그들은 서로 사랑했음에도 불구하고, 상대방에게 하나의 지옥을 만들었다"라는 문장으로 시작되는 쿤데라(M. Kundera)의 《참을 수 없는 존재의 가벼움》의 서언처럼 모든 사랑이 반드시 수반하는 고통과 비극을 우리는 익히 알고 있고 빤히 들여다보고 있다. 그럼에도 우리는 '사랑의 이름으로' 살 수밖에 없는 운명을 짊어지고 있음을 부정할 수 없다. 사랑의 불빛이 꺼져 어둠이 내려앉은 가슴과 사랑의 길이 끊어져 오갈 데 없는 텅 빈 마음! 오직 사랑을 통해서만 그 치유와 회복의 탄력성을 다시 찾을 수 있지 아니한가! 그리스시대 이후부터 사랑은 신을 위협할 정도로 강한 자신의 원형적 힘을 회복하기 위한 선천적인 욕망이자, 동시에 상처를 아물게 하는 치유력이라고 하지 않았던가! 그리하여 현대 현상학의 거장 후설(E. Husserl)마저도 사랑하는 사람들은 단지 '서로의 곁'에서 살기보다, '서로의 안에' 살기를 원한다고.[1]

이러한 사랑 이야기와 사랑 타령에서 자유로운 인물을 상상하기 어렵다. 당대 최고의 창조적인 예술철학자로 우뚝 선 박이문도 예외가 아니다. 그의 애절한 사랑 이야기와 사랑 노래는 진실을 향한 '지혜사랑'을 위해 헌정된다. 그의 수업시대와 학문적 이력은 그야말로 화려하고 눈부시다. 그러나 그의 젊은 날의 '삶의 자리'는 한국 현대사의 거친 격랑과 파고 속으로 내던져진 거친 심연이었다. 저토록 거친 역사적·사회적 상황으로 인해 채색된 그의 내면 풍

---

1) E. Husserl, *Husseliana XIV, Zur Phänomenologie der Intersubjektivität. Text aus dem Nachlaß.* hrsg. von Iso Kern. Den Haag 1973, 174쪽. "사랑하는 사람들은 곁에 (nebeneinander), 그리고 함께(miteinander) 살고 있는 것이 아니라, 서로의 안에 (ineinander), 실제로, 가능적으로 살고 있다."

경은 한없이 허허롭고 굴곡지거나 비탈져 있다. 그는 자신이 처했던 모든 '말이 되지 않는' 인생의 텍스트 암호를 해독(解讀)해 줄 수 있는 지혜를 찾고자 온몸을 던졌다. 그러하기에 그의 인생 여정은 가열차게 '지혜사랑'의 이름으로 무상(無常)한 인생 전부를 모험한다. 마치 생사의 기로에 서게 하는 밤바다에 몰아치는 무심하고 불인(不仁)한 폭풍에 맞서서 분투하는 무명의 선원처럼.

그리하여 그는 명실공히 당대의 '인문학적 지성의 거장', 또는 '현대 한국 지성의 아이콘'으로 우리 곁에 당당히 설 수 있었다. 그야말로 '박이문'은 현대 한국 인문학계에 하나의 사건이고, 신화이며, 스캔들이다. 현대 한국 철학사에 중요한 철학자로 우뚝 서 있거니와 철학의 대중화에 앞장선 철학자로서 선구자 역할을 해왔다. 어쨌거나 그는 마음의 깊고 깊은 저 밑바닥에서 시나브로 끓어오르는 그런 사랑 때문에 고뇌하고 분투하며 살았다. 그리고 현실로부터 비상과 탈주를 거듭해왔고, 온갖 경계 밖으로 끊임없이 자신을 자발적으로 추방하면서 가혹할 정도로 내면적으로 뜨겁고 거친 삶을 살아왔다.

박이문은 자신의 사랑(philos)의 대상인 지혜(sophia)를 찾아 철학하면서 (phio-sophia) '철학 나그네', 혹은 '예술 나그네'로서 남다른 인생 여정의 흔적과 그림자를 남겼다. 그에 의하면 지혜 및 진리는 가혹하고 아플 수 있다고 한다. 지혜는 참이라는 사실만으로도 고귀하다. 왜냐하면 지혜의 빛은 아름답기 그지없으며, 참과 지혜 그리고 아름다움은 동근원적이며 공속하기 때문이다. 일찍이 플라톤(Platon)에게 지혜는 가장 아름다운 것에 속한 것이고, 아름다운 것을 추구하는 원동력은 에로스이다. 그런 지혜를 위해 몸 바치며 철저히 살아온 인생은 더욱 아름답다. 아름다운 '지혜'를 '사랑의 이름으로' 연모하여 찾아나선,[2] 한 편의 대서사시 같은 한 인간의 구도적 삶은 노(老)철학

---

2) 박이문, 《나의 출가 - 영원한 물음》, 민음사, 2000, 35쪽. "한편으로는 모든 것을 투명하게 설명하고, 다른 한편으로는 모든 것을 아름다운 것으로 만듦으로써 삶의 후끈한 의미를 발견하고 젊음의 환희를 체험해보고 싶었다."

자에게 여전히 현재 진행형이다. 말하자면 그의 '지혜사랑'은 언제나 명사가 아니라 동사이다. 그에게 '지혜사랑'으로서의 "철학은 죽어야 할 종족에게 신들의 선물로 주어진 것으로서, 앞으로 주어질 것 중에서 이보다 큰 보물은 없다"고 말한 플라톤을 상기시킨다.

인생은 죽을 만큼 절박한 '삶의 가치' 앞에서만 오로지 다르게 리셋(reset)할 수 있다던가! 그의 삶은 세 번의 리셋이 있었다. 첫째, 한국의 프랑스 문학 교수에서 파리 유학생으로의 변신, 둘째, 문학박사학위를 취득하고 다시 미국으로 건너가 철학박사학위를 취득 후 철학교수로 변신, 셋째, 미국에서 조금 서둘러 철학교수직에서 은퇴하고 귀국하여 저술가로 변신한 것이 그것이다. 각각 배움의 가치, 지적 가치, 예술적 가치 앞에서 그의 드라마틱한 삶이 그 변곡점과 전환점을 맞이한 것이다. 또한 그는 세 가지 핵심 가치로 내세운 철학자로서의 지적 투명성, 시인으로서 감성적 열정, 인간으로서 도덕적 진실성을 추구하려 했다.

오십이 넘을 때까지 결혼도 하지 않고 30년 동안 객지로 동가숙서가식 유리(流離)하면서 오로지 철학적 문제에만 관심을 쏟아왔다. 그것은 '목숨을 걸고 싸울 수 있는 가치 있는 것'을 더듬어왔기 때문이라고 해도 과언이 아니다. 따라서 그의 철학과 예술은 생생하고 가감 없는 자신의 실존의 흔적이고, 실존의 표현이며, 실존의 작품이다. 말하자면 자신이 서 있던 삶의 발판인 가족, 직장, 고국을 떠나 사회적 제도, 관습에서 자유로워지면서 '지혜에 대한 완전한 사랑', 단 그 하나만을 선택한 것이다.

'철학과 예술'의 둥지를 향한 지적 오디세이

박이문은 제도권 철학과 학문적 풍토, 강단 철학, 그리고 직업적 철학교수들과 그들의 모임에 거리를 두었다. 그리고 어떤 특정한 철학에도 닻을 내리지 않았다. 기존의 것들과 스스로 불화관계를 유지해오면서 자신만의 철학적 세계를 찾아왔다는 점에서, '문 밖에 서 있는 철학자', '다른 문을 여는 철학자', 혹은 '예술적 아방가르드 철학자'로 부를 수 있다. 그가 그런 칭호에 걸맞게 얼마나 철저했는지는 다른 문제일 수 있지만, 그는 상당 기간 제도권 철학교수로서 활동해왔다. 단지 직업으로서의 철학은 하지 않았다. 그는 그 일에 만족할 수 없었고 아이덴티티를 찾을 수 없었다. 그는 교수라는 자리가 몸에 맞지 않음을 알았고, 거기에 안주할 수 없었다고 고백한다. 이리하여 기존의 일체의 철학들과도 거리를 두면서 타인들이 가지 않은 다른 가능성을 찾아서 혼자만의 고유한 '지혜사랑'의 길로 나섰다. 그리고 언제나 어디에도 얽매이지 않는 예술혼을 지닌 작가로서 살아야 한다는 내면적 요청에서 한 번도 자유롭지 못했다.

일찍이 사랑의 그리스적 기원인 에로스(Eros)는 플라톤에게 풍요(Poros)와 궁핍(Penia)의 표상이 아니던가! 아리스토텔레스(Aristoteles)에 의하면, 모든 존재는 그것이 향하는 바 되고자 하는 것을 결여(privatio)하고 있기에, 바로 그것을 현실화할 수 있는 가능성을 지니고 있다. 현대의 사르트르(J. P. Sartre)에게서도 실존은 언제나 비어 있는 '결핍의 존재'이다. 죽음이 삶을 앗아가기 전까지 가사자인 인간 종족에게는 결코 충족될 수 없는 사랑이 품고 있는 본래적 가난과 결핍으로 인해, 노구(老軀)의 철학자인 박이문은 지금도 여전히 미네르바의 '부엉이의 눈', 즉 지성의 형형(炯炯)한 눈빛으로 어둠과 새벽 미명에만 볼 수 있는 지혜를 뜬 눈으로 기다리고 있다.

어쩌면 그는 '불가능성의 가능성'을 꿈꾸고 있다. 결코 오지 않을 자신의 '고도(Godot)'를 혼자서 기다려야 하는 맹목적 권태에 아파하면서도, 때로는 그것을 향유하고 있는 듯이 보인다. 마치 달빛 비치는 스산한 가을밤에 텅 빈 창고에서 혼자 울고 있는 귀뚜라미의 외로움을 품고서…… 그래도 지상에서의 불가능한 사랑을 완성하기 위해 번번이 좌절되는 비상을 멈추지 않으면서 '이카로스(Icaros)의 날개'를 곧추 세운다. 하지만 그는 그때마다 나락으로 추락할 것임을 스스로 잘 알고 있다.

그는 사랑의 배반을 경험하지만 이에 굴하지 않고서 다시금 온 힘을 다해 산 정상으로 바위를 밀어 올리는, 자칭 '비극적이지만 행복한 시지포스(Sisyphos)' 내지는 여일하게 도상에 머무는 유쾌한 '디오니소스(Dionysos)'이다. 그는 언제나 디오니소스적인 광기인 아름다운 가상을 통한 자기 구원, 이를테면 가상에 대한 열망과 가상에 의한 구원의 갈망으로 충만하다. 여기에서 또한 그의 남다른 '아름다움'에 대한 사랑이 나타난다. 그는 무엇보다 자신이 창작한 철학적·문학적 작품들을 통해 스스로 사색하여 깨달은 지혜의 아름다움을 소묘하고자 한다. 더욱이 예술작품을 통해 다다를 수 없는 인간의 근원적 욕망과 진정한 삶과 세계의 지혜, 나아가 자연합일의 가능성까지 구현할 수 있는 가능성을 모색한다.

박이문은 지혜의 아름다움과 아름다운 지혜를 추구하는 '철학적 예술'과 '예술적 철학'을 지향한다.[3] 헤겔(G. W. F. Hegel)도 '정신적 이념의 감각적 현현'을 아름다움으로 보지 않았던가! 박이문은 지혜롭고 아름다운 사람이 되고, 내면의 지혜와 아름다움을 통해 이상적인 세상을 디자인하고 기획하려는 꿈을 꾼다. 여기에서 지혜란 명석하고 분명한 철학적 개념으로 한정되는 것이 아니다. 그것은 오히려 저만치에서 소진되지 않고 찬란하게 홀로 빛나는 것, 신비스러운 거리감으로 감히 접근할 수 없는 예술적 차원까지도 포함한다.

---

3) 박이문, 《문학과 언어의 꿈》, 민음사, 2003, 153쪽. "시와 철학이 만나는 곳에 존재, 마음, 언어와 더불어 사는 아름다운 둥지가 지어진다. 그와 같이 해서 지어진 시와 같은 철학인 동시에 철학과 같은 시로서의 존재, 마음, 언어의 둥지 안에서 우리는 처음으로 진정한 의미의 휴식을 얻고 행복을 체험할 수 있게 될 것이다. 궁극적으로는 아직 아무것도 말이 되지 않는다. 시와 철학의 등거리 지점에서 나는 말이 되지 않는 모든 것을 말이 되게 만들어 보려는 것이다."

특히 '예술은 우리로 하여금 진실을 알 수 있게 해주는 기만'이라는 피카소(P. Picasso)의 역설적 표현처럼 어쩌면 여기에서 박이문의 내면세계를 두드러지게 하는 두 가지 특성, 즉 '사유하는 인간(homo sapiens)'과 '심미적 인간(homo aestheticus)'의 면모가 드러난다고 할 수 있다. 동시에 그는 지적 정직성을 지니고 인간 조건이 지닌 비극성을 '벌거숭이 임금님 앞에 선 순진무구한 아이'처럼 폭로한다. 그는 인간 자신이 스스로 비극적 존재임과 인간 조건의 비극성을 인정한다.

그러면 그가 평생을 바쳐 갈구하는 '지혜'와 '아름다움'은 최종적으로 어떤 얼굴을 하고 있는가? 그것은 그 속에서 살 수 있고, 쉼과 행복을 느낄 수 있는 바로 '마음의 둥지' 외에 다른 것이 아니다. 그리하여 그는 자신의 철학적 사색, 즉 '예술적 철학'을 집대성한 《둥지의 철학》(2010)을 세상에 내놓는다. 그 '둥지'를 찾아 헤매고 그곳으로 귀향하기 위한 철학함과 사유함의 길은 그가 발견한, 이를테면 '존재-의미 매트릭스(the onto-semantic matrix)'라는 존재와 인식의 매트릭스(자궁)에서 비롯된다. 그 장소(topos)는 박이문의 철학에서 핵심을 이루는 '철학소(philosopheme)'이다.

그는 실존철학, 현상학이 꽃피었던 프랑스에서 수학하여 '존재의 차원'을 탐구한다. 다시 분석철학이 만개했던 미국에서 수학하면서 '의미의 차원'을 천착한다. 이윽고 양자를 포괄하면서도 넘어서는 예술적 차원, 즉 구조주의와 맥을 같이하는 심미적 '존재-의미 매트릭스'를 발견했다. 그는 그 둥지를 찾기 위해 싯다르타처럼 고행이 기다리는 '사유의 가시밭 길'[4]을 걷는다. 더욱이 '파우스트(Faust)의 열정'[5]을 지니고서 이국의 하늘 아래에서 때로는 가냘픈 작은 가슴을 헐떡이는 산새처럼, 때로는 황야의 이리처럼 외롭게 울부짖

---

4) 계간지 《철학과 현실》(철학문화연구소)에 〈사유의 가시밭〉이라는 표제를 걸고 2000년 봄호부터 2004년 가을호까지 5년 동안 연 20개의 철학적 에세이를 게재했다. 그 중 18편을 엮어 만든 책은 다음과 같다. 박이문, 《당신에게 철학이 있습니까?》, 미다스북스, 2006, 211쪽.

으며 방랑했다. 한마디로 '무소의 뿔'처럼 홀로 그 길을 걸었다. 그리고 지적 영웅의 면모를 지니고 귀향을 위한 험난한 '지적 오디세이'를 감행했다.

'둥지철학'을 향한 르네상스적 지성의 추구

박이문은 실로 철학적 사유처럼 투명하고, 예술 작품처럼 아름답고, 종교적 삶처럼 열정적으로 살고 싶어 한다. 말하자면 그는 다빈치(L. da Vinci)처럼 통합적인 르네상스적 지성을 추구한다. 왜냐하면 삼라만상을 하나의 전체로 파악하려 하기 때문이다. 한 가지 확실한 것은 인생의 난제들(aphoria)로부터 일어나는 모든 물음들에 대해 마음 편히 당당하게 대답할 수 있는 삶, 즉 '마음의 둥지'를 트는 작업이었다. 그동안 그가 무의식의 심층적 차원에서 추구했던 것은 '태어나고 살아 있음의 불편함'으로부터 해방되는 것이다. 이를테면, "왜 태어났는가?"라는 우연성 앞에서의 당혹감! "왜 살아야 하는가?"의 궁극적 의미 앞에서의 무지함! "왜 죽어야 하는가?" 하는 유한성에 직면한 아이러니! 그는 그것들에 괴로워했던 것이다. 그래서 정신적, 육체적으로 언제나 자신에 대해 편안하고, 모든 존재와의 자연스런 관계로서만 가능한 마음의 편안한 거처, 즉 '둥지'를 지으려 한 것이다. 그러나 과연 그가 찾았다는 그 둥지는 안전하고 행복한 곳인가? 모를 일이다.

현재 자본주의가 빚어내는 '감각의 제국'의 세상에서 사랑은 한낱 찰나적 환락의 욕망이란 이름으로 창궐하고 있다. 이제 그것이 산업과 상업의 전유

---

5) 박이문, 〈학문의 경계와 무경계의 인문학〉, 탈경계의 인문학, 제3권 2호, 2010, 19쪽. "인간은 모든 것에 관한 물음에 대해 총체적이고 통합적인 대답을 찾고자 했던 파우스트이다."; 괴테, 《파우스트》, 정서웅 옮김, 민음사, 1999, 1,900쪽. "저는 훌륭한 학자가 되고 싶습니다. 지상의 일과 천상의 일을 모조리 배우고 배워서 학문과 대자연에 통달코자 합니다."

물이 된 것은 더 이상 놀라운 일이 아니다. 이렇게 사랑이 메마르고 왜곡된, 이제 사랑의 장송곡이 울려 퍼지고, 사랑의 단절과 부재의 검은 깃발이 상장(喪章)처럼 나부끼는 잿빛 거리! 그곳에서는 오히려 순백의 사랑마저도 현란한 미디어 콘텐츠 시장의 테이블에서 흥정의 대상이 되거나 저속한 오락거리로 희화화되기에 이르렀다. 그리하여 사랑이 실종된 '암흑의 세상', '허망한 시대', '끝없는 겨울'이 우리 곁에 성큼 다가와 있다. 소위 진실된 사랑의 '세계'가 실종된 '의미 없는 사랑', 말하자면 상대방에게 '통역이 되지 않는(lost in translation) 사랑'이 난무할 뿐이다.

이러한 세상에서 박이문은 그야말로 인문학적 지혜에 대한 참되고 순수한 사랑이 궁핍한 시대에 한 철학자의 목숨을 건 치열한 구도(求道)의 길, 이른바 이 세상을 근원적으로 어떻게 보아야 하는지에 대한 지혜의 깨달음에 이르고자 하는 예술적 '지혜사랑의 행로'를 걷고 있다. 그 사연과 곡절이 우리에게 어떤 울림과 공감 내지 유감으로 마음에 여울져 올지는 독자의 몫이다. 그 사랑의 행로가 때로는 직선이기도 하고, 때로는 곡선이기도 하고, 나아가 포물선으로 회귀하기도 한다. 혹은, 그것은 끊어진 길에서의 방랑과 '길 아닌 길' 위에서 반복과 헤맴, 그리고 깊은 회한과 되돌아옴의 흔적을 보이기도 한다. 저자는 단지 그 '지혜사랑'의 행로를 따라 가면서 친절한/불친절한 길안내자의 역할을 하고자 한다.

'예술적 철학'을 향한 열정과 로망

이 책은 한국의 대표적인 원로 철학자인 박이문의 예술적 '지혜사랑 이야기' 내지 '예술적 철학을 향한 로망'을 다루고 있다. 이는 그의 삶을 배경으로 하고, 철학과 사상을 전경으로 한 파스텔화이기도 하다. 그는 지적으로 암울한 시대 속에서 서양 학문의 본고장으로 건너가서 몸소 체득한 철학과 사상의 씨앗을 들여왔다. 그것을 한국 현대 지성사의 황량한 대지 위에 이랑을 내고 파종하여 꽃을 피우게 한 장본인이다. '지혜사랑'을 위해 남들과는 다른 길을 걷고, 다른 선택을 하고, 다른 삶을 살아온 작가 박이문은 다른 사유의 길을 찾는 후학들에게 하나의 이정표로 다가온다. 이는 동시대 최고봉의 전위예술가 백남준처럼 '혼자만 하는 경기에서도 행복할 수 있는 가능성'을 보여주고 있는 듯하다. 이런 점에서 그의 철학과 사상은 지혜의 어둠과 미망 속에서 새로운 가능성을 향해 다르게 도전하고자 하는 영혼의 불꽃을 지닌 자에게 샛별처럼 깜박거리는 하나의 등대가 될 수 있을 것이다.

우선 박이문의 텍스트들이 어렵게 내준 길을 통해 그의 지성과 감성이 축조한 '예술적 철학의 도서관'을 둘러보고자 한다. 한 발 더 나아가 철학적 언표들과 개념들을 통해 그의 이성이 세운 '기호의 공화국', 그가 안착하려는 심미적 지성으로 건축한 아름다운 상상이 깃든 '둥지의 집'을 방문할 것이다. 이 어설프고 추레한 방문기록을 통해 독자들이 '박이문의 철학과 예술'의 영토를 찾아갈 수 있는 길 안내서를 손에 넣을 수 있기를 감히 희망해본다. 적어도 박이문의 방대한 텍스트들을 보다 잘 이해할 수 있는 데 도움을 주는 작은 삽화 내지 디딤돌 역할을 다할 수 있기를 기대한다. 아울러 박이문의 철학과 예술의 풍경을 담은 이 책 속에서 그의 철학하는 속마음의 무늬와 결, 그리고 내밀한 철학적 자아의 숨은 그림자를 만날 수 있는 '예기치 않은 기쁨'이 있기를 바란다.

이 낯선 이야기 속에서 긍정적인 면에서나 혹은 비판적인 면에서 '박이문의 철학과 예술'이 올바르고 참되게 노정되기를 바란다. 더 나아가 이 책이 학계에서 논객과 비평가들의 담론거리가 되어,[6] '박이문의 철학과 예술'이 재조명되고 해석되는 전기(轉機)가 마련되길 기대한다. 무엇보다 이 책은 20세기 한국이 배출한 대표적인 '한국인 철학자'인 박이문의 삶과 작품들에 대한 오마주(hommage)인 동시에, 남다른 예술적 '지혜사랑'의 여정을 사태에 맞게 소묘하고자 한다. 그리고 이는 '지혜사랑'에서 '지혜실천'으로 나아갈 수 있는 길을 모색해보면서, 소위 박이문의 '행복한 허무주의'를 넘어서는 가능성을 찾아보려는 애정 어린 비판의 표징이 되기를 바란다. 여기에는 그의 텍스트에 대한 '숭배의 해석학'과 '의심의 해석학'의 긴장이 공존한다. 이런 시도가 한 사상가와 작품에 대한 균형 잡힌 이해에 기여하기를 희망한다. 마지막으로 우리 시대의 '사유의 거장'에 대한 창조적 비판이 활성화될 수 있는 기회를 마련하는 데 작은 힘이나마 도움이 되기를 원한다.

여기에서는 '지혜사랑'의 이름으로 펼쳐진 박이문의 철학과 사상을 '둥지철학'을 중심으로 살펴보고자 한다. 한편 이 책에서는 주제 관련 텍스트들을 중심으로 텍스트의 내재적인 분석과 해석에 초점을 맞추고자 한다. 그리고 '둥지철학'에 대한 현상학적·해석학적·비판철학적 작업도 수행할 것이다. 즉 그것의 기원, 방법, 토대, 완성 과정, 확장 과정 및 독창성과 과제를 사태에 맞게 독해하면서 그 본령과 한계 및 과제를 드러내고자 한다. 이러한 논의 과정은 '지혜사랑의 여정'을 배경으로 해서 출발할 것이다. 그 사랑의 여정을 완성하며 마지막으로 부르는 '백조의 노래'를 기대하면서 박이문의 예술적 '지혜사랑 이야기'를 여물고자 한다.

---

6) 조광제, 〈삼라만상을 하나의 전체로 파악코자 했던 한국의 지성〉(서평, 정수복, 《삶을 긍정하는 허무주의》, 알마, 2013). 프레시안, 2014. 3. 27(인터넷 판), 2~3쪽. "여러 문학과 예술 장르의 비평가들, 사회·정치 현상에 대한 비평가들이야말로 보편적이고 추상적인 철학의 개념과 이론을 현장의 실제와 연결해서, 이른바 추상과 구체를 오르내리는 사유의 힘을 발휘해야 한다. 자신의 철학이 이러한 비평가들에게 가능한 한 보편적으로 영향을 미칠 수 있어야 하는 것이다. 그럴 때라야 '자기 철학 만들기'가 독백에 그치지 않고 그야말로 대타적인 위력을 지녔다고 평가될 수 있다. [……] 이러한 지탄의 염을 기회로 이 짧은 서평을 통해 마지막으로 자성코저 하는 것은 우리의 철학자들, 우리의 사상가들의 이야기를 최대한 경청하고, 평가하고, 비판하고, 그럼으로써 우리의 사회역사적인 상황을 반영해낸 비판적 담론들이 넘쳐나도록 해야 하지 않겠는가 하는 것이다."

제1부 ◆ 지혜사랑의 여명 - 둥지철학의 기원

박이문의 '지혜사랑'은 언제, 어디서, 어떻게 시작되는가? 그것의 여명 속에서 그의 장구한 철학적 여정이 잉태된다. 이름 하여, 회색 광장과 형이상학적 물음, 문학적 상상력과 철학적 지성, 운명에 맞서는 비극적인 자유! 이것들이 바로 그의 철학과 사상의 시원적 원천이다.

1. 회색 광장과 형이상학적 물음

난 스무 살이었고 앓고 있었다.
삶은 차라리 저주였다.
- 박이문

얼음과 사막을 가로지르는 방랑

박이문의 작품들을 읽거나, 그를 직접 대면하여 이야기를 나누다 보면, 언제나 '가슴이 뜨거운 한 청년'을 만나고 있다는 착각이 든다. 왜냐하면 그는 아직도 청년이 가질 법한 인생과 학문에 대한 궁극적인 질문들로 괴로워하고 있고, 여전히 사상적으로 방황하고, 이상적인 꿈을 향한 열정으로 가득 찬 모습을 간직하고 있기 때문이다. 그는 정작 노인이길 거부하는 소위 '시니어 노마드(senior nomad)'이다. 무엇보다 1930년생인 그는 일제강점기에 소년기를 보냈고, 청년기에는 해방 후의 혹독한 사회적 혼란을 겪었고, 6·25 전쟁을 겪은 '잃어버린 세대(lost generation)'인 동시에 '분노한 세대(angry generation)'에 속한다.

우리는 배고팠고
우리는 화가 났고
우리는 아팠고

죽어가고 있었다
망가진 대지, 망가진 영혼
우리는 그저 쥐떼였다

난 스무 살이었고 앓고 있었다
삶은 차라리 저주였다
기관총 아래 대포 아래
폭격기의 발포 아래
난 그저 작열하는 뙤약볕 아래
옥수수 밭을 달리고 있었다
왜 그러고 싶은지도 모르면서 살아남기 위해
마치 개처럼[7]

박이문은 일제강점기에 태어나서 해방을 맞이하기까지 일제의 식민지 교육을 받았다. 해방 후 좌·우익의 이데올로기의 대립 속에서 사춘기를 맞아 중·고등학교를 다녔다. 특히 6·25 전쟁의 참화를 20대 초반에 온몸으로 겪었다. 전후에 대학과 대학원을 다니면서 한국의 암울한 정치·사회의 격동기를 지나왔다. 때문에 그는 젊음을 상실하고 도둑맞은 쓰라린 경험을 지니게 되었다. 그리하여 '잃어버린 젊음'에 대한 절절한 그리움과 분노가 있었다. 그리고 그에 대한 갈망과 회한이 그의 가난한 영혼을 적시고, 가녀린 가슴에 상흔으로 켜켜이 쌓여 있다. 그런 그의 회색빛 청춘고백은 다음과 같다. 우리 세대의 청춘은 지독한 가난, 정치적인 억압, 사회적 혼돈 속에서 허우적거리며 살과 뼈를 깎는 고통을 경험하며 살아야 했다고.[8]

---

7) 박이문, 〈전쟁의 기억들〉, 《부서진 말들》, 민음사, 2010, 106~107쪽.
8) 박이문, 《행복한 허무주의자의 열정》, 미다스북스, 2005, 302쪽.

그는 자신을 생사의 백척간두에 서게 했던 절절한 역사적 삶의 '회색 광장'에서 인간세계의 갈등, 전쟁, 죽음, 부조리, 불의를 온몸으로 통렬하게 경험했다. 따라서 그는 역사적·사회적 환경의 차원과 개인적인 차원에서 남다른 트라우마를 지닐 수밖에 없었던 것이다. 안타깝게도 청년시절부터 신체적으로 허약해서 위궤양, 편두통을 수십 년 동안 앓아 왔고, 일찍부터 시력이 좋지 않아 큰 돋보기 없이는 글을 읽을 수 없었다. 그는 전쟁을 전후하여 극심한 가난의 경험과 아울러 피난을 다니면서 사선(死線)을 넘기도 하는 등 죽음의 공포를 수없이 경험했다. 또한 심리적으로 원인을 알 수 없는 우울증 증세로 고통의 세월을 감내하기도 했는데, 신체적 질병, 가난, 고독, 전쟁, 죽음의 터널을 지나오면서 그의 응어리진 마음의 상처와 전쟁의 상흔은 충분히 짐작하고도 남을 것 같다. 지독한 편두통, 만성 위장병, 실명 위기의 눈병, 돌아갈 집이 없는 영원한 방랑자 기질에 급기야 정신질환까지 가졌던 니체(F. Nietzsche)! 특히 자신의 존재가 끔찍한 짐이었으나, 자신의 사상과 견해만이 유일한 위로였던 니체와 청년 박이문은 무척이나 닮아 있었다. 결국 그 역시 니체처럼 얼음과 사막을 가로지르는 방랑을[9] 시작했다.

이데아를 향한 에로스의 광기

누구보다도 진솔하고 치열하게 살아왔음에도 불구하고, 여전히 "한 번도 제대로 살아보지 못했다"라는 공허감에서 벗어날 수 없다고 고백하는 형이상학적인 우울증은 평생 박이문을 괴롭히고 있다. 물론 이것이 천재들에게서 흔히 발견되는 창작의 동인이 되는 멜랑콜리(melancholy)의 정서에[10] 속하

---

9) F. Nietzsche, KGW Ⅷ 3 16[42], 288쪽.

긴 하지만 말이다. 무엇보다도 그가 겪은 젊은 날의 가혹한 운명 앞에서 "이게 다 무슨 의미가 있는가?", "이게 다 무어란 말인가?"라는 형이상학적 질문은 당연한 것으로 여겨진다. 그는 입버릇처럼 토로하는 자신이 입은 '형이상학적 상처'를 가슴 깊이 부둥켜안고 아파하면서, 광기에 어린 철학하기를 통한 치유 방법을 계속해서 모색한다. '광기'라는 말에는 몰입, 비전, 끈기, 집요함, 디테일과 같이 많은 가치들이 담겨 있지 않은가! 여기에서 그의 '공부하는 인간(homo academicus)'과 '광기의 인간(homo demens)'의 모습이 드러난다. 특히 플라톤에게 광기는 이데아를 향한 에로스와 연결되어 있다. 지상의 모사적인 것을 넘어서서 그 원형인 이데아로 우리 영혼을 이끌어가는 원동력, 즉 철학적 정신이다.

그러나 이런 종류의 광기에 대해 플라톤은 그것이 그 어떤 신중한 분별심보다도 더 훌륭한 것이라고 말한다. 왜냐하면 분별력은 인간에게서 나오는 것이지만 이데아를 사랑하는 에로스의 광기는 신들의 일이기 때문이다. 그렇다. 플라톤은 마지막에 에로스(사랑) 자체가 본질적으로 철학자라 주장한다. 철학은 지혜에 대한 사랑이기 때문이다. 지혜는 가장 아름다운 것들에 속한다. 아름다움을 추구하는 것이 에로스라면 지혜는 본질적인 대상이 아닐 수 없다. 그러므로 에로스는 필연적으로 지혜를 사랑하고, 다시 말해서 철학(지혜사랑)을 한다.[11]

---

10) Aristoteles, *Problems Ⅱ*, Book ⅩⅩⅩ, trans. W. S. Hett, London and Cambridge, 1957. 아리스토텔레스는 일찍이 천재들의 멜랑콜리에 대해 이야기하고 있다. "철학과 정치, 시 또는 예술 방면의 비범한 사람들이 왜 모두 명백히 멜랑콜리커였을까? 더구나 헤라클레스의 영웅 이야기가 보여주는 것처럼 왜 몇몇 사람은 검은 담즙으로 야기된 질병 속에서 고통스러워했을 정도로 멜랑콜리커였을까?"(953a)
11) W. 바이셰델, 안인희 옮김, 《철학의 에스프레소》, 아이콘 C, 2004, 86쪽.

카뮈(A. Camus)처럼 박이문에게 가장 근본적이고 우선적인 문제는 삶이 형이상학적 의미를 지니고 있는가에 대한 실존적 물음이었다. [12]

그가 이미 소싯적부터 가졌던 어떤 존재의 결핍과 공허함으로 다가온 근원적인 질문들이 평생 학문의 길에서 소멸되지 않는 일관된 화두로 머물고 있음을 확인할 수 있다. 철학을 하게 된 근본적 동기는 그의 삶을 비롯하여 모든 존재, 현상, 사건의 궁극적 의미를 찾는 데 있었다.

"세계를 어떻게 보아야 하며 인간으로서 어떻게 살아야 하는가?"

그것은 그가 생의 한가운데서 절실하게 던진 이러한 물음에 답을 찾고자 하는 일이었다. 다시 말하자면 존재의 무거움과 불편함, 세상의 부조리, 그리고 인생의 허무함과 멜랑콜리에 대한 치열한 고민이 사춘기부터 지금까지 그의 내면세계에 자리 잡고 있다. 그는 청소년 시절부터 맞닥뜨린 익숙한 세계와의 관계에 금이 가고 있었음을 고백하고 있다. 이미 사춘기에 그는 사람 사이의 갈등, 주위 사람들에게서 볼 수 있는 가난함과 빈약함, 무지와 미련함, 고집과 억지, 때로는 악의와 잔인성, 인간의 불평등, 제도적 억압, 운명과 죽음에 대한 수수께끼, 특히 물질적 생활조건에 대한 불만을 막연하게나마 의식하기 시작했다. [13]

인간 존재의 근원적인 철학적 물음을 그림 제목으로 삼은 고갱(P. Gauguin)의 마지막 대표작인 〈어디에서 왔는가? 우리는 누구인가? 어디로 갈 것인가?〉, 즉 탄생, 삶, 죽음에 대한 물음이 그의 일생의 학문적 화두가 되었다. 또한 이런 물음을 가슴에 품고서 어떤 철학자의 사상을 대변하는 자가 아니라, 자신만의 철학을 창조하기 위해 분투했던 것이다. 잘 알려진 바대로, 볼테르(F. M. A. Voltaire), 루소(J. J. Rousseau), 사르트르(J. P. Sartre)가 직접 자신들의 자서전을 쓴 것처럼, 박이문이 쓴 두 권의 자서전인 《사물의 언어》,

---

12) 박이문, 《자비의 윤리학》, 철학과 현실사, 2008. 80쪽. (이하 약호 EC로 표기)
13) 박이문, 《둥지의 철학》, 생각의나무, 2010. 289쪽. (이하 약호 PN으로 표기)

《행복한 허무주의자의 열정》과 자전적 에세이 《철학전후》 등의 글을 읽으면, 한 실존적 지식인의 '미완의 성장소설'을 읽는 것 같은 인상을 지울 수가 없다. 덴마크의 '우수(憂愁)의 철학자' 키에르케고르(S. Kierkeggard)는 22세의 젊은 나이에 일기에서 나에게 가장 절실한 문제는 '내가 그것 때문에 살 수 있고, 그것 때문에 죽을 수 있는 진리', 즉 그것에 목숨을 바칠 수 있는 진리를 찾지 않았던가. 말하자면 객관적이고 사변적인 진리 대신에, 자신의 실존과 직접적 관련이 있는 이 진리를 위해 살고 죽을 수 있는 그러한 주체적 진리를 찾고자 했다. 박이문은 키에르케고르의 이 신념에 깊이 공감했다. (PN 289)

과연 인생은 살만한 의미가 있는가

어떻게 살 것인가? 인생은 살만한 의미가 있는가? 어째서 세상은 불공평하고 사람들은 고통을 받아야 하는가? 이 알 수 없고 어지럽고 혼미한 모든 현상, 인간의 삶, 존재의 의미 등을 보다 투명하게 총괄적으로 이해하려 했다. 그래서 참답게 살 수 있는 길, 참다운 삶의 의미를 알아보고자 노력했다. 그는 이런 문제는 오로지 철학을 통해서 만족될 수 있다고 생각했고, 그 때문에 철학의 길로 나섰던 것이다.

알려진 바대로, 아리스토텔레스의 철학적 삶의 목표가 '사는 것'뿐만 아니라, '잘사는 것(to live well)'이었던 것과 마찬가지로, 철학은 박이문 삶의 궁극적 문제와 뗄 수 없었다. 따라서 그것은 그에게 종교적 의미를 띠고 있었다. 박이문의 철학은 출발부터 이러한 형이상학적인 물음에서 유래한다는 사실을 확인할 수 있다.

또한 말로(A.G. Malraux)의 《인간의 조건》, 생텍쥐페리(A. de Saint Exupery)의 《인간의 대지》의 주인공들처럼, 그리고 니체의 《차라투스트라는 이렇게 말했다》의 '초인(Übermensch)'처럼 자기 자신이 되기 위해 끊임없이 스스로를 넘어서면서 어떤 이상을 향해 목숨을 거는 모험적 삶을 동경했다. 그것은 단지 생각과 상상으로만 머무르지 않았다. 오히려 구체적인 삶으로 체화시키기 위해 제어할 수 없는 밀도 있는 열정(intensity)으로 실현하고자 진력했다. 이렇듯 직접 겪은 삶과 역사의 회색광장이 박이문의 철학함의 자궁(matrix)이요, 산실이었음을 알 수 있다. 결국 '무지의 지'를 깨우치려는 소명의식, 참을 지키려는 용기와 진실을 외면치 않으려는 철학적 기개를 지니고 있었던 소크라테스처럼, 박이문은 자신을 철두철미하게 성찰하는 생애를 통해 '철학하는 삶'의 한 전범을 보여주고 있는 셈이다.

폴 고갱 - 〈우리는 어디서 왔는가, 우리는 무엇인가, 우리는 어디로 가는가〉

고갱은 일생동안 탄생, 삶, 죽음에 대한 물음이 학문적 화두였다. 또한 이런 물음을 가슴에 품고서 어떤 철학자의 사상을 대변하는 자가 아니라, 자신만의 철학을 창조하기 위해 분투했다.

2. 문학적 상상력과 철학적 지성

시는 추상화 이전의 한 유기체로서의
완전한 존재에 대한 인간 본연의 향수다.
- 박이문

아폴론적 지성과 디오니소스적인 감성의 조화

박이문은 문학청년으로서 일찍부터 예술에 눈을 떴다. 문학에 마음을 빼앗겨 문필가, 즉 시인과 작가가 되려는 꿈을 지녔다. 정신적 홀로서기가 시작될 즈음, 세계와 금이 가기 시작하여 냉소주의로 치달을 무렵부터, 이곳에서 구원받을 수 있는 유일한 길이 시(詩)라고 생각했다. 시작(詩作)을 통해, 즉 새로운 질서의 창조를 통해서 그 간격을 극복할 수 있으리라 믿었다. 그리하여 시적 창조만이 잃어버린 세계, 즉 고향을 다시 찾게 해줄 수 있고, 오직 시만이 말로 전달할 수 없는 깊은 진실을 표현해줄 수 있다고 생각했다.[14] 시와 예술은 그에게 모름지기 닿고자 하는 존재의 궁극적 '꿈'이고, 거주하고자 하는 '둥지'이며, 몸을 피해 살아남기 위한 '성채'였다.

꽃, 새, 산과 바다, 달과 별, 애들과 여인에 황홀하고,

---

14) 박이문, 《철학 전후》, 문학과지성사, 1993, 15쪽.

남들처럼 나도 예쁘고 듣기 좋고 향기롭고 따뜻한 시를 쓰려고 애써도
그러한 시가 나오지 않는다면,
그것은 내가 타고난 시인이 아니기 때문인가

어째서 나의 시는 나의 소망에 맞지 않는 찢어지는 절규이자 고함이며
어째서 나의 시는 아직도 깨어진 얼굴,
상처 난 가슴, 박살난 낱말들뿐이냐

그것은 시가 내게는 절규이자, 고함이자,
분노이자, 구도의 길이기 때문인가
그것은 아마 지구, 아니 존재 자체가 광란인 인간의 광기 때문인가
아마 그것은 나와 나의 시가 무너져가는 존재의 증언이기 때문인가
무엇보다도 먼저 그러한 증인이어야 할 시적 의무 때문인가

그렇다면 나는 언제 별과 구름, 산과 바다, 새와 꽃을 노래할 수 있는가
언젠가 나도 아름답고 우아한 시를 쓰겠다는 생각에 사무친다. [15]

  또한 그의 문학에 대한 꿈은 철학적이고 지적인 호기심과 직결되어 있었다.
왜냐하면 그는 정말 삶의 뜻을 알고 싶었고, 그러한 뜻이 있는 삶을 살고자
했기 때문이다. 그는 시와 예술에 관심을 갖기에 앞서 철학적이고 종교적인
관심을 지니고 있었던 것이다. [16] 시를 쓰고 프랑스 문학을 공부하기 전에 그
에게 보다 절실했던 문제는 사는 것이 도대체 무엇이며, 어떻게 살아야 할 것
인가를 아는 일이었다. 이런 앎을 통해 세상을 매료시킬 만한 철학적 시와 세

---

15) 박이문, 〈어째서 나는 아직도〉, 《고아로 자란 코끼리의 분노》, 미다스북스, 2010, 43~44쪽.
16) 박이문, 《철학 전후》, 17쪽.

계를 바꿀 만한 시적 철학체계를 창작하고 싶었다. 그는 10대부터 세계를 매혹시킬 작가의 꿈을 지녔고, 30대 중반에 철학을 시작할 때는 세상을 바꿀 철학을 세워보겠다는 꿈을 간직했다.[17] 자신의 지적 삶을 지성과 감성, 몸과 정신, 철학과 예술, 삶과 학문의 이중주로 연주해왔던 것이다. 특히 그의 철학과 예술의 풍경화 속에는 문학과 철학이란 두 산봉우리가 우뚝 솟아 있다. 문학의 봉우리에 올라가야 그의 철학세계를 볼 수 있고, 철학의 봉우리에 올라가야 문학의 세계도 볼 수 있다. 괴테도 '문학이 없는 철학은 공허하지만, 철학이 없는 문학은 맹목적이다'라고 고백하지 않았던가. 이는 철학이 없는 문학, 문학이 없는 철학은 온전하지 못하다는 뜻을 내포하고 있다.

무엇보다 박이문의 '지혜사랑'은 철학으로, 아름다움에 대한 사랑은 문학 및 예술로 표현된다. 그는 각자의 인생은 저마다 온 힘을 다해 아름답게 만들어가는 예술 작품이 되어야 한다고 역설한다. 그의 이론적 사유와 가상적 상상력이 철학과 문학 속에 나타나고 있다. 말하자면 철학과 문학/예술의 변증법적 교환이 이루어짐을 엿볼 수 있다. 이런 점에서 박이문은 니체에 의해 환기된 아폴론적 지성과 디오니소스적인 감성을 조화시키려 한다. 후자에서 '그리스 비극'은 예술의 절대적이고 완전한 형상으로 간주되며, 디오니소스적인 것과 아폴론적인 것이 결합되어 예술의 완전성을 이루게 된다는 것이 부각된다. 알려진 바대로, 아폴론은 조형예술의 신으로 정형화·규범화되어 있는 수학적 비례에 맞춰 뚜렷하게 형상화할 수 있는 특성을 지니고 있다. 반면에 디오니소스는 근원적인 광기, 욕망, 열정, 음악의 신으로 상징된다. 니체는 이 두 가지가 상호보완을 이루어 예술을 창작해야 함을 강조한 바 있다.

일찍이 딜타이(W. Dilthey)의 '삶의 철학'은 괴테의 문학세계를 철학적으로 각색했고, 동시에 시세계를 철학적으로 재구성했다. 라이프니츠(G. W.

---

17) 박이문, 《이성은 죽지 않았다 : 박이문 사상 선집》, 당대, 1996, 373쪽.

Leibniz)의 낙관주의 철학은 볼테르의 소설 《캉디드(Candide)》의 소재가 되었다. 현대 사유의 거장 하이데거(M. Heidegger)도 시작(詩作)은 인간의 영위 가운데 가장 순진무구한 것이라고 한 휠덜린(F. Hölderlin)의 시세계를 철학화했다.[18] 특히 하이데거는 자유로운 창작의 영역으로 철학, 정치, 시 또는 예술 방면을 진리 발생의 장소(topos)라고 역설했다.[19] 박이문이 자주 거론하는 에셔(M. C. Escher)의 판화에서도 존재 전체를 총칭하는 그림/예술세계 속에 철학적 지성의 욕구와 예술적 감성의 욕구가 공존하고 있음을 밝히고 있다. 예술이 자연이나 세계, 또는 인간의 노력 어느 편에 역점을 두든지 간에, 예술적 충동은 사람의 근원적인 충동인 것이다. 이것은 사람이 자신의 삶을 창조적인 기쁨으로서 또 세계의 진리와의 조화로서 실현해보려는 충동이다. 따라서 예술은 궁극적으로 사람의 참다운 삶의 지혜인 것이다.[20] 왜냐하면 창조성이란 인간 이해의 지평인 동시에 인간 실존의 조건일 수 있기 때문이다.

무엇보다도 박이문의 사유에 결정적인 영향을 미친 사르트르에게서 문학적 상상력과 철학적 지성이 만나고 있다. 즉 '철학의 문학화', '문학의 철학화'가 사르트르의 작품에서 탁월하게 드러나고 있는 것이다.

---

18) 정종, 《철학과 문학의 심포지엄》, 고려원, 1992. "딜타이는 자신의 역저 《체험과 시》(1905)에서 독일 문호들의 사상 속에서 삶의 철학의 원천을 찾으면서 정신과학에서 다루어야 할 '완전하고도 충분한 의미로부터의 정신적 실재', 곧 삶은 선입견에 사로잡힌 독단적 경험주의의 그릇된 경험개념에서가 아니라, 오히려 우수한 시인들에 의하여 '순수하고 명료하게' 또는 '진실하게 그리고 자연적으로' 파악되고 표현되어야 한다고 주장한다. 이리하여 우수한 시인 중의 한 사람인 괴테를 드높인다. 딜타이의 삶의 철학은 괴테의 문학세계의 철학적 각색이자, 시세계 체험을 통한 철학적 체계화이며, 삶의 본질적 표현으로서의 시세계를 통한 철학적 재구성 이외의 다른 것이 아니다."(33쪽 이하)

19) M. Heidegger, *Die Grundbegriffe der Metaphysik*, Frankfurt a. M. 1983, (전집 29/30) 270쪽.

20) 김우창, 《전집 제3권, 시인의 보석》, 민음사, 2006, 363쪽.

사르트르의 《구토》는 과연 문학(시적인 것)인가? 철학(형이상학적인 것)인가? 그러나 그건 신통한 물음이 되지 않는다. 왜냐하면 철학의 문학화와 문학의 철학화가 따로 있어야 하는 게 아니고, 그에게 두 세계는 처음부터 하나였기 때문이다. 그것은 사르트르라는 인간 자신이 하나의 실존적 사례로서 또 하나의 역사적 시범으로서 우리들 앞에 뚜렷이 나타난 있었음을 보아도 알 수 있다.[21]

이처럼 문학적 상상력과 철학적 지성은 서로를 반조(返照)한다. 박이문의 작품들은 문학적 상상력과 철학적 지성의 산물이다. 《문학적 지성》에서 평론가 박철화의 표현을 빌리면, 문학도인 박이문은 곡절이 차고 넘치는 우리 문학에서 드물게 형이상학적 탐구의 길을 걸어 온 한국 문학의 미학적 구도자이며 문학적 지성의 아이콘이다. 문학적 지성이란 우선 전체를 끌어안는 열정적인 사랑이며, 그 사랑까지도 성찰의 대상으로 삼는 치열하고도 냉정한 인식의 움직임이다.[22] 결국 박이문의 사유세계는 정신적 생활의 욕망의 두 가지 표현, 즉 철학함과 시작함이 어우러져 있다. 그의 사유는 우주와 세계와 인간과 삶을 총체적으로 이해하려는 지적 지향성과 궁극적 꿈의 표현으로서의 시적 지향성을 지니고 있다. 특히 시적 지향성은 인간 욕망의 가장 깊고 깊은 곳에 뿌리내리고 있다. 결코 성공할 수 없지만 그것은 인간의 궁극적 꿈의 표현으로 남아 있을 것이라고 단언한다.[23]

시인의 시도는 다름 아니라, 하나로서의 모든 존재로부터 소외된 인간이 다시금 그 존재 속에 통합되어 그것과 하나가 되어 조화를 찾고자 하는

---

21) 정종, 앞의 책, 54쪽.
22) 박철화, 《문학적 지성》, 이룸, 2004.
23) Ynhui Park, *Man, Language and Poetry*, 서울대학교 출판부, 1999, 150쪽.

인간존재학적 욕망을 나타내는 것이다. 〔……〕 시는 추상화 이전의 한 유
기체로서의 완전한 존재에 대한 인간 본연의 향수다. [24)]

문학을 통한 비상의 꿈

그러면 작품들의 기원인 박이문의 문학적 상상력과 철학적 지성은 어떤 계
보로 이루어졌는가? 그는 원래 문학도로서 문학을 통해 철학을 만났다. 그
는 프랑스 문학이 역시 가장 참신하고 모험적이며 화려하다고 생각했다. 앞
에서 언급했듯이, 삶의 회색광장에서 솟아난 형이상학적 물음을 가진 그에게
문학과 철학에 대한 관심은 당연한 것으로 보인다. 그에게는 형이상학적인
꿈을 간직하고서 지적인 어둠에서 벗어나려는 저항할 수 없는 내면적인 요청
이 있었다. 현실의 좌절에 맞선 비상의 꿈이 그를 이끌고 갔다. 왜냐하면 문
학은 인간과 삶에 대한 주체적이고 구체적인 관심에서 출발하기 때문이다.
자신의 삶 한복판에서 '지금, 여기(hic et nunc)'에 주어진 삶을 주체적으로 어
떻게 영위할 것인가에 대한 문제제기는 문학과 철학의 핵심테제이다. 즉 '인생
을 어떻게 살 것인가?', '인간과 삶이란 무엇인가?'

박이문이 대학에서 프랑스 문학을 선택한 것은 시인, 작가가 되고 싶었기
때문이다. 대학시절, 보들레르(C. Baudelaire)의 삶과 작품이 그를 시로 유혹
했다고 한다. 학사논문은 보들레르에 관한 것이었고, 석사논문은 《폴 발레
리(P. Valery)에 있어서 존재와 지의 변증법》이고, 박사논문은 《말라르메(S.
Mallarmée)에 있어서의 이데아 혹은 꿈의 정연성》이었다. 박이문은 세기말의
시인 보들레르의 도구적 근대 이성, 즉 과학적 세계관이 동반한 허무주의와

---

24) 박이문, 《시와 과학》, 일조각, 1990, 128쪽. (이하 약호 DS로 표기)

싸우는 고독한 실존적 인간의 외침에 공감했다.

　박이문은 지적 시인인 발레리에게서 감성과 이성, 시와 논리의 갈등과 그 극복을 탐구했다. 왜냐하면 지성 및 냉철한 의식은 마치 모든 것을 부식시켜버리는 초산과 같이 모든 가치를 부정하고 있다는 발레리의 주장에 공감했기 때문이다. 박이문은, 차가운 의식은 마치 사과벌레처럼 삶이라는 사과의 살을 갉아먹는 것 같다고 읊조리는 발레리의 사상에 심취했다. 그리하여 석사논문을 통해 발레리의 시의 기능, 시의 본질에 대한 입장을 밝히려 했다. 이를테면, 현실-실체와 그것을 표상하여 인식으로 전화시키는 주체로서의 지성과의 갈등을 극복하려는 의도가 시의 기능이자 시의 본질임을 발레리에게서 발견할 수 있음을 밝혔다.

　박이문은 상징주의 시인인 말라르메에게서는 감성과 이성, 시와 철학을 초월하고 통합한 절대적으로 정연한 세계인식으로서의 시에 대한 열정적 꿈을 발견했다. 특히 말라르메 속에서 그 자신의 학문적 비전을 발견했다. 그는 한 편의 시, 문학작품도 논리적인 설명을 거쳐 더 즐겁게 감상할 수 있고, 시도 조리 있는 해석을 통해서 더 깊은 감명을 느낄 수 있다는 것을 깨달았다. 말라르메의 시는 의미로서 존재하고자 하는 사물이며, 사물로서 존재하는 언어가 되고자 한다. 시는 존재·사물과 언어·의미의 경계선을 형성한다. 시적 언어는 존재를 희생한 의미의 탄생이며, 의미의 죽음을 거름으로 해서 생겨난 존재·사물로 볼 수 있다. 모든 시의 궁극적 고향은 알 수 없는 언어적 표현, 즉 의미 없는 언어를 창조하는 데 있다. 그러나 아무나 의미 없는, 즉 관념화되지 않은 시를 쓸 수 있는 것은 아니다.[25] 박이문에 의하면, 서정적 시라도 논리적으로 해석할 수 있고, 그것을 통해 비로소 논리를 초월한 시적 가치를 체험할 수 있다고 확언한다.

---

25) 박이문, 《문학과 철학》, 민음사, 1995, 237쪽. (이후 약호 LP로 표기)

박이문은 유독 문학을 통해 새로운 세계를 꿈꿀 수밖에 없었다. 그는 문학과 예술이 세계와 사물을 새로운 눈으로 보고 느끼게 해주는 틀을 만들어주는 것이라고 보았다. 예술작품은 어떤 대상의 복제일 수 없다는 것이다. 문학예술이란 세계와 사물을 새로운 눈으로 보고 느끼게 하는 도구이다. 환언 (換言)하면 관습적 세계를 깨뜨려서 새로운 것으로 바꾸어나가는 것이다.[26] 그의 철학과 예술에는 지각의 유한성과 언어의 무한성이 공존하며, 상상력이 요구된다고 보았다. 상상력은 이미지를 제작하는 우리 마음의 능력이다. 아름다운 이미지는 감각적 형상화가 가능하며, 상상력이 만들어낸 이미지는 경험을 넘어선 이미지다. 지금 여기에 없는 것을 마음속에 그려볼 수 있는 능력이 바로 상상력이다. 다시 말해서 그것은 '대상의 현전 없이도 그것을 직관에 표상하는 능력'[27]인 것이다.

요약하자면, 박이문의 관심은 문학과 예술에서 떠난 적이 없다. 이러한 지적 호기심과 방황, 회의와 반성, 그리고 추구와 방랑은 지금도 진행형이다. 그에게서 문학적 상상력 내지는 디오니소스적 감성이란 사랑의 대상인 지혜와 아름다움을 갈구하는 욕망이자 추진력이다. 그리고 철학적 지성과 아폴론적 지성은 지혜의 세계를 찾기 위한 지도와 나침반이다. 이른바 그의 지적 관심사와 문제는 지성과 감성, 진리와 의미, 철학적 투명성과 시적 감동, 객체와 주체, 그리고 앎과 삶 간의 피할 수 없는 긴장과 갈등을 풀고 조화시키는 것이다.

---

26) 박이문, 《더불어 사는 인간과 자연》, 미다스북스, 2001, 315쪽. (이하 약호로 WN으로 표기)
27) I. 칸트, 백종현 옮김, 《순수이성비판》, 아카넷, 2006, 360쪽.

3. 운명에 맞서는 비극적 자유

한 생에 전체에 걸쳐 펼쳐져 있는 반항은
그 삶의 위대함을 회복시킨다.
- 박이문

호모 비아토르, 파우스트적 자유를 모험하다

박이문은 '자유로운 지적 유목민', 또는 자유를 추구하고 편력하는 '유랑인 (homo viator)'이다. 그의 지적 여정은 지상적 현실의 무게와 압박, 획일주의, 집단주의로부터 감성과 지성의 날개를 통해 천공으로 날아올라 둥지를 찾으려는 것이다. 그는 그것이 물리적인 것이든 이념적인 것이든, 아니면 제도적인 것이든 우연 발생적인 것이든 모든 형태의 억압, 획일주의, 집단주의를 거부한다.[28]

더 나아가 박이문은 주어진 모든 것과의 자발적 불일치의 수행을 감행한다. 즉 자신, 세상, 운명, 신과 과감하게 맞서 나간다. 그는 사르트르의 '인간은 자유롭지 않을 수 없는 존재'라는 사실에 전폭적인 지지를 보낸다. 그는 인간에게 무제약적인 자유가 있으며, 한 인간의 인생은 당사자의 자유로운 선택에 의해 결정된다는 사르트르의 견해에 사로잡혔다. 후자에 의하면 이와

---

28) 박이문, 〈철학 에세이 - 사유의 가시밭 - 어디서 어떤 이들과 어떻게 살아야 하는가?〉, 철학문화연구소, 《철학과 현실》, 통권 51호, 철학과현실사, 2001년, 240쪽.

같이 '자유로 선고된 인간'에게는 두 가지 태도가 가능하다고 한다. 하나는 먼저 자신의 자유를 피하고, 마치 자기가 자유롭지 않은 시늉을 하는 자기기 만의 태도이고, 또 하나는 자기의 자유를 인정하고 그에 따라 취한 행동에 대해 책임을 지는 태도다. 이 중에서 후자의 태도가 진정성(authenticité) 있는 것으로, 이러한 인간적 생활이 가장 보람 있는 인생이라고 간주한다. 인간은 절대적으로 자유로울 수밖에 없고, 따라서 무슨 행동이든지 선택해야 한다. 그리고 가치의 원천은 인간의 선택행위라는 데 방점을 두고 있다.

박이문은 낭만주의의 이상적 인간상을 향해, 스스로 신이 되기 위해 파우스트적인 자유를 향한 모험을 시도한다. 이는 한 유기체로서의 완전한 존재에 대한 인간 본연의 향수이며, 인간의 근본적인 존재론적 욕망으로 여긴다. 이것이 바로 서양의 지성사를 관통하는 파우스트적인 열정이고, 자아실현을 위해 노력하고 애쓰는 자에게 다가오는 또 다른 하나의 파우스트적인 인간 구원의 방식이다. 말하자면 서양식 나르시시즘적 자력 구원의 메시지에 해당한다.

자기실현을 위한 이 무차별적인 열정, 이 무참한 용기가 그를 구원한 겁니다. '파우스트의 죄는 무엇인가? 안식을 모르는 영혼이다'라는 에리히 헬러 (E. Heller)의 말이 그래서 나온 것이지요. 그렇다면 '누구든 줄곧 노력하며 애쓰는 이를/우리는 구원할 수 있습니다'라는 시구 속에 파우스트의 구원에 대한 열쇠가 숨겨져 있다는 괴테의 말이 지닌 뜻은 다름이 아닙니다. 누구든 자기실현을 위해 줄곧 노력하며 애쓰면 구원받을 수 있다는 뜻이지요! 알고 보면 바로 이것이 독일 낭만주의의 궁극적 이상이자 궁극적 목표였습니다. 낭만주의자들에게 자기실현이란 단순한 자아의 완성이 아니라 신적인 것을 닮아가는 것이며 진리의 구현이자 구원의 길이었지요.[29]

---

29) 김용규, 《철학카페에서 문학읽기》, 웅진지식하우스, 2006, 45쪽.

그리고 박이문이 추구하는 인간상은 니체의 운명에 맞서 끊임없이 넘어가는 존재인 '초인(Übmermensch)'을 모델로 삼는다. 여기에서 초인은 물리적·생물학적, 그리고 본능적 야만인이 아니다. 그는 정신적·도덕적 인간이요, 또한 이성적 인간이다. 이런 점에서 초인은 어떤 것에도 종속되지 않고 완전히 독립된 자유로운 인간이다. 기존의 규범에 얽매여 그것을 추종하는 맹목적인 존재가 아니라, 자신이 스스로 자유롭게 창조한 규범에 따라 살아갈 수 있는 자주적 인간이다. 자신의 존재의미는 밖에서 주어지는 것이 아니라 스스로 선택한 것이다. 그리하여 자기 존재의 정당성은 타인이 부여한 것이 아니라, 바로 자신의 존재 그 자체가 부여한 것이다. 30)

  박이문은 비록 자유가 무거운 짐으로 다가와 비극적일 수 있지만, 자유의 멍에를 멜 수밖에 없는 존재임을 받아들인다. '아무것도 말이 되지 않는 존재'를 짊어지고 가기 위해 무모한 열정을 안고 살아야 하는 실존적인 '인간의 조건(conditio humana)'을 긍정한다. 그러나 그의 존재와 삶과의 불화관계는 고뇌의 이유이자 삶을 추동시키는 힘이기도 하다. 그리고 '자신에게 스스로 낯선 이방인'이라는 생각이 그를 사로잡았다. 여기에서 '자신 속에 있는 타자'로부터 벗어나려는 자유를 향한 열망이 자신을 지배하고 있음을 확인할 수 있었다.

  박이문에 의하면, 인간은 그냥 존재하는 물질과는 달리 싫건 좋건 자신의 행동, 자신의 삶을 선택해야 하는 자유를 갖고 태어났음을 수긍한다. 31) 주어진 운명이 불행으로 다가오든 상관없이 고독을 매개로 자유의 태양을 향해 솟구치기를 다짐한다. 어떻게 보면 생의 비밀을 본 자는 고독하다. 그 고독 속에서 니체도 '어찌하여 나는 하나의 운명인가?'라고 묻는다. 그런데 평균인과 불화하고, 기독교의 신과 불화하고, 그 시대와 불화했던 니체의 운명이 어떤 의미에서는 세계를 정화하는 에너지가 된 것처럼, 박이문 역시 자기 존재

---

30) 박이문, 《나는 왜 그리고 어떻게 철학을 해왔나》, 삼인, 2006, 417쪽. (이하 약호 IW로 표기)
31) 박이문, 《당신에겐 철학이 있습니까?》, 미다스북스, 2006, 15쪽.

자체에 어색함을 느끼고, 삶 자체를 일종의 억압으로 느끼면서 살았다. 그래서 그는 마음껏 자유롭게 살고 싶었다. 마치 피카소가 자신의 예술 주제와 스타일에서 끊임없이 이탈하여 변신을 거듭해 살았던 것처럼 박이문은 항상 자신이 있는 곳으로부터가 아니라 자신의 생각으로부터, 아니 자신으로부터 이탈하고 해방되고 싶었다. 그리하여 진정한 자기 자신이 되고 싶었다. 그러나 그러한 이탈, 그러한 해방이 반드시 자유와 마음의 해방을 의미하지는 않는다. 아무래도 산다는 것, 존재한다는 것 자체가 불편하고 거북하고 어색하다고 느낀 것이다.

나는 반항한다, 고로 존재한다

또한 박이문은 카뮈의 부조리에 '반항하는 인간'을 정신적 이상으로 삼는다. 카뮈의 '부조리 인간(l'homme absurde)'은 '부조리를 의식하며 살아가는 인간', 즉 깨어 있는 의식을 가진 인간이란 뜻이다. 또한 존재와 삶의 부조리에 자유를 행사함으로써 반항하는 인간만이 진정한 인간이며, 아무것도 분명한 것이 없고 모든 것이 혼돈이라는 카뮈의 사상에 깊이 공감한다. 혼돈이란 논리적 해명을 할 수 없는 부조리 앞에 선 인간에게 나타나는 현상으로, 무엇보다도 야릇한 상태와 낯설음이다. 그리하여 카뮈는 '단 하나의 의미조차' 찾지 못했다고 탄식한다. 그런데 세계는 비합리로 가득 차 있다. '단 하나의 의미'조차 발견하지 못하는 이 세계는 거대한 비합리의 덩어리에 지나지 않는다고 생각한다. 그는 단 한 번만이라도 '이것은 분명하다'라고 말할 수 있으면 모든 것은 구원될 수 있으리라고 여긴다. 그러나 사람들은 아무것도 분명한 것이 없고 모든 것은 혼돈이라는 것이다. 인간은 다만 자신의 통찰과 자신을 둘러싼 부조리의 벽에 대한 분명한 인식을 지키고 있을 뿐이라고 선언한다.

반항은 삶에 가치를 부여한다. 한 생애 전체에 걸쳐 펼쳐져 있는 반항은 그 삶의 위대함을 회복시킨다. 편협하지 않는 사람의 눈에는 인간의 지성이 자신을 넘어서는 (부조리한) 현실과 부둥켜안고 대결하는 광경보다 더 아름다운 광경은 없을 것이다. 인간의 오만이 펼쳐 보이는 그 광경은 무엇과도 비길 수 없는 것이다. 그것을 평가절하하려고 제 아무리 애써보아야 헛수고가 될 것이다.[32]

이리하여 일관성 있는 유일한 철학적 입장은 '반항'이 된다. 반항은 인간이 자신의 어둠과 벌이는 끊임없는 대결이다. 그것은 불가능한 투명성(transparence)에의 요구이다. 반항은 순간순간마다 세계를 문제 삼는다. 위험이 인간에게 반항을 파악할 기회를 마련해주듯이, 형이상학적 반항은 경험 전반을 통해 우리의 의식을 넓히는 것이다. 반항은 인간 자신에 대한 인간의 끊임없는 현존이다. 반항은 갈망이 아니며, 그것에는 희망이 없다. 이러한 반항은 짓누르는 운명의 확인일 뿐인 것이다. 이렇게 박이문은 카뮈처럼 기존의 철학에 반항하면서 닻을 내리지 않고, 그것들을 타자화하면서 스스로의 깨달음의 세계로 부단히 정진한다.

이런 점에서 박이문은 니체나 카뮈, 사르트르, 피카소처럼 자유정신의 소유자이다. 근본적으로 모든 인간은 자유분방하고 즐거운 디오니소스처럼 마음껏 생을 향락하려는 욕구가 있다고 본다. 이런 디오니소스적 욕구는 가장 원초적이며 자연스러운 욕구로서, 자유롭게 삶 자체를 찬양하면서 노래와 춤과 향락을 찾으려는 욕구이다. 박이문은 자기 자신과의 불화·불일치의 운명을 자각한다. 그는 유한성과 오류 가능성의 파토스를 지니면서 자신이 '역설적 존재(l'être-paradoxe)'임을 자각하고, '존재와 무의 중간자'로서 자신을 자

---

32) 박이문, 앞의 책, 198쪽.

각한다. 그리고 박이문 자신도 데카르트(R. Descartes)의 오성의 유한성과 의지의 무한성의 불균형을 느낀다. 결국 이성과 욕망 사이의 부조리 드라마로서의 열정인 투모스(thumos)를 지니고 있음을 자인한 셈이다. 그것은 영혼의 비참한 빈곤, 즉 비극성을 인식하고 이성과 욕망을 매개한다. 이렇게 비극적 자유를 간직한 채 이 세계뿐만이 아니라, 자기 자신에 대해서도 과감하게 맞설 수 있게 된다.

이상에서 보았듯이 박이문의 '지혜사랑'의 기원과 이유를 회색광장과 형이상학적 물음, 문학적 상상력과 철학적 지성, 그리고 운명에 맞서는 비극적 자유에서 찾아볼 수 있다. 그가 추구한 자유는 '욕망의 완벽한 실현'인가? 아니면 그것은 '욕망으로부터의 완벽한 해방'인가? 이제 그가 어떻게 자신만의 '지혜사랑'의 길을 걸어갔는지 따라 가보도록 하자.

제2부 ◆ 지혜사랑의 길 - 둥지철학의 방법

박이문의 길은 물음으로 시작된다. 어떤 가치 있는 것을 묻는다는 것은 '인생을 어떻게 살 것인가(how to live)'의 물음과 연결된다. 따라서 물음의 길은 어떤 가치를 실현하면서 살려는 삶을 수반하게 된다. 이러한 태도야말로 인생의 길을 고귀하게 만드는 원동력이다.

1. '지적 노마드'의 길

삶의 의미를 파편적으로
느끼기 위해서라도 나의 길을 가겠다.
– 박이문

박이문은 지혜와 아름다움을 찾아나서는 '길'의 사유가이다. 길을 걸으면
서 사유하고, 사유하면서 길을 걷는다. 이미 만들어진 신작로나 고속도로로
가지 않는다. 다만 남이 가지 않은 오솔길이나 새로운 길을 닦으면서 자신의
지적 행로를 창조해나간다. 말하자면 자신이 창조한 사유의 길을 소요하면
서 자신만의 흔적을 남긴다. 하이데거에 의하면 과학에서는 절차와 모든 방
법들이 소중하지만, 철학적 사유에는 오직 길들(Wege)만이 있을 뿐이라고 했
다. 그 길은 운동이란 뜻이 아니라, 마음의 길닦기(Bewegung)로 새롭게 해
석된다. 박이문에게 길이란 자기 유배의 길, 희망과 그리움의 길, 비상과 초
월의 길, 창조와 창작의 길이다. 일찍이 플라톤도 《국가론》의 '동굴의 비유'
에서 철학자는 현상계(가시계, 동굴 안)에서 예지계(가지계, 동굴 밖)로의 '상승
(anabasis)의 길'을 걷도록 권고한다. 인간은 누구나 '길 위에' 서 있고(homo
nomad), 자기의 행로를 열어가면서 살아간다. 따라서 박이문은 자신이 닦고
창조한 길 위에서 부름과 그리움으로 다가오는 길의 소리를 경청한다.

길은 우리의 삶을 부풀게 하는 그리움이다. 그리움의 부름을 따라가는 나

의 발길이 생명력으로 가벼워진다. 황혼에 물들어가는 한 마을의 논길, 버스가 오며 가며 먼지를 피우고 지나가는 신작로, 산언덕을 넘어 내려오는 오솔길은 때로 기다림을 이야기한다. 일터에서 돌아오는 아버지를, 친정을 찾아오는 딸을, 이웃 마을에 사는 친구를 부푼 마음으로 기다리게 하는 길들이 우리의 마음을 따뜻하게 한다. 길은 희망을 따라 떠나라 하고, 그리움을 간직한 채 돌아오라고 말한다. [33]

'호모 노마드'의 창조적 흔들림

박이문은 유목민적 기질을 타고났다. 그래서 선천적으로 어디에도 삶의 뿌리를 내리지 못하고, 어딘가에 안주하기를 좋아하지 않는다. 즉 종교적 순례자(pilgrim)처럼 순례의 길을 가는 '길 위의 인간(homo nomad)'임을 자처하는 '지적 노마드'이다. 마치 플라톤, 데카르트,[34] 괴테, 니체, 특히 비트겐슈타인

---

33) 박이문, 《길》(박이문 산문집), 미다스북스, 2003, 12쪽.

34) 김상환, 《예술가를 위한 형이상학》, 민음사, 2007, 436~437쪽. "데카르트는 조국에 살지 않았다. 게다가 유럽 속에 있으면서 유럽 밖에 있는 장소, 《방법서설》의 서문이 말하는 '먼 사막'에서 살았다. 유럽 밖에서 유럽을 보았다는 것, 이것이 데카르트를 초월론으로 향하게 했던 동기이다(고진은 스피노자, 칸트, 마르크스에게서 유사한 초월론적 동기를 본다. 스피노자는 유대인으로서 유대인으로부터 추방당했고, 칸트가 한 번도 떠나지 않은 고향은 이방의 소식이 왕래하는 항구 도시였다. 그리고 《자본론》을 집필한 마르크스는 영국으로 건너간 망명객이었다). 자신이 속한 공동체를 바깥의 관점에서 보도록 유도하는 이런 동기 없이 단독적 자아는, 그리고 초월론은 쉽게 성취될 수 없다. 초월론의 역할은 공동체의 역사적 앙금에 불과한 거짓된 초월자의 자명성을 본래의 비자명성 속에 빠뜨리는 데 있다."

35) 이승종, 〈비트겐슈타인 : 고향의 방랑자〉, R. 몽크, 남기창 옮김, 《루드비히 비트겐슈타인 : 천재의 의무》, 문화과학사, 2000(해제), 351쪽. "신의 죽음이 회자되고 그의 빛마저 가려진 이 암흑의 시대에 영혼의 구원을 갈망하며 떠난 방랑의 여정, 노르웨이의 피요르드, 1차 대전의 여러 전설들과 포로수용소, 오스트리아의 시골 초등학교들, 영국의 멘체스터, 케임브리

(L. Wittgenstein)처럼 방랑했다.[35] 자신을 지키기 위해 세상과 세상 사람들과 떨어져 고독의 세계 속으로 들어가고, 더 나아가 자신과도 끊임없는 결투를 벌이고 있다. 사람들은 흔히 자기 정당화와 미화를 통해 적당히 자위하면서 살아간다. 그러나 다른 극단에 서 있는 그는 이런 것을 추호도 용납하지 못하고, 자신에 대해 늘 비판의 메스를 가한다. 그래서 스스로를 인정하지 못하고 위로하지 못해 늘 자신의 아이덴티티에 대해 사치스러울 정도로 고뇌하고 있다. "사실 나는 별로 아는 것이 없다." "내가 정말 철학교수일까?" "이게 정말 삶다운 삶인가?" 그는 언제나 정서적으로 메말라 있고, 실존적으로 내적 투쟁을 벌이는 중이다. 이런 내적 투쟁은 계속해서 그의 삶을 뿌리째 흔들고 있다. 그러나 이런 아프지만 창조적인 흔들림이 그를 우뚝 서게 만드는 원동력이라고 생각한다.

특이한 것은 박이문의 삶과 사상 속에서는 일관되게 종교적인 단호한 결단과 결의가 드러난다는 점이다. 그에게서는 철학적 수도승과 같은 기질과 종교적 순례자 같은 면모가 엿보인다. 세속적인 가치, 즉 출세, 명예, 권력, 돈 등에 대한 관심과 욕망을 유치하고 시시하고 답답한 것으로 치부하고, 그러한 것들과 단절하는 모습을 엿볼 수 있다. 도(道)를 찾아 출가하는 사람들이 그렇듯이, 신의 소명을 위해 일체의 인간적인 꿈과 집착을 내려놓듯이 그렇게 혼연히 고독 속에서 철학도의 길을 걸어왔다. 니체가 '차라투스트라'의 목소리를 통해 전해주었듯이 말이다.

"벗이여, 너의 고독 속으로 달아나라. 달아나라. 사납고 거센 바람이 부는 곳으로!"

박이문은 스무 살 전에 독신을 결심했다. 그는 결혼한 사람들이 흔히 말하

지, 스완시, 더블린, 아일랜드 해안, 2차 대전 중의 가이 병원, 소련의 레닌그라드, 모스크바, 미국의 이타카, 비트겐슈타인은 그 모든 길을 '무소의 뿔'처럼 갔다."

는 한 여자만을 '사랑한다'라는 말이 거짓말 같아서 52세까지 독신으로 살아왔다고 한다. 그는 결혼이 부부 간의 얽매임 같은 것이라고 생각했다. 또 자신의 지적 추구에 가정이 방해가 될 것이 분명하다고 판단했다. 그는 결혼과 가정보다도 더 중요한 것이 있음을 확신했다. 세속적 행복을 누리면서 안주할 수 있는 직장이 있었음에도 불구하고, 그런 안일한 삶을 거부하고 자청하여 엄청난 고통을 떠안았다. 자기 스스로를 추방하면서 남들이 가지 않은 길을 혼자 떠났다. 세속적 행복을 바라지 않고, 지적 어둠과 존재의 불편함에서 해방되기 위해서 가혹한 고행이 기다리는 학문의 길에 몸을 던졌다. 그는 얼른 행복하고 싶지 않았고, 의식적으로 고독한 길을 택했고 자진하여 어려운 삶의 방법을 택했다.

한계를 횡단하는 자기 추방의 길

박이문은 "타협치 마라! 뿌리를 빼라!"는 모토로 평생 사유의 가시밭길을 걸어가고 있다. 이런 '철학혼'을 지니고 철학하는 그를 우리가 다른 시선으로 바라보는 것은 당연하다고 생각한다. 예술과 철학을 삶의 수단이나 도구로 여기는 것이 아니라, 학문 그 자체를 위해 정신과 마음, 그리고 인생을 불태우는 모습은 경이롭다. 그에게서는 값싼 행복의 유혹을 단호히 물리치고 그것과 타협하지 않고 굽히지 않는 철학적 기개를 느끼게 된다. 20대 후반에 프랑스 문학교수의 전임자리를 얻어 안주할 수 있었는데도 불구하고, 그는 다시 지적 어둠에서 벗어나 더욱 투명해지기 위해 과감하게 기득권을 포기했다. 그는 교수가 되기 위해 철학을 공부한 것이 아니었다. 오로지 자신의 절박한 '의미의 문제'를 해결하기 위해 철학공부를 이어간 것뿐이다. 그는 평생 철학교수로 살았지만 애초에 강단 철학자가 될 생각은 없었다. 그러나 자신이 중요하다고 생각하는 문제, 즉 절실한 문제를 해결하기 위해 평생 철학을 떠나지 않았다. 그는 자신이 만든 철학을 철학계에 가두지 않고 일반 교양대중과 나누려고 했다. 즉 일반 교양대중을 위한 계몽철학자가 되기를 바란 것이다.

물론 박이문은 젊은 시절에 한국전쟁 같은 끔찍한 현실에서 도피하고 싶은 생각도 있었다. 하지만 그는 지적 욕망이 컸다. 좁은 울타리가 아니라, 보다 큰 세계를 만나고 싶은 강렬한 욕망이 그의 의지와 열정을 사로잡았다. 그는 한 번밖에 살 수 없는 인생을 안일한 일상적 삶 안에 가두고 싶지 않았다. 그는 세계를 지적으로 변화시키고 싶었다. 그에게는 세계에 대한 보다 큰 인식의 각성이 우선이었다. 그리하여 그는 스스로 고독과 가난이 기다리는 프랑스와 미국의 유학생활을 선택했다. (WN 31)

비트겐슈타인은 일기/노트 외에는 제도권의 글쓰기인 학술 저서나 논문을 남기지 않았다. 그의 철학적 작업은 결코 철학교수들과 같은 직업 철학자들을 향한 것이 아니었다. 그는 그들을 경멸했다. 그의 작업은 일차적으로 자신의 구원을 위한 것이었다. 한걸음 더 나아가 자신을 진정 이해할 수 있는 익명의 영혼을 향한 것이었다. 박이문도 이와 같은 정신으로 살려고 했다. 늦은 나이에 공부를 선택한 것은 학위를 받아 철학교수라는 전문 직업을 얻기 위한 것이 아니라, 내면에서 솟구치는 삶의 난제들을 풀기 위한 목숨을 건 엄숙하고 진지한 '단 하나만의 선택'이었다. 그리하여 "내가 살아 있다는 것을, 내가 존재한다는 것을, 나의 삶의 의미를 파편적으로 느끼기 위해서라도 나의 길을 가겠다"고 고독한 결단을 내린 것이다.

박이문은 실존적 방황을 계속한다. 자신을 '길 잃은 영혼', '상처받은 영혼'이라고 말한다. 인간의 영혼은 끊임없이 방황한다고 여기고, 형이상학적 상처를 받은 영혼은 길을 잃고 헤매고 있음을 자각한다. 전술한 바와 같이, 박이문은 니체처럼 얼음과 사막을 가로지르는 방랑을 감행한다. 이런 점에서 자신의 시적 경험을 '헤매는 방황'과 '횡단'으로 연관시키는 콜로(M. Collot)의 다음과 같은 말은 경청할 만하다.

> 시는 절대적 불확정성의 지평과 본질적으로 연관되어 있다. 극단적인 경험
> 인 시는 모든 한계를 위반하는 횡단이며, 항상 스스로를 초월하여 나아가
> 는 운동이다. 시는 완성하기 위하여 미완성 상태로 머물러야만 한다. 그
> 러므로 중요한 것은 매순간 그 노정의 역동성이 예상할 수 없는 무한한 보
> 유고에서 양분을 취한다는 것이다.[36]

박이문은 완전한 앎과 아름다움에 유혹되어 자발적 자기 추방의 길을 걸
어간다. 그 길에서 버린 것은 외적으로는 안락, 지위, 가족, 결혼, 고향이며,
내적으로는 터부, 관습, 제도 등이었다. 이런 점에서 그는 '지적 노마드의 길'
을 통해 자신의 철학함을 수행해나간다. 그리고 형이상학적 비상과 초월의
길을 통해 자신의 사유함을 실행해나간다.

---

36) M. 콜로, 정선아 옮김, 《현대시와 지평구조》, 문학과지성사, 2003, 208쪽.

2. 형이상학적 비상과 초월의 길

모든 인간은 신이 되고자 꿈꾼다.
- A. 말로

영원을 향한 모험과 동경

우리의 영혼은 감각적인 것과 지상적인 유한성에 안주하지 못하고 이를 넘어서고자 한다. 그리하여 초감각적인 것과 불멸·불사·불변적인 영원한 것을 추구한다. 이런 입장은 그리스 철학 이후로 '형이상학적 존재'로서 인간에게 구유되어 있는 초월적인 차원과 경향성으로 간주되어왔다. 논란이 있을 수 있지만, 철학적 사유의 기원은 플라톤이 추구한 것처럼 '영원한 것에 대한 에로스'이다. 우리는 철학적 사유를 하는 한, 사회·세계·자연을 초월하여 형이상학적 비상을 모험하는 존재이다.

철학자 박이문에게 이러한 형이상학적 비상과 초월은 '새'와 '날개'의 이미지에서 잘 드러난다. 새는 지상에서 하늘로 비상하고, 날개는 비상할 수 있는 원동력이다. 그는 어릴 때 새를 좋아하는 소년이었다. 시골에서 자란 그는 유난히 새를 좋아했다. 겨울이면 눈이 덮인 들판에서 새를 잡는다고 쫓아 다녔다. 보리밭의 둥지에서 새끼 새를 잡아 놀기도 했다. 그리고 아예 산새를 잡아 새장에 넣고 키우면서 봄과 여름에는 벌레들을 잡아 먹이고, 가을과 겨울에는 서속과 쌀알을 구해 먹였다. 새장 속에 예쁜 둥지도 만들어주었다.

그런 그가 사춘기 이후에는 눈에 보이지 않는 파랑새를 찾아 나선 철학도로 성장했다.[37] 그의 작품 속에는 비상과 초월을 상징하는 새, 날개, 나비, 눈, 둥지 등이 핵심 열쇠말로 자리하고 있다.

새는 동서고금의 모든 문화권에서 인간과 신을 매개하는 신성한 전령, 지혜와 자유의 상징으로 표상되어왔다. 독수리는 제우스를 상징하고, 부엉이는 로마에서 철학자의 신, 매는 문화를 숭상한 합스부르크 왕가의 문양으로 사용되었다. 바크(R. Bach)의 소설에는 자유와 초월을 꿈꾸는 갈매기가 등장하고, 동양에서는 태양 속에 산다는 세 발 달린 까마귀 '삼족오'가 전해오고 있다.

알려진 대로, 고대 그리스인들은 철학자의 신을 '아테네(Athens)', 로마인은 '미네르바(Minerva)'라고 불렀다. 그 철학자의 신을 상징하는 동물이 바로 부엉이다. 크고 동그란 눈을 가진 새, 어둠을 뚫고 사물을 투시하는 지혜의 상징인 헤겔의 "미네르바의 부엉이는 황혼이 질 무렵에야 날개를 펼친다"는 언명은 자주 회자되고 있다. 철학은 이미 벌어진 사태를 단순히 기록하고 집대성하는 데 그치는 서술적인 것이 아니다. 도리어 그것은 기나긴 고통의 어둠을 견뎌내며 도래하는 새벽빛을 감지하는 부엉이의 눈을 통한 지혜창조로 해석할 수 있다. 부엉이의 큰 눈은 한낮에는 별로 쓸모가 없다. 모든 사람이 잠들고 모든 사물이 어둠에 잠기는 밤이 찾아올 때 비로소 철학의 신은 눈을 부릅뜬다.

박이문은 그리스 신화에 등장하는 이카로스와 자신을 동일시한다. 새로운 사실을 발견하려는 인간의 지적 욕망은 파우스트의 경우처럼 무한하며, 이는 많은 이들을 철학자로 만든다. 적지 않은 철학자들이 모든 우주와 인간의 비밀을 통합하여 단 하나의 원리원칙을 밝혀내려는 욕망에 불타서 이카로스처

---

37) 정수복, 《삶을 긍정하는 허무주의》, 알마, 2013, 173쪽.

럼 앎이라는 높은 하늘로의 비상을 시도한다. 이카로스는 어리석음과 과욕을 상징하는 인물로, 아버지의 충고를 무시하고 너무 높게 나는 바람에 뜨거운 햇볕에 날개를 붙인 밀납이 녹아 바다로 추락해 죽었다고 전해진다. 플라톤의 대화록《파이드로스》에서도 '날개'에 대한 이야기가 나온다.

> 어떤 사람이 여기에서 아름다움을 보고 그 참을 기억하면 그는 날개를 얻게 된다. 그는 이렇게 날개를 달고 저 위로 올라가기를 갈망하지만 그럴 수가 없다. 그래서 그는 새처럼 위만 바라보고 아래쪽에 있는 것은 신경 쓰지 않는다. 그러면 사람들은 그가 미쳤다고 비난한다. 그러나 이것은 모든 열광 중에서 최고의 것이다.

그러나 그런 비상에 머무르지 못하고 지상에 추락하여 육체와 결합된 영혼은 이데아의 세계에서 보았던 것들을 망각하고, 올바르지 못한 억견(doxa)에 빠지게 되었다. 따라서 플라톤은 회상을 통해 이데아의 세계를 동경하게 하는 것이 바로 철학의 역할임을 역설하고 있는 것이다.

이카로스의 날개를 펼치다

인간의 지적 꿈은 근본적으로 파우스트적이며, 그의 지적 모험심은 근본적으로 이카로스적이다. 결국 땅으로 추락하는 것을 알면서도 이카로스처럼 태양을 향해 하늘 높이 솟아 다시 언어의 날개를 펴고 열정적으로 날아간다.[38] 박이문에 의하면, 종교적, 철학적, 과학적 언어는 이카로스의 몸을 진

---

38) 박이문,《예술과 생태》, 미다스북스, 2010, 144쪽 이하. (이후 약호 KE로 표기)

리의 상징인 태양까지 날아오르게 할 수 없는 밀랍으로 만든 날개이다. 반면 문학적, 더 일반적으로 모든 예술적 언어는 땅에 추락한 이카로스가 어떠한 좌절에도 굴복하지 않고 다시 자신의 이상, 행복의 거처로서 불타는 태양에 도달하기 위하여 끝없이 자신의 날개를 다시 고치고, 다시 펴고, 다시 고안해 내는 날개이다.[39)]

플라톤에 의하면, 지상의 인간은 허약하고 부실한 영혼의 날개를 지니고 있다. 왜냐하면 인간은 날개가 꺾여 지상으로 추락해 육체에 감금된 영혼이기 때문이다. 그가 말하는 영혼의 날개는 궁극적으로 '생각의 날개'이다. 이를 통해 영혼은 육체와 연관된 감각적 앎에서 탈출한다. 그리고 영혼의 고향인 진리의 나라를 회상한다. 그런데 이런 '상기(anamnesis)'의 작업은 어려운 일이다. 왜냐하면 영혼이 지상에 떨어질 때 망각(lethe)의 강을 건너왔기 때문이다. 망각의 강 저 건너편으로 다시 되돌아가기 위해서 우리는 생각의 날개를 활짝 펼쳐야 한다.[40)] 프로이트 식으로 말하면, 이런 꿈은 냉혹한 현실원칙에서 벗어나고픈 욕망의 분출구이다. 비상의 꿈을 통해 인간은 현실에서 좌절될 수밖에 없는 욕망을 대리적으로 충족시킨다.[41)] 나아가 플라톤은 영혼의 날개 재생 과정을 아래와 같이 설명한다.

이럴 때에는 영혼의 모든 것들이 들끓고 용솟음치지. 마치 이가 막 새로 나려는 사람이 잇몸에서 가렵고 근질근질한 자극을 느끼는 것처럼, 깃털이 돋기 시작하는 영혼도 그와 같은 것을 느끼지. 영혼에서 깃털이 몰려나올 때면, 깃털은 영혼 속에서 들끓어 오르고 영혼을 간질이고 들뜨게 하지.[42)]

---

39) 박이문, 《이카루스의 날개와 예술》(박이문 선집 2), 민음사, 2003, 180쪽. (이후 약후 IK로 표기)
40) 김동규, 《멜랑콜리 미학》, 문학동네, 2010, 38쪽 이하.
41) S. 프로이트, 임홍빈 외 옮김, 《정신분석 강의》, 열린책들, 1997, 219쪽.
42) 플라톤, 조대호 옮김, 《파이도로스(Phaidros)》, 문예, 2008, 251b~c.

플라톤에 따르면, 우리의 영혼은 원래 자유롭다. 육체에 제약되어 있지만 원래 영혼의 본질은 자유이다. 그는 그것을 날개로 비유한다. 인간은 원래 드높은 진리와 아름다움의 평원으로 비상할 수 있는 자유로운 영혼의 소유자였다. 그러나 이런 영혼이 지상으로 유배되어 육체와 결합함으로써 날개가 꺾여 이 땅으로 추락하고 육체에 갇혀 부자유해졌다. 그런데 지혜와 아름다움에 대한 사랑만이 부러진 날개를 소생시키는 힘을 가지고 있다는 것이다. 아름다움의 유혹, 이것이 영혼이 날갯짓하며 날아오르게 만드는 원동력이다. 그래서 그는 영혼의 날개가 진리와 아름다움의 목초를 먹고 자란다고 말한다. 영혼은 광휘와 무한한 암호인 아름다움을 먹고 자라 더욱 높이 날갯짓하면서 더 많은 아름다움을 섭취한다. 그래서 점점 더 하늘 높이 비상하게 된다는 것이다.[43]

철학과 예술은 오로지 불멸의 이데아를 향한 형이상학적인 욕망에 뿌리를 내리고 있다. 박이문도 시종일관 불멸하는 지혜와 완전한 신적 아름다움을 추구하고 있다는 점에서 플라톤의 후예이다. 이런 점에서 그가 고대 미학의 전통과 연계된 입장에 서 있음을 확인할 수 있다. 이와 같이 그리스인의 신에 대한 사랑, 열정, 광기는 인간의 '완전성', '불멸성'에 대한 그것에 다름 아니다. 그리스인에게 영혼은 숨결이자 바람이고 호흡이다. 아름다움과 앎은 근본적으로 사랑에 뿌리를 두고 있다. 왜냐하면 우리는 사랑하는 것만을 진정으로 알 수 있기 때문이다.

아름다움은 근본적으로 사랑을 통해서 규정된다. 사랑의 대상은 언제나 아름답다. 아름다움이란 단어는 연인들이 암기해야 하는 사랑의 단어장 목록에 반드시 수록되어 있다. 아름다운 대상은 사랑을 불러일으킨다. 사

---

43) 김동규, 앞의 책, 46쪽.

랑 없는 아름다움은 허망한 가식이고, 아름다움 없는 사랑은 황량한 성도착으로 귀착된다. 사랑이 무엇이고 아름다움이 무엇인지를 논하기 이전에 사랑과 아름다움이 함께 동반하는 개념쌍이라는 점에 주목할 필요가 있다. 아름다움을 제도화된 예술에 한정지을 필요도 없다. 이미 플라톤부터 그렇게 생각했듯이 아름다움의 비밀을 푸는 첫 관문은 사랑이다.[44]

박이문은 근본적으로 플라톤주의자이다. 물론 그의 사유에는 플라톤주의의 변형과 재탄생이 엿보인다. 그는 "모든 인간은 신이 되고자 꿈꾼다"는 말로(A. Malraux)가 자신의 생각을 대변한다고 여러 곳에서 언급했다. "초월은 삶에 대한 개인적이고 단편화된 경험을 넘어 전체로서의 '온전한 삶'에 대한 관점으로 이행하는 운동이다."[45] 또한 김우창에게서도 "초월은 주어진 삶의 부분성이나 범속성을 전체적이고 고양된 이념으로 극복하는 경우를 말한다."[46] 플라톤에서 인간의 영혼은 이데아와 저주받은 육체 사이에 있다. 이데아를 향한 부단한 상승운동 속에서 비로소 영혼이 되는 것이다. 이는 쉽게 해결되지 않는, 죽음 직전까지 가는 목숨을 건 긴장과 곡절 있는 애씀과 진력을 요구한다. 영혼은 명령하는 이성에의 경향과 방해하는 욕망에의 경향이 소용돌이치는 힘의 장이다. 이것을 몸소 의식하고 그 힘의 장 안으로 자신을 던지게 되는 것이다.

감각적 억견(doxa)을 넘어서서 진정한 진리(episteme)를 향한 목마름과 갈증으로 인해 그의 영혼은 "아름다움을 소유한 이를 바라보기 원하는 곳으로 그리움을 가득 안고 급하게 달려갈 것이다."[47] 플라톤은 청춘남녀의 달콤한

---

44) 김동규, 앞의 책, 110쪽 이하.
45) 김상환, 앞의 책, 387쪽.
46) 김우창, 《전집 제2권, 지상의 척도》, 민음사, 2006, 123쪽.
47) 플라톤, 앞의 책, 251e.

사랑, 거친 육체적 욕망에서부터 예술과 철학의 원동력인 고상한 사랑을 망라하여 다루고 있다. 그러나 그 모두를 관통하는 사랑의 본질을 요약해서 말하자면, 인간이라면 누구나 겪을 수밖에 없는 인간 본질에서 유래한 사랑, 곧 불멸에의 욕망이라고 규정한다. 에로스(Eros)는 풍요와 빈곤, 존재와 비존재, 선과 악, 미와 추함, 앎과 무지 등등의 사이에 거주하고 있다. 그것은 불멸의 신이 되려는 욕망으로서의 신도 인간도 아닌 그 '사이' 존재, 반신, 정령(다이몬)이라고 말한다. 예술이 밝히는 세계는 과학이 나타내 보이는 객관적 사실의 세계가 아니다. 하나의 가설적 혹은 잠정적으로 생각해볼 수 있는 허구적 존재이거나 세계이다. 이런 점에서 예술은 인간의 삶에서 가장 근본적이고 혁명적이며 해방적인 기능을 담당한다. 그것은 자유라는 형태로 표현되는 인간의 초월성을 가장 잘 구현하고 있다. (IK 45)

박이문은 결코 다다를 수 없는 사랑의 대상을 평생토록 찾아다니는 사랑 나그네, 예술 나그네, 철학 나그네로 살아간다. 따라서 그의 철학과 문학의 길은 지혜와 아름다움에 대한 사랑 이야기로 점철된다.

3. 존재증명으로서의 글쓰기의 길

나에게 책을 쓰는 것은
그 자체가 작업이며 사고다.
− 박이문

산다는 것, 텍스트 짜기

박이문의 삶은 한마디로 글쓰기 내지 텍스트 짜기이다. 글 읽고 글 쓰면서
살았다고 해도 과언이 아니다. 그에게 창작의 여정은 바로 인생의 여정이다.
작품은 탄생하는 순간 작가의 삶의 총량이자 경험의 농축이라고 하지 않던가!
박이문은 삶을 텍스트로 본다. 인간의 삶이 텍스트인 이상, 그 어떤 텍스트이
건 모두 최소한의 의미를 지니며, 따라서 논리적 일관성을 띠게 된다. (LP 227)

> 인생이 텍스트 쓰기이며, 인생의 의미가 텍스트적으로만 해석되고, 인생의
> 가치가 텍스트적으로 평가될 수 있다면 각자 인생의 의미는 그가 죽는 날
> 에야 끝을 맺게 될 소설/텍스트에 의해서 결정된다. 그러나 어떤 텍스트를
> 어떻게 써서 어떻게 끝을 맺을까의 문제는 각자 자신의 자유로운 결단에
> 따라 어떤 주제를 어떻게 선택하여 실천에 옮기느냐에 달려 있다. (LP 228)

글쓰기는 그의 사색의 방법이자 동시에 사고 그 자체이다. 무엇보다 문학

적 창조는 그의 정신적 고향이다. 시는 물론 소설, 특히 희곡을 써보고 싶은 의욕은 언제나 그의 마음속에서 떠나지 않았다. 그는 항상 무엇인가를 쓰고 싶었다. 어려서부터 시인, 작가가 되고 싶었던 이유도 똑같은 충동 때문이다. 이러한 충동은 자신을 확인하며 내세우고 자신의 흔적을 오래 남기고 싶어 하는 모든 생명의 본능적 욕구의 한 표현이자 방법임에 틀림없을 것이다. 글쓰기는 어떤 인간이든 갖지 않을 수 없는 여러 가지 요청으로 나타나는 인간적 몸짓이다. 그의 표현대로 '글쓰기는 자연을 세계로 번역하고 창조하는 일'이다. 그는 글쓰기를 통해 자연적 삶을 의미의 세계, 말하자면 '의미 있는 삶'으로 번역하고 창조하는 일을 계속하고 있다.

> 이 책을 쓴 이유는 이미 알고 있는 지식을 남들에게 보여주기 위해서가 아니다. 내 자신에게 절실하게 중요한 문제들을 내 나름대로 풀어보려는 의도에서 썼다. 책을 씀으로써 비로소 생각이 더 잘 정리되고 문제가 풀릴 수 있기 때문이다. 나에게 책을 쓰는 것은 그 자체가 작업이며 사고다. (EC 머리말)

《전쟁과 평화》,《안나 카레리나》,《부활》등의 불후의 명작을 남긴 톨스토이(L. Tolstoy)는 어릴 때 고아가 되어 정규학교를 다니지 못하는 불우한 환경 속에서 성장했다. 하지만 그가 모든 불행을 이기고 위대한 인물로 영웅적 인생의 족적을 남길 수 있었던 것은 '일기 쓰기'라는 작은 습관 때문이다. 19세부터 82세까지 63년간 일기를 썼다고 하는데, 이처럼 글쓰기란 그 사람의 인생을 내적으로 변화시키는 대단한 힘을 가지고 있다.

이에 못지않게 박이문은 지금까지 수많은 저작을 남기고 있다. 그는 자유와 고독이 가능한 독신생활을 창작의 기본조건으로 삼았다. 시인이 되고자 했지만 학자를 꿈꾼 적은 한 번도 없었다. 대학교의 철학교수가 된 것은 지적 혼돈을 극복하기 위한 방랑의 결과에 불과했다. 그가 그런 훈련을 거쳐 깨우친 점은 '철학적 글쓰기'와 '시적 글쓰기'를 결합하는 일은 불가능하다는 것이다. 하지만 그 불가능한 꿈을 포기할 수 없었다.

박이문은 왜 글을 쓰는가? 글쓰기에 대한 욕망의 근원에는 삶과 세계의 진실, 즉 진리에 대해 알고자 하고, 자신과 세계를 투명하게 파악하고자 하는 숨은 욕망이 깊이 깔려 있다. 그의 글쓰기는 순수한 정신적 요청이자 인식적 요청이다. 글쓰기는 존재의 의미화 내지 인식적 활동이다. 이렇게 볼 때 글쓰기는 객관적 대상/세계나 주관적 의식/경험을 언어/기호로 서술, 즉 표상 혹은 표현하는 과정을 통해서 그 의미를 기록하는 작업이다. 그러므로 글쓰기는 결국 '존재'의 '의미화'에 지나지 않으며, 인식은 오직 의미적 세계에만 속한다. (LP 198) 그에게 '글쓰기'는 이른바 세계를 개념으로 조각하는 작업이다.

> 다른 비유를 들자면 글쓰기는 조각가의 조각 작업이며, 글쓰기의 구체적 결과인 텍스트는 그런 작업의 결과로 나타난 조각 작품이다. 가장 바람직한 글쓰기는 모든 대상, 모든 경험을 가장 총괄적인 동시에 가장 투명하게 구성/조직/조각해내는 글쓰기일 것이다. 철학적 사고의 본질이 모든 문제를 가장 본질적으로 추구하고 그것에 대한 가장 보편적이며 투명한 명제를 찾아내려는 데 있다면 철학적 세계인식, 즉 세계에 관한 글쓰기는 가장 포괄적이며 가장 투명한 세계 구성/조직이라 정의될 수 있다. (LP 200)

글쓰기, 구원과 예술의 퍼포먼스

박이문에게는 사르트르처럼 쓰는 것 자체가 구원의 행위이고, 예술적 표현임을 확인할 수 있다. 쓴다고 함은 그에게서 그대로 하나의 예술적 표현이며,

존재의 부조리로부터 탈출할 수 있는 하나의 출구이다. 쓰는 일 자체가 현실 존재의 무의미함과 그것으로부터의 탈출에 대한 예술적 표현이 된다. 무엇보다도 쓴다는 것 자체가 곧 구원이었던 것이다. 그러나 일반적으로 쓴다고 하는 단순한 자기표현과 보편적 예술적 표현 사이에는 거리가 있는 게 사실이지만, 사르트르에게서도 '쓴다는 것' 그 자체가 예술적 표현이 아닐 수 없었다는 것이다.[48]

그에게 글쓰기는 철학적 글쓰기와 시적 글쓰기가 있다. 철학적 글쓰기를 할 때 인식은 의식의 '객관적 사물현상'의 '주관적 관념화'로 서술될 수 있다. 그리고 이러한 인식과정이 언어적 기록에 의해서 '의미'의 질서를 갖게 된다. (LP 198) 철학적 글쓰기는 그 세계를 총체적이고 투명하게 이해하기 위한 것이다. 그러나 총체성과 투명성에 집착하다 보면 개별성과 구체성을 상실하게 된다. 시적 글쓰기는 바로 그런 철학적 글쓰기가 잃고 왜곡시킨 세계의 구체성을 회복하려는 노력이다. 따라서 그에게 이상적 글쓰기는 이 두 가지 글쓰기를 번갈아가며 반복하는 것이다. 따라서 철학적 글쓰기는 세계의 구성 및 조직을 총체적으로 드러내준다. 이러한 글쓰기는 보편적인 명제로 변하고, 명제가 보편적일수록 구성·조직된 세계는 그만큼 추상적이고 개념적일 수밖에 없다. 그러나 존재하는 모든 것은 개별적이며 구체적이기 때문에 그만큼 불투명해진다. 그러므로 총체성과 투명성을 추구하는 철학적 글쓰기에 의한 세계구성 및 조직은 그만큼 구체적 세계와 사이가 벌어진다. 철학적 글쓰기로 구성·조직 인식된 세계·존재는 이런 점에서 객관적 세계, 즉 글쓰기에 의해서 구성되는 이전의 모습과 상이한 형태를 띤다. (LP 202 이하)

철학적 글쓰기라는 존재 파악을 위한 어망에는 수없이 많은 크고 작은 다양한 존재들인 물고기가 잡히지 않고 새어나가거나 빠져나갈 수 있다. 반면

---

48) 정종, 앞의 책, 53쪽.

시로 대표되는 문학적 글쓰기는 철학적 글쓰기가 잃은 것을 찾아내고 왜곡시킨 것을 바로 잡으려고 한다. 말하자면 추상적으로 기울어지는 철학적 글쓰기가 빠뜨리거나 부득이 버릴 수밖에 없었던 구체적 존재들을 시적 글쓰기가 포착하는 것이다. 그 글쓰기는 그만큼 덜 추상적인, 더 구체적인 언어로 바뀌어야 한다. 그렇다면 그만큼 그 언어의 의미는 덜 개념적이며 더 감각적이 된다. 이 언어는 가능한 한 '개념적'으로가 아니라 '사물적'으로 존재하며, 언어의 의미는 관념적이기에 앞서 '구체적'일 필요가 있다. 시적 글쓰기의 상대적 특징은 언어의 은유나 환유, 그리고 그 밖의 다양한 기술적 방법을 동반한 언어의 비유적 용법이다. 따라서 시적 글쓰기에 사용된 언어가 철학적 글쓰기에 똑같이 사용되어도 그 언어의 의미는 그만큼 사물적으로 존재하려는 경향을 띠게 된다. (LP 202)

> 시적 글쓰기의 어망이 철학적 글쓰기의 어망에서 빠져나간 존재의 물고기를 유혹해서 잡으려면 그물은 그만큼 더 존재의 물고기 자체에 가까워야 할 것이다. 시적 글쓰기 작업은 바로 이러한 그물을 짜내는 작업이며, 시 작품이란 존재를 있는 그대로 잡기 위해 짜여진 언어적 그물이다. (LP 202)

그래서 박이문은 시를, '언어를 통해서 언어에서 해방되려는 언어를 씀으로써 언어를 쓰지 않는 언어가 되려는 불가능하고 모순된 노력'이라고 한다. '언어로부터 해방을 꾀하지 않는 언어', '언어로 표현될 수 없는 가장 원시적인 감각을 언어로써 표현하지 않는 언어'는 시가 아니라고 단언한다. 그러나 그는 철학적 글쓰기와 시적 글쓰기가 모순관계에 있음을 지적한다. 철학적이건 시적이건, 어느 글쓰기도 그 한 가지만으로는 글쓰기의 궁극적 이상을 채울 수 없다. 철학적 글쓰기와 시적 글쓰기가 순환적으로 반복하여 추구하는 것은 완전한 글쓰기이다. 그러나 그러한 글쓰기의 완전한 종합은 마치 사르트르의 철학에서 '완전한 존재'로서 신의 존재가 논리적으로 불가능하듯이 역시 논리적으로 불가능하다. 이와 마찬가지로 철학적 글쓰기와 시적 글쓰기는 각각의 의도가 서로 모순관계에 있으므로 종합될 수 없다고 본다. (LP 204~205)

'완전한 글쓰기', 인생을 걸다

앞에서 언급했듯이, 모든 글쓰기의 궁극적 이상은 총체성과 투명성이라고 한다. 그것들은 모든 글쓰기의 궁극적 꿈, 즉 이상으로 간주된다. 이것은 박사학위논문 〈말라르메의 궁극적 목적 완전한 글쓰기〉에서 드러난다. 시인 말라르메가 시작의 궁극적 목적으로 삼은 것은 그가 '절대적 책(Le Livre)'이라 불렀던 완전한 글쓰기, 즉 완전한 텍스트의 창조였다. 단 하나의 이 텍스트 속에서 그는 모든 사물, 모든 현상, 그리고 자신의 창작행위를 포함한 모든 행위를 함께 총체적으로 지칭하는 우주 속에서 완전하고 영원한 질서를 발견, 또는 창조하려고 시도했다. 이른바 말라르메의 시적 글쓰기는 세계·존재에 대한 완전히 총체적이며 투명한 파악이었다. 그러나 그의 시적 글쓰기의 목적은 실패로 돌아간다. 왜냐하면 그것은 논리적으로 불가능하기 때문이다. 말라르메는 자신이 의도했던 텍스트를 쓰는 데 실패했다. 그런 텍스트는 아직 아무에게서도 써지지 않았으며, 앞으로도 써지지 않을 것이다. 만약 그런 텍스트가 있다면 그것은 영원히 써지기만을 기다리며 채 남아 있을 수밖에 없다. (LP 205)

박이문은 억제할 수 없는 불가능한 꿈을 써지지 않는 텍스트에서 찾는다. 그는 글쓰기로 무엇을 이루고자 하는가? 그는 아직 써지지 않은 텍스트를 추구하고 있는 것이다. 그가 시적 글쓰기를 하다가 철학적 글쓰기를 하고, 그러면서도 아직 시적 글쓰기에 대한 깊은 향수와 의욕에 잠겨 있다면 그것은 무엇을 말해주는가? 그것은 말라르메가 말하는 '책', 즉 그가 추구하는 그 텍스트가 어떠한 글쓰기로도 만족스럽게 써지는 것이 어렵다는 것을 말해준다. 그러나 세계/존재에 대한 완전한 인식을 추구하는 인간의 지적 욕망은 파우스트적이어서 그것이 불가능한 꿈인 줄 알면서도 완전히 억제할 수 없다. 그러므로 글쓰기의 운명은 이카루스의 운명과 같다. 아직 써지지 않은 완전한 텍스트의 유혹은 글쓰기가 사라지지 않는 한 인간에게 영원한 유혹으로 남아 있을 것이다. (LP 209 이하) 결국 글쓰기의 길은 박이문의 '존재 증명의 길'인 것이다.

이와 같이 박이문의 철학함과 사유함의 세 갈래 길들, 즉 '지적 노마드의 길', '형이상학적 비상과 초월의 길', '존재 증명으로서의 글쓰기의 길'로 정리할 수 있을 것이다. 이 길들은 이후의 '둥지철학'에 이르는 방법들(meta hodos)이 된다. 다음으로 그의 철학과 사상을 형성하는 데 결정적인 역할을 한 철학수업의 여정을 살펴보도록 하자.

장 폴 사르트르(1905~1980) - 프랑스의 대표적인 실존주의 사상가이며 작가이다. 1964년에 노벨
문학상 수상자로 결정되었으나 수상을 거부하였다. 주요저서로 《존재와 무》(1943) 등이 있다. 사
르트르는 문학적 상상력과 철학적 지성에 있어서 박이문의 사유에 결정적 영향을 끼쳤다.

제3부 ◆ 지혜사랑의 편력 - 둥지철학의 모태

그의 학문적 편력은 실존주의의 문을 통과하여, 현상학의 정원에 도달한다. 그리고 분석철학의 계단 및 사다리를 올라 구조주의의 집에 이른다. 최종적으로는 동양의 노장사상에서 보금자리를 틀게 된다. 이러한 편력의 과정들이 결국 '둥지철학'의 학문적 모태가 된 것이다.

1. '실존주의'의 문

나의 운명은 오로지 내가 책임져야 한다.
- 박이문

박이문의 수업시대는 일정 기간에 제약받지 않는다. 철학의 모든 분야에 관심을 갖고 독자적인 주장을 펼치는 학문적 스타일을 감안한다면, 그의 수업시대는 아직 종결되지 않았다. 그는 끊임없이 배우면서 가르치고, 가르치면서 배운다. 다양한 주제의 철학 연구서들이 그 결과물로 출간되었다. 그의 철학적 멘토는 칸트(I. Kant), 니체(F. Nietzsche), 키에르케고르(S. Kierkegaard), 사르트르(J. P. Sartre), 메를로-퐁티(M. Merleau-Ponty), 비트겐슈타인(L. Wittgenstein), 하이데거(M. Heidegger), 노자와 장자 등이다. 그리고 직접 교류한 현대 철학자는 데리다(J. Derrida), 리쾨르(P. Ricoeur), 단토(A. Danto) 등을 꼽을 수 있다. 그는 프랑스에서 실존주의, 현상학, 구조주의를 접하고, 미국에서 분석철학과 그 사상가들을 통해 다시 동양의 노장사상을 재발견하게 된다.

'젊은 시절'을 뒤흔든 지진

박이문은 사르트르의 문학을 통해 실존주의(Existentialisme)와 현상학

(Phänomenologie)을 만나게 된다. 사르트르는 박이문의 '젊은 시절을 뒤흔든 지진'이었다. 사르트르의 마술적 언어의 논리가 그를 실존적 문제에 눈을 뜨게 했고, 또한 철학적 세계를 탐하도록 유도했다. 사르트르는 그에게 인생에 대한 태도, 인간에 관한 견해에 대해 결정적인 영향을 주었던 것이다.[49] 그것은 인간에게 자유가 있으며, 한 인간의 인생은 그 당사자의 자유로운 선택에 의해 결정된다는 견해이다. 인간으로서 '존재의 의미'에 대한 입장과 아울러, 삶의 구체적인 다양한 경험을 조명해주고 설명해주는 이론을 사르트르보다 더 설득력 있게 대답해준 예를 발견하지 못했다고 한다. 박이문의 지난 40여 년(1992년 당시의 시점) 간의 삶의 행적과 삶에 대한 태도는 사르트르의 철학을 접하고 그것을 나름대로 이해함으로써 결정된 것이나 다름없다.

1953년 봄으로 거슬러 올라가면, 박이문은 삶에 대한 전망이 전혀 보이지 않는 절망적 상황에서 지적 혼돈과 정서적 허무주의라는 수렁에서 헤매고 있었다. 그 당시에 《존재와 무(L'être et le néant)》에 대한 일본어로 번역된 실존주의 해설서를 접하게 된다. 사르트르의 실존주의는 지적 혼돈에서 벗어나도록 세상을 밝혀주는 한 줄기 빛이자, 정서적 허무주의라는 수렁으로 내려온 구원의 손길을 발견하게 된 계기가 되었다. 그 후에 박이문은 《존재와 무》 원전을 읽으면서 처음으로 생생하고 정직한 인간의 상을 볼 수 있었다고 고백한다. (IW 500) 여기에서 한 가지 확실한 것은 사르트르와의 만남이 그의 운명을 바꾸었다는 사실이다. 왜냐하면 그가 사르트르를 만나지 않았더라면, 서른이 넘은 나이에 지적 모험심으로 힘든 방랑의 길에 나서지 않았을 것이기 때문이다. 그는 실존주의를 접하지 않았더라면 지금의 자신과는 전혀 다른 인간이 되었을 것이라고 고백한다. 니체와 그의 '망치의 철학(Philosophy of Hammer)'과 더불어, 사르트르와 그의 실존주의와 문학은 인생을 보는

---

49) 박이문, 《행복한 허무주의자의 열정》, 미다스북스, 2005, 24쪽.

시각과 삶에 대한 오늘날의 그의 태도를 형성하는 데 결정적인 요인이 되었다. (WN 217)

박이문의 철학적 문제는 어떤 전문화된 특수 영역에서 제기되는 언어적, 개념적, 논리적인 것이 아니었다. 그것은 오히려 세계와 우주를 총체적으로 설명하고 인생의 의미를 찾아내는 절실한 실존적인 것이었다. 그에게 철학은 근본적으로 실존(l'existence)에서 출발하고, 그 안에서 거주하며, 마지막까지 실존의 테두리 안에 머문다. '인간은 어떤 상황에서도 자유'라는 실존주의적 기본 명제는 인간 존재의 비극성을 함의하는 동시에, 인간이 운명적으로 결정된 것이 아니라는 사실이다. 왜냐하면 그것은 자신의 선택과 결단에 달려 있음을 뜻하고, 인간에게 삶에 대한 용기와 의지, 그리고 그것에 동반되는 긍지를 부여하기 때문이다. 박이문은 자신의 구체적 체험에 비추어볼 때, 인간으로 산다는 것이 무엇인가를 사르트르의 실존주의만큼 일관성 있게 보여주고 선명하게 밝혀준 철학은 지금까지 찾아볼 수 없었다고 술회한다. (IW 273)

지난 며칠 전까지 나는 '실존한다'는 말이 의미하는 바를 예감한 적은 한 번도 없었다. 나는 다른 사람들, 해변을 산책하는 사람들과 다를 바 없었다. 우리는 우리 자신의 존재에 거북함을 느끼고 불편스러운 한 무더기 존재물이었다. 우리들은 너 나 할 것 없이 거기에 존재할 아무런 이유도 없었다. 각기 존재하는 것은 혼돈된 상태에서 그리고 막연한 불안 속에서 달리 존재하는 것들에 비추어볼 때 '드 트로(de trop, 여분의/쓸모 없는)'로 느끼곤 했다. '드 트로', 이것이야말로 내가 이 나무들, 이 철장들, 이 자갈들 사이에서 찾을 수 있는 관계였다. 나 역시 드 트로였다. 나는 적어도 하나의 피상적 존재를 무화하고자 나 자신을 말소시키겠다는 막연한 꿈을 꾸고 있었다. 그러나 나의 죽음 자체도 역시 '드 트로'가 아니겠는가. 나는 영원히 드 트로였다(사르트르《구토》).

실존은 본질에 앞선다

철학적 인간학이 '인간으로 산다는 것은 무엇을 의미하는가?'에 대한 대답의 모색이라면, 사르트르가 보여준 대답보다 더 설득력 있는 것은 쉽사리 찾지 못할 것이라고 한다. 무엇보다 실존은 과학적으로 객관적인 분석을 통해서 설명될 수 있는 객관적인 대상으로서의 인간이 아니라, 구체적으로 체험하는 살아 있는 인간 존재를 가리킨다. 실존이라는 개념은 다름 아니라 구체적이고 행위적인 차원에서 파악된 자율적 인간을 의미하는 것에 지나지 않는다. (PA 72) 사르트르의 경우 인식은 발견이 아니라, 역동적 의식에 의한 적극적 해석이다. 그것은 조작이며, 재구성이며, 구성적이며, 창조적인 행위이다. 세계는 그냥 수동적 존재로서 정적으로 있는 것이 아니라, 오히려 인간의 자유로운 의식에 의한 능동적 작품이다. 말하자면 인식 대상으로서의 세계는 물론 인식 주체로서의 자신의 삶과 행동마저 처음부터 객관적으로 고정된 상태에서 영원히 있는 것이 아니다. 그것은 자신의 자유로운 선택에 의해서 부단히, 그리고 새롭게 다시 해석되고, 구성되고, 결정된다. 바로 이런 점에서 사르트르는 자유로운 인간의 구체적 삶의 구조를 실존이라 부르고, '실존은 본질에 앞선다'라고 선언한다. (IW 270~271)

사르트르를 통해서 박이문은 운명이 주어져 있지 않다는, 더욱이 운명이 있어도 그것은 극복될 수 있다는 사실, 그리고 그가 자신의 자유로운 주인이라는 것을 배우게 된다. 그에게 독창적인 철학으로 무장하고 문학작품을 통해서 예술적 의욕을 충족하며 하나의 이념을 위해 적극적으로 사회에 참여하는 사르트르야말로 가장 멋진 삶의 멘토였다.

결국 박이문은 "나는 내가 나 자신의 운명을 스스로 만들 수 있다"는 것과 "나의 운명은 오로지 내가 책임져야 한다"는 것을 사르트르로부터 배우게 되었다. 이러한 실존주의의 문을 통해 박이문의 철학과 예술이 출발하게 된다.

2. '현상학'의 정원

현상학과 현상학적 학문 방법론은
평생 박이문의 철학과 예술에 영향을 미쳤다.
– 강학순

현상학을 통한 '육화된 자아' 발견

박이문은 프랑스에서 실존주의의 문을 통과하여 현상학이란 사상적 정원에 들어서게 된다. 현상학과의 만남은 유학시절로 거슬러 올라간다. 그러한 조우를 기반으로 하여 메를로-퐁티의 현상학에 관한 박사학위논문을 미국에서 완성하게 된다. 그것이 바로 프랑스 철학자들, 말하자면 사르트르, 리쾨르, 레비나스(E. Levinas) 등을 통해 소개된 현상학이었다. 박이문은 현상학을 사르트르와의 사상적 만남을 통해 처음으로 접하게 되고, 메를로-퐁티로부터 본격적으로 접하게 된다. 메를로-퐁티는 1961년 작고할 때까지 소르본 대학과 콜레주 드 프랑스(College de France)에서 현상학을 강의했다. 그는 20세기 프랑스 철학의 핵심적 문제는 '존재와 인간의 관계의 서술'에 있다고 보았다. 그리고 그 방법은 '경험의 반성적·서술적 성찰'이라는 넓은 뜻으로서의 '현상학적 서술'에서 찾았다. [50] 박이문이 표방하는 '표현의 존재론'은 메를로-퐁티의 현상학과 일치하며, 우리의 경험세계에 대한 가장 일관된 기술로 간주된다. (SA 212)

20세기 전반의 프랑스 철학의 특징은 일반적인 뜻에서 '현상학적'이었다. 특히 후설의 영향이 결정적이었고, 인식론의 관점에서 한결 더 그러했다. 현상학의 목적은 어떤 존재, 어떤 대상의 본질을 발견하는 것이다. 그것이 추구하는 것은 과학이 도달할 수 없는 본질적인 존재를 절대적으로 확실성 있게 인식해보자는 것이다. 그래서 현상학은 데카르트의 전통을 따라 명증성을 찾는 철학이다. 현상학은 철학 자체에 대한 이론이고, 특수한 지식의 이론이다. 현상학에서 말하는 '현상(Phänomen)', 즉 경험은 일반적으로 말하는 경험과는 달리 의식과 그 대상과의 가장 근원적이고 원초적인 관계를 가리킨다. 따라서 현상학에서 현상은 과학의 대상이 될 수 없고, 오직 철학적 사고의 대상이 될 수 있다. (AP 26~31)

무엇보다 간과해서 안 되는 점은 사르트르의 실존주의적 전제가 현상학적 서술과 분석에 근거한다는 사실이다. 현상학적 방법에 의한 사르트르의 철학적 인간학이야말로 가장 적절하고 가장 구체적으로 '인간은 무엇인가?', '인간으로 산다는 것은 무엇을 의미하는가?'의 물음에 대답을 해준다는 점이다. (IW 469) 사르트르의 인간은 살아 있는 살과 피로 구성된 구체적 인간이다. 현상학적 방법이란 인간에 대한 과학적 발견을 토대로 해서 객관적으로 인간을 파악하거나 혹은 어떤 형이상학이나 종교의 입장에서 인간의 존재를 설명하는 것이 아니다. 오히려 그것은 구체적으로 인간이 하고 있는 여러 가지 경험 자체를 분석함으로써 인간의 정체를 파악하려는 것이다. (IW 449)

더구나 메를로-퐁티의 현상학에서 인식은 주지주의, 즉 합리주의적 인식론의 경우처럼 순수한 이성의 활동이나 경험주의적 인식론의 경우처럼 물질적 대상의 통계적 귀납도 아니다. 그것은 원초적 지각의 산물이며, 발견도 구성도

---

50) 박이문, 〈현상학의 실존주의적 전개 – 20세기 전반기의 프랑스 철학〉, 《나는 왜 그리고 어떻게 철학을 해왔나》, 263쪽.

아닌 존재의 열림이다. 그리하여 인식의 주체는 순수의식도 물리적 존재로서의 육체도 아닌, 육화된 의식으로서의 몸(le corps)이다. 이 몸속에서 정신과 육체, 영혼과 자아, 인간과 자연은 형이상학적 구별이 불가능한 단 하나의 세계 혹은 존재 일반이 된다. 인간과 자연, 정신과 육체, 영혼과 자아, 관념적 존재와 물질적 존재, 대자와 즉자, 이성과 감성의 엄격한 존재론적 구별은 픽션이다. 즉 그것은 궁극적으로는 세계 혹은 존재 일반을 투명하게 분별할 수 있도록 지각의 원초적 경험을 서술할 필요성에서 고안된 형이상학적 픽션에 지나지 않는다. (IW 280 이하)

이런 맥락에서 메를로-퐁티는 우리의 존재론적 믿음을 위한 인식론적 토대를 수립하는 '지각의 현상학(Phénoménologie de la Perception)'에서 인식에 관한 경험주의와 이른바 주지주의의 독단성을 드러내 보였고, 인식의 밑바닥 구조를 밝혀주고 있다. 세계 및 자아에 대한 인식과 설명의 시원적 근거는 지각, 더 정확히 말해서 감각적 기관을 통한 구체적인 경험이다. 지각적 경험은 모든 지식에 선행하며 근원적 기초이다. 그에 의하면, '지각의 선행성'은 모든 형태의 인식에 다 같이 적용된다. 수학을 포함한 과학, 철학 등 모든 지식은 궁극적으로 지각적으로 얻어진 인식에 의해서만 그 진위를 결정할 수 있다는 것이다. 따라서 앎의 시원은 '순수직관'이 아니라, '감각적 지각'에 있다. 진리의 정당성의 근원적 근거는 '선험적 자아'가 아니라 오히려 '육화된 자아'라고 주장한다. 이러한 메를로-퐁티의 인식론의 독창성은 인식의 원초적 바탕에 관한 사르트르나 후설만이 아니라, 플라톤, 데카르트, 칸트의 전통적 전제를 무효화시킨다. 결국 그것을 뒤집어 전통적 입장과 정반대의 입장을 취한 데서 그 독창성을 찾아볼 수 있다. (IW 275)

메를로-퐁티의 현상학과의 조우

박이문의 관심은 존재 일반에 대한 문제였다. 존재 일반이 '표현'이란 개념을 통해 가장 적절히 밝혀질 수 있다고 나름대로 생각한다. 메를로-퐁티의 '표현'이라는 개념에서 마음과 몸, 물질과 정신, 인식과 존재, 사실과 의미가 모두 하나로 통일된 '일원론적 존재론'이 귀결된다. 그 존재론은 사물과 육체 및 의식과의 지속적 관계를 잘 보여주고 있다. 여기에서 물질의 연장이 의식이요, 의식의 연장이 물질로서 그것들을 본질적으로 다른 두 개의 존재가 아니라, 어떤 개념 속에서도 묶어 넣을 수 없는 것, 단 하나의 존재임이 밝혀졌다고 본다. (PA 183)

메를로-퐁티는 가장 선행적인 조건을 이성의 '초감각적 순수경험'이 아니라, 감각기관에 의한 '지각'에서 찾는다. '지각'이란 무엇인가? 지각은 세계의 과학이 아니며, 행위도, 단호한 입장의 선취도 아니다. 그것은 모든 행위가 떨어져 나오는 바탕이고, 모든 행위가 전제하는 것이다.[51] 그리고 지각은 지각된 것이 즉자적 존재가 아닌 한, 비반성적인 인식 주체로서 작동하는 고유한 몸에 의해 이미 변형되고 해석되므로, 이른바 '표현'이라고 말할 수 있다. (SA 224) 따라서 지각적 경험은 가장 자명한 원초적 사실이며, 그것은 우리가 인식하고 말하고 행하는 모든 것 안에 전제되어 있다.

메를로-퐁티와 더불어 데카르트와 칸트, 그리고 후설의 초월적 자아는 '육화된 자아(l'ego incarné)', '내재적 의식(La Conscience Immanente)'의 개념으로 바뀐다. 이러한 주체, 자아, 혹은 의식관에 의해 주체와 객체, 영혼과 의식, 마음과 몸, 인간과 자연의 존재론적 이원론적 구별의 벽이 무너진다. 결국 그것들을 나누는 경계선이 흐려지면서, 사르트르의 이원론적 세계관은 동

---

51) M. 메를로-퐁티, 류의근 옮김, 《지각의 현상학》, 문학과지성사, 2002, 228쪽.

양의 음양사상에 나타난 형이상학과 유사한 '일원론적 존재론'으로 탈바꿈된다. (IW 276) 따라서 인식 주체로서의 의식은 순수하지 않다. 그리고 '육화'되었다는 모든 인식의 원초적 바탕은 순수직관이 아니라 지각이 된다. 지각적 경험 내지 '지각'은 의식과 물리적 존재가 서로 뗄 수 없는 역동적 통합 상태를 지칭한다. 초험적 지식이 과학적 지식에, 과학적 지식이 지각에 의한 지식에 근거를 두고 있는 것이다. (PA 84)

이와 같이 메를로-퐁티의 일원론에 의하면, 현대 자연과학이 주장하듯이 물질은 인간의 의식과는 상관없이 완전히 객관적으로 존재하지 않는다. 게다가 인간은 데카르트, 칸트, 후설이 전제하고 있는 것처럼 선험적인 초월적 존재가 아니다. 의식과 대상, 대자와 즉자, 의식과 무의식, 정신과 육체, 마음과 몸은 사르트르가 주장하듯이 서로 절대적으로 대립하는, 즉 형이상학적으로 서로 단절된 두 종류의 실체가 아니다. 도리어 그것들은 각기 개별적으로 독립해서가 아니라, 전일적 틀에서 역동적 상호관계에서 파악될 수 있다는 것이다. (IW 277)

인간과 세계, 정신과 물질, 의식과 대상, 주체와 객체, 마음과 몸, 영혼과 실체, 의식과 무의식 사이는 형이상학적 단절 없이 연속적으로 이어진다. 특히 '살(La Chair)'은 의식도 아니며 육체도 아니고, 정신도 아니고 물질도 아니다. 그것은 모두를 통합하는 속성을 지니고 있다. '살'로서의 세계 혹은 일반 자연화의 개념화는 우리가 개념화하기 이전부터 지각적 경험을 통해서 희미하게나마 시원적으로 인식할 수 있는 객관적 속성과 구조에 근거를 두고 있다. '살'로서의 세계 혹은 존재 일반은 영혼과 육체, 정신과 물질 가운데 그 어떤 존재론적 범주에도 속하지 않는다. 그러나 그것은 혼돈 자체가 아니라, 오히려 구조 혹은 질서를 갖추고 있다. '살'로서의 단 하나의 세계, 혹은 존재 일반의 질서와 구조를 법칙이라는 말 대신 존재의 파장 또 분절이라는 말로 부른다. '살'로서 존재하는 세계 혹은 존재 일반의 근본적 본질은 관념 또는 물질로 규정할 수 없는 '의미(Le Sense)'이다. 그러한 의미로서의 세계 혹은 존재는 처음부터 발견의 대상으로 그냥 있는 것이 아니다. 그것은 의식과 세계 혹은 존재의 역동적이고 변증법적인 원초적 만남에서 탄생한다. (IW 280)

주목할 점은 박이문의 소위 '표현의 존재론'은 메를로-퐁티의 현상학과 일치하며, 우리의 경험세계에 대한 가장 일관된 기술이란 것이다.[52] 그것은 '의식은 무엇에 대한 의식'이라는 현상학적 근거의 다양한 양태들을 통해 우리가 경험하는 대상에 대한 현상학적 기술이라는 지반 위에 세워진다.[53]

요약하자면, 박이문이 프랑스와 미국에서 수학한 현상학과 분석철학은 공히 과학의 발달로 인해 철학적 지식이 무엇인지를 다시 근원적으로 성찰하는 데 초점이 맞추어진 것이다. 그가 수업시대에 접한 현상학과 분석철학은 모두 위와 같은 상황에서 철학이 과학과 대치해서 그 자체의 본질이 무엇인가를 반성한 결과에서 생긴 철학이론이다. 양자는 모두 과학과는 전혀 다른 고유한 차원이 철학에 있음을 처음으로 발견한 것이다. 즉 그것들은 철학의 방법론으로서, 개별 과학과는 구별되는 철학적 지식이 무엇인가에 대한 견해에서 생긴 것이다. (PA 14 이하) 현상학은 존재에 대한 근본적 인식을 추구하고, 분석철학은 언어에 대한 명석한 이해를 탐구한다. 현상학은 삶을 존재적인 관점, 즉 삶에서의 존재 차원에서 바라본다. 그리고 분석철학은 그것의 언어화된 차원, 즉 삶에서의 의미 차원에서 바라보고 있다. 결국 프랑스에서 접하고 경험한 현상학과 현상학적 학문 방법론은 평생 박이문의 철학과 예술에 영향을 미치고 있음을 알 수 있다. 그러면 이제 박이문이 미국에서 접하고 공부했던 분석철학을 살펴보도록 하자.

---

52) M. 메를로-퐁티, 류의근 옮김, 앞의 책, 212쪽.
53) M. 메를로-퐁티, 류의근 옮김, 앞의 책, 215쪽 이하.

3. '분석철학'의 계단

박이문의 철학적 문제는 세계, 우주를
총체적으로 설명하려는 데 있다.
- 강학순

'철학적 의미론'을 찾아서

박이문은 소르본 대학교에서 문학박사학위를 취득했다. 그 후 미국 대학
에서 2년 반 동안 철학박사과정을 공부하면서 처음으로 '분석철학(Analytic
Philosophy)'을 접하게 된다. 그곳에서 철학적 사고의 미시적 세밀성과 논리적
엄격성을 훈습한다. 이런 배움을 바탕으로 무어(G. E. Moore), 러셀(B. Russel),
카르나프(R. Carnap), 비트겐슈타인(L. Wittgenstein)의 분석철학을 학습한다.
그 결과 《현상학과 분석철학》을 세상에 내놓게 되었다. 분석철학은 이후 박이

---

54) 정과리, 〈예술에 대한 기능적 노미날리즘〉(서평, 박이문, 《시와 과학》, 일조각, 1990), 업코리
   아, 2003. 정과리에 의하면 분석철학의 등장으로 철학은 언제부터인가 '진리의 사도'이기를
   포기했다는 것, 그 대신 진리에 대한 주장들의 타당성을 검증하는 작업에 만족하기 시작했
   다는 것 말이다. 그러한 회심이 논리실증주의에 의해 완성되고 그럼으로써 철학의 고유한
   영역이 재설정됨으로써 확보되었음은 주지의 사실이다. 논리실증주의는 철학을 부정한 대
   가로 철학을 구출했다고 본다. "다른 과목들이 각기 인식 대상의 차이에 근거한 개념인 데
   반해 철학은 어떤 대상에 접근하는 논리적 지평에 근거한 개념" 혹은 "철학이 뜻하는 것은
   어떤 담론에 사용되는 개념분석이다" 같은 대목들을 읽을 때, 박이문의 철학이 논리실증주
   의의 연장선상에 놓여 있음을 알 수 있다는 것이다.

문이 철학과 예술 사상을 형성해가는 데 유용한 도구학문의 역할을 한다.[54] 아리스토텔레스가 제학문을 하는 데 유용한 도구로서 논리학(Organon)을 필요로 했던 것처럼, 분석철학은 그의 철학과 사상을 형성하는 데 반드시 통과할 필요가 있었던 유용한 학문적 계단 내지 사다리의 역할을 한 셈이다.

알려진 대로, 20세기 영·미 철학은 철학의 기능을 '개념의 명료화'로 설정하고 그 방법으로 '논리적 분석'을 채택한다. 분석철학은 일체의 초월적 존재를 부정하기에 반형이상학적이고 언어 내재적이다. 분석철학적 전통을 대표하는 언어철학자인 콰인(W. van O. Quine)은 언어를 초월한 존재란 무의미한 개념임을 강조한다. 존재는 특별한 그 무엇이 아니라 개념화된, 즉 언어로 표상된 것에 지나지 않는다. (IW 377)

'언어적 철학(Linguistic Philosophy)'으로 간주되는 분석철학은 철학의 대상이 구체적이고 경험적인 대상이 아니라, 대상을 언표하는 언어를 주제화한다. 말하자면 철학은 과학과 본질적으로 다를 뿐만 아니라, 과학과 달리 2차적 언어를 대상으로 하는 학문이다. 이런 점에서 분석철학의 근본 문제는 '철학적 의미론'이다. 여기에서 철학의 기능이란 인식이 아니라 이해와 해명에 있다. 분석철학이 언어를 대상으로 할 때, 그것은 그 언어의 구체적인 면에는 근본적인 관심을 두지 않고, 언어가 지니고 있는 의미 내지 개념을 밝히고자 한다. 다시 말해 분석철학은 철학적 앎이 이미 존재하는 언어의 의미를 밝히는 것이다. 이는 철학의 본질이 개념을 논리적으로 분석하는 데 있다는 것을 뜻한다. 그렇다면 철학은 한 언어가 지니고 있는 개념을 해명하고 이해하는 데 있는 것이다. 하나의 언어는 지각될 수 있는 차원, 즉 기호로서의 물질적 차원과 지각될 수는 없지만 이해될 수 있는 의미 혹은 개념이라는 차원으로 이루어져 있다. 이 차원에 대한 분석만이 철학의 분야에 속한다. 분석철학은 언어들을 분석의 대상으로 하고 해명하는 2차적 이야기, 즉 2차적 언어인 것이다. (PA 56) 따라서 분석철학에 의하면, 진정한 철학의 기능은 사물현상에 대한 앎을 찾는 데 있지 않다. 그것은 여러 가지 인식에 관한 진술 혹은 언어표현에 대한 반성적 사고로서 그러한 언어의 논리와 의미를 밝혀내는 데 존재한다.

'삶의 양식'과 분석철학

박이문은 현상학보다는 분석철학이 대체로 옳다고 주장하고 있다. 물론 여기에서 그는 후기 비트겐슈타인(L. Wittgenstein)과 같은 분석철학을 염두에 두고 하는 말이다. (PA 91) 즉 한 언어의 의미가 반드시 그 언어가 제시하는 대상물이 아니라는 사실이 후기 비트겐슈타인에 의해서 인식되었다는 사실에 주목한다. 한 언어의 의미는 그 언어의 용도에 지나지 않으며, 한 언어는 비단 어떤 대상을 지시하는 데만 사용되지 않고, 그 밖의 여러 복잡한 목적을 달성하기 위해 사용될 수 있다. 다양하게 사용된 언어의 의미는 그런 언어를 사용하는 한 사회, 한 개인의 구체적인 '삶의 양식(Form of Life)'을 떠나서는 옳게 이해될 수 없다. 논리적으로 투명하지 않은 경우라 해도, 사용되고 있는 언어는 무엇이든지 반드시 한 사회 속에서 살아가는 구체적인 한 개인의 삶의 양식을 반영한다. 모든 언어의 명확한 의미를 논리적 척도에 비추어 결정할 것이 아니라, 오히려 그 논리를 언어 이전에 존재하는 구체적인 생활세계에 적응시키도록 해야 한다.

이러한 비트겐슈타인의 주장에 박이문은 동의한다. 언어는 그것만으로는 독자적으로 존재할 수 없으며, 언어 밑바닥에 기저하고 있는 '삶의 양식'에 의존하고 있을 뿐이다. 모든 인간적 생활은 삶에서 시작되고 삶에서 끝난다. 삶을 떠난 어떤 인간적 행위나 가치도 그 뜻을 가질 수 없다. (PA 86)

박이문은 비트겐슈타인의 철학을 다음과 같이 명료하게 요약하고 있다.

첫째, 철학은 어떤 사물이나 현상, 즉 존재에 대한 학문이 아니라 그러한 학문들에 쓰이는 언어에 대한 2차적 학문이다. 철학이 광의의 의미에서 언어적 철학 혹은 언어철학일 수밖에 없다.

둘째, 그의 언어철학의 핵심은 의미론이다. 즉 그는 한 언어의 의미를 어떻게 결정하느냐를 밝혀보려고 했다. 그것은 그의 아주 독창적이며 혁명적인 '용도 의미론(Use Theory of Language)'으로 나타났다.

셋째, 그는 언어의 용도를 그 언어를 쓰는 사용자의 삶과 밀착시켰다. 이와 같이, 철학이 1차적 언어의 분석이긴 하지만 그러한 분석은 언어가 아닌 것, 즉 삶과의 밀접한 관계 속에서만 이해된다고 생각하게 된 것이다. (PA 244~245)

박이문은 분석철학에 부분적으로 동의했고, 자신의 '의미 차원'의 철학을 전개하는 데 있어서 방법론으로 활용한다. 그의 '존재-의미 매트릭스' 개념이나, '예술 양상론' 내지 독자적인 '자비의 윤리학'을 펼치는 데 '논리적 분석'과 '개념의 명료화'가 사용되고 있음을 확인할 수 있다. 그러나 그는 이 새로운 철학에 전적으로 동조하지는 않는다. 일상생활이나 과학이 가져오는 정보를 알기 위해서 철학은 우선 그 정보들을 전하는 언어를 정밀하게 분석해서 그 의미를 가장 정확히 밝힐 필요가 있다. 하지만 철학은 그 언어의 의미 분석에만 함몰되어서는 안 될 것이다. 분석을 하는 목적이 궁극적으로는 상황에 대한 진리를 알아내려는 데 있다는 것을 항상 염두에 두어야 함을 강조한다. (PA 250)

앞서도 언급했듯이, 그의 철학적 문제는 어떤 전문화된 특수 영역에서 제기되는 언어적, 개념적, 논리적인 것이 아니라 세계, 우주를 총체적으로 설명하려는 데 있다. 이를 통해 그에게 '인생의 의미'를 찾는 절실한 실존적 동기가 있음을 확인할 수 있다.

결국 그의 철학하는 방식에 미친 막대한 인식과 영향에도 불구하고, 분석철학이라는 좁게 정의되는 철학 스타일에는 한 번도 전적으로 만족한 적이 없다. 그는 이런 분석적 철학관이 세 가지 문제를 지니고 있다고 본다. 우선 철학이 논리학과 구별되지 않는다는 사실이다. 그래서 철학의 기능은 세계 및 존재에 관한 진리가 아니라, 사유의 논리적 타당성의 검증활동에 지나지 않는다. 다음으로, 언어의 개념적 의미를 해명하자면 필연적으로 다른 언어를 사용해야 한다. 그렇게 사용된 언어는 무한 퇴행적으로 다시금 또 다른 언어에 의해 해명되어야 하는 문제가 있다. 마지막으로, 순수한 언어분석을 통한 언어적 의미의 절대적 명료화라는 명제는 원천적으로 불가능하며 무의미하다. 그 이유는 한 낱말, 한 구절, 한 문장, 한 저서도 그 자신의 밖에 있는 대상, 상황, 역사와 연계되기 때문이다. 그리고 다른 낱말들, 문장과 무한히 복잡하게 확대되는 세계와의 무한한 연관관계 속에서만 그 의미를 가질 수 있다. (PN 29-31) 따라서 개념들은 상호 기생적이다. 즉 서로가 서로를 먹고 사는 형국이어서 종국에는 자양분이 하나도 남지 않는 불모지가 된다는 것이다.

그럼에도 불구하고 분석철학의 영향은 그의 철학적 사유에서 떠난 적이 없다. 분석철학은 이미 사용되고 있는 언어의 의미의 정확성을 밝혀내는 것을 철학의 핵심적 기능으로 삼고 있다. 그러나 이념학(Ideologistics)은 분석철학과 달리 그러한 언어가 전제하고 있는 숨은 의미를 밝혀내려고 한다. 즉 그것은 이러한 이념을 폭로함으로써 표면에 나타난 언어, 즉 이념이라는 구조 속에서 더 깊은 의미를 나타낸다. (IW 306) 따라서 박이문은 분석철학을 넘어서서 이념학이라 칭할 수 있는 구조주의의 사유로 진입하게 된다.

4. '구조주의'의 집

이념학은 잘못 받아들인 이념을 드러내고자 하는
일종의 폭로작업을 의미한다.
- 박이문

'탈신화화의 작업'으로서의 이념학

박이문은 자신의 철학수업에 지대한 영향을 미친 20세기 프랑스 철학의 지형도를 다음과 같이 그리고 있다. 20세기 전반기 프랑스 철학은 헤겔, 후설, 하이데거의 사상적 족보와 연결된다. 후기 프랑스 철학은 마르크스, 니체, 프로이트의 영향을 받았다는 점에서, 그것은 독일철학의 계승과 극복으로 볼 수 있다는 것이다. 전반기의 일반적 특징은 그 다양성에도 불구하고 '현상학적', '인본주의적', '구성적'이라 할 수 있다. 반면 후기 철학의 특징은 '반인본주의적', '탈현상학적', '해체주의적'이라 할 수 있다.[55] 이를테면, 1940년대와 1950년대 전반기의 프랑스 철학은 사르트르와 메를로-퐁티의 실존주의와 리쾨르로 상징된 해석학으로 대표된다. 그리고 1960년대 중반기에는 인간 주체의 자유부정, 주체의 부재를 주장하는 레비-스트로스(Lévi-Strauss)와 바르트, 알튀세르(L. Althusser)의 구조주의로 대표된다. 또한 1970년대 후기철학

---

55) 박이문, 〈현상학의 실존주의적 전개 - 20세기 전반기의 프랑스 철학〉, 265쪽.

에서는 자아의 허상, 진리의 허구, 이성의 허상, 인간의 죽음, 철학의 해체를 주장하는 들뢰즈(G. Deleuze), 리오타르(J. F. Lyotard), 푸코(M. Foucault)와 데리다로 대표되는 포스트모던 철학으로 크게 구분할 수 있다.

박이문은 앞서 소개한 현상학과 분석철학 수업 외에도, 프랑스에서 해석되고 수용된 니체의 이념학과 이것과 연계된 구조주의(Structuralism)를 접하게 된다. 그는 〈이념학과 현대사상〉[56]과 〈이념학으로서의 철학〉[57] 논문에서 푸코, 들뢰즈, 라캉, 바르트, 데리다 등 60년대 이후의 대표적인 프랑스 인문학자들을 소개한다. 여기에서 그들의 글쓰기를 철학, 사회학, 심리학, 언어학, 철학이라는 학문적 분야의 범주 대신에 '이념학'이라는 새로운 학문적 분야의 범주에 묶는 것이 가능하고 바람직하다는 제안을 한다. 이념학을 일종의 폭로작업으로 본다면, 푸코나 데리다의 철학을 포함해서 마르크스주의는 물론, 니체의 철학 등도 다 같이 이념학이 된다. 그것은 일종의 '탈신화화의 작업'으로서 마르크스주의의 일면과 프로이트의 정신분석학 및 니체의 철학과 일치한다. (IW 302) 니체의 철학은 동기, 내용, 스타일로 볼 때 현상학으로 분류될 수 없다. 더욱이 그것은 분석철학으로도 분류될 수 없는, 또 다른 일종의 철학이 될 수 있다. 그러한 철학을 박이문은 편의상 '이념학'이라고 부른다. (IW 392) 이념학은 존재와 언어와의 관계, 그것들 사이의 필연적인 거리에 대한 분석, 언어의 문법적 구조와 논리적 구조 사이의 차이를 다룬다. 그런 차이 때문에 생기는 과학에 대한, 존재에 대한, 가치에 대한 그릇된 이해에 대한 분석이 뒤따른다. 이런 점에서 이념학은 현대 프랑스의 철학자인 푸코, 데리다, 들뢰즈, 리오타르 또는 구조주의 기호학자인 바르트 등의 작업과 일치한다고 본다. (IW 394)

1960년대와 1970년대에 프랑스의 사조를 휩쓴 구조주의는 20세기를 대표

---

56) 박이문, 〈이념학과 현대사상〉, 《철학》, 1977 봄호.
57) 박이문, 〈이념학으로서의 철학〉, 《나는 왜 그리고 어떻게 철학을 해왔나》, 293~307쪽.

하는 현상학과 분석철학 양 진영에 속하지 않는다. 전통적인 형이상학과도 구분된다. 박이문은 이런 구조주의의 흐름을 독자적으로 '이념학'이라 칭한다.

> 일종의 체계 혹은 인식으로서의 '이념'은 항상 그 성격이 명확치 않을 뿐 아니라 이미 마르크스가 지적한 것처럼 흔히 잘못된 착각을 가져오기 일쑤이다. 이념은 한 개인이나 사회가 갖고 있는 가장 밑바닥에 깔려 있는 가치관을 의미한다. 그가 '이념학'이라고 부르는 학문은 이렇게 숨겨지고 뒤틀려 나타나는 이념을 밝혀내는 일을 목적으로 한다. 그래서 이념학은 일종의 고고학적 발굴과 비유되고, 화장으로 가려진 탈을 벗기어 정색을 드러내는 작업과도 비교된다. 이념학은 잘못 받아들인 이념을 드러내고자 하는 일종의 폭로작업이라 볼 수 있다. 푸코나 데리다의 철학은 바로 이와 같은 폭로작업을 의미한다. (IW 295)

'인문학의 방법론'으로서의 구조주의

레비-스트로스의 《슬픈 열대》, 《야생의 사고》와 거의 때를 같이하여 바르트의 《기호학의 요소》, 《신비평》 등의 저서가 출간된다. 이로써 개인적 주체에 의한 '주관적 경험'과는 달리 객관적으로 검토할 수 있는 기호의 의미론적 관점에서 인문학의 방법론으로서의 구조주의가 탄생한다. 20세기 후반, 즉 대략 1960년대부터 1970년대 초까지 전통적 의미의 철학적 담론은 그 열기가 식었다. 그 자리에 인문과학의 방법론으로써 레비-스트로스와 바르트가 주장한 구조주의가 순수한 철학적 담론의 공백을 메우면서 막강한 영향을 미치게 된다. 곧 이어 데리다가 주도하는 해체주의 철학의 전개로 프랑스 철학은 전 세대와는 전혀 다른 모습으로 변모하여 새로운 양상으로 태어나게 된다.[58]

구조주의에 의하면 언어와 그것의 표상대상과의 관계는 이미 기표 (Signifiant)와 개념 대상으로서의 기의(Signifié)와의 관계로 간주된다. 개념 대상은 어떤 사물 자체 혹은 사고 자체를 지칭하는 개념이 아니다. 그것은 이미 개념화된, 즉 해석된 사물 혹은 사고를 가리킨다. 따라서 우리가 알고 있는 존재도 그 어떤 경우를 막론하고 언제나 이미 번역된 존재, 이미 인간화된 존재에 불과하다. 그리하여 우리는 신의 절대적 입장에서 사물 자체 혹은 사고 자체에 도달할 수 없다.

> 그들의 공통점은 모든 사유, 이론에 숨어 있는 음침하고 엉큼한 이념들의 음모를 폭로하고 고발하고 더 나아가서는 그렇게 왜곡된 이념들을 분쇄하여 사실을 사실대로 보게 하겠다는 계몽적 의도가 깔려있는 사실에서 찾을 수 있는 것이 아닌가 생각되기 때문이다. 이런 점에서 그들은 니체, 마르크스, 그리고 프로이트의 후예들이라 주장할 수 있다. 데리다는 위의 여러 사상가들 가운데서도 더 급진적이고 더 혁명적이며 더 보편적인 철학적 문제를 천착했던 것으로 보인다.[59]

박이문은 넓은 의미의 구조주의자인 푸코와 데리다의 이념학이 언어와 사물 간의 관계의 인식론에 기초를 두고 있다는 점을 부각시킨다. 푸코나 데리다가 사용하고 있는 모델은 구조주의 인식론이다. 이 두 철학자가 흔히 구조주의 운동과 혼동되면서 구조주의자라 불리는 이유가 여기에 있다. 구조주의가 바탕으로 하는 것이 언어학이다. 이런 점에서 푸코나 데리다의 철학이 일종의 언어철학이 될 수 있는 이유도 여기에 있다. 그들의 철학, 즉 이념학이 분석철학과 다른 기질을 지니고 있으면서도, 어느 면에서는 분석철학과 가까운

---

58) 박이문, 〈현상학의 실존주의적 전개 – 20세기 전반기의 프랑스 철학〉, 261~263쪽.
59) 박이문, 〈나의 스승 데리다〉, 《철학과 현실》 63, 철학과현실사, 2004, 206쪽.

점이 있다. (IW 296) 따라서 모든 앎은 구조를 떠나서는 있을 수 없고, 오직 어떤 구조 속에서만 가능하다는 것이다.

여기에서 구조란 언어구조, 즉 개념의 체계를 의미한다. 따라서 언어를 떠난 인식은 물론 의식 상태도 상상할 수 없다. 우리가 보는 사물, 느끼는 감정까지도 언어의 구조에 의해서 결정될 수밖에 없다. 그런데 언어의 가장 보편적이며 근본적인 구조는 앞서 말한 대로 지시 기호와 지시대상의 뗄 수 없는 관계를 지니고 있다. 하나의 언어, 하나의 구체적인 사상체계라는 언어, 즉 지시기호는 반드시 그것이 지시하는 지시대상을 전제한다. 지시대상을 전제하지 않는 지시기호란 자가당착이다. 구조주의가 발견한 새로운 방법은 언어학의 모델이다. 왜냐하면 의미는 언어를 떠나서는 생각할 수 없으며, 또한 언어학은 객관성을 지니고 있기 때문이다. 한 언어의 의미는 그것을 사용하는 사람의 개인적인 의도에 따라서 결정될 수 없는 보편성을 띠고 있다는 말이다. (IW 297~305)

특히 박이문의 사상에서 후기 구조주의자인 데리다의 영향을 무시할 수 없다. 잘 알려져 있듯이, 데리다는 전통적 '로고스 중심주의(Logocentrism)'의 자의식이 결국 서양 중심주의라는 백색신화를 낳아서 종족 중심주의와 남성 중심주의의 이데올로기를 생산했다고 비판한다. 그는 전통적으로 근거가 없으면서도 의심되지 않는 로고스 중심주의, 즉 영원불변한 어떤 언어 이전의 본질을 믿는 이념에 의해서 지배되고 있다고 주장한다. 결국 가장 객관적이라고 생각되어온 여러 가지 철학적 주장도 근본적으로 객관성이 없는 것이며, 하나의 그릇된 이념에 불과하다는 것이다.

여기에서 데리다의 '현존의 형이상학(Métaphysique de la Présence)' 비판이 이어진다. 우리는 일반적으로 언어의 지시대상을 순수한 언어가 아닌, 언어의 대상으로 믿는다. 따라서 그 대상은 객관적으로 시간과 공간을 초월해서, 그리고 그것을 인식하는 사람들의 주관을 초월해서 존재하고 지각되거나 지각될 가능성이 있는 것으로 믿는다. 진리란 그러한 대상이 주어의 매개를 거치지 않고 의식 속에 현존(Présence)으로 나타났을 경우를 말한다. 그러나 데리다는 주장하기를, 이러한 흔들리지 않는 신념은 오직 신념에 지나지 않고 아무 근거도 없는 환상이나 편견에 불과하다는 것이다. 왜냐하면 그러한 대상도 대상으로 지각되었을 때는 이미 언어라는 체계를 거쳐야만 가능하기 때문이다. 그것은 언어로 해석된 것, 즉 의미화된 것에 불과한 것이 될 수밖에 없다. 그러므로 어떤 언어 진술의 진위를 결정하는 기준이 될 수 있는 언어 이전의 존재 자체에는 결코 도달할 수 없다는 것이다.[60]

데리다의 철학이 목적으로 삼는 것은, 하나의 참된 사상이라는 상부구조를 결정하고 있는 하부구조, 바꿔 말해 하나의 구체적인 철학사상을 결정하고 있는 더욱 넓은 체계를 밝혀내려는 데 있다. 이런 작업을 그는 '해체(Deconstruction)'라는 신조어로 이름 붙였다. 그의 해체철학은 자아철학과 의식철학의 종말을 유도한다. 이러한 작업을 통해서 구체적인 사상들은 물론 엄격한 철학체계도 그 정체가 정확히 이해될 수 있다. 그와 동시에 우리가 지니고 있는 그릇된 편견에서 벗어나 사물의 현상을 올바로 파악할 수 있다.[61]

데리다의 주장에 의하면, 모든 언어는 언어 이전의 의식조차도 사물 현상, 즉 어떤 의식 대상을 결코 있는 그대로 표상하지 못한다고 본다. 이를테면 우리는 현상과 직접적으로 접할 수 없다. 오로지 허구적 텍스트만이 지칭 대상을 지니고 있지 않은 것이 아니라, 철학을 포함한 이른바 비허구적 텍스트도 역시 지칭 대상을 지니고 있지 않다. 그리고 현상학적으로나 논리적으로 어떠한 언어도 어떤 종류의 대상을 있는 그대로 지칭할 수 없다. 달리 말해서 어떠한 표상, 어떤 인식도 표상대상, 인식 대상을 있는 그대로의 상태로서 접

---

60) 박이문, 앞의 책, 304쪽.
61) 박이문, 앞의 책, 303쪽.
62) 박이문, 《철학전후》, 72쪽 이하.

할 수 없다.[62]

박이문은 위의 네 입장들, 즉 실존주의, 현상학, 분석철학, 구조주의의 영향을 받았지만 그 어느 것 하나 그대로 추수하지 않고 독자적인 입장을 찾아 나선다. 그는 현상학, 분석철학과 구조주의 내지 이념학과의 특별한 관계를 강조한다. 그는 철학을 넓은 의미에서 규정할 때 현상학, 분석철학, 이념학은 서로 분리할 수 없는 유기적 관계에 있다고 믿는다. 철학의 기능을 인간과 세계와의 관계를 총체적으로 파악하는 일로 본다면, 이러한 기능은 현상학, 분석철학, 이념학만으로는 만족스럽게 충족될 수 없다고 믿는다. 그렇다면 그것들 사이에는 어떤 관계가 있는가? 분석철학과 이념학이 인간과 세계와의 관계는 언어를 통해서만 가장 잘 이해될 수 있다고 전제하는 데 반하여, 현상학은 언어 이전의 인간과 세계와의 관계가 가능하다고 믿는다. 그러나 이러한 주장들은 인간과 세계는 필연적으로 이중적인 관계, 그가 '존재적 차원'과 '의미의 차원'이라고 부르는 관계를 동시에 지니고 있음을 나타내고 각기 그 한쪽을 강조하는 데 그치고 있음을 밝힌다. 이와 같이 구조주의는 박이문의 사상적 여정 속에 당도한 하나의 집에 해당된다고 여겨진다.

이제 박이문은 서양철학의 수업시대를 지나서 동양사상의 품으로 귀향을 시도한다. 그는 '실존주의의 문'을 열고 들어가서 '현상학의 정원'에 이르고, 다음으로 '분석철학의 계단'으로 올라가서 다시금 '구조주의의 집'으로 진입한다. 그 집안으로 들어가 결국 '노장사상의 보금자리'를 발견한다. 그러나 그것은 완전한 보금자리는 아니기에, 박이문은 자신의 둥지를 계속 찾아가는 일을 멈추지 않는다.

5. '노장사상'의 보금자리

> 인간다운 삶은 결국 자연과의 조화,
> 자연에의 귀의로 완성된다.
> — 박이문

'새로운 문명의 패러다임'으로서의 노장사상

박이문은 학생들에게 동양사상을 가르치기 위해 1973년경부터 인도사상과 더불어 노자와 장자를 미국에서 영어 번역을 통해 처음 접하게 된다. (LT 12) 이미 1972년에 출간된 단토(A. C. Danto)의 《신비주의와 도덕성》을 읽는다.[63] 거기에는 노장(老莊)사상에 대한 종합적이고 체계적인 설명이 들어 있다. 이를 통해 그는 노장사상의 기초를 정립한다. 이런 일련의 과정을 통해 노장사상을 연구하게 된 그는 《노장사상》, 《동서의 만남》(1985, 1990 중판)이란 저서들과 〈노자와 하이데거〉라는 논문을 내놓는다.

박이문의 연구 방법으로는 노장 텍스트를 이해하기 위해 토드로프(T.

---

63) A. C. Danto, *Mysticism and Morality : Oriental Thought and Moral Philosophy*, Columbia University Press, 1972, 101~120쪽. 박이문은 단토의 노장사상의 윤리에 대한 논점을 인용한다. 즉 "윤리의 문제는 인간들 사이에 생기는 이해관계의 갈등을 해결하기 위한 규율에 지나지 않는다. 그러나 노장은 우리로 하여금 그러한 윤리적 차원을 초월할 것을 가르치고 있기 때문이다."(IW 439)

Todorov)의 《도서론》에서 제시된 텍스트를 읽는 세 가지 방법 중 '시학적' 방법을 적용한다. 그것은 한 텍스트를 유기적인 체계로 보고, 구체적으로 읽을 수 있는 그 텍스트의 보이지 않는, 내재적인 원칙을 밝히는 데 있다. 따라서 한 텍스트를 구조적으로 접근함은 그 텍스트의 구조적 원칙을 밝혀내는 데만 그치지 않고, 궁극적으로 그 텍스트의 의미를 이해하는 데 있다.[64]

무엇보다 박이문의 사상이 완결되는 자연적 일원론적 존재론의 모델이 노장사상에서 나온 것임을 부정할 수 없다. 특히 현대 과학적 성과를 반영할 수 있는 새로운 문명의 패러다임을 제시할 수 있는 가능성을 노장사상에서 찾고 있다.

> 인류의 기적 같은 진화는 〔……〕 자연의 우연의 산물이다. 우주적인 관점에서 볼 때 인류의 가치는 동물의 가치와 근원적으로 차별되지 않으며, 그의 존엄성은 다른 동물의 존엄성과 근본적으로 차등지울 수 없다. 위와 같은 사실들은 현대과학, 특히 천문학, 물리학, 화학, 생물학 등의 과학 분야에서 이미 수없이 발견되고 있으며 앞으로도 계속 발견될 것이다. 또한 동북아시아 사상의 뿌리를 이루고 있는 노장사상, 즉 철학적 도교(Philosophical Taoism)에서 두드러지게 나타나 있다. 정통적 노장사상은 전통적 사상 가운데서 가장 과학적인, 즉 비의적인 동시에 가장 자연 중심적이며 생태학적이다. (KE 310~311)

박이문은 노장사상을 세 가지 측면에서 고찰한다. 도(道)라는 개념에서 나타나는 노장철학, 무위(無爲)에서 나타나는 노장종교, 그리고 소요(逍遙)에서 밝혀지는 노장이념은 서로 유기적 관계를 지니면서 하나의 구체적인 노장

---

64) 박이문, 《노장 사상: 철학적 해석》, 문학과지성사, 1980, 19쪽. (이하 약호 LT로 표기)

사상을 구성하고 있다고 본다. 따라서 노장사상이 철학의 차원과 종교의 차원과 이념의 차원을 포괄하고 있다는 것이다.

그가 《노장사상》에서 시도하는 것은 첫째, 노장철학의 철학적 해석이다. 노장철학은 우리가 우리의 경험이나 앎을 기술하는 데 사용하는 언어에 대한 사색이라 볼 수 있는 것이다. 그러나 이와 같이 해석된 노장철학은 그 자체가 다시 철학적 사고의 대상이 될 수 있다. 철학적 견해를 전달하기 위해 사용된 노장의 언어가 과연 정확히 무슨 의미를 갖고 있으며, 그것들 간의 논리적 관계는 어떤 것인가를 검토할 수 있다. 이러한 작업은 철학의 철학적 분석이며, 메타철학 혹은 2차적 철학이라 불릴 수 있다.

둘째, 노장종교의 철학적 해석이다. 종교라는 개념은 한 인간과 우주와의 궁극적 관계와 그것에 대한 믿음이라 생각한다. 노장사상을 위와 같은 성질의 한 믿음이라고 볼 수 있다. 그러한 믿음이 과연 어떻게 정당화될 수 있는가 등을 밝히려고 할 때 우리는 종교의 철학적 고찰로 옮겨가게 된다.

셋째, 노장이념의 철학적 해석이다. 여기에서 이념이란 개념을 가장 기본적인 가치관으로 해석한다. 그러한 가치관도 역시 그것의 타당성 여부가 검토될 수 있다. 그러한 검토는 역시 가치관 자체가 아니라, 가치관에 대한 해명으로서 철학적 작업이 되는 것이다. 노장사상은 이러한 의미로서의 이념을 나타낸다. 따라서 그것은 철학적 해석의 대상이 될 수 있는 것이다. (LT 21~23)

삶을 시로 읽어내다, 노장사상

박이문은 노장의 인생관을 시에 비교할 수 있으며, 그 밖의 인생관을 산문에 비교할 수 있다고 본다. 노장은 삶을 하나의 시로 보는 것이다. 시에 있어서 언어는 어떤 목적을 달성하기 위한 수단이 아니라 그 자체가 목적이다. 따라서 노장의 시적 인생관을 따르면 인생은 다른 목적을 위한 수단이 아니라, 그 자체가 목적이다. 이와 같이 노장사상에서 삶은 그 자체가 하나의 축제가 된다. 삶을 통털어서 하나의 시, 하나의 축제, 하나의 소요로 보는 노장의 인생관은 삶을 하나의 수단으로 보는 여러 가지 인생관과 두드러지게 대조된다. (LT 123)

사실 동양을 가장 대표적으로 나타내는 노장사상은 분명히 심미적, 즉 시적이다.[65] 이와 같은 사실은 '무위'를 궁극적인 실천의 원칙으로 삼고 자연과 인간 사이의 거리를 축소시키는 데에 인간의 궁극적인 해방이 가능하다고 믿는 장자에게는 당연하다. 왜냐하면 자연과 인간과의 시적 관계는 무위적 관계와 가깝기 때문이다. (LT 103~104) 특히 노장에 있어서 '무위'는 오로지 종교적인 행위를 가리키는 개념이다. 그러나 다른 종교처럼 윤리적인 규범을 제시하지 않는다. 노장은 오히려 윤리사상을 초월할 뿐만 아니라 그것을 제거하려 한다. 왜냐하면 윤리규범은 종교적 행위원칙에 배반된다고 믿기 때문이다. 노장의 입장에서 볼 때 윤리는 무위로만 해탈할 수 있는 인간이 모든 문제의 원인이라고 해석된다. (LT 91)

박이문은 노장사상을 일면적으로 받아들인다. 그러나 자신의 언어관에 의해서 그 한계를 다음과 같이 지적하고 있음을 볼 수 있다. 말하자면 노장은 언어가 존재와 동일하지 않다는 사실을 지적한다. 따라서 언어에 의해서 차별되고 부분화되고 왜곡되기 이전의 존재 자체를 직접 볼 것을 요구한다. 이와 같은 노장의 요구는 존재가 언어와 독립해서 언어 없이 사고, 혹은 인식될 수 있음을 전제로 한다. 그러나 언어는 노장 자신들이 지적하고 있는 것과 같이 그것이 표상하는 존재와 사실상 동일할 수 없다. 따라서 노장은 언어를 비

---

65) F. S. C. Northrop, *The Meeting of East and West: An Inquiry Concerning World Understanding*, New York, 1946. 여기에서 저자는 동양과 서양의 사고방식을 각각 심미적 사고와 분석적 사고로 구별했다.

판할 뿐만 아니라 규탄하고 있는 것이다. 그러나 박이문에 의하면, 노장의 언어에 대한 비판은 정당화될 수 없다고 본다. 왜냐하면 언어와 존재와의 거리는 우연한 사실에 끝나지 않고 논리적으로 불가피한 것이기 때문이다. (LT 43)

또한 노장의 언어에 대한 비판, 즉 존재가 언어 이전에 언어 없이, 언어와 분리해서 이해되고 인식될 수 있다는 전제는 극히 엄밀한 검토가 필요하다. 존재는 언어와 동일하지 않다. 언어는 존재를 왜곡시킨다. '도라는 존재는 언어로써는 표현될 수 없다'는 주장 역시 하나의 주장인 셈이다. 존재로서의 도 자체를 옳다 혹은 그르다고 말하지만 사실은 존재 자체에 대해서 그것이 어떤 종류의 것이든 간에 진위를 말할 수 없다. (LT 43 이하)

결국 박이문은 노장사상의 문제를 다음과 같이 지적한다. 언어가 존재를 왜곡하고 언어 없이 존재를 인식하라는 주장은 불행히도 의미 차원을 존재 차원과 혼동했기 때문에 생겨난다는 것이다. 만약 의미 차원을 존재 차원으로만 보지 않고, 두 개의 차원이 서로 모순되지 않고 성립될 수 있다면, 그러한 주장은 무효화될 것이다. (LT 53 이하) 이와 같이 존재는 언제나 언어와 분리할 수 없는 관계, 이른바 언어에 종속되는 필연적인 관계를 지니고 있다. 따라서 언어 이전의 존재 및 언어라는 것과 대조되지 않는 전체란 생각할 수 없다. 언어와 존재와의 관계는 결국 인간과 존재와의 관계에 지나지 않는 것이다. (LT 49)

이런 맥락에서 노장이 주장하는 직관 인식이 세 가지 점에서 비평될 수 있다고 본다. 첫째, 노장의 인식론에 의하면 참다운 인식은 오로지 직관적인 것이고, 직관적인 것은 언어로 표현될 수 없다. 이는 언어 이전의 인식을 자명한 사실로 전제한다. 그러나 그러한 개념은 무의미하다. 왜냐하면 의식과 그 대상과의 직접적인 대면 인식을 직관이라고 한다면, 그것은 다만 자연현상 안의 현상에 지나지 않는 인식에 불과하다고는 치부할 수 없기 때문이다. 어떤 대상이 무엇이라고 언어로 진술했을 때만 비로소 그것을 인식이라고 말할 수 있다. 결국 노장의 주장은 인식에 대해 근본적으로 오해를 하고 있는 것이다. (LT 63) 둘째, 노장의 인식론의 진리는 공허한 것에 불과하다. 왜냐하면 그것은 분석적인 진리로서 우리가 이미 알고 있는 것 이외에는 더 새로운 것을 우리에게 밝혀주지 않기 때문이다. 셋째로, 우리의 인식에 대한 보다 중요한 문제는 존재 전체이다. 이를테면 도를 도로서 어떻게 아느냐의 문제가 아니다. 그것은 오히려 그 도라는 존재 전체를 언어에 의해서 어떻게 조직하느냐 하는 것을 밝히는 데 있다. 그러므로 언어를 떠나서 존재 자체를 이해할 수 있다는 노장의 주장은 논리적으로 받아들일 수 없다. (LT 49 이하)

'심미적 일원론적 존재론'의 모델, 노장사상

그럼에도 불구하고, 박이문은 최근 정수복과의 인터뷰에서 노장사상이란 생태적 위기상황 속에서 새로운 인간관, 자연관을 세워나가는 데 있어서 고려해야 할 사상적 보고라고 역설한다.

> 노장사상은 철저한 비판정신을 지닌 반체제 사상으로서 시대와 장소를 초월하는 보편적인 의미를 지니고 있습니다. 오늘날 노장사상의 중요성은 더욱 커지고 있습니다. 문명 비판과 문명 전환의 사상으로서의 노장 사상은 우주와 인간, 자연과 인간의 관계를 새로운 눈으로 보고 새로운 인간관, 새로운 인생관을 세워나가는 데 반드시 고려해야 할 동양철학의 보고입니다. 그리고 내가 볼 때 인간다운 삶은 서양 사람들이 생각하는 것처럼 자기실현으로 끝나지 않습니다. 인간다운 삶은 결국 자연과의 조화, 자연에의 귀의로 완성됩니다. 노장사상과 불교사상에는 그런 생각이 들어 있습니다. [66]

박이문에 의하면, 아시아 철학에서는, 특히 노장 및 힌두교 사상의 형이상학적 일원론의 존재론에 기초한 전일적, 예술적 인식론이 깃들어 있다. 그는 아시아 철학에서의 형이상학적 일원론 및 인식론적 전일성을 거론한다.(KE 213) 또한 동양적 형이상학 일반에는 이성과 합리성에 대해 어떤 일관되고 체계적인 이론은 없지만, 아시아 철학 속에는 각별히 '미학적'이라고 일컬을 수 있는 이성과 합리성에 대한 어떤 개념이 내포되어 있다는 것이다

이상에서 살펴본 바와 같이 박이문의 철학과 사상을 형성하는 데 있어서 결정적인 영향을 미칠 수 있었던 철학들은 실존주의, 현상학, 분석철학, 구조주의, 노장사상이었다. 특히 노장 사상은 그의 사유의 형성기와 완성기에도 긍정적인 측면과 비판적인 측면에서 지속적으로 사유의 보금자리 역할을 하고 있음을 확인할 수 있다. 물론 그는 한편으로 그것을 수용하고, 다른 편으로는 비판적인 입장을 취한다. 즉 모든 것들을 배우고 그것들을 부단히 넘어서고자 한다. 그럼으로써 특정한 철학유파에 속하지 않고 독자적인 노선을 갈 수 있었던 것이다.

---

66) 정수복, 《삶을 긍정하는 허무주의》, 85쪽.

제4부 ◆ 지혜사랑의 구축 - 둥지철학의 형성

이제 박이문의 철학과 사상의 본령으로 진입해보도록 하자. '둥지의 철학'으로 집대성된 그의 사상은 준비 과정과 청사진, 정초, 구성 및 구축을 통해 형성된다. 따라서 그 차서에 따라 '표현의 존재론'의 설계도, '예술적 인식론'의 정초, '텍스트 양상론'의 구성, '둥지의 철학'의 건축을 다루고자 한다.

1. '표현의 존재론'의 설계도

존재는 모든 것이고 모든 것이 존재다.
– 박이문

　박이문의 철학과 사유에서 존재론을 정리하는 것은 어려운 일이다. 그의 생각의 지도 전체를 살피면서 존재론의 지번을 매기는 것은 용이하지 않다. 왜냐하면 존재를 탐구해나간 그의 사유의 길들이 얽혀 있고, 존재론적 사유의 씨앗들이 도처에 산종되어 있기 때문이다. 여기에서는 예술적 철학을 모색하는 존재론적 사유를 박이문은 '표현(Expressing)의 존재론'이라 일컫는다. 원래 표현이란 그 무엇을 밖으로 드러내고(Ex-Press) 펼쳐 보인다는 뜻이다. 개념의 학문인 철학과 이미지와 표현의 예술을 아우르고 있는 그의 예술적 철학을 통해 드러난 존재론은 넓은 의미에서 '표현의 존재론'으로 명명할 수 있다고 여겨진다. 특히 예술적 창작과 감상은 '표현'에 해당한다. 이런 예술적 표현을 통해 자연적인 것이 문화적인 것으로 변형된다. 어둠과 덩어리로만 실재하는 그 무엇인 X를 표현을 통해, 은폐된 존재가 탈은폐된 존재로 드러난다.
　여기에서 '표현의 존재론'은 메를로-퐁티의 철학에서 사용되고 있는 표현개념을 수용하고 재해석한 것이다. 후자에 있어서 '개념'은 '표현'을 앞서갈 수 없다고 한다. (SA 123) 일반적으로 표현이란 지향성을 지닌 주체의 행위이거나, 주체의 지향성을 분명하게 드러내는 기호(Sign)로 간주될 수 있다. 그러면 박이문의 존재론을 드러내는 《존재와 표현》[67]에서 '표현'이란 무엇인가?

> 여기에서 '표현'은 한편으로 세계와 의식의 관계를 가리키고, 다른 한편으로는 지각된 대상을 가리킨다. 이 관계 속에서 세 가지 개념-주관, 주관의 지각 대상, 주관과 객관 사이의 변증법적 구성의 결과로 생겨난 지각된 대상(표현된 것)은 서로 연관을 맺는다. (SA 104)

이 장에서는 《존재와 표현》에 국한하여 박이문의 존재론을 살펴보고자 한다. 그의 존재론은 메를로-퐁티[68]의 '일원론적 존재론'과의 비교에서 잘 드러나고 있다.

'표현의 존재론'의 기원

《존재와 표현》에 실린 글들은 원래 영어와 프랑스어로 집필한 것인데, 한국어로 번역해 2010년에 출간했다. 여기에는 메를로-퐁티의 철학에 관한 세 편의 논문들이 수록되어 있다. 특히 이 책은 메를로-퐁티의 '애매성 철학에 대한 비판적 해석'이란 부제가 붙어 있다. 첫 번째 논문인 〈메를로-퐁티에서 '표현' 개념의 존재론적 해석〉(SA 19-101)은 1970년 서던캘리포니아 대학교에 제출한 박사학위논문이다. 두 번째 논문은 〈메를로-퐁티와 의미의 현상

---

67) 박이문, 《존재와 표현》, 생각의나무, 2010. (이후 약호 SA로 표기)
68) 1970년에 발간된 〈메를로-퐁티에서 '표현' 개념의 존재론적 해석〉의 철학박사학위 논문과 1981년 프랑스어로 쓴 〈메를로-퐁티와 의미의 현상학〉 논문과 1983년 영어로 기고된 〈메를로-퐁티의 야생적 존재론〉이란 박이문의 논문들이 있다. 이 논문들은 2010년 한국어 번역본으로 발간된 《존재와 표현》에서 제1부, 제2부, 제3부로 차례대로 실려 있다. 이로써 저자와 메를로-퐁티의 사상에 대한 연구들의 일단과 양자의 사상적 친화성을 발견할 수 있다.

학〉(SA102~167)[69]이고, 세 번째 논문은 〈메를로-퐁티의 야생적 존재론〉(SA 168~216)[70]이다. 특히 〈메를로-퐁티와 의미의 현상학〉에서는 언어철학 및 의미론의 관점에서 그의 철학을 비판하고 있다. 언어 이전의 '의미'라는 개념이 성립할 수 없음에도 불구하고, 언어 이전의 '현상학적' 혹은 '야생적', 즉 '언어 이전의 언어적 의미'라는 개념을 사용한 것이 모순이라는 점을 비판하고 있다. (SA 8)

무엇보다 박이문의 중심 사상을 포함하고 있는 '둥지의 철학'의 세계관은 '일원론적 세계관'으로서 스피노자적이다. 또한 그것의 존재론은 메를로-퐁티의 것과도 상통하고 있다. 말하자면 그것은 마음과 몸, 정신과 살, 물질과 정신으로 양분되기 이전의, '날-존재' 혹은 '야생의 사유'에 기초하고 있는 존재론과 일치한다. (PN 284) 메를로-퐁티의 일원론에 의하면 현대 자연과학이 주장하듯이 물질은 인간의 의식과는 상관없이 완전히 객관적으로 존재하지 않는다. 인간은 데카르트, 칸트, 후설이 전제하고 있는 것처럼 선험적인 초월적 존재가 아니다. 더구나 의식과 대상, 대자와 즉자, 의식과 무의식, 정신과 육체, 마음과 몸은 사르트르가 주장하듯이 서로 절대적으로 대립하는, 즉 형이상학적으로 서로 단절된 두 종류의 실체가 아니다. 그것들은 각기 개별적으로 독립한 것이 아니라, 전일적 틀에서 역동적 상호관계에 비추어서 파악될 수 있는 것이다. (IW 277 이하) 이런 점에서 그의 존재론은 서구의 전통 존재론인 관념론적 일원론이거나 유물론적 일원론 내지 이원론이 아니다.

---

69) Park, Ynhui, *Essais philosophiques et littéraries*, Seoul national university Press, 1977. ; Park, Ynhui, *Revue de Métaphisique et de Morale*. Société française de philosophie, Paris, 1981.

70) *Analecta Huserliana*. Vol. ⅩⅥ(1983). Park, Ynhui, Man, Language and Poetry, Seoul National University Press, 1999.

우리는 관념론자들처럼 사물들을 구성하는 의식을 가지고 있지 않고, 실재론자들처럼 의식에 대한 사물의 선결성(Preordination)도 가지고 있지 않다(관념론과 실재론 모두 의식과 사물의 적합성을 긍정하기 때문에 여기에서 우리의 관심사를 기준으로 볼 때 이 둘을 구별하기가 어렵다). 우리에게는 몸이 있기 때문에 감각하고, 보고, 말을 이해하고 말하는 능력, 즉 존재에 대한 측정력을 지닌다. 우리가 그것을 차원들(Dimensions)로 언급할 수는 있지만, 적합성(Adequation)이나 내재성(Immanence)의 관계는 갖지 못한다.[71]

인간과 세계, 정신과 물질, 의식과 대상, 주체와 객체, 마음과 몸, 영혼과 실체, 의식과 무의식 사이는 형이상학적 단절 없이 연속적으로 이어진다. '살'은 의식도 아니며 육체도 아니고, 정신도 아니고 물질도 아니다. 그러나 그것은 모든 것들을 통합하는 속성을 지니고 있다. '살'로서의 세계는 개념화하기 이전부터 지각적 경험을 통해서 희미하게나마 시원적으로 인식할 수 있는 객관적 속성과 구조에 근거를 두고 있다. 따라서 '살'로서의 세계 혹은 존재 일반은 영혼과 육체, 정신과 물질 가운데 그 어느 존재론적 범주에도 속하지 않는다. 그러나 혼돈 자체가 아니라 나름대로의 구조 혹은 질서를 갖추고 있다. '살'로서의 세계는 존재의 파장 또는 분절이라는 말로 일컬어진다. 그것의 근본적 본질은 관념 또는 물질로 규정할 수 없는 의미(Le Sense)이다. 그러한 의미로서의 세계 혹은 존재는 발견의 대상으로서 처음부터 그냥 있는 것이 아니다. 그것은 육화된 의식과 세계 혹은 존재의 역동적이고 변증법적인 원초적 만남에서 탄생한다. (IW 280)

《존재와 표현》에서의 공통된 논지는 사르트르의 '존재론적 이원론'과는 대척

---

71) SA 78에서 재인용. Merleau-Ponty, *The Visible and the Visible*, trans. by A. L, Evanston, Northwestern University Press, 1968.

점에 있는 메를로-퐁티의 '일원론적 형이상학'을 부각시키는 데 있다. 즉 그의 철학을 역동적이고 야생적이며 일원론적 존재론으로 규정하고 있다. 동시에 메를로-퐁티가 '표현' 개념을 언어적인 개념으로 보았던 점을 비판한다. 박이문은 그것을 존재론적으로 보아야 한다는 것을 '존재-의미-매트릭스'를 통해 주장하고자 한다. 메를로-퐁티는 정신도 물질도 아닌 단 하나의 유일한 존재로 '날 것의 존재'를 기술하는 '야생의 존재론'을 표방한다. 그러나 박이문은 '야생적 존재론'을 일종의 시학이자 미학으로서 규정한다. 전자의 일원론적인 형이상학이 관념론적인 것도 유물론적인 것도 아닌, 역동적·반정체론적 존재론임을 부각시키고 있다. (SA 8 이하) 결국 메를로-퐁티는 관념론과 실재론의 양자택일의 입장을 다음과 같이 소멸시키고, 양자의 구별이 어렵다는 입장을 취하고 있다는 것이다. 박이문은 그의 '야생적 존재론'을 일면적으로 수용하고 다음과 같이 비판하면서 의식과 대상을 연결하는 '표현의 존재론'을 주장한다.

> 모든 지각, 그리고 그것을 전제하는 모든 행위, 즉 몸을 사용하는 모든 인간의 행위는 이미 원초적으로 표현이다. 이러한 원초적 표현은 어딘가에서 그것들의 의미와 용법으로 주어지는 표현된 기호라는 것을 대체하는 이차적 행위가 아니라, 최초에 기호로써 기호를 구성하는 근원적인 작용이다. 그리고 그것들의 배열과 구성을 통해 표현된 것이 그것들 속에 거주하는 것이며, 의미가 발생하는 그 즉시 그 의미 자체가 완전해지는 것이 아닌, 다시 말해 그 의미를 하나만 가지지 않는다는 점에서 의미를 의식하는 것이고, 제도나 전통을 발견하고 질서를 새로이 여는 것이다.[72]

메를로-퐁티의 세계 개념은 다음과 같다. 즉 그것은 우리가 가장 자발적인

---

72) SA 105 이하, 재인용. Merleau-Ponty, *Signs*, trans. by Richard C. McCleary, Evanston, 1964, 67쪽.

방식으로 바라보는 것으로서 선객관적·선술어적·선인격적 생활세계인 것이다. (SA79) 지각 대상으로서의 세계는 완전한 카오스가 아니다. 그 속에 어느 정도는 지성적인 구조, 다시 말해 우리가 대상을 지각할 때 그것을 지성적으로 이해하도록 만드는 잠재적 구조가 있다는 것이다. 이는 의식에 의해 아직 인지되지 않고, 언어적 표현으로 번역되지 않은 로고스나 의미인 것이다. (SA 93) 따라서 지각된 것으로서의 대상, 즉 '의미로 가득 찬 대상'은 대상의 요소들과 의식의 요소들, 다시 말해 지각의 대상과 지각하는 자의 변증법적 종합의 문제가 된다. (SA 97)

메를로-퐁티는 변증법적 카이즘(Chaism, 교지교차)이라는 개념을 차용하여 의식과 대상, 인간과 세계의 관계의 구조와 본성을 해명하고자 한다. 여기에서 의미를 발생시키는 의식과 세계의 관계에 대해 말할 수 있는 것은 개념화할 수 없는 관계가 존재한다는 사실 자체뿐이다. 따라서 이 관계의 구조와 본성에 관한 문제들은 어둠 속에 있게 된다. (SA 99)

> 그러므로 메를로-퐁티에게서 의식의 대상으로서 세계(the Originated)와 세계 속에 있으면서 동시에 지각된 세계를 구성하는 의식(the Originator) 사이에는 존재론적이고 인식론적인 우선성 또는 환원성의 관계가 존재하지 않는다. 의식과 지각된 대상들의 총체인 세계는 상관관계에 있다. 우리는 이 둘 중 어느 하나 없이 다른 하나를 인식할 수 없다. 이 둘의 관계는 논리적이지도 않고 인과적이지도 않으며, 개념화될 수도 없기에 설명될 수 없다. 이 관계는 세계뿐만 아니라 의식의 지성적 모습으로 그려질 수 있는 기반 자체이기 때문이다. (SA 98 이하)

박이문은 결국 메를로-퐁티의 철학에서 궁극적으로 모호한 상태로 남아 있는 의식과 대상사이의 관계가 '표현'이라는 개념 아래서 포섭될 수 있다고 확신한다. 이를 통해 분할할 수 없는 통합적 실재에 대해 궁극적으로 기술하는 '표현'이 그의 철학에서 결정적인 개념임을 밝히고자 한다. (SA 101) 여기에서 메를로-퐁티의 '야생의 존재론'[73]의 토대 위에서 그것을 비판하고 수정 보완하여 자신의 '표현의 존재론'을 정립하고 있음을 확인할 수 있다.

요약하자면, 박이문이 주장하는 '표현의 존재론'은 메를로-퐁티 철학에서의 표현 개념을 존재론적으로 해석하면서 그것을 수용하고 동시에 비판하면서 형성된다. 먼저 그것은 후자의 현상학과 일치하며, 우리의 경험에 대한 그의 현상학적 기술을 수용함으로써 가능하다고 본다. 그러나 메를로-퐁티 철학에서 표현 개념이 지닌 본질적으로 존재론적이며 궁극적인 차원은 전적으로 무시되어왔다. 정작 그 자신은 경험 대상에 대한 자신의 현상학적 기술에 함축된 표현 개념의 존재론적 결실을 수확하는 데 실패했다고 본다. (SA 214) 또한 그의 '야생' 존재 개념은 경험에 대한 현상학적 기술로부터 도출될 수 있는 실재의 본성과 양립 불가능하다는 점을 문제 삼는다. 이리하여 박이문의 새로운 논점은 메를로-퐁티의 저러한 불일치가 궁극적 실재의 본성을 표현의 과정 혹은 행위(작용)로 해석될 때 비로소 제거될 수 있다는 것이다. 이른바 '표현의 존재론'은 궁극적 실재, 즉 존재(BEING)의 본성에 대해 가장 포괄적으로 기술할 수 있다. (SA 213)

'표현' 개념에 대한 존재론적 해석

박이문은 앞에서 밝혔듯이, 메를로-퐁티의 '표현' 개념을 존재론적으로 해석한다. 즉 후자의 철학에서 '표현' 개념은 헤겔이나 크로체(B. Croce), 콜링우

---

73) M. Merleau- Ponty, ibid, 115쪽.

드(R. G. Collingwood)와 마찬가지로 본질적으로 주관적인 방식으로 해석되었다는 것이다. 메를로-퐁티는 《눈과 정신》, 자신의 유고작인 《보이는 것과 보이지 않는 것》에서 새로운 존재론을 분명하고 체계적인 형태로 보여주고자한다. (SA 176) 그러나 그는 경험 대상에 대한 현상학적 기술에 함축된 표현 개념의 존재론적 결과를 얻는 데 실패했다고 본다. 그 이유는 표현 개념의 존재론적 차원이 고려되지 않았기 때문이라는 것이다. (SA 16)

박이문의 철학은 우선 주·객 관계의 본성에 대한 전통적 가정들을 문제 삼으면서 주관과 객관 사이의 극단적인 이분법을 넘어서고자 한다. 우선 주·객 관계 속에서 '표현'이란 용어를 중심으로, 주관은 '표현하는 자'이며, 객관은 '표현된 것'으로 기술한다. (SA 18) '표현'이란 개념은 메를로-퐁티의 '몸의 담론'에서 나타난다. 인간의 몸은 더 이상 정신적 실체와 구분되는 연장을 지닌 물질적 실체가 아니고, 구체적으로 살아서 의미를 발화하는 표현하는 자로 규정된다. 인간의 몸은 지향적이고, 표현은 언제나 어떤 의도의 표현이자 지향성의 표현이라고 말할 수 있다. (SA 64) 이렇게 몸은 의미(Signification)를 도입한다는 의미에서 정확한 인과성에 의해서만 지배를 받는 자연세계를 초월해 있는 것이다. (SA 65)

또한 박이문의 예술관은 메를로-퐁티[74]의 현상학적 예술관과 모종의 연관을 지니고 있다. 《존재와 표현》에서 박이문은 일체의 것은 카이즘 속에 놓여 있다는 후자의 입장을 따르고 있다. 즉 '야생의 존재' 내에서 의식과 그 대상 사이의 관계는 카이즘으로 설명된다.

존재는 모든 것이고, 모든 것이 존재다. 한바탕의 소요가 카오스이며 타자와 무한히 복잡하게 얽혀 있음이고, 그것들 사이의 관계이며 '등가의 체

---

74) 각주 68번 참조.

계'다. 보는 자와 보이는 것, 보이지 않는 것과 보이는 것, 의식과 대상, 물질적 질서와 생명의 질서, 만지는 손과 만져지는 손 등 끊임없는 카이즘 속에 함께 놓여 있다. 즉 교차의 운동이 일어난다. (SA 287)

모든 존재는 어떤 것으로도 결코 완전히 분절될 수 없다. 그러나 그것이 카오스가 아니라 파장 혹은 관절의 질서를 가졌다면, 그러한 존재의 질서는 투명한 선험적 순수이성에 의한 직관으로 파악되지 않는다. 오히려 그것은 육화된 경험으로서의 지각을 통해서만 가장 충실히 인식될 수 있다. 또한 그렇게 인식된 존재를 가장 가깝게 표상할 수 있는 언어는 수학이나 과학이나 철학이 아니라, 바로 예술이다. 그것은 예술 가운데서도 문자 언어를 사용하는 문학보다 비문자 언어를 사용하는 음악, 춤, 회화 등이다. 메를로-퐁티가 그림에 관해 큰 관심을 갖고 세잔(P. Cézanne)의 작품에서 그 철학적 의미를 부각시킨 것은 우연한 일이 전혀 아니다. 그는 세잔의 예술적 의도가 지각을 통해서만 드러나는 존재의 원초적 구조, 즉 파장과 관절로 표현할 수 있는 세계 혹은 일반 존재의 본질을 어떤 담론과 예술작품보다도 충실히 드러내고 있다고 주장한다. (IW 279 이하)

박이문은 메를로-퐁티를 실재론자로 본다. 후자는 두 가지 의미의 대상이 존재한다는 것을 사실로 받아들인다. 이를테면 대상이란 어떤 X로 지칭할 수 있는 '지각의 대상'과 하나의 테이블로 지각된 어떤 X를 가리키는 '지각된 대상'으로 구분될 수 있다고 본다.

메를로-퐁티가 모든 종류의 실재론에 반대했다고는 하나, 지각에는 의식에 앞서는 어떤 것이 있음을 믿었다는 점에서는 그 역시 실재론자다. 그것은 의식에도, 지각된 사물에도 일치하지 않는다. 다시 말해 그는 적어도 인식론적 단계에서 '지각의 대상(The Object of Perception)'과 '지각된 대

상(The Perceiver Object)' 간의 구분을 주장했다. (SA 42)

 또한 박이문은 메를로-퐁티가 남겨두고 해결하지 못한 문제를 '표현'이란 개념을 통해 설명한다. 후자가 의식과 대상 사이의 관계, 다시 말해 대상 일반의 변증법적 구성에 대한 어떠한 일반이론도 체계적으로 정립하지 않았다고 본다. 그래서 다음과 같은 물음을 제기한다. 그렇다면 메를로-퐁티의 철학에서 의식과 대상 사이의 인지적 관계와 비인지적 관계 모두를 이해할 수 있는 어떤 근본개념을 어떻게 찾을 수 있는가? 이 질문에 대해 박이문은 다음과 같이 대답한다. 즉 메를로-퐁티의 예술철학, 언어철학과 역사철학의 관점에서 체험을 통한 대상의 변증법적 구성이 언제나 '표현'이라는 철학적 의미로 서술될 수 있다. 또한 표현의 개념은 인지적 관계와 비인지적 관계 양자 모두에 적용될 수 있다. (SA 102 이하) 그리하여 표현 개념이 어떻게 모든 형태의 체험에서 주관과 객관 사이의 변증법적 관계를 이루는 기초가 될 수 있는지를 논증하고자 한다.

 그러면 여기에서 중심이 되고 있는 '표현'이란 무엇인가? '표현'이란 개념은 의식과 그 대상 간의 변증법적 관계를 서술하는 데 가장 적절한 개념이다. (SA 103) 주관과 객관 모두는 어떠한 의미로든 바깥으로 드러나고 표현된다. 그리고 의미 또는 지각된 대상은 객관과 주관이라는 두 개의 상호작용적인 원천을 바깥으로 펼쳐 보인다. 그리하여 체험에서의 대상의 변증법적 구성이 '표현'의 과정으로 이해될 수 있다고 본다. (SA 104) 표현이란 개념은 의식과 대상 사이의 변증법적 관계, 즉 지각체험에서의 사물의 변증법적 구성으로 간주된다. 따라서 표현으로서의 지각은 지각 대상에 독립적이지 않게 된다. 여기에서 변증법적인 관계는 비인과적이고 유기적인 관계를 의미한다. (SA 117)

 무엇보다 예술적 표현에서의 대상은 '주관적'이지 않다. (SA 108) 메를로-퐁티에 의하면 예술의 근본적인 기능은 우리가 경험하는 원초적 대상의 구체적 실존과 충만함을 드러내고 있다. 따라서 예술과 지각은 표현의 다른 형태들로 간주된다. 예술은 우리의 일상적인 지각경험에서 변형된 대상을 변형하는 것으로 규정된다. 예술적 창조는 본질적으로 현실적 의식에 의해 지각된 사물의 변이와 관련된다. 이런 점에서 모든 예술적 작업들은 어느 정도 주관적이다. 예술의 '객관성'은 개념화 이전의, 즉 개념적이고 실용적인 변형 이전의 원초적이고 구체적인 대상을 드러내는 예술작품의 궁극적인 목표를 밝혀준다. (SA 117)

언어표현에서의 '대상'이나 지향적 사유 내지 의미는 '객관적'이지 않다. (SA 126) 언어는 어떤 구체적 상황 속에서 실제로 무언가를 말하고 듣는 주체와 분리되어서는 어떤 의미도 지닐 수 없다. 따라서 현실 속에서 실제로 표현하고 전달하는 의미 내지 사유는 본질적으로 인간의 실존적 상황과 관계를 맺는다. 그리하여 언어적 표현은 화자가 스스로를 자신의 세계, 그리고 다른 사람들과 어떻게 연관시키는지를 보여주는 표현물이다. (SA 132)

또한 역사는 인간과 세계의 변증법이 총체적으로 드러난 표현의 형식이다. (SA 141) 의식과 대상 사이의 변증법적 관계는 인간 경험의 다른 차원인 역사에서도 발견된다. 메를로-퐁티는 역사 해석에 대한 객관주의나 결정론을 반대하고, 구성론으로 기울어지고 있다. 즉 역사적 사건들은 인과관계를 통해, 그리고 학문적 의미에서 전적으로 결정되는 것이 아니라는 것이다. 즉 역사는 주어진 상황으로부터 선택에 의해 어느 정도 구성되는 것이다. 박이문에 의하면 역사는 인간과 그의 세계, 이른바 사회적이고 구체적인 상황 사이에서 변증법적 관계를 통해 구성되는 의미들의 총합인 한에서만 '표현된 것'으로 성격을 규정할 수 있다고 본다. (SA 143)

메를로-퐁티에 따르면 시간성은 인간과 세계, 의식과 대상 사이에서 발생하는 변증법의 본질적 차원이다. (SA 154) 시간은 어떠한 유형으로든 대상이나 실재가 아니다. 도리어 시간은 주관과 사물들의 관계, 지향성을 지닌 주체와 그 주체가 미래 속에 자신을 투사하면서 접촉하는 사물들 사이의 관계에서 발생한다. (SA 156) 그리고 시간은 세계 속에서 살아가는 인간이 지닌 구조의 여러 차원들 중 하나라고 간주한다. (SA 157) 결국 시간성 혹은 시간은 내가 처해 있고, 내가 살아가는 세계와 연루된 나의 주관성이 외화된 것으로서, 그것은 연속적으로 주어진 상황들의 연쇄 속에서 나의 행위가 부단히 갱신되며 발현된 것이다. (SA 164) 의식과 그 대상 간의 관계로 특징되는 '표현'은 우리의 구체적 경험의 어떤 상태가 아니라 과정이다. (SA 164) 인간의 의식이 시간성이기 때문에, 의식과 대상 간의 관계 역시 본질적으로 시간적이다. 우리의 경험은 결코 정지된 상태가 될 수 없고, 그것은 부단히 흘러가고 운동하는 과정이다. 이러한 사태를 진행형의 의미로 '표현(Expressing)'이라고 명명할 수 있는 의식과 대상의 변증법적 관계를 통해 표명할 수 있다. (SA 165)

어느 구체적인 시간에 지각되거나 인식된 대상은 그 순간에 '표현된 것'으로서의 대상이다. (SA 165) 우리의 세계는 삶의 과정을 통해 표현된 '의미'다. 따라서 세계를 '표현된 것'으로 한정한다는 의미로 받아들여야 한다. 실제로 살아가는 이 세계는 단순하게 '표현된 것'이라기보다는 '표현되는 과정 속에 있는 세계'이다. 따라서 세계의 실재는 그 과정으로부터 독립적으로 존재하는 의미를 지닌 인식 가능한 대상들이 아니라, 표현의 과정에 거주하는 것이다. (SA 166 이하)

'표현의 존재론'의 주장들

그러면 박이문의 '표현의 존재론'의 내용은 무엇인가? 그는 여기에서 다음과 같은 질문을 던진다. '있음(there is)'이란 무엇이며, 그것을 결정하는 조건들은 무엇인가? 표현된 것 또는 인식되는 과정 중의 대상의 존재론은 과연 무엇인가? 앎의 내용을 '있는 것'과 동일시해야 하는가? 또한 '있는 것'이 무엇인지를 올바르게 진술하기 위해 이런 성격규정을 넘어서야만 하는가? 이런 질문들을 실마리로 그의 '표현의 존재론'을 전개시키고 있다.

박이문은 이를 위해 메를로-퐁티에서 유래하는 의식과 그 대상 간의 관계 구조에 대한 분석을 토대로 삼는다. 이제 궁극적 실재는 '표현하는' 과정이고, '있는 것(Being)'은 궁극적으로 '표현하는' 행위로 규정되어야 한다. 이런 주장을 펼치는 것이 '표현의 존재론'이다. (SA 168) 특히 '있는 것'에 관한 물음은 우리의 경험이 무엇인지를 이해하기 위해 부과되는 필수조건이다. (SA 169) 대문자 존재(BEING)는 총체로서의 우주의 모든 구성물들인 소문자로서의 존재가 있을 수 있는 궁극적 지반, 즉 절대적이고 궁극적인 존재이다. 따라서 존재론의 최종적 목표는 이것, 저것 등 소문자로서의 존재들을 분석하는 것이 아니라, 바로 궁극적 존재를 이해하는 것이다. (SA 172) 존재론은 우주 속에서 경험하는 모든 대상들의 원리를 위한 기획으로 본다. (SA 173)

현상학적 관점에서 볼 때, 우주의 궁극적 구성요소들은 단 하나의 속성이나 실체로 환원될 수 없다. (SA 173) 의식과 그 대상 사이에는 틈이 있다. 이 틈은 인식론적이면서 동시에 존재론적이다. 의식과 대상 사이에 구분이 없이는 그 대상에 대한 지각이 불가능하다고 보기 때문에 인식론적이다. 또한 의식과 그 사이를 구분하는 인식론적 필연성으로 인하여 하나가 다른 하나로 환원될 수 없음을 보여준다. 때문에 이 틈은 존재론적이다. 결국 의식은 그 대상으로 환원될 수 없다. (SA 174)

위에서 언급한 바대로, 메를로-퐁티에게는 정신도 물질도 아닌 단 하나의 유일한 존재로서의 '날 것의 존재'가 있다. (SA 176) 그가 말하는 '존재'는 존재 일반, 즉 대문자 존재를 가리킨다. 이는 하나의 궁극적 실재, 즉 모든 사물들이 있게 되는 토대, 그리고 그로부터 모든 사물들이 출발하는 실재이다. 이것은 '날 것' 내지 '야생'으로 규정된다. 그는 이런 존재를 탐구하는 '야생적 존재론'을 제시한 것이다. 여기에서 존재 일반, 이를테면 '야생의 존재'는 모든 가능한 현상들의 지반이 되는 분할할 수 없는 하나의 전체이다. (SA 176~177)

이제 최종적으로 정신도 아니고 물질도 아닌, 그러나 그 안에서 의식과 대상이 함께 존재함이 가능한 단 하나의 분리 불가능한 존재가 남게 된다. 그것 없이는 세계도, 언어도, 그리고 그 무엇도 있을 수 없는 것이다.[75] 그러나 이러한 '야생적 존재'는 개념화될 수 없다. 말하자면 개념화되기 이전의 있는 그대로의 실재(Reality)는 필연적으로, 그리고 궁극적으로 '야생'으로서 개념화될 수도 없다. 개념적으로 고정되고 규정된 사물들의 세계와 함께 개념화된 의식이 일어나는 통일은 그러한 의식과 개념들에 의해 파악될 수 없다. (SA 180)

'야생의 존재' 내에서 의식과 그 대상 사이의 관계는 '카이즘'이라는 말로 설명되고, 그러한 존재의 본성은 '살'로 서술된다. (SA 181) 또한 '살'이란 개념은 생소한 개념으로서 궁극적 실재의 성격, 즉 야생의 존재의 본성을 나타내기 위해 도입된 것이다. 이는 전통적인 모든 존재론적 범주들을 초월하면서 동시에 그것들을 종합하는 범주이다. '살'은 우선 살아 있는 몸, 특히 인간의 몸이다. 이것은 개념적으로 구분되는 것들을 초월하는 유일한 전체를 지칭한다. 이와 같이 개념적으로 파악할 수 없는 전체로서 살아 있는 살은 일종의 직관적 모델을 제공하고 있다. 이를 통해 개념으로 파악할 수 없는 전체에 대한 성격규정을 시도하였거니와 개념화하는 의식과 그 대상들의 세계는 바로 이로부터 나오게 되는 것이다. (SA 184~185)

메를로-퐁티의 존재론은 자신의 현상학적 출발점과 어긋나 있다고 박이문은 진단한다. (SA 186) 전자의 출발점은 의식을 떠나서 생각할 수 있는 지각된 대상이 아무것도 없다는 것이다. 이런 점에서 '야생의 존재론'은 그의 현상학의 출발점과 상충된다. 왜냐하면 그의 현상학적 출발점은 의식과 분리될 수 있는 대상은 없다는 사실을 명증한 것으로 받아들이기 때문이다. 이러한 메를로-퐁티의 존재론적 역설은 궁극적 실재에 대한 실체론적 개념에서 비롯된다

---

75) M. Merleau-Ponty, *The Visible and the Invisible*, 107쪽.

고 본다. (SA 190) 박이문에 의하면, 메를로-퐁티는 서구의 실체론적 존재론을 거부했음에도 불구하고, 그 자신은 궁극적 실재의 근본적 본성에 대한 실체론적 시각에서 완전히 벗어나지 못했다고 판단한다. (SA 191 이하) 왜냐하면 대문자 존재(BEING)도 기체(Substance)로 파악될 수 있기 때문이다. (SA 193)

궁극적 실재는 '표현하는' 행위로 이해되고 서술되어야 한다는 설명과 정당화가 요구된다. (SA 196) 그것은 의식과 대상이라는 두 개의 개념 중 그 어느 것도 아니다. 이 둘은 모두 '표현'과의 관계 하에서만 변증법적 성격을 지닌다. 이런 주장에 의거하여 '표현'의 과정을 궁극적 실재로 본다면, 일원론적 존재 개념에 직면했던 역설을 해결할 수 있을 것이라고 한다. (SA 197) 따라서 의식과 대상 사이의 구체적 관계는 필연적으로 '과정 중'에 있으며, '끝이 없는 운동'이라는 사실이 뒤따르게 된다. 이제 '있다는 것'은 그저 단순하게 '표현된 것'이라고 말하기보다는 '표현의 진행형'으로 설정되어야 한다. (SA 203)

특히 '표현의 존재론'은 메를로-퐁티의 현상학과 일치하며, 경험세계에 대한 가장 일관된 기술로 해석될 수 있다. (SA 212) 그 결론은 다음과 같다. 즉 궁극적 실재는 존재(BEING)가 아니라, '표현(Expressing)'이다. 오직 '표현'이라는 개념이 존재론적 관점에서 볼 때 궁극적인 것으로 받아들여져야 한다는 사실이다.

'표현의 존재론'의 의의와 한계

박이문이 밝히고 있듯 '표현의 존재론'은 다음과 같은 의의를 지니고 있다.

우선 그것은 실제로 존재하는 모든 현상들, 심지어 잠재적 현상들까지도 단일한 실재로서 해명한다. 그것은 일원론적 존재론이기 때문에 설명될 수 없는 사물들의 수는 최대한 남겨진다는 점에서 이론적 경제성이라는 장점을 지니고 있다. 따라서 그것은 설명될 수 없는 하나 이상의 실체들을 남겨두는 이원론이나 다원론보다 더 바람직한 결론을 낳는다. (SA 215)

다음으로 '표현의 존재론'은 모든 형태의 일원론, 유물론적 존재론 또는 관념론적 존재론, 심지어 스피노자나 사르트르의 일원론이 필연적으로 빠지게 되는 역설에서 벗어나는 데 유리하다는 점이다. (SA 215) 또한 그것은 가설이나 그 자체로는 진리임을 밝히거나 설명할 수 없는 설명을 위한 원리로 제안되거나 가정되지 않는다는 사실에 있다. 이것은 '의식은 무엇에 대한 의식'이라는 현상학적 근거의 다양한 양태들을 통해 우리가 경험하는 대상에 대한 현상학적 기술이라는 지반 위에 세워진다. '표현' 개념은 하나의 가설이나 임시방편으로 단순하게 설명하기 위한 개념이 아니다. (SA 215 이하) 무엇보다 '표현의 존재론'의 의의는 박이문의 '존재-의미-매트릭스'라는 존재와 인식의 틀을 세워나가는 데 기초적인 토대를 제공한 것으로 보인다는 점이다.

이 '표현의 존재론'은 존재론의 문제점을 해결할 수 있다고 단언한다. 존재론의 문제점이란 사실과 가치, 기술과 평가, 앎과 믿음, 논리와 사실 등의 이분법이다. 그런데 이런 문제들을 해소할 수 있다고 시도한 '표현의 존재론'이 선언적 주장이 되지 않기 위해서는 더욱 정치한 논거와 설명이 요구된다. 그렇다면 실재를 고정되고 완결적이며 변하지 않는 정적인 것과 구별되는 이 존재론은 '과정철학(Process Philosophy)'의 존재론이 지닌 철학적 아이디어에서 완전히 벗어날 수 있는가? 왜냐하면 이는 존재(Being)를 생성(Becoming)으로 풀이하는 니체나 화이트헤드(A. N. Whitehead) 류의 '생성의 철학'의 흐름 속에 있다고 보기 때문이다. 특히 위의 과정철학에서 실재는 과정이나 사건으로 구성된 것이다. 그것은 그물 같은 관계성 속에서 다른 과정들과 상호 연결되어 있다. 그리고 이러한 연계성은 계속 변화해가며, 창조적 발전을 주도하고 있는 우주적 유기체를 형성하고 있다. 이런 점에서 '표현의 존재론'과 과정철학은 존재론적 측면에서 그 유사성을 지니고 있다고 보인다.

2. '예술적 인식론'의 정초

> 박이문의 예술적 인식론은 서양 인식론의
> 패러다임을 전환할 수 있는 새로운 기획으로 평가된다.
> – 강학순

철학과 예술의 만남을 기획하는 박이문의 철학은 기존의 철학적 인식론의 패러다임을 넘어서서 새로운 인식론적 패러다임의 전환을 요청한다. 그는《예술과 생태》,《시와 과학》,《둥지의 철학》등에서 예술적 인식론을 다루고 있다. 그의 철학과 사유에는 세 가지 축이 있다. 이른바 존재의 축, 의미의 축, 언어의 축이 그것이다. 이는 존재의 차원, 의미의 차원, 시적/예술적 차원이라고 할 수 있다. 이 세 가지 축이 유기적으로, 역동적으로 움직이고 있다. 의식의 영역에서 의식 전과 의식 후, 그리고 양자 사이의 무의식의 중간지대, 동시에 언어 이전의 세계, 언어-비언어의 세계, 언어/의미의 세계를 구분한다. 박이문은 양극단을 연결하는 중간의 세계에 예술 및 시의 세계를 위치시킨다.

이런 점에서 예술의 세계 이해를 인식론에 접목시키려는 그의 독자적 철학적 인식론은 실증주의적 인식론에서 예술적 인식론으로 패러다임 전환을 시도한다. 왜냐하면 예술적 의도는 언제나 새로운 지각적 또는 그 밖의 인지적 패러다임을 창조하는 데 있고, 모든 예술작품은 각기 새로운 인지적 패러다임이 되고자 하기 때문이다. 따라서 예술이 보여주는 것은 객관적 사물 현상에 대한 진리의 표상이나 서술에 있지 않다. 이는 그러한 것을 다르게 볼 수 있는

새로운 틀, 관점, 테두리로서 제안된 잠정적, 비정상적 패러다임 자체에 불과하다. (IK 74 이하)

예술이 보여주는 세계는 과학이 밝히는 객관적 사실로서의 세계가 아니다. 오히려 그것은 하나의 가설적 혹은 잠정적으로 생각해볼 수 있는 허구적 존재거나 세계이다. 이런 점에서 예술은 인간의 삶에서 가장 근본적이고 혁명적이며 해방적 기능을 담당한다. 이런 의미에서 그것은 자유라는 형태로 표현되는 인간의 초월성을 가장 잘 구현한다. 그러나 과학과는 달리 예술의 인식적 기능은 언제나 간접적이다. 과학이 새로운 정보를 제공한다면, 예술은 과학이 보다 새로운 정보를 제공할 수 있는 새로운 틀, 즉 새로운 인식적 패러다임을 제안한다. (IK 75) 김우창도 '예술은 철학이나 과학과 마찬가지로 세계 인식의 한 방식'으로 보며, '미적 인식이야말로 가장 객관적인 인식'이라고 한다.[76]

박이문은 논리적으로 가능한 인식의 영역에만 머물지 않고, 논리적으로 불가능한 존재와 세계를 있는 그대로 표상하고자 하는 '시적 인식론'을 표방한다. 이를테면, 구체적 대상이 관념적으로 추상화되어 의미로 전환되지 않은 대상의 표상/인식은 논리적으로 불가능하다. 그럼에도 불구하고 시가 지향하는 것은 인식 대상, 즉 존재/세계를 있는 그대로 표상/인식하는 데 있다. 즉 시적 글쓰기는 구체적 대상을 관념화 내지 언어적 의미를 거치지 않는 그냥 그대로 표상/인식하는 작업이다. 구체적 사물 현상 자체, 세계/존재 자체는 시적 글쓰기의 고향이다. 시적 글쓰기는 인식의 고향으로의 귀향에 불과하다. 그렇지만 이러한 시적 글쓰기의 의도는 분명히 모순적이어서 그 실현은 논리적으로 불가능하다. (LP 202 이하) 이제 박이문에 있어서 새로운 인식론의 유래와 기원을 알아보도록 하자.

---

76) 김우창, 《전집 제4권, 법 없는 길》, 민음사, 2006, 99쪽.

'새로운 인식론'의 기원

박이문은 실증주의적 인식론과 결별하고, 이제 주지주의와 경험주의 인식론을 종합하는 메를로-퐁티 류의 인식론의 입장을 취한다. 후자는 '지각의 현상학'에서 인식에 관한 경험주의와 이른바 주지주의의 독단성을 드러내 보이면서 인식의 밑바닥 구조를 밝혀준다. 메를로-퐁티를 따라 물질의 연장이 의식이요, 의식의 연장이 물질로서 그것들을 본질적으로 다른 두 개의 존재가 아니라, 어떤 개념 속에서도 묶어 넣을 수 없는 것, 단 하나의 존재임을 박이문은 확언한다. (PA 183)

인식의 문제를 논하려면, 우리는 반드시 하나의 대상과 그것을 인식하는 주체자인 의식을 분리하지 않을 수 없다. 참다운 앎은 내가 무엇인가를 알고 있다는 것을 인식할 경우에만, 즉 자의식이 존재할 때만 있을 수 있다. 엄밀한 의미에서 인식은 자의식을 전제로 한 의식이어야 한다. 따라서 동물이나 유아의 분별력은 자의식을 바탕으로 하지 않기 때문에 인식이라고 할 수 없다. 자의식은 한편으로 의식과 그 대상, 다른 편으로는 그 의식 자체에 논리적 거리를 둠으로써만 가능하다. 이 거리는 다름 아닌 언어이다. 이 언어를 매개로 해서 주체로서의 의식과 객체로서의 대상이 구별되고, 이런 구별이 이른바 인식을 만들어내는 것이다. (DS 119)

결국 의식이 앎의 주체로 다루어지려면 언어로 표시될 수 있어야 한다. 따라서 인식의 주체로서의 의식은 언어와 분리해서 생각할 수 없다. 인식은 존재차원과 의미·언어 차원과의 논리적 구별을 필연적인 조건으로 한다. 존재론적 관점에서 볼 때 의식현상, 즉 언어현상은 그것이 의식하여 서술하는 언어행위와 지속되어 있다. 그러나 인식론의 입장에서 보면 그것들 사이에는 엄연한 구별이 있어야 한다는 것이 박이문의 입론이다.

이와 같이 그는 메를로-퐁티의 인식론을 받아들이되, 아울러 그것이 지닌 문제점도 지적한다. 후자는 인식의 문제를 존재의 문제로, 의미 차원을 존재 차원으로 환원해서 보고 있다는 점에서 그 한계를 지니고 있다는 것이다. 따라서 언어 이전의 인식, 예술적 진리에 대한 주장은 존재의 관점과 인식의 관점, 존재 차원과 의미 차원을 착각하고 혼동한 데서 기인한 것으로 간주한다. 이러한 박이문의 비평은 현상학을 철학적 방법으로 주장하는 후설을 비롯한 모든 현상학적 철학자들에게 일괄적으로 적용된다. (PA 184)

전술한 바와 같이 아시아 철학에는 특히 노장 및 힌두교 사상의 형이상학적 일원론의 존재론에 기초하여 전일적, 예술적 인식론이 깃들어 있다고 본다. 이러한 철학에서 형이상학적 일원론 및 인식론적 전일성을 거론한다. (KE 213) 또한 동양적 형이상학 일반에는 이성과 합리성에 대해 어떤 일관되고 체계적인 이론이 없지만, 아시아 철학 속에는 각별히 '미학적'이라고 일컬을 수 있는 이성과 합리성에 대한 어떤 개념이 내포되어 있다는 것이다. 여기에 착안하여 그는 '예술적 인식론'을 펼치고 있다.

미학적·생태적 이성과 생태적 합리성

박이문은 동양적 이성과 합리성과 관련한 '미학적 개념'이 아래의 다섯 가지 조건을 갖추고 있다고 본다. 첫째, 이 개념에 따르면 인식 주체는 복잡 다양한 경험세계를 초월한 이상적 영역에 자리 잡고 있는 하나의 '이성'이 아니다. 오히려 그것은 구체적으로 살아 있는, 필연적으로 특정한 시·공간과 문화적 맥락에 자리할 수밖에 없는 인간 신체에 존재하는 '감성'이다. 둘째, 진리는 추상적 개념으로 나타낼 수 없고, 오직 비유적인 이미지로만 표현될 수 있다. 셋째, 모든 믿음과 진리는 관점에 의존한다. 따라서 그것은 상대적인 것이다. 넷째, 이성과 합리성에 대한 미적 개념은 우리에게 모든 것을 전일적·종합적·

포괄적으로 보도록 요구한다. 다섯째, 아시아적 이성과 합리성의 개념에서는 사고, 믿음, 진리가 가치중립적인 것이 아니다. 그것은 내재적으로 가치론적인 것임을 묵시적으로 주장한다. 왜냐하면 선택은 맹목적인 것이 아니라 성찰적인 행위이기 때문이다. 아시아 철학에서 가치론적 태도는 서양철학을 지배해온 인간 중심적, 문화적 전망 대신에 생태 중심적이고, 자연 중심적인 전망을 취할 것을 요구한다. (KE 210~213)

이어서 박이문은 '생태적 이성'의 특성을 아래와 같이 열거한다. 첫째, 이성은 필연적으로 관념적이다. 그것은 어떤 의미에서 초월적이지만, 오히려 구체적인 대지의 현실성 속에 뿌리박고 있다. 둘째, 이성은 필연적으로 보편적이다. 그것은 어떤 점에서 경직되어 있지만, 근대 서구의 합리성과는 반대로 구체적·복합적이며 또한 구체적인 맥락에서 유연성을 갖는다. 셋째, 이성이 일차적으로 객관적인 사실과 가치중립적인 진리에 관여하지만, 서양의 논리적·과학적 지식이나 진리개념과는 반대로 내재적으로 선의 문제인 가치에 관계하고 있다. 마지막으로 이성은 필연적으로 인간의 이성일 수밖에 없지만, 그것의 가치론적 시각은 인간 중심적이지 않고 생태 중심적이다. 따라서 그것은 자연의 모든 종에게 열려 있다. (KE 215)

이런 점에서 생태학적 이성은 '생태 중심적'이다. 그것은 '자연 중심적' 또는 '우주 중심적'인 것이다. 결코 그것은 자기 중심적이거나 종족 중심적, 인간 중심적일 수는 없다고 본다. 이성과 합리성의 본질이 이렇게 이해될 때, 그것들은 인간과 생태계를 구할 수 있고 동시에 근대성의 위기를 극복할 수 있는 가능성을 열어준다. (KE 206) 이런 점에서 박이문의 미학적·생태적 이성은 김우창의 '심미적 이성'과 연결될 수 있다.

심미적 이성은 최고 형태의 주체적 사유의 형태이자 삶의 진리에 부응하는 최상의 인식론적 판단능력이다. 그러나 심미적 이성은 단순히 인식론적 판단능력으로서 머물러 있는 것이 아니다. 그것은 이미 어떤 형이상학적 지평으로 향하고 있다. 심미적 이성은 이 형이상학적 초월을 통해서 다른 형태의 이성이 벗어나지 못하는 불행한 의식으로부터 해방된다. 자신에 고유한 무사심의 평정성 안에 머무르게 되는 것이다.[77]

근대의 계산적·도구적 이성의 부작용과 위기를 극복할 수 있는 길은 '심미적 이성'의 복권의 모색이다. 왜냐하면 심미적 이성은 낭만주의자와 마찬가지로 예술 속에서 인간의 '근원적 충동'과 '참다운 삶의 지혜', 그리고 '자연합일의 가능성'을 구하기 때문이다.[78]

심미적 이성은 이론적 이성이나 실천적 이성보다 더 멀리 간다. 따라서 그것의 재귀적 복귀와 귀향은 다른 형태의 이성보다 더욱 낯선 곳의 소식을 전한다. 우리가 경직된 통일성 안에 머물러 있을수록 낯선 것에 불과할 이방의 소식과 더불어 심미적 이성은 여타의 이성능력을 초과하고 삶 자체를 위반하는 것처럼 보인다. 예술의 초월성의 본질은 오류의 교정 가능성을 허락하는 재귀적 위반에 있는 것이다.[79]

박이문은 미학적·생태적 이성과 더불어 '생태적 합리성'이란 새로운 개념을 제안한다. 여기에서 합리성을 '생태학적'이라고 이름 붙인 것은 근대 서양의 합리성과 구별하기 위한 것이다. 이러한 새로운 이성 및 합리성의 개념에 비추어볼 때 근대성의 위기와 우리를 둘러싼 딜레마는 그 기원이 이성의 죽음에 있

77) 김상환, 〈심미적 이성의 귀향 – 김우창의 초월론〉, 《예술가를 위한 형이상학》, 민음사, 2007, 408~409쪽.
78) 김상환, 앞의 책, 397쪽. 각주 8) 참조.
79) 김상환, 앞의 책, 394~395쪽.

는 것이 아니라 이성에 대한 잘못된 이해에 있다. 그리고 이러한 이성에 대한 새로운 개념과 더불어 근대성의 위기를 해결할 수 있는 가능성이 열린다.

박이문은 이러한 새로운 개념을 '생태학적'인 것으로 특징짓고, '생태학적 합리성'이라고 명명한다. (KE 195) 그러면 '생태적 합리성'이란 무엇인가? 우선 '생태학적' 합리성은 생태적 문제에 연관된 담론에 적용될 수 있는 특정한 변론이나 정당화의 규범으로 이해되는 '합리성'을 가리키는 것이 아니다. 그것은 특수한 형태의 합리성에 대한 탐구가 아니라, 합리성 본질 자체에 대한 개념적 분석이다. 그것은 모든 종류의 담론을 타당화·정당화하는 일반적이고 포괄적인 규범의 형태이다. 이러한 맥락에서 '생태학적'이라는 용어는 보편적이고 포괄적이다. 그것은 합리성이 갖추어야 할 기초적인 특징을 가리킨다. (KE 195 이하)

모든 종과 모든 개별 생물체가 생태적 관련 속에서 각기 다른 위치와 방식으로 상호관계를 맺는 것과 마찬가지로, 모든 경우는 각기 다른 합리성을 갖는다. 바로 이런 뜻에서 진실로 합리적인 것은 필연적으로 '생태학적'일 수밖에 없다. 이러한 이성 및 합리성의 생태학적 형식은 '전일적(holistic)'이며 '미학적'인 것으로 특징지을 수 있다. 전일적이라고 하는 이유는 생태학적 관점에서 볼 때, 어떤 신념이나 결정과 관련하여 무엇이 합리적이냐는 문제는 어떤 하나 또는 몇몇 사실들에 국한되는 것이 아니라 관련된 모든 사실, 모든 국면 전체에 의해서 규정되기 때문이다. 또 미학적이라고 하는 것은 이성이 그 자신의 감각적, 육체적 기원, 그리고 궁극적으로 대지에 박혀 있는 자신이 뿌리에서 완전히 유리되거나 거기에 무감각해질 수 없기 때문이다. (KE 203)

'예술적 인식론'의 근본 내용

근본적으로 철학을 정의하자면 세계를 인식하고, 동시에 그것을 포괄적이면서도 근본적으로 설명하고 밝혀주는 학문이라고 할 수 있다. (WN 300) 모든 인식은 대상과 동시에 그 인식의 주체를 전제로 한다. 물론 여기에서 주체는 주체자의 의식을 말한다. 그런데 의식이라는 개념은 여러 차원을 가진 정신을 뜻한다. 그래서 감각, 감성, 감정, 이성 등 모두 정신을 가리키는 개념들은 의식이라는 개념 속에 내포되어 있다. 이러한 의식은 시간과 공간 속에 존재하는 구체적인 현상이다. (PA 51)

종래의 인식론은 그것이 어떤 것이건 간에, 의식과 대상의 절대적인 구별을 전제로 한다. 대상은 시·공 속에 사물로서 존재하고, 의식은 사물의 차원 밖에서 관념으로 존재한다. 그래서 사물과 의식은 다른 존재양식을 가지고 있다. 비록 구체적으로 살아 있는 인간, 즉 신체로서의 인간을 떠나서 의식현상을 볼 수는 없지만, 의식과 신체의 결합은 우연한 것에 불과하다. 그리고 그것들은 서로 별개의 것들이다. 이러한 의식의 존재양식에 대한 견해는 후설과 사르트르에게도 명확히 나타난다. 그래서 종래의 인식론의 문제는 서로 절대적으로 다른 존재양식을 가진 의식과 그것의 대상과의 관계를 밝히는 일이었다. (PA 163)

'이성'이 객관적 존재에 충실한 객관적 '사유'를 뜻한다면, 생태학적 이성은 '수학적, 기계적'인 이성에 앞서 '미학적·예술적' 이성을 더 근본적인 것으로 본다. 그 이유는 이성적인 자연현상에서 비롯된 모든 관계의 궁극적 구조가 '수학적' 언어로 기술할 수 있는 단선적·직선적 관계가 아니라, '미학적' 언어로서만 표상할 수 있는 다원적·곡선적 관계라고 여겨지기 때문이다. 두 개의 이성이 갈등할 때 이성은 수학적 이성을 미학적 이성에 종속시킬 것을 요청한다.[80]

어떤 대상에 대한 과학적 서술을 인식적 서술로 보는 이유는 그것이 최소한 객관적으로 진·위라고 판단될 가능성이 있기 때문이다. (PA 182) 진리는 사물

---

80) 박이문,《문명의 미래와 생태학적 세계관》, 101쪽.

과 일치할 수 없다. 사물 자체는 그것이 무엇이든 간에 진리일 수 없고, 그냥 그대로 있는 것이다. 진리라는 개념이 적용되려면 우선 어떤 사물을 서술하는 언어가 전제되어야 한다. 그 언어가 사물을 가장 적절히 서술했다고 주장되었을 때만 사용할 수 있는 개념이다. 진리라는 개념은 사물에만 해당되지 않고, 그것을 서술하는 언어에만 해당되지도 않는다. 오직 그것은 사물과 언어의 관계에서만 가능하다. 따라서 진리개념은 한 단계 높은 차원에 소속된 2차 언어(Meta-Language)이다. (PA 182)

박이문에 의하면, 진리는 발견이 아니라 일종의 해석이고 선택일 수밖에 없다. 이러한 사실은 어떤 인식 대상이든지 그 대상 자체와 접할 수 있는 사람은 아무도 없다는 말이다. 그리고 인식이 일종의 선택이라고 하는 것은 어떤 대상에 대한 해석도 절대적인 근거가 없다는 뜻이다. 따라서 인식은 진리의 수용을 의미하고, 해석으로서의 진리가 다양할 수 있다. 결코 그것이 절대적일 수 없는 한, 인식은 발견이 아니라 선택일 수밖에 없다. 예를 들자면, '지구가 구형임은 진리이다'라는 주장은 '지구의 모양이 구형으로 해석된다'라는 뜻이다. 이러한 인식은 '지구가 구형으로 해석된다는 것을 선택했다'라는 뜻에 지나지 않는다.

그러나 모든 선택이 똑같은 타당성을 갖고 있지도 않고 언제나 맹목적인 것도 아니다. 아무런 선택도 절대적 권위, 절대적 근거를 가질 수는 없지만 어떤 선택은 다른 선택보다는 더 신뢰할 만한 근거가 있을 수 있고, 반드시 그렇게 이루어진다. 선택은 눈을 감고 주사위를 던지는 행위가 아니라, 이성을 동원하여 주의 깊은 관찰과 계산 끝에 이루어지는 결정이다. 모든 인식의 선택성을 주장하는 것은 이성의 계산적 행위와 감정의 충동적 동작과의 구별을 무시함이 아니라, 그것은 인식의 절대적 객관성, 즉 궁극적 기초성의 부정을 의미할 뿐이다. (EC 66 이하) 인식이 일종의 선택이라고 해도 어떤 선택은 다른 선택보다 더 많은 타당성과 더 투명한 합리성을 갖게 될 수 있다는 것을 의미한다.

박이문은 윤리 영역에서 인식론과 관련하여 선택행위의 불확정성을 거론한
다. 즉 윤리적 존재, 윤리적 진리의 유일성, 그리고 그러한 존재에 대한 인식은
결코 절대적인 객관성을 보장할 수 없다고 단언한다. 흔히 말하는 진리란 이
렇게 불확정적이다. 따라서 인식은 일종의 선택이라는 사실이 모든 인식에 해
당되지만, 인식이라고 부르는 선택 행위의 불확정성은 가치, 도덕적 진리를 결
정하는 윤리적 인식의 경우에 한결 더 커진다고 보는 것이다. (EC 78)

박이문의 예술적 인식론은 아시아적 전통을 배경으로 창안되었다는 점에
서 시사하는 바가 크다. 이는 탈인간적이고 자연친화적인 인식론으로 발전
할 가능성이 충분히 엿보인다. 서양전통에서 이성은 그것이 객관적인 실재나
혹은 주관적인 인식구조로 생각된다. 모두 초월적인 것으로서, 물질적인 실재
로 환원될 수 없는 것이다. 그러나 아시아의 전통에서 다르마(Dharma)와 도
(道)는 본질적으로 내재적인 존재다. 왜냐하면 그것들의 본질은 '있음(Being)'
이 아닌, '됨(Becoming)'에 있는 하나의 불가분리적 실재에 속하기 때문이다.
다르마와 도는 대상으로서 세계와 존재론적으로 구분되는 인간의 주관적 능
력이 아니다. 그것들은 우주의 구조 자체, 즉 사물의 객관적 질서를 가리키기
때문에 초월적인 것이 아니다. 형이상학적 일원론은 우리가 이 세계에서 보는
다양한 사물들 사이의 존재론적 구분을 부정할 뿐만 아니라, 모든 언어에 육
화되어 있는 인간과 자연, 초월적인 것과 경험적인 것, 물질적인 것과 정신적
인 것, 정신과 육체 등과 같은 가장 일반적인 구분도 부정한다. (KE 209 이하)
결국 박이문의 예술적 인식론은 서양 인식론의 패러다임을 전환할 수 있는 새
로운 기획으로 평가될 수 있다.

3. '텍스트 양상론'의 구성[81]

> 박이문의 시는, 시 그대로 그의 철학이다.
> — 김주연

문학과 철학의 경계는 사라진 것인가?

문학과 철학의 분과학문적 경계는 고정된 그 무엇인가? 아니면 그 경계는 사라져야 하는가? 문학과 철학의 근친성과 불화(diaphora)의 관계는 서양철학사와 함께 시작되었다고 보아도 과언이 아닐 것이다. 크세노파네스(Xenophanes)가 남긴 풍자시나 철학적 교훈시 형태의 저작들인 향연 시[82]와 그리고 자주 인용되는 파르메니데스(Parmenides), 헤라클레이토스(Herakleitos)의 단편들 이 모두는 '철학적 시', 그리고 '시적 철학'으로 불린다. 이른바 '시인 추방론'을 펼친 플라톤마저도 '철학적 시인'으로 호명되기도 한

---

81) 이 절의 내용은 강학순, 〈문학과 철학의 양상적 차이 – '박이문의 텍스트 양상론'을 중심으로〉, 철학연구 제102집, 2013 가을호, 187~217쪽, 수정 보완함.

82) 강철웅, 〈시와 철학 그리고 향연-크세노파네스 단편 1을 중심으로〉, 서양고전학연구 제48집, 2012년 가을호, 119쪽. "크세노파네스에게 시라는 담론형식은 그다지 의도적이지 않은 지극히 자연스런 동반자였다고 추측을 하고 또 그게 무난하게 받아들여져 온 것이다." 서양철학사의 벽두에 우리는 크세노파네스를 통해 철학과 시의 근친성을 확인할 수 있다.

다는 사실은 더 이상 놀라운 일이 아니다. 《차라투스트라는 이렇게 말했다》를 통해 문학과 철학을 크로스오버하면서 철학적 잠언(aphorism)들을 남긴 니체와 《사유의 경험으로부터》[83]를 통해 독일 신비주의와 낭만주의의 사상을 품고 '시적 사유'를 펼친 하이데거도 '철학과 시의 근친성'을 저작들 속에서 구현하고 있다.

또한 철학사에서는 '문학과 철학'의 관계에 대한 논의가 상존해왔다. 동시에 문학사에서도 이런 논의가 가능한 작품들[84]이 이어져 왔음은 말할 나위도 없다. 왜냐하면 우리는 문학 속에 철학이 개입된 경우, 철학작품에서의 문학적 표현의 경우, 그리고 문학 자체가 철학적 사유인 경우를 어렵지 않게 접할 수 있기 때문이다. 특히 20세기의 푸코와 데리다를 비롯한 여러 철학자들은 '거울', '미로', '백과사전'으로 요약되는 보르헤스(J. L. Borges) 특유의 상상력에 깊은 영향을 받았다고 공개적으로 시인한 바 있다. 그들의 철학에 기존의 통념을 깨뜨리고 문학의 새로운 가능성을 보여준 포스트모더니즘의 선구자인 보르헤스의 문학적 상상력이 스며 있음을 부인할 수 없다.

오늘날 문학적 상상력과 철학적 지성이 거침없이 융합되는 분위기 속에서 포스트모던 노선의 철학자들과, 논리실증주의를 비판하는 일군의 신실용주의(Neopragmatism) 계열의 철학자들의 주장은 '문학과 철학의 학적 경계'를 허무는 데 일조하고 있다. 예를 들면, 데리다, 굿맨, 콰인, 로티 등을 거론할 수 있다. 이러한 흐름 속에서 문학과 철학의 경계는 사라져야 할 것으로 여기

---

83) M. Heidegger, *Aus der Erfahrung des Denkens*, hrsg. : M. Heidegger, Frankfurt a. M. 1983, 2. Auflage, 2002(GA 13, 시선집 포함).

84) 예를 들자면, 괴테의 《파우스트》, 단테의 《신곡》, 도스토옙스키의 《카라마조프가의 형제들》, 헤세의 《싯다르타》, 카프카의 《변신》, 프루스트의 《잃어버린 시간을 찾아서》, 보르헤스의 《픽션들》, 《피에르 메나르, 돈키호테의 저자》, 에코의 《장미의 이름》 등은 철학적 세계관을 함축한 철학적인 문학작품에 속한다. 동시에 다양한 문학비평 분야에서도 철학적 작업이 드러난다.

면서 '철학으로서의 문학'이 거론되기도 한다.[85] 그 이유는 근대에 와서 지정한 분과학문 사이의 '보편적 구분선'이란 지극히 주관적이고 유동적이며, 심지어 아예 없는 것으로 간주되기 때문이다. 또한 위의 논자들은 지칭 대상의 극복할 수 없는 비결정성과 언어가 지닌 근본적인 허구성에 문제가 있다는 것을 논거로 제시한다. 물론 플라톤의 형이상학에서부터 현대의 반형이상학의 철학에 이르기까지, 철학과 시/문학 사이에 나타나는 현격한 차이와 불화가 상존해왔다.

이런 상황 속에서 20세기 전반부터 지금까지 진행된 해체주의의 분위기 속에서 문학과 철학의 경계를 허무는 것이 문제가 없는지를 가려보는 것은 양자의 정체성과 차이를 살피는 데 유의미하리라 여겨진다. 이를 위해 박이문의 '텍스트 양상론'에 의거해 논의를 전개해 보고자 한다. 이렇게 '문학과 철학'이란 주제를 필생의 화두로 삼아온 박이문의 소위 '텍스트 양상론' 내지 '문학 및 예술 전체의 양상론적 존재론'[86]을 살펴보려 한다. 그는 드물게 문학과 철학이란 분과학문을 전공으로 삼고, 양자의 관계를 일관되게 천착해왔다.[87] 이런 작업은 그에게 단순한 철학적 외도나 문학적 외도가 아니며, 더욱이 문학과 철학의 외재적이고 피상적인 융합의 시도가 아니다. 오히려 그것은 문학과 철학의 공속성과 차이의 긴장 속에서 궁구(窮究)한 비판적 작업에 속한다.

박이문의 시는, 시 그대로 그의 철학이다. 그런 의미에서 나에게는 니체의

---

85) E. G. Lawry, *Literature as Philosophy*, The Monist Ⅲ, Oct. La Salle, 1980.

86) 박이문, 《철학전후》, 〈철학적 허구와 문학적 진실-텍스트 양상론〉, 85~119쪽, 《문학과 언어의 꿈》, 민음사, 2003, 〈머리말-텍스트 양상론〉, 〈철학적 허구와 문학적 진실-텍스트 양상론〉, 5~7쪽, 61~98쪽.

87) "표현과 과학적 인식-재현, 그것들이 서로 모순되는 것 같지만 상호보존적인 기능으로서 서로 양립할 수 있고, 그것들이 인간의 근원적, 즉 존재론적 욕망을 충족시키기 때문이라고 생각하게 되었기에 발표할 수 있었다."(PT 10)

〈그러니까 차라투스트라가 말했다〉가 연상된다. 산문과 운문이 서로 섞여 있고, 팩트와 상징이 서로 침노하고, 절망과 소망이 서로 껴안고 있는 혼돈 속의 정연한 질서! 얼핏 보면 시 같이 보이지 않는 언어의 방류 속에 도도히 흐르는 생명과 사랑의 광활한 숲을, '시'라는 말을 제쳐놓고 적당히 아우를 수 있는 말은 없을 것이다.[88]

우선 박이문의 문학 분야에서의 이 문제와 관련된 사색의 흔적들[89]을 살펴볼 수 있다. 일찍이 그는 발레리와 말라르메를 통해 문학과 철학의 근친성을 발견했음을 확인할 수 있다. 특히 프랑스 문학 석사논문인, 〈발레리에 있어서의 존재와 지성의 변증법으로서의 시〉, 문학박사 논문인 〈말라르메에 있어서의 이데아-꿈의 정합성〉에서 다음과 같은 문제의식을 노정시키고 있다. 이를테면 발레리에서 그는 철학적 투명성과 시적 감동 사이의 갈등을 푸는 열쇠를 시에서 찾으려 했던 시적 흔적을 찾았다. 발레리는 철학적 글쓰기를 문학이라는 범주에 통합시킬 수 있다고 하면서, 철학을 시와 그렇게 멀리 떨어져 있지 않은 것으로 간주했다. 그리고 지적인 유추에 의존하는 상징적 수법으로 시를 쓴 프랑스 근대시의 최고봉인 말라르메를 통해서는 모든 것을 추상적으로 투명하게 재현하려 하면서도, 그와 동시에 그러한 과정에서 상실되는 모든 것의 짙은 구체성을 보존하려고 하는 두 가지 모순된 욕망 사이의 갈등과

---

88) 김주연, 〈냉정한 두뇌, 슬픈 심장의 언어-박이문의 시세계〉(해설), 박이문, 《고아로 자란 코끼리의 분노》, 미다스북스, 2010, 179쪽.

89) 박이문은 《사상계》에서 '회화(會話)를 잃은 세대(世代)'(1955)라는 처녀시를 발표했다. 이후 《문학예술》에서 '혼자만의 시간(時間)'(1957)이란 시가 추천되었고, 연이어 '아스팔트 길 위에서'(사상계, 1959), '기도와 같은 순간'(사상계, 1961) 등의 시를 발표했다. 그리고 《파리의 작가들》(1977), 《눈에 덮인 찰스 江邊》(1979), 《나비의 꿈》(1981), 《보이지 않는 것의 그림자》(1987), 《울림의 공백》(민음사, 1989), 《다시 찾은 빠리수첩》(1997), 《아직 끝나지 않은 길》(1999), 《길》(2003), 《말이 말이 됩니까?》(2006), 《아침산책》(2006), 《공백의 그림자》(2006), 《부서진 말들》(2010)을 발표했다.

긴장을 읽어낼 수 있었다. [90]

박이문 사유의 철학적 기반은 프랑스 현대문학, 사르트르, 니체, 메를로-퐁티, 프랑스 구조주의, 영미 언어 분석철학, 신실용주의이다. '문학과 철학의 관계'와 관련된 그의 철학적 저서와 논문을 참조할 수 있다. [91] 특히 그의 철학 박사학위 논문인 〈메를로-퐁티에 있어서의 '표현' 개념의 존재론적 해석〉에서는 존재와 그 표현, 존재론적 일원론과 인식론적 이원론 간의 영원한 갈등을 보았고, 그러한 갈등을 풀 수 있는 이론을 제시하고자 했다. 문학과 철학의 두 분야를 천착하면서 가진 일관된 지적 관심사와 문제는 다음과 같다. 이를테면 존재와 인식, 객관적 대상과 재현, 현상과 관념화, 지성과 감성, 진리와 의미, 철학적 투명성과 시적 감동, 객체와 주체, 그리고 앎과 삶 간의 피할 수 없는 긴장과 갈등을 풀고 조화시키는 문제였다. [92] 이런 독자적인 탐구의 여정 속에서 박이문이 발견한 이론은 문학과 철학의 관계를 설명할 수 있는 '텍스트 양상론'이라고 할 수 있다.

여기에서는 '문학과 철학의 경계는 사라진 것인가?'라는 주도적 질문을 실마리로 해서 첫째, 종래 흔히 전제되어온 철학과 문학의 구별 근거들을 검토한다. 둘째, 철학과 문학의 경계는 허물어야 하고, 양자의 구별은 있을 수 없다는 주장들을 살핀다. 셋째, 종래 생각하고 있던 근거와는 다른 근거에서 철학과 문학은 역시 엄연히 구별된다는 박이문의 주장을 소개하며 그 의미를 드러내고자 한다. 이를 위해서 이 문제에 대한 전통적인 입장들을 살펴보고, '박이문의 텍스트 양상론'에 나타난 문학과 철학의 양상적 차이를 고찰하고자

---

90) 박이문, 《문학과 언어의 꿈》, 민음사, 2003, 50쪽 이하 참조.

91) '텍스트 양상론', '철학적 허구와 문학적 진실'을 담고 있는 《철학전후》(1993), 〈예술과 철학과 미학〉(1993, 논문), 《문학과 철학》(1995), 《문학 속의 철학》(2011), 《박이문의 문학과 철학 이야기》(2005) 등에서 '문학의 철학적 성찰', '문학과 철학의 공통점과 차이점', '서술과 분석', '철학적 허구와 문학적 진실 – 텍스트 양상론', '시와 사유' 등을 다룬다.

92) 박이문, 앞의 책, 150쪽 이하.

한다. 이를 통해 '박이문의 텍스트 양상론'을 하이데거의 '시와 철학'과의 관계에 대한 입장과 비교하면서 평가해보고, 그것의 의의를 밝혀보고자 한다.

'문학과 철학의 관계'에 대한 대표적인 입장들

우선 '문학과 철학은 분리되어야 한다'는 입장을 살펴보자. 이 입장은 플라톤의 《국가·政體》[93]에서 제시한 소위 '시인 추방론'에 그 기원을 두고 있다. 우선 어린이들을 위한 시가(詩歌)교육에서 바람직한 내용을 가르쳐야 하고, 시인들이 신들을 묘사할 때 지켜야 할 규범을 언급하고 있다. (제2권, 3권) 그것은 무엇보다 '시에 대한 비판과 에르 신화'(제10권, 595c~621d)에서 잘 드러난다. 물론 모든 모방적인 시를 배척하지 않고 훌륭한 사람에 대한 '모방(mimesis)'을 포함하는 시는 허용한다. 그는 소크라테스의 입을 통해 호메로스를 어릴 적부터 사랑하고 공경심을 가졌다고 술회하며, 에르 신화(614b~621d)에 대한 믿음도 엿보이고 있다. 여기에서 배척해야 할 모방적인 것은 무차별적으로 모방을 일삼는 시를 의미한다. 즉 시 가운데서도 이러한 모방적인 것은 어떤 식으로든 받아들여서는 안 된다고 단언한다.

무엇보다 《국가·政體》 제10권에서 이와 관련하여 세 가지 테제들이 나온다. 첫 번째, "시인은 현상의 모방자이다."(595a- 602c) 그러나 철학에서 진리는 형상(idea)에 대한 인식(순수지)에서 성립한다. 비극작가를 포함한 다른 모방자도 화가와 마찬가지로 진리로부터 세 단계(형상-모방-재모방)나 떨어져 있는 자이다. 화가는 실재가 아니라 보이는 현상의 모방자이기 때문에 모든 것을 모방하여 만들어낼 수 있다. 그처럼 시인은 화가와 같이 자신이 묘사한

---

93) 플라톤, 박종현 역주, 《국가·政體》, 서광사, 2009.

것에 대해 정통하지 못하면서, '각각의 기술의 몇 가지 색채를 낱말과 구들을 이용하여 채색'하는 모방자에 불과하다. 모방자는 자신이 모방하는 것들에 대한 훌륭함과 나쁨에 대하여 알지도 못하고 옳게 판단하지도 못한다. 왜냐하면 모방은 앎이 결여된 일종의 놀이에 불과하기 때문이다. (595c~602c) 모방을 통한 앎은 순수지, 추론지, 신념도 아니고 단지 상상에 불과하다. 플라톤이 보기에 시인은 거짓되게 상상하는 자이며, 상상이 마음을 지배할 때는 나쁜 통치체제가 형성되기 때문에 마음대로 상상하면서 참된 진리에 대한 기억을 왜곡하는 시인은 추방하든지, 아니면 진실을 기억하는 철학자의 감시와 통제 하에 두어야 한다는 것이다.

두 번째, "시는 혼에 해로운 영향을 미친다."(602c~608b) 여기에서 모방이 인간의 혼에 나쁜 영향을 끼친다는 것을 입증함으로써 시를 비판한다. 모방의 힘은 같은 크기의 사물이 가까이에서 볼 때와 멀리서 볼 때 다르게 보이고, 착시로 인해 온갖 혼란이 생기게 된 것에 의존한다. 혼에는 이런 현상을 그대로 받아들이는 부분이 있으며, 또한 측정과 계산을 통해 진리를 인식하는 이성적인 부분이 있다. 시는 인간사와 관련해서 사람들이 괴로워하거나 기뻐하는 것을 모방하는데, 사람들은 온갖 행위를 하면서 자기 자신과 분쟁을 치르고 있다. 그런데 훌륭한 사람은 개인적 불행을 당하더라도 괴로움에 대해 절도를 지킬 것이다. 이성과 법이 괴로움에 대해 저항하도록 지시하는 반면 감정은 그쪽으로 이끈다. 모방적 시인은 비이성적 부분을 일깨워 키우고 강화함으로써 헤아리는 부분을 파멸시킨다. 혼 안에 나쁜 통치체제를 생기게 하기 때문에 훌륭하게 다스려질 나라에서는 그를 받아들이지 않는 것이 정당하다. (602c~605c)

세 번째, "시는 훌륭한 사람이라면 억제해야 할 온갖 감정들을 조장한다." (605c~608b) 호메로스(Homeros)나 비극시인들의 작품들에서 보여주는 비극적 모방을 통해 우리는 불운에 처할 경우, 실컷 울고 비탄하기를 갈망하는 욕구를 충족시키게 된다. 이로 인해 우리는 이성에 의해 억제되어야 하는 부분을 조장하게 된다. 희극적 모방의 경우도 마찬가지다. 시가 가장 비난받아야 할 이유는 시가 선량한 사람들까지도 아주 소수를 제외하고는 수치스럽게 만들 수 있기 때문이다. 이는 확실히 무서운 것이다. 따라서 시작(詩作)을 통한 모방은 성욕이나 격정, 모든 욕구적인 것, 모든 행위에 수반되는 괴로운 것 및 즐거운 것들을 조장하기 때문에 문제가 있다. 결국 이런 것들을 조장하는 시인들을 국가가 받아들이게 되면, 법과 이성 대신에 즐거움과 괴로움이 왕 노릇을 하게 될 것이다. 그러므로 이상 국가(아름다운 나라)에서 시를 추방하는 것은 합당하다. 그 대신 철학이 시 대신 어린이 교육을 담당해야만 한다는 것을 암시한다.

결국 플라톤은 철학과 시 사이에는 오래된 일종의 불화(diaphora)가 있었다고 본다. 따라서 시가 즐거움을 줄 뿐만 아니라, 국가 정체와 인간생활을 위해서도 이로운 것이라면 이를 받아들여야 한다. 하지만 그렇지 못할 경우에는 조심해야만 한다고 하면서 다음과 같은 결론을 내린다.

그러나 시가 우리의 경직됨과 투박스러움을 지탄하지 않도록 시를 상대로 우리가 말해주도록 하세나. 철학과 시 사이에는 오래된 일종의 불화가 있다고 말이네. '주인을 향해 멍멍 짖어대는 개'라든가, '짖으며 달려드는 개', 그리고 '어리석은 자들의 실없는 이야기로 대단한'이라든가, '지나치게 똑똑한 자들의 무리', '시시콜콜 따지며 생각하는 자들', 그래서 '궁상맞은 자들', 그리고 그 밖의 것들로 이들의 오랜 대립을 나타내는 수없이 많은 표현이 있으니 말일세. (607b~c)

또한 플라톤은 경고하기를, 명예나 재물 또는 어떤 관직에 자극되어, 아니 적어도 시에 자극되어 올바름과 그 밖의 다른 훌륭함에 무관심해질 정도가 돼서는 안 된다는 것이다. (605c~608b) 철학은 모름지기 진리에 대한 기억 (mnēmosynē) 및 회상을 가능케 하고, 시는 진리와 아주 멀리 떨어져 있는 현상의 모방으로서의 왜곡된 기억, 즉 상상에 불과하다. 따라서 철학과 시 사이에는 진리에 대한 참된 기억과 왜곡된 기억 사이의 불화가 쟁점이 된다.[94] 이러한 문맥에서 보자면, 역사상 플라톤적인 생각을 가진 사람들은 '문예란 허상을 만들어내는 모방술'로 치부되어 철학과 문학을 밀착시키는 것을 꺼렸다. 철학이 순수한 이성을 통해 진리를 추구하는 것이라면, 문학은 모방 및 상상을 통해서 인간의 감성을 자극하는 것이라고 이해됨으로써, 철학과 문학은 구분되었다. 따라서 문학의 지위가 철학에 비해 상대적으로 격하될 수밖에 없었다.[95]

다음으로 논리실증주의의 '검증 원리(Verification Principle)'[96]가 '문학과 철학은 구별되어야 한다'는 입장을 뒷받침해주는 이론적 역할을 하게 된다. 이 원리에 의하면, 개별적인 경험적 사실들에 관한 진술들(종합명제)과 수학적인 동어 반복적인 진술들(분석명제)에 의해 참된 과학적 진술, 즉 이론적 명제만이 학적 명제로 인정된다. 개별적인 관찰경험들이 그 이론적 명제에 부합되면 그 이론적 명제는 참이 된다. 만약 단 하나라도 확인될 수 없는 무언가가 개입된 진술이 있다면, 그 진술은 무의미한 것이 된다. 따라서 형이상학, 종교, 도덕, 아름다움 등에 관한 온갖 주장들은 우리의 경험이 확인해줄 수 없

---

94) 김동규, 〈상상과 기억의 불협화음: 시와 철학의 불화에 대한 하이데거의 해법〉, 철학연구 제98집, 2012, 181쪽 이하. "시와 철학은 '진리의 기억'을 둘러싸고 싸웠던 셈이다. 그저 누가 암기력이 더 좋은지를 두고 다투었던 것이 아니라, 모든 존재자들의 존재(존재자의 시원)을 기억함으로써 공동체의 유대와 근간을 확립하는 일을 두고 시와 철학이 싸웠던 것이다. 쉽게 말해서, 만물을 지배하는 시원적인 존재가 무엇인지를 기억하는 일로 둘은 옥신각신한 셈이다. 요컨대 시와 철학의 불화의 핵심쟁점은 기억이며, 각각의 고유한 기억방식이 둘 간의 불화를 야기했다."

95) 임재해, 〈문학과 철학의 관련양상〉, 한민족어문학 제11권, 1984, 55쪽.

96) A. A. Jules, *Language, Truth and Logic*, London, 1936(초판) 참조.

는 것들이다. 문학적 표현들도 여기에 속한다. 경험에 의해서 진·위를 판단할 수 있고, 또한 경험에 의해서 검증될 수 있는 것만이 유의미하다는 것이다. 따라서 경험에 의해서 검증될 수 없는 진술들은 모두 '무의미한 헛소리(non-sense)'일 뿐이다.

이런 점에서 문학적 명제들은 검증 가능한 관찰명제가 아니라, 주관적 상상력과 체험에서 나온 것이기에 무의미하다. 말하자면 논리실증주의의 주장에 의거하면 형이상학과 학적 철학, 그리고 예술/문학과 철학은 명료하게 구분됨을 발견할 수 있다. 이런 점에서 과학은 세계에 대한 객관적 정보를 제공하는 데 반하여, 문학은 세계에 대한 작가의 주관적 정서를 표현해줄 뿐이다. 이른바 소설이나 희곡과 같은 문학 텍스트의 세계는 실제가 아니라 허구적 상상물에 불과하다. 이런 점에서 논리실증주의적 언어의 메타-분석으로 철학과 문학의 차이는 인지적 명제(재현)와 비인지적 명제(표현)의 구분에 비추어 설명되었을 때, 그것은 보다 세련되고 선명하고 논리적으로 굳건한 이론적 뒷받침을 받았다는 것은 의심의 여지가 없다.[97]

논리실증주의 준거에서 거론되는 문학과 철학의 차이는 박이문에 의해 다음과 같이 분석된다. 말하자면, 논리실증주의적 인식론과 언어철학의 관점에서 볼 때 모든 논술, 즉 논술적 언어의 의미는 인식적/비인식적으로 양분되어 있다. 이 두 가지 언어 사이의 구별 기준은 과연 그 언술의 진위가 논리적으로 가능한가, 아닌가를 결정할 수 있는 '검증 방법'[98]에 달려 있다. 진·위를 검증할 수 있는 방법이 있는 언술은 인식적 의미를 지닌 진술일 수 있다. 그러나 문법적으로 진술과 똑같은 모양을 갖추고 있는 경우라도 원칙적으로 그 언술의 진·위를 결정할 수 없다면, 그 언술은 비인식적 의미만을 갖는다. 두 언술의 의

---

97) 박이문, 앞의 책, 85쪽.
98) 슐릭(M. Schlick)의 테제, "한 명제의 의미는 검증방법이다." 즉 한 명제의 의미와 무의미는 그것을 검증할 방법의 유무에 달려 있다.

미는 각기 인식적·정보적인 것과 비인식적·정서적인 것으로 명확히 구별된다. 어떤 텍스트가 철학이냐 아니면 문학이냐를 결정하는 기준은 그것이 정보적 의미, 아니면 정서적 의미를 갖는가에 달려 있다. 결국 그것의 진·위를 결정할 수 있는가 아닌가에 달려 있다.[99] 이와 같이 문학과 철학은 구분되어야 한다는 현대적 입장을 논리실증주의가 뒷받침하고 있음을 확인시켜주고 있다.

무엇보다 박이문에 의하면 이러한 전통적인 문학과 철학의 구별은 텍스트의 다른 기능에 의거한다는 것이다. 말하자면 철학은 실체나 체험의 객관적 사실을 표상하고 밝히려 하는 데 그 근본적 기능이 있다. 하지만 문학은 어떤 감정과 느낌을 표출하는 기능을 한다. 다시 말해 철학적 진리가 개념적·논리적 방법에 의해 밝혀지는 데 반하여, 문학적 진리는 개념적 혹은 논리적으로 표상할 수 없는 실체 혹은 진리를 드러내는 데 있다.[100] 모든 철학적 텍스트는 표상적, 즉 인식적 기능을 한다고 전제한다. 그리고 문학적 텍스트는 표현적, 말하자면 비인식적 기능을 한다고 전제한다.[101] 또한 어떤 대상을 직접 서술하는 문학은 언어 또는 개념의 분석으로서 존재하는 메타-언술로서의 철학과 구별되는 것이다. 철학이 '이차적인 언어'라고 한다면, 문학은 '이중적인 언어'라고 할 수 있다. 왜냐하면 문학은 언어로 이루어진 형상이면서 인식이므로, 나타난 그대로의 형상적 의미와 숨은 뜻의 인식적 의미를 함께 지니기 때문이다. 이러한 이중적 의미의 관계에 따라 우의, 비유, 상징, 역설, 반어와 같은 특수한 표현 방법을 지닌 것이 문학적 언어인 것이다.[102]

요컨대, 박이문의 양자의 차이에 대한 정리된 입장을 살펴보자.

---

99) 박이문, 《철학전후》, 93쪽 참조.
100) 박이문, 앞의 책, 67쪽, 69쪽.
101) 박이문, 앞의 책, 69쪽.
102) 조동일, 〈둘이면서 하나인 문학과 철학〉, 시와 시학 35, 1999, 148~154쪽 참조.

문학과 철학의 근본적인 차이는 똑같은 언어로 표현되어 있음에도 전자의 언어가 서술적인 언어인데 반하여, 후자의 언어는 분석적 언어라는 데 있다. 문학은 어떤 대상을 묘사하는 데 목적이 있고, 철학은 어떤 대상을 묘사하는 서술 언어의 의미, 그리고 그 서술 언어와 그것이 지시하는 대상과의 관계를 분석한다. 그렇기 때문에 철학은 '언어에 대한 언어', 이차적인 언어라고 말할 수 있게 되는 것이다. 바꿔 말하자면 철학적 언어는 어떤 구체적인 대상과 아무런 직접적인 관계도 갖고 있지 않다.[103]

이제 '문학과 철학은 경계가 고정될 수 없다'는 입장을 살펴보자. '절대적 진리가 없다'고 선언하면서 서구의 정신적 전통에 정면으로 도전한 니체 이후, 철학과 문학의 경계선은 무너지고 있다. 여기에서 니체의 도전이란 박이문에 의하면 철학과 문학의 구별과 관계에 대한 철학적 문제는 지칭적 및 해석학적 관점에서 볼 때 명확히 존재한다는 고대 희랍 이래의 서구적 관념에 대한 것이었다고 지적한다.[104] 최근 포스트모더니즘을 주장하는 철학자들이나 문학 이론가들은[105] 철학과 문학의 엄격한 구별을 부정하며, 양자의 구별은 그 이론적 근거를 상실한다고 선언한다. 이른바 데리다의 해체주의, 프래그머티즘적 반기저주의, 포스트모던적 보편적 상대주의 및 다원주의가 이것을 뒷받침하는 이론들이다. 이론가들은 데리다, 굿맨, 콰인, 로티 등이다. 여기에서는 간략하게 그들의 입장을 살펴보고자 한다.

데리다로 대표되는 후기 현대주의 혹은 후기 구조주의에서는 한 텍스트의 '문학성'을 결정하는 특수한 형식, 조직 또는 구조는 따로 있을 수 없다

---

103) 박이문, 《문학 속의 철학》, 일조각, 2011(개정판, 초판 1975), 14쪽.
104) 박이문, 앞의 책, 96쪽.
105) 헨체(D. Henze), 랭(B. Lang), 우드(D. Wood) 등은 철학과 문학, 철학성과 문학성이 서로 명확히 구분될 수 없다는 입장을 대표한다.

고 한다. 데리다의 해체론에서는 철학과 문학을 엄격히 구별하는 형이상학적 근거인 '로고스 중심주의'는 잘못된, 근거 없는 전제라는 것이다. 전통적인 형이상학적 진리가 존재의 '현전'에 있다고 보는, 소위 '현전의 형이상학 (métaphysique de la présence)'이 비판의 표적이 된다. 이른바 "의미는 결코절대적인 현전에 고정되는 일이 없으며, 의미에 대한 최종 해석은 하나의 해석에서 다른 해석으로 끊임없이 연기된다."106) 종래의 '현전의 형이상학'으로서의 철학에서는 무엇을 안다는 것, 무엇을 인식한다는 것은 언어 이전에, 의식이전에 있는 어떤 대상을 있는 그대로 접하는 데 있다. 따라서 로고스 중심주의는 사물 혹은 어떤 대상과 그것을 표상하는 언어의 관계에서 언어가 사물이나 대상 혹은 존재에 종속되어 있음을 의미한다. 따라서 지금까지의 서양의 사고는 '로고스 중심주의'라고 이름 붙여진 형이상학적 본질주의의 오류에뿌리박고 있다고 전제한다. 이러한 데리다의 해체주의는 철학과 문학이 서로구별될 수 있는 본질을 갖고 있음이 환상에 불과함을 주장한다.107)

데리다의 주장에 의하면, 모든 언어는 언어 이전의 의식조차도 사물 현상, 즉 어떤 의식 대상을 결코 있는 그대로 표상하지 못한다고 본다. 이를테면현상과 직접적으로 접할 수도 없다는 것이다. 또한 엄밀히 말해서 이른바 허구적 텍스트만이 오로지 지칭 대상을 갖고 있지 않은 것은 아니다. 철학을 포함한 이른바 비허구적 텍스트도 역시 지칭 대상을 갖고 있지 않다. 그리고 현상학적으로나 논리적으로 어떠한 언어도 어떤 종류의 대상을 있는 그대로 지칭할 수 없다. 달리 말해 어떠한 표상, 어떤 인식도 표상대상, 인식 대상을 있는 그대로의 상태로 접할 수 없다는 것이다.108)

이러한 상황에서 볼 때, 문학이나 철학을 망라한 모든 언어는 그것이 지칭

---

106) J. Derrida, *Positions*, University of Chicago Press, 1981, 9쪽.
107) 박이문, 《철학전후》, 87쪽.
108) 박이문, 앞의 책, 72쪽 이하.

하는 대상을 확실히 갖지 못하기에 허구이다. 모든 텍스트와 모든 언어는 궁극적으로는 허구적이다. 문학과 철학의 텍스트의 의미는 정확한 것일 수 없으며, 언제나 비유적일 수밖에 없다. 따라서 허구적 텍스트와 비허구적 텍스트의 구별은 그 근거를 잃는다. 이와 같은 이론에 근거하여 데리다와 그 밖의 많은 언어철학자들은 철학과 문학의 구별을 근본적으로 부정하기에 이른 것이다. 따라서 데리다의 철학과 문학의 전통적인 구분에 대한 비판은 형식주의, 뉴크리티시즘(New Criticism), 구조주의를 포함하고 있다는 점에서 포괄적이다. [109]

굿맨은 과학과 예술을 엄밀히 구분할 수 없다는 다원주의적 세계관을 표명한다. 이런 입장은 문학과 철학의 전통적인 구분에 대한 반론을 제기하는 데 이론적 뒷받침을 하고 있다. 그는 《세계 만들기 방식들》(1978)[110]에서 과학과 예술이 모두 이런 우열을 따질 수 없는 인식적 기능을 하고 있다고 한다. 그는 비실재론(Irrealism)과 예술에 대한 인지주의적 관심을 기호학적으로 이해하려는 입장에서 환원주의적 특성을 드러내는 논리실증주의의 단일한 세계에 대한 단일한 진리의 추구를 거부한다. 대신 '우리가 만드는 다수의 세계'라는 생각을 통해 다원주의적 세계관을 제시한다. 즉 다원주의적 입장에서 동등하게 옳은 양립 불가능한 다수의 버전들이 존재한다는 것을 인정한다. 말하자면 상호 불일치하는 버전들이 동시에 참일 수 있다는 것이다. 즉 "다수의 세계-버전들이 단일한 기반으로의 환원 가능성이라는 요구나 가정 없이 독립적인 관심과 중요성을 갖는다."[111]

---

109) 박이문, 앞의 책, 77쪽.
110) N. Goodmam, *Ways of Worldmaking*, Indianapolis, 1978. "그의 영향력 있는 작은 저서인 《세계를 만드는 방법들(Ways of Worldmaking)》에서 굿맨은 모든 존재, 즉 우리가 '세계'라고 부르는 존재는 그냥 그대로 우리에게 주어진 것이 아니라 사실인즉 우리가 상징/기호/언어로 제작한 것에 불과하다는 대담한 주장을 편다. 이러한 주장은 어떠한 언어도 언어 이전의 지칭 대상을 가질 수 없음을 말해준다."(박이문, 《철학전후》, 98쪽)

비실재론의 핵심적 의도 중 하나는 경험주의와 합리주의, 실재론과 관념론 등 철학적 이론들의 대립적 구도를 거부하는 것이다. 그것은 단일하고 객관적인 세계, 그리고 진리 개념에 대한 강력한 반론이다. 굿맨은 프래그머티즘적 세계관을 견지하면서 예술이 과학과 함께 세계 제작에 참여한다는 것이다. 왜냐하면 언어 이외의 다른 기호로도 세계 제작이 가능하다고 보기 때문이다. 그는 이해개념을 도입하여 정서적인 것이 개입된 광의의 의미로 예술을 이해한다. 이런 비실재론에서 특징적으로 드러나는 것은 과학의 세계와 예술의 세계가 대립적으로 구분되지도 않는다는 것이다. 동시에 그것은 그 어느 쪽으로도 환원되지 않는다고 주장하는 다원주의적 생각을 표명한다. 그러나 일단 이 두 세계를 동등한 것으로 인정할 때 각각의 세계에는 '맞음(fit)'의 고유한 방식이 존재할 것이며, 적어도 그것은 그 세계에 상대적이다. 참과 기술, 재현, 예화, 표현—디자인, 그림, 어법, 리듬—의 옳음은 기본적으로 맞음의 문제이다. 즉 언급된 어떤 것에, 또는 다른 해석들에, 또는 조직의 양식과 방법들에 이런저런 방식으로 맞는 것이다. [112] 결국 굿맨은 예술의 기능을 언제나 인식적으로 바라봄으로써 예술과 철학의 경계를 허물었다고 볼 수 있다.

콰인은 과학과 철학을 엄격히 구분할 수 없다는 입장을 취한다. 그는 〈경험론의 두 도그마 논문〉을 통해 경험론의 역사적 최종 흐름이었던 논리실증주의를 와해시켰다고 평가받는다. 즉 그는 영국의 경험론 이래 일관되게 경험론을 견지한 영미철학이 오랫동안 도그마를 숨기고 있었음을 간파했다. 즉 영미철학의 경험론적 철학정신이 그동안 미진하게 추구되어왔음을 폭로한 것이다. 이를테면 분석명제와 종합명제 간의 경계를 긋는 그런 구분이 있다는 주장은 "경험주의자들의 비경험적인 하나의 독단이며, 일종의 형이상학적 신념의 항복"[113]이라고 단언한다. 경험주의적 입장에서는 전통적으로 위의 두

---

111) 박이문, 앞의 책, 4쪽.
112) 박이문, 앞의 책, 138쪽.

명제 내지 진리를 엄격히 구분하는 태도를 취하고 있다.

　콰인은 바로 이런 태도를 비판하면서 분석명제와 종합명제는 엄격히 구분될 수 없으며 다만 정도의 차이일 뿐이라는 점을 논증하고 있다. 따라서 모든 진술들은 서로 상호연관성을 가지면서 체계적 구조를 이루므로 개별적으로 평가해서는 안 되고, 전체 구조와 관련해서만 평가할 수 있다는 총체론적 입장이 제시된다. 경험 이전에 그 어떤 것도 전제되어선 안 되며, 또한 경험으로 증명할 수 없는 그 어떤 것도 전제되어서는 안 된다. 이로써 그는 경험론적 철학운동인 논리실증주의가 전혀 비경험적인 주장을 전제한 것을 형이상학적이라고 비판한 것이다. 그러므로 사변적 형이상학과 자연과학 사이에 가정되었던 경계가 흐려진다. [114]

　콰인은 프래그머티즘의 입장에서 경험과는 관계없이 참이 증명되는 분석명제를 구별하는 논리실증주의에 대하여 그러한 구별은 명확하지도 않고, 또 유효하지도 않다고 주장한다. 또 우리가 일상적으로 사용하는 의미가 다소 애매한 자연언어와는 다른, 명료하고 정연한 인공언어의 구축을 제안한다. 주 저서로 여겨지는 《말과 대상》(1960)에서는 '번역의 불확정성' 테제를 거론했지만, 이것은 자신의 언어에서조차 의미를 확정할 수 없다는 귀결을 지닌다. 모든 진리는 언어와 사실 둘 모두에 의존한다고 본다. "진리는 일반적으로 언어와 언어 외적 사실 둘 모두에 의존함이 명백하다."[115] 콰인은 경험에 의존하지 않고, 그 의미만으로 참이 되는 그런 인식은 성립하지 않는다고 주장하며, 이성의 진리는 없다고 주장한다. 이런 점에서 그는 수학과 철학을 구분하지 않고, 철학은 또 하나의 과학, 즉 분과학문일 뿐이라고 말한다. 그것들은 편의상 학문 상호 간의 분류일 뿐이다. 그가 생각하는 철학은 과학의

113) W. v. O. 콰인, 허라금 옮김, 《논리적 관점에서》, 서광사 1993, 55쪽.

114) W. v. O. 콰인, 허라금 옮김, 앞의 책, 35쪽.

115) W. v. O. 콰인, 허라금 옮김, 앞의 책, 36쪽.

연속, 아니 과학의 일부분이다.

이런 의미에서 경험의 불확실성을 시인하는 그의 사유는 '과학의 자기-인식'이라 할 수 있겠다. 불확실성에 대한 과학의 자기-인식은 그로 인하여 위상이 약해지는 것이 아니라, 오히려 그만큼 더 분명하게 제자리를 자각하게 되고, 위기 대처능력이 배양되는 것이다. 이것이 바로 과학의 자생력이 될 것이다. 콰인의 철저한 경험주의 정신은 결국 철학에서 형이상학적 찌꺼기를 남김없이 제거했으며, 콰인의 경우 이것은 과학의 자기-인식으로 종결된다. [116]

콰인은 모든 인식 및 이해는 서로 분리될 수 있는 개별적인 것이 아니라, 언제나 총체적 테두리에서 이루어진다고 주장한다. 그러므로 똑같은 하나의 인식 혹은 이해의 대상은 그 인식의 주체가 세계 전체에 대한 어떤 비전을 갖느냐에 따라 달라진다는 것이다. 그러므로 사물 현상에 대한 과학적 지식 및 서술조차 완전히 사물 현상 자체를 복사하듯 표상할 수 없음을 말해준다. [117] 즉 모든 인식 및 이해는 총체적 테두리에서 이루어진다고 파악함으로써 철학과 여타 학문, 특히 과학과의 경계를 허물었다고 본다. 무엇보다 지칭 대상의 극복할 수 없는 불결정성 때문에 그 의미가 언제나 불확정하게 남아 있을 수밖에 없음이 밝혀지게 된다. 이는 모든 사물이 이론적 산물이라는 신조로부터 출발된다. 어떤 사물을 존재하는 것으로 가정하고 받아들일 때, 우리는 이론 속에서 혹은 어떤 이론에 입각해서 그렇게 한다는 것이다. 존재란 언제나 어떤 특정한 이론에 입각한 존재라는 것이 그의 존재론적 상대주의의 핵심이다. 즉 사실(fact)은 존재론적으로 상대적이다. "어떤 사물의 존재론

---

116) 시영주, 〈철학의 탈철학화 : 콰인의 철학연구〉, 새한철학회, 철학논총 24, 2001, 172쪽 이하.
117) 박이문, 앞의 책, 98쪽.

을 해석할 객관적 사실이란 없다. 〔……〕 사실이란 인력이나 충전과 같이 자연에 대한 우리의 이론에 내적이다."[118] 박이문도 이런 견해에 동의한다.

마지막으로 로티에 와서는 '철학은 문학의 한 장르'이고, 더욱이 문학과 철학의 본질도 존재하지 않는다. 따라서 양자의 구별은 단지 제도적인 편의를 위해서 만들어진 것으로 보고 있다.

> 철학이라는 이름의 단독적인 실체는 없는 것이다. 그것은 한때는 하나의 전체였으나 지금은 산산이 갈라졌다. '철학'이란 어떤 자연적인 종류의 이름이 아니라, 행정적·문헌적 목적을 위해서 인문 활동을 분할한 작은 칸막이들 중 하나이다. [119]

이런 점에서 문학과 철학의 구별은 대학에서의 행정적 편의나 교수들 간의 정치적 갈등을 해소하기 위한 인위적 장치에 불과하다고 주장한다.[120] 그는 전통적인 문학 억압의 이론을 비판한다. 이 이론은 객관적, 인지적, 이성적, 형이상학적 진리의 영역을 문학으로부터 지키기 위해 문학을 거부하는 것으로 평가한다. 즉 이런 구별은 "도덕적인 것과 단순히 미적인 것의 구별—문학을 문화의 권역에서 종속적인 지위로 추방하고, 소설과 시는 도덕적 성찰에 합당하지 않다는 것을 시사하기 위하여 사용되어온 구별"[121]로 간주한다. 타 학문과 구분되는 기존의 철학의 정의도 도움이 되지 않고, 철학과 비철학을 구분하는 선도 변형을 요구한다고 선언한다.

---

118) W. v. O. 콰인, 앞의 책, 23쪽.
119) R. Rorty, *Consequences of programatism*, University of Minesota Press, 1982, 203쪽.
120) 박이문, 앞의 책, 87쪽.
121) R. Rorty, *Contingency*, Irony and Solidarity, Cambridge University Press, 1989, 82쪽.

선을 그어야 할 중요한 장소는 철학과-비철학 사이보다는 검토할 수 있는 주제들과 그렇지 못한 주제들 사이에 있다. 그것은 객관적이므로 우리가 신뢰해야 할 것들에 대한 동의를 얻어내고자 하는 노력과 그러한 동의를 얻는 것을 포기하는 대신에, 변형을 바라고자 하는 의도 간의 선을 의미한다. [122]

로티의 인식론적 행동주의에서 두드러지게 드러난 태도는 현상과 실재의 구분, 마음과 세계의 구분, 언어와 세계의 구분을 없앤다. 그는 주관과 객관의 이원론을 깨뜨리는 반표상주의적 입장을 취한다. 즉 그는 영원불변의 진리를 인정하지 않는 반표상주의자이다. 또한 텍스트 바깥의 진리를 부정하는 텍스트주의자이다. 무엇보다 합리성이나 객관성을 표상을 통해 설명하려는 시도가 당대의 통상적 담론을 영속화시키려는 기만적 시도라고 비판한다. [123] 로티의 철학을 한마디로 요약하자면, '반표상주의'라고 할 수 있다. 표상주의 철학에 의하면 철학은 자연이나 실재를 있는 그대로 비추어주는 거울이다. 그것은 플라톤으로부터 시작하여 로고스 중심의 철학들이 갖고 있는 기본적인 입장이다. 플라톤주의적 철학은 인간에게 진리를 거울처럼 비출 수 있는 어떤 본성이 있다는 것을 가정한다. 우리의 어떤 능력이 거울처럼 영원불변의 진리를 비춘다는 생각이 바로 철학적 용어 '표상'에 나타나 있다. 거울로 비유되는 진리에 대한 입장은 거부되는데, 이런 표상주의는 근대 철학자에게는 '오성'이라는 개념에서, 현대 분석 철학자에게는 '언어'라는 개념에서 나타나고 있다. 로티는 이런 개념이 가지고 있는 표상주의적 입장이 근거가 없다고 간주하며 반표상주의적인 신실용주의의 철학 입장[124]을 견지한다.

---

122) R. Rorty, "Is Derrida a Transcendental Philosopher?" in : *Essays on Heidegger and Others*, Cambridge University Press, 1991, 122쪽.
123) R. Rorty, *Contingency*, Irony and Solidarity, 11쪽.

'텍스트 양상론'에 나타난 문학과 철학의 양상적 차이

박이문은 위에서 살펴본 두 가지 상반된 입장, 즉 문학과 철학의 분리의 입장과 양자의 경계를 허무는 입장을 따르지 않고, '텍스트 양상론(Text-Modalogy)' 내지 '문학과 예술 전체의 양상론적 존재론(Modal Theory of the ontology of literature and artwork in general)'[125]을 통해 '문학과 철학의 양상적 차이'를 부각시킨다. 인간의 경험과 생각은 문자가 생긴 이후 언제나 어디서나 텍스트로 표현되어왔다. '텍스트 양상론'에 의하면, 우선 문학과 철학은 다 같이 텍스트, 즉 언술 내지 명제(proposition)로 구성되어 있다는 것이다. 여기에서 명제란 그것에 대한 진·위를 어떤 조건 하에서 원칙적으로 판단할 수 있는 문장을 의미한다. 한 텍스트가 단순히 문장의 우연한 집합이 아니라 총체적으로 통일된 하나의 의미를 갖춘 것으로 간주된다면, 그것은 큰 문장으로 볼 수 있다. 그리고 한 철학적 텍스트나 문학적 텍스트 전체에 대해서 원칙적으로 그것의 진·위를 말할 수 있는 한 하나의 큰 명제로 볼 수 있다. 이런 점에서 문학과 철학의 차이는 양자의 텍스트의 차이 내지 큰 명제 간의 차이로 여겨진다. [126]

박이문은 칸트를 참조하여 명제를 단언적, 개연적 판단양상으로 구분한다. 특히 칸트의 인식론에서 '양상(Modalität)'은 진술에 대한 화자의 판단적 태도를 가리킨다. 여기에서 양상이란 판단에 있어서 확실성의 정도를 의미한다. 한 명제가 단언적 양상으로 언명되었을 때, 그것은 내용의 사실성에 대한

---

124) Ibid., "프래그머티즘은 대화적인 것 이외에는 탐구에 있어서 어떤 제약도 있을 수 없다는 입장이다. 즉 대상, 마음, 언어 등의 본성에서 나오는 전반적인 제약 같은 것은 있을 수 없으며, 동료 탐구자의 언급에 의해 제기되는 소소한 제약만이 있을 뿐이다."(165쪽)

125) 박이문, 《문학과 언어의 꿈》, 6쪽. "내가 발견했다고 믿는 이론은 '문학 및 예술의 양상론적 존재론(Modal theory of the ontology of literature and artwork)'이다."

126) 박이문, 《철학전후》, 87쪽.

주장의 형태를 갖기에, 이 명제의 진·위를 논할 수 있다. 그러나 한 명제가 개연적 양상으로 언급될 경우, 그것은 가능성에 대한 제안으로서 그것에 대한 진·위 판단은 논리적으로 합당하지 않다. 박이문의 '텍스트 양상론'에 의하면, 철학은 단언적 양상으로 언명되고, 문학은 개연적/제안적 양상으로 명명될 수 있다는 것이다. 다시 말해 문학과 철학, 이른바 문학 텍스트와 철학 텍스트는 양상론적 입장에서만 구별될 수 있다. 그것들은 양상론적 관점에서 각기 서로 다른 독립된 텍스트 범주에 속한다. 특히 문학 텍스트는 객관적으로 이미 존재하는 어떤 사실이나 사건의 서술이 아니라, 그것이 일어날 수 있는 개연성을 묘사하는 것이다. 문학과 철학은 어떤 점에서 차이가 나는 것일까? 이 질문은 '텍스트 양상론'에서 하나의 대답을 찾을 수 있다. 거기에서는 문학적 텍스트와 철학적 텍스트의 혼동되지 않는 차이를 부각시키면서, 양자의 논리적 구별을 통해 논리적 차원에서의 양상적 차이를 강조한다.

> 문학과 철학은 역시 혼동되지 않는다. 비록 문학 텍스트와 철학 텍스트가 가시적으로 구별되지 않더라도 그러한 다른 두 개념이 통용되는 이상 그것들을 논리적으로 어떤 구별이 있음을 전제한다. 철학적 텍스트가 어떤 객관적 언급대상을 갖고 있는 데 반해 문학적 텍스트는 그러한 대상을 갖고 있지 않고 허구적이라는 것이다. 철학적 텍스트가 그에 대한 진위판단 가능성을 전제로 하는 반면, 문학적 텍스트는 그렇지 않다. 이러한 구별은 두 가지 텍스트를 우리가 실제로 어떻게 다루고 있는가를 분석해보면 드러난다. 그것들 간의 차이는 사실적 차이가 아니라, 언어 및 사회적 약속에 근거한 차이이다. 어떤 텍스트를 문학으로 보는가 아니면 철학으로 봐야 하는가는 언어적 약속에 의해 그것을 대하는 우리의 태도와 양상에 달려 있다. 이러한 사실은 문학적 텍스트와 철학적 텍스트 사이에 뛰어넘을 수 없는 논리적 차이가 있음을 말해준다.[127)]

위에서 거론된 '양상적 차이'란 무엇인가? 박이문에 의하면, 철학과 문학의 구별은 '한 언어 놀이의 약속'에 의한 것이다. 그 구별은 전통적인 여러 가지 문학이론과 달리 사실적으로서가 아니라, 오로지 양상이라는 언어 사용의 하나의 논리적 차원에서만 이루어진다는 데 있다. 그는 철학과 문학을 구별하는 언어 놀이의 특수한 약속을 '양상적 약속'으로 보아야 한다고 주장한다. 하나의 진술의 서술적 혹은 단정적 용도와 가정적 혹은 제안적 용도도 그 진술의 양상을 공히 나타낸다고 간주된다. 여기에서 양상은 한 진술에 놓여 있는 입장, 즉 그 진술의 발화자나 청취자의 관점 혹은 태도를 의미한다. 이러한 양상은 한 진술 자체 속에서 반드시 발견될 수는 없으며, 오로지 어떤 콘텍스트(context)에 의해서만 발견될 수 있고 결정될 수 있다. 한 진술이 그러하듯이, 여러 원자적 진술의 복합체로서의 한 텍스트도 하나의 큰 진술로 볼 수 있다. 한 텍스트를 두고 철학 텍스트로 본다는 것은 그 텍스트를 단언적인 양상으로 취급하자는 약속이다. 또한 같은 텍스트를 문학적 텍스트로 본다는 것은 그 텍스트를 제안적 양상으로 다루자는 약속을 의미하는 것으로 해석할 수 있다. 즉 철학은 단언적 양상으로, 문학은 제안적 양상으로 규정된다.[128]

단언적 양상을 지니고 있는 철학을 비롯한 모든 텍스트의 기능은 어떤 객관적 사실을 단언적으로 표상하는 데 있다. 제안적 양상을 지니고 있는 문학의 기능은 어떤 객관적 사실을 표상하고 주장하는 데 있지 않다. 그것은 오로지 상상적으로 어떤 가능한 사물 현상, 상황 혹은 관계를 생각해보고 제안

---

127) 박이문, 앞의 책, 32쪽.

128) 박이문, 앞의 책, 79쪽 이하. "여기에서 우리는 우리의 논지를 위한 전략적 이유에서 칸트가 구별한 세 가지 양상 가운데 '단언적' 양상과 '필연적 양상'을 하나로 묶어 '존재론적'으로 부르고, 남은 '개연적 양상'을 '제안적'이라 부르기로 한다. 이렇게 할 수 있는 이유는 단언적 및 필연적 양상에 의한 명제 판단이 모두가 다 그 대상의 실재하는 존재, 즉 존재 사실성을 전제하고 있는 반면, 양상적 판단은 그러한 것들의 실제 존재가 아니라 논리적 상상물, 즉 존재 가능성만을 제시하기 때문이다."(114쪽)

하는 데 있다. 그러므로 철학이나 그 밖의 목적과는 달리 문학은 논리적으로 아무런 주장이 될 수 없다. 문학이 표상하는 모든 것, 모든 상황, 그리고 모든 세계는 오로지 하나의 상상적, 가정적인 것에 머문다.[129]

하나의 원자적 진술이나 하나의 텍스트가 단정적 양상을 갖고 있느냐, 아니면 제안적 양상을 갖고 있느냐는 텍스트 자체는 물론 텍스트를 쓴 사람에 의해서도 결정될 수 없고, 궁극적으로는 오로지 한 언어 공동체에 의해서 이루어진 사회적 약속으로만 결정된다.[130] 다시 말해 문학과 철학의 차이는 사실적 차이가 아니라, 한 언어 공동체에 의해 이루어진 언어/사회적 약속에 근거한 양상적 차이다. 이 점에서 그는 데리다를 비판하면서도 다른 길을 제시하고 있다. 즉 한 언어의 의미는 사실적으로 의미를 갖고 구별되기도 하지만, 어떤 언어의 의미는 오로지 제도적으로만 의미를 갖고서 다른 언어와 구별될 수 있음을 데리다 역시 망각하고 있다는 것이다. 철학과 문학이 사실적으로 결코 각각의 의미를 갖지 못하고 서로 구별되지 못하더라도 제도적으로는 엄연히 구별된다.[131]

다음으로 철학적 글쓰기와 문학적 글쓰기를 구별한다. 전자는 개념적, 추상적, 논리적이며, 후자는 사물적, 구체적, 감각적인 특성을 지닌다. 시적 글쓰기에서는 각 낱말의 의미가 관념에 앞서 감성에 호소하려는 경향을 보이며, 그것의 상대적 특징은 언어의 은유나 환유, 그리고 그 밖의 다양한 기술적 방법을 동반한 언어의 비유적 용법이다. 이러한 용법들은 시적 글쓰기에 내재하는 의도를 수행하기 위해 동원된 방법이요 수단이다. 따라서 시적 글쓰기에 사용된 언어를 철학적 글쓰기에 똑같이 사용해도 그 언어의 의미는 그만큼 사물적으로 존재하려는 경향을 띤다. 시적 글쓰기의 어망이 철학적 글쓰기의

---

129) 박이문, 앞의 책, 116쪽 이하.
130) 박이문, 앞의 책, 81쪽.
131) 박이문, 앞의 책, 78쪽.

어망에서 빠져나간 존재의 물고기를 유혹해서 잡으려면 그물은 그만큼 더 존재의 물고기 자체에 가까워야 할 것이다. 시적 글쓰기 작업은 바로 이러한 그물을 짜내는 작업이며 시작품이란 존재를 있는 그대로 잡기 위해 짜낸 언어적 그물이다. (LP 202)

또한 '텍스트 양상론'은 '예술 양상론'과 맥을 같이 한다. 박이문이 주장하는 예술 양상론에 의하면 예술의 존재양식은 사실적이 아니라 개연적이다. 예술의 세계는 사실적이 아니라 오로지 가능한 세계를 드러낸다는 것이다. 예술작품이란 무엇인가를 뜻하는 개연적 언명(proposition)이다. 이렇게 개연적 존재양식을 갖는다는 점에서 예술은 언제나 세계를 새롭게 볼 수 있는 가능성을 열어준다.

예술작품은 물리적 존재가 아니라 의미적 존재로서 언명으로 본다는 점에서 단토와 그는 동일한 입장에 선다. 그러나 단토는 그 언명을 진·위를 결정할 수 있는 진술로 취급한다. 그에 반해 박이문은 그 입장을 따르지 않고, 칸트가 말하는 판단양상 가운데 오로지 한 명제의 진리 가능성만을 제안하는 판당양상의 관점에서 보아야 한다는 독자적 입장을 취한다. (IW 26) 따라서 모든 것을 가능세계로 포섭하는 '예술 양상론'을 제창한다. 결국 예술 작품은 한편으로는 그 자체의 구체적 실재성 내지는 실재의 현시를 유지하면서, 다른 한편으로는 실체의 사물, 사건, 세계가 아니라 가능한 사물, 사건, 세계를 지시하거나 투사한다는 것이 '예술 양상론'의 독자적인 논지이다.

'텍스트 양상론'의 의의와 평가

이제 박이문의 '텍스트 양상론'이 지닌 의의를 정리해보고자 한다. 그것에 의하면 문학과 철학은 친숙한 관계에 있지만, 양상론적 차이를 지니고 있다는 사실이다. 그리고 양자는 배타적, 포섭적 분리 내지 종속 관계가 아니라, 두 양상 사이의 평행적 관계를 의미한다.

첫째, 박이문의 '텍스트 양상론'에서 사유의 문맥과 차원은 다르지만, 하이데거의 '시와 철학의 관계' 설정과의 유사성을 발견할 수 있다. 박이문과 하이데거는 모두 철학과 시의 우월관계 내지 주종관계, 그리고 배타적 무관계성을 넘어서서, 양자의 공속성과 수평적 평행관계로서의 고유한 차이를 부각시킨다는 점에서 비교 가능하다. 박이문의 '텍스트 양상론'에 의하면 철학은 단언적 양상이고, 문학은 개연적 양상으로 구분되며, 문학 텍스트와 철학 텍스트는 '동일한 철학적 정신'의 서로 다른 표현 방식이다. (LP 59) 그에게서 문학과 철학은 다함께 살아가는 공동체 삶의 양식들이며, 또한 시와 철학은 그에게 자신의 '삶을 완성하기 위한 상보적 원리'[132]로 간주된다. 하이데거에 의하면, 철학적 사유와 문학적 시는 공속하지만 진리현시 방식에 있어서 구분된다. 철학이 이미지(Bild) 없이 개념에 의해 진리를 드러내는 방식인 반면, 시는 이미지를 통한 상상을 매개로 하여 진리를 드러내는 방식으로 구분된다. 그리고 하이데거에게 시는 문학의 가장 탁월한 형식으로 간주된다. 철학과 시는 모두 존재의 부름에 응답하지만, 그러나 차이가 나는 두 가지 방식에 속한다. 시는 진리를 달리 말하는 사유의 동반자가 된다.

> 시와 철학은 모두 존재의 진리를 기억하는 서로 다른 언어방식이다. 시와
> 철학은 존재의 부름에 응답하고 존재의 선물에 감사히 기억으로 답례하
> 는, 인간 활동의 공속적인 두 가지 진리 현시 방식이다. 둘의 관계는 위계
> 와 배제의 관계가 아니라 나란히 함께 가는 '평행'(하이데거 전집 GA12, 185
> 쪽)과 공조의 관계이며, 그렇다고 맥 빠지는 타협과 화해의 관계가 아니

---

132) 김광수, 〈문학과 철학의 어우러짐〉, 264쪽.

라, 언제나 차이를 냄으로써 친밀함에 이르는 투쟁적 연대의 관계다. 플라톤 이전부터 계속되어온 둘 사이의 불화(diaphora)는 진정되거나 사라질 수 있는 것이 아니다. 다만 그 불화는 존재망각에서 벗어나 존재를 기억하기 위한 창조적인 디아포라, 즉 창조적인 차이 생성으로 변모될 수 있을 뿐이다. 창조적인 공속관계를 유지할 때 시와 철학은 함께 존재에 응답하는 위대함을 얻을 수 있지만, 그렇지 못할 때 그 둘은 함께 몰락한다. [133]

박이문의 평가에 의하면, 하이데거의 철학은 '사유'라는 뜻에서 합리적 사고로서의 '철학'을 넘어서고 있다. 특히 낭만적 시인들이나 예술가들과 더불어 하이데거에 의하면 진정한 진리, 즉 '존재의 의미'는 철학이나 과학에서 전형적 모델을 볼 수 있는 '진술적 언어'로서가 아니라 '시적 언어'로서만 전달될 수 있다. [134] 일반적으로 철학은 존재의 관념화·추상화·의미화이다. 철학자는 이미지[135]로 작업하지 않는다. 이 점에서 철학은 우상을 금지하는 성성파괴의 전통과 맞닿아 있다. 그러나 시가 의도하는 것은 진리의 발견과 표상이 동반하는 관념화·추상화·의미화를 극복하고 원초적 존재 자체라고 부를 수 있는 진리의 고향으로의 귀향이고, 존재의 순수성에 대한 잃어버린 동경이다. 시는 우리의 인식을 초월해 있는 타자적 목소리이다. (LP 121)

하이데거에서는 진리에 대한 회상(Andenken) 내지 기억(mnēmosynē)의 방식으로서의 철학과 시는 공속관계에 있다. 즉 철학적 사유는 진리에 대한 기

---

133) 김동규, 〈상상과 기억의 불협화음 : 시와 철학의 불화에 대한 하이데거의 해법〉, 철학연구 제98집, 184쪽.

134) 박이문, 〈시와 사유 - 하이데거는 왜 중요한가?〉, 《철학전후》, 1993, 145, 147쪽.

135) M. Heidegger, *Holzwege(1935~1946)*, hrsg. Friedrich-Wilhelm von Herrmann, Fankfurt a.M., 1977(GA 5). "근대의 근본과정은 세계를 이미지로 정복하는 과정이다. 이미지라는 말은 이제 표상하면서 제작하는 행위의 전체 이미지를 의미한다."(GA 5, 94) 하이데거는 근대철학을 표상하고 제작하는 이미지의 형이상학으로 간주하고서 비판한다.

억 이외의 다른 것이 아니며, 기억은 시로부터의 사유를 의미한다. 동시에 "기억, 사유되어야 할 것에 대한 회집된 회상은 시짓기의 원천적 근거이다. 따라서 시의 본질은 사유하기에 있다."[136] 또한 "철학의 본질을 경험한다는 것은 시편(Poesie)과의 관계를 사유한다는 것이다. 즉 기억의 근본 특징으로서 시(Dichtung)로부터 사유하는 것을 뜻한다."[137]

둘째, 박이문의 '텍스트 양상론'은 문학과 철학의 내재적 대화 가능성을 제시하고 있다. 문학과 철학이 결코 같을 순 없지만 그들 사이에는 깊은 관계가 있어서 문학과 철학을 완전히 떼어놓고는 생각할 수 없다. 왜냐하면 문학은 인생의 서술이기에 넓은 의미로서의 철학을 내재하지 않는 인생은 생각할 수 없기 때문이다. 그러나 문학작품은 결코 그 안에서 찾아낼 수 있는 철학적 가치에 의해서만 그 가치가 결정되지 않는다. 문학작품의 가치는 철학적 가치만으로는 측정될 수 없는 문학성, 즉 예술성을 지니고 있기 때문이다. 그러나 문학이 철학과 떨어질 수 없는 관계를 맺고 있는 만큼 문학작품에 깃들어 있는 철학적 문제와 주장을 이해할 때 문학작품의 문학적, 즉 예술적 의미는 독자들에게 보다 잘 이해되고 평가될 수 있다.[138]

철학은 삶의 살로서의 시를 갉아먹는 벌레일지도 모르지만 삶의 시는 철학 없이는 무의미하며, 시는 철학의 빛을 가로막는 그늘일지 모르지만, 철학의 빛은 시의 그늘 없이는 무의미하다. 시와 철학이 만나는 곳에 존재, 마음, 언어와 더불어 사는 아름다운 둥지가 지어진다. 그와 같이 해서 지어진 시와 같은 철학인 동시에 철학과 같은 시로서의 존재, 마음, 언어의

136) M. Heidegger, *Vorträge und Aufsätze*, hrsg.: F.-W. von Herrmann, Frankfurt a. M., 2000(GA 7), 131쪽.
137) Martin- Heidegger-Gesellschaft, Jahresausgabe 1987, 27쪽.
138) 박이문, 《문학 속의 철학》, 7쪽.

둥지 안에서 우리는 처음으로 진정한 의미의 휴식을 얻고 행복을 체험할 수 있게 될 것이다. 궁극적으로는 아직 아무것도 말이 되지 않는다. 시와 철학의 등거리 지점에서 나는 말이 되지 않는 모든 것을 말이 되게 만들어 보려는 것이다. [139)]

셋째, 박이문의 '텍스트 양상론'에 의하면 종래 생각하고 있던 근거와는 다른 근거에서 철학과 문학은 역시 엄연히 구별되어야 한다는 것이다. 이 입장은 전통적인 두 가지 입장, 즉 문학과 철학의 분리 입장과 문학과 철학의 비분리 입장을 넘어선다. 이 두 가지는 모두 존재론적, 혹은 사실주의적 입장이라는 착각에 근거하기에 그것을 넘어서고자 한다. 이로써 양상론적 입장만이 문학과 철학의 관계를 올바로 세우는 데 기여할 수 있다는 주장을 펼치고 있다. 다시 말해 문학과 철학의 경계는 양상론적 차이에 의해 지켜져야 한다는 것이다. 물론 문학과 철학은 구체적인 작품 속에서는 분리할 수 없는 근본적인 관계를 맺고 있다. [140)] 무엇보다 문학과 철학은 가까우면서도 결코 비교할 수 없는 서로의 차원에 존재한다. 양자는 분리되지는 않지만 구분된다. [141)] 문학은 논증하지 않고 묘사를 통해 내용을 전달한다. 반면 철학은 논증을 함으로써 주제를 전달한다. 밝혀내고자 하는 명제에 관한 자신의 주장을 논리적으로 증명하는 데 초점을 맞춘다. 철학이 관심을 갖는 것은 논리와 경험을 포함하는 의미에서의 삶 속에서 도출해낸 명제이다.

넷째, 오늘날 융합학문이란 트렌드가 주도하는 시점에서 개별 학문인 철학의 지평이 확장되고, 개별 학문들 사이의 고유한 차이에 대한 성찰이 요청된다. 이런 요청에 박이문의 '텍스트 양상론'이 충분히 기여할 수 있다고 전망한

---

139) 박이문, 《문학과 언어의 꿈》, 153쪽.
140) 박이문, 〈서술과 분석〉, 《문학 속의 철학》, 17쪽.
141) 박이문, 앞의 책, 13쪽 이하.

다. 말하자면 개별 학문 상호 간의 통섭 및 융합은 상호 학문적 소통과 담론을 진작시키며, 동시에 통합적인 시각에서 사태를 볼 수 있는 관점이 확보된다. 반면에 그러한 시도는 개별 학문이 지닌 고유성과 특성적 차이가 훼손되고 부정되어서, 개별 학문이 지닌 정체성이 흔들리게 된다. 박이문은 문학과 철학의 뛰어넘을 수 없는 논리적 차이를 강조한다는 점에서 이 문제와 관련하여 무차별적인 과학주도의 융합학문 경향에 동조하지 않음을 엿볼 수 있다. 오히려 《통합의 인문학》에서 그는 인문학에 의한 과학의 통합을 강조한다.[142]

이런 의의에도 불구하고 '텍스트 양상론'이 제시하는 단언적 양상과 제안적 양상으로 철학과 문학이 엄격하게 구분될 수 있는가? 양상적 차이가 문학과 철학을 구분하는 불변의 준거로서 문학과 철학의 독자성을 확보할 수 있는 가능성을 열어줄 수 있는가? 과연 '텍스트 양상론'은 실제로 철학적 텍스트와 문학적 텍스트를 가려내는 데 도움을 줄 수 있는가? 양상적 차이가 단지 실용적 편의를 위해 조작한 관념적 방편[143]에 불과한 것이라면, 그러한 차이는 차이로서 계속 유지될 수 있는가? 박이문이 예술과 철학을 똑같이 인지 행위로 보는 현대 철학의 관점을 비판했을 때, 그것은 예술이 철학을 침범하는 경로를 차단했을 뿐 아니라 동시에 철학이 예술을 침범하는 경로를 차단한 것이기도 하다는 비판도 가능하다. 그리고 문학 텍스트를 무언가를 의미하는 언어의 그물로 보는 입장은 특정 작품들에는 가능해도 문학 텍스트 일반에 적용하기는 어려울 수 있다.[144]

그리고 그의 시와 문학에 대한 논의가 분석철학적 시각에 편향되어 있다는

---

142) 박이문, 《통합의 인문학-둥지철학을 향하여》, 知와사랑, 2009, 216쪽 이하.
143) 박이문, 〈학문의 경계와 무경계의 인문학〉, 탈경계의 인문학 제3권 2호, 2010, 12쪽. "과학과 인문학의 경계, 아니 모든 학문들의 경계는 우리가 사물 현상들 간에 긋고 있는 수많은 경계들과 마찬가지로, 실용적 편의를 위해서 조작한 관념적 방편에 불과한 것이지 존재론적으로 실재하는 것은 아니다."

점도 지적된다. 박이문은 시의 본질을 규명하기 위해 언어의 기능 면에서 객관적인 분석을 수행한다. 그러나 이 논의는 그것을 적극적으로 탐구하지 못하고 언어 일반, 인식 일반의 제 측면에 대한 논리실증주의적 명제를 은유로서의 문학성으로 치환한 것일 뿐이라고 한다.[145] 또한 후기에 갈수록 그는 학문 간의 경계와 탈경계를 동시에 주장하기 때문에 일관된 그의 입장을 논하는 데 어려움을 준다. 이런 주장은 로고스를 통해 투명성과 총체성을 추구하는 서양철학 전통의 한 축을 담당하는 영미 경험론과 실용주의 노선에 동조하면서도 벗어나려는 착종된 시도[146]의 일환으로 보일 수 있다. 그러나 박이문 사유의 결정판인 《둥지의 철학》에서 '존재-의미 매트릭스' 개념을 통해 철학을 끊임없는 '둥지 짓기'로서의 '리모델링 작업'으로 간주한다는 점[147]에서, 위에서 제기된 문제점들은 부단히 수정작업과 보완이 가능함을 시사하고 있다.

144) 이승종, 〈예술과 언어 : 박이문 교수의 철학 세계〉(서평: 박이문, 《문학과 언어의 꿈》, 《이카루스의 날개와 예술》, 민음사, 2003), 철학과 현실 61, 2004, 216쪽. 김춘수 시의 '무의미 시론'의 반례를 논거로 들면서 이승종은 예술 텍스트 양상론에 부분적으로 비판적 입장을 취한다. "예술작품이 무언가를 의미하는 언어라는 박이문 교수의 주장은 특정 예술작품들에 대해서라면 몰라도 예술작품 일반에 보편적으로 적용되기는 어렵다."

145) 이상오, 〈분석철학과 낭만주의 시론 – 박이문 시론 비판: '시적 언어'(《詩와 科學》를 중심으로)〉, 인문과학 제36집, 122쪽.

146) 강학순, 〈한 편의 시를 위한 철학적 프롤레고메나〉(서평, 박이문, 《문학과 철학》, 민음사 1995), 외국문학 47호, 1996, 363쪽.

147) 박이문, 《박이문의 문학과 철학이야기》, 생각의나무, 2010, 283쪽.

4. '둥지의 철학'의 건립[148]

> 시와 철학이 만나는 곳에 존재, 마음,
> 언어와 더불어 사는 아름다운 둥지가 지어진다.
> – 박이문

박이문은 프랑스 문학과 서양철학을 크로스오버하면서 상호 학문적 차원에서 독창적인 철학사상을 펼치고 있다. 무엇보다 현대 한국 지성계의 최전선에서 학문적 특파원으로서 또는 서양철학의 대사로서 활동해왔다. 그가 한국 인문학의 생태계에 '인문학적 지성의 아이콘'으로서 특정한 영토와 위상을 구축하고 있다는 사실을 부인하기 어렵다. 그의 필생의 철학 연구 활동의 최종적 결실인 《둥지의 철학》이란 '대작(opus magnum)'이 세상에 나왔다. 그러나 이 저작에 대한 다수의 서평들[149]은 나와 있지만, 이에 대한 철학계에서의 본격적인 연구는 아직 이루어지지 않고 있는 실정이다. 그다지 의미 있는 철

---

148) 강학순, 〈'둥지의 철학'의 근본개념과 사상에 대한 고찰 – '존재-의미 매트릭스'를 중심으로〉, 존재론 연구, 2013년 겨울호, 한국하이데거학회, 65~96쪽을 수정·보완함.

149) 정대현, 〈둥지철학의 언어와 진리〉(박이문, 《둥지의 철학》, 생각의나무, 2010. 서평), 철학 제102집, 2010. ; 〈둥지철학의 두 가지 기여〉(박이문, 《둥지의 철학》, 생각의나무, 2010. 서평), 철학과 현실 제85호, 2010 여름호. ; 장회익, 〈시와 철학으로 '언어적 둥지 짓기'〉(박이문, 《둥지의 철학》, 생각의나무, 2010. 서평), 《창작과 비평》 38(3), 2010. ; 정해창, 〈둥지, 박이문 철학세계의 모태 : 시인과 철학자가 만나는 곳〉(박이문, 《둥지의 철학》, 서평), 철학연구 제92집, 2001 봄. ; 신중섭, 〈인문학의 위기와 '둥지의 철학'〉(박이문, 《통합의 인문학》, 서평), 시대정신 제45호, 2009.

학적 업적을 남기지 못한 외국 철학자들에 대한 연구가 적지 않게 이루어지고 있는 상황임에도 불구하고, 국내에서 '박이문의 철학'에 대한 관심과 연구는 일천하다. 박이문의 철학에 대한 학술 논문은 드물다.[150]

물론 전문적인 의미로서의 철학자가 되려는 생각은 해본 적이 없다고 술회하는 박이문은 강단철학과 사변적인 논증적 철학에 바탕을 둔 특정한 주제 철학에 천착하여, 소위 철학 내적 구획과 분류가 명확한 '전문적 철학이론'을 제시하지는 않는다. 따라서 그의 철학은 한갓 '철학적 담론'으로 치부되기도 한다. 그러나 그것은 한국 지성계 전반에 철학의 저변 확대 및 철학의 대중화에 기여해왔다. 또한 그의 논의 전개와 글쓰기는 전통적인 형식과 틀에 구애됨이 없는, 이른바 구어체와 문어체를 넘나드는, 또는 운문과 산문을 엮어 쓰는 글쓰기의 독특한 수사학적 스타일을 통해 알려져 왔다. 이런 점에서 박이문의 저술 방식은 '지각적, 감각적, 미학적, 은유적, 시적 언어'를 선호하는 방식의 철학이긴 하지만, 철학적 논변을 중심으로 전승되어온 전통적 철학하기의 글쓰기와는 거리가 있다.[151] 하지만 폭과 깊이는 말할 것도 없고, 그의 철학적 작업이 지니고 있는 독창성과 한국 철학계에 미친 공헌과 영향력은 결코 과소평가될 수 없다.

여기에서는 박이문의 '둥지의 철학'의 근본개념과 사상을 이해하고, 이런 이해의 토대 위에서 '둥지의 철학'이 지닌 의의와 문제점들을 살펴보고자 한다.

---

150) 이승종, 〈박이문 철학의 중심개념과 논증적 짜임새〉, 철학적 분석 17, 2008, 117~133쪽. 여기에서 이승종은 박이문 철학의 명징성, 일관성, 합리성, 예술이라는 중심개념을 다룬다. ; 강학순, 〈문학과 철학의 양상적 차이 : '박이문 텍스트 양상론'을 중심으로〉, 철학연구 제102집, 2013, 187~217쪽. 여기에서는 기존의 근거와는 다른 근거에서 문학과 철학은 구별되어야 한다는 '박이문의 텍스트 양상론'의 의미를 밝힌다.

151) 정대현, 〈둥지철학의 언어와 진리〉, 374쪽. 여기에서 박이문의 언어는 전문 철학자보다는 보통사람들의 철학관을 나타내는 표현 방식임을 밝힌다. 따라서 이는 '이론시대의 철학관'에서 '담론시대의 철학관'으로의 전향을 요구하는 것으로서 긍정적으로 평가된다.

이를 위해 먼저 '둥지의 철학'의 단초와 그 기원을 다루고자 한다. 그리고 '둥지의 철학'의 근본개념과 그 정의를 살펴본다. 이런 기본적인 과정을 거친 후에 '둥지의 철학'의 핵심사상을 이해하기 위해서 '존재-의미 매트릭스(The Onto-Semantic Matrix)'라는 인식론적 구조를 알아본다. 이 구조와 연관하여 '존재와 의미 사이의 층위 내지 스펙트럼'의 의미를 찾아본다. 이로써 '둥지의 철학'은 어떤 발생적 기원과 구조를 가지며, 오늘날 논의되는 소위 '통합적 사유'에 어떤 시사점을 던져주고 있는지를 고찰해보고자 한다. 여기에서는 박이문의 주제 관련 텍스트들을 중심으로 텍스트의 내재적인 분석과 해석에 초점을 맞추려 한다. 이를 통해 우리가 한국인 철학자 박이문의 철학을 통해 무엇을 계승하고, 무엇을 극복해야 하는지를 어느 정도 밝힐 수 있으리라 기대한다.

'둥지의 철학'의 단초와 기원

박이문의 철학적 관심은 처음부터 지금까지 일관되게 어떤 한 분야의 전문적 철학이론에 대한 것이 아니다. 그것은 세계 전체를 투명하게 보려는 세계관으로서의 철학적 지혜를 동경하고 추구하는 데 집중되어 있다. 그는 '세계관으로서의 철학'을 정향하면서 다양한 주제들을 연구함으로써 독자적인 철학적 담론을 펼치고 있다. 그의 철학적 문제는 어떤 전문화된 특수한 영역에서 제기되는 언어적, 개념적, 논리적인 것이 아니라, 오히려 세계 및 우주를 총체적으로 설명하려는 것이었다. (PN 290) 기존의 철학으로는 인간과 세계, 존재와 의미 등을 포괄적으로 설명할 수 없다고 단언하면서, 일체의 기존 철학에 도발적으로 이의를 제기한다. 그 이유는 자신이 도달한 '둥지의 철학'의 견지에서 바라보면, 기존의 대표적인 세 가지 철학관들은 모두 나름대로 결함을 지니고 있다고 평가하기 때문이다. 나아가 그것들에 대한 비판적 논의를 통해 대안적 철학으로서 '둥지의 철학'을 제시한다. 이를 통해 현재의 '존재와 세계의 위기에 대한 전면적인 철학적 응전'을 시도한다. 즉 이는 오늘날의 존재와 세계의 위기를 철학적으로 투명하게 인식하고, 그것을 '새로운 철학'으로 정립하려는 한 철학자의 일생 동안의 지적 모색의 결정체이다.

우선 '아르키메데스 지렛대'로서 철학사를 새롭게 조명할 수 있다고 전망하는 '둥지의 철학'이 언제, 어떻게 형성되어 왔는지, 그것의 기원과 유래를 살펴보자. 1950년대부터 박이문은 세상의 모든 것을 총체적으로 일관성 있게 '단 하나의 이론'으로 설명하는 데 관심을 품게 되었다. 지난 반세기 동안 그의 지적 꿈과 작업은 근대 이론 물리학자 와인버그(S. Weinberg)가 꿈꾸는 '모든 것에 관한 단 하나의 이론'과 동일하다. 무엇보다 '둥지의 철학'의 궁극적 의도는 말라르메가 구성했던 우주의 모든 것을 담은 단 한 편의 절대적 시로서의 '책(Le Livre)'이 암시하는 의도와 유사한 것이다. (PN 7 이하)

그리고 1974년의 〈시와 과학〉이란 논문[152]에서 '존재 차원'과 '의미 차원'이라는 새로운 개념으로 세계를 설명할 수 있다는 단초가 발견된다. 여기에서 '존재 차원'이란 단적으로 물리적·생리적 차원을 의미하고, '의미 차원'이란 관념의 차원을 가리킨다.[153] 전자는 존재론적·물질적 대상으로서 자연적 세계와 인과적으로 완전히 구별할 수 없는 인식 대상으로 인간의 신체적 차원을 말한다. 후자는 언어적·개념적으로 자연적 세계와 질적으로 다른 정신적 차원을 의미한다. 그리고 존재와 의미는 존재론적으로 단 하나로 이어지고, 관념적·의미론적으로는 둘로 나누어진다고 본다.

2003년 출간된 《이카루스의 날개와 예술》에서 〈둥지의 건축학〉[154]이 나타나고, 2009년에 《통합의 인문학》에서 '둥지의 철학'이 본격적으로 등장

---

152) 박이문, 〈시와 과학〉, 문학과 지성, 1974 겨울호, 1975 봄호.
153) 박이문, 《시와 과학》, 일조각(초판 1975), 1990(중판), 7쪽. (이하 약호 DS로 표기)

한다. 즉 〈둥지로서의 지식과 그 너머〉, 그리고 〈학문의 통합과 둥지철학〉
이 소개된다.[155] 이를 통해 '둥지의 철학'이 통합 인문학의 가능성으로 제시
된다. 드디어 2010년에 발행된 《둥지의 철학》에서 위의 두 차원은 우주의 구
조적 모태인 '존재-의미 매트릭스'라는 개념으로 변형된다. 그것이 그의 철학
관과 세계관의 바탕과 구조로 사용되고 있음을 확인할 수 있다. (PN 71) 마
지막으로 2012년에는 《둥지의 철학》의 간결한 해설을 담은 프롤레고메나
(Prolegomena)로서 《철학의 흔적들》[156]이 출간되었다.

　그러면 왜 기존의 철학관에 이의를 제기하면서, 그것과 차별화된 '둥지의 철
학'에 도달했는가? 그의 논의를 따라 가면서 살펴보자. 그는 기존의 대표적
인 철학관들과 다양한 형태의 철학, 종교, 예술 및 과학 등이 그 어느 것 하나
만족스럽지 못하다고 한다. 그 이유는 이 모든 것이 존재와 의미의 공속관계
를 잘 드러내지 못하고, 이 사태를 통전적 내지 통합적으로 보지 못했다는 판
단 때문이다. 특히 자연·우주·존재에 대한 완전한 그림이나 완전한 세계관이
아니라고 보고 있다. (PN 123) 따라서 기존의 철학관을 넘어서서 그것들을 통
합할 수 있는 철학관으로서 교직(交織)된 존재 차원과 의미 차원을 아우를 수
있는 대안적 철학을 모색하면서 결국 '둥지의 철학'에 이르게 된다. 그러면 그
에게 기존의 대표적인 세 가지 철학관들은 왜 문제가 되는가?

　첫째, '세계관으로서의 철학'의 문제를 거론한다. 이는 전통적인 형이상학으
로 명명되는 일체의 철학들을 의미한다. 철학은 가장 포괄적인 세계관이다.
그것의 궁극적 목적은 우주 전체에 일어나는 모든 것을 '단 하나의 총체'로서

---

154) 〈둥지의 건축학〉은 대한건축학회 2003년도 춘계학술발표대회 행사에서 행한 특별강연
　　이다. 대한건축학회지인 《건축》, 제47권 제5호, 59~66쪽. ; 박이문, 《이카루스의 날개와
　　예술》, 박이문선집 2, 민음사, 2003, 185~206쪽에 다시 게재됨.
155) 박이문, 《통합의 인문학−둥지철학을 향하여》, 知와사랑, 2009. (이후 약호 PU로 표기) 특
　　히 제10장, 12장에서 '둥지의 철학'이 소개된다.
156) 박이문, 《철학의 흔적들》, 소나무, 2012. (이후 약호 PT로 표기)

가장 체계적이며 객관적이고도 일관성 있는 인식을 추구하는 데 있다. (PN 23) 그런데 이러한 세계관으로서의 철학은 세 가지 문제점이 있다는 것이다. 우선 철학적 세계관이 보여주는 그림 혹은 이야기는 적어도 직관적 차원과 상식적 차원에서 이해하기 어렵다. 왜냐하면 그것은 오늘날의 상식으로 볼 때 비합리적이고 비과학적인 측면이 있기 때문이다. 다음으로 세계관으로서 철학의 문제는 철학이라는 규정된 영역에서만 제한되는 것이 아니라, 종교와 과학의 영역에서도 똑같이 수행될 수 있다는 데 있다. 여기에서는 철학이라는 학문의 고유성과 독자성이 확보될 수 없다고 본다. 마지막으로 세계관으로서의 철학은 신화적, 종교적 세계관보다는 비교적 투명하나 과학적 세계관보다는 불투명하고 그 근거가 희박하다는 것이다. (PN 24~26) 요약하자면, 종래의 '세계관으로서의 철학'은 비합리적, 비과학적이고, 또한 불투명하며, 근거가 희박하다는 것이다. 그렇다고 그가 일체의 기존 철학들을 해체하는 것은 아니다. 특히 실체 중심의 형이상학에 기반을 둔 세계관을 염두에 두고 있다고 여겨진다.

둘째, '개념의 명료화로서의 철학'의 문제를 다룬다. 논리학을 중심으로 하는 영미 분석철학은 세계관으로서의 전통적 철학관을 부정하고서 '개념의 명료화', 즉 개념의 논리적 분석과 이해로서의 새로운 철학관으로 등장한다. 그것은 세계관, 즉 객관적으로 존재하는 세계에 관한 정보나 지식이 아니다. 단지 그것은 세계와 인간에 대한 모든 담론들에 동원되는 개념들, 명제들 및 그밖의 모든 낱말과 문장들에 대한 담론을 인식 대상으로 삼는 담론에 대한 상위적 담론, 즉 '메타 담론'이다. 이를테면, 그것들에 대한 논리적 의미의 투명한 분석이다. (PN 27~28)

그러나 이런 분석적 철학관은 세 가지 문제를 지니고 있다고 본다. 우선 철학이 논리학과 구별되지 않는다는 사실이다. 그래서 철학의 기능은 세계 및 존재에 관한 진리가 아니라, 사유의 논리적 타당성의 검증 활동에 지나지 않는다. 다음으로, 언어의 개념적 의미를 해명하자면 필연적으로 다른 언어를 사용해야 한다. 그렇게 사용된 언어는 무한 퇴행적으로 다시금 또 다른 언어에 의해 해명되어야 하는 문제가 있다. 마지막으로, 순수한 언어분석을 통한 언어적 의미의 절대적 명료화라는 명제는 원천적으로 불가능하며 무의미하다. 그 이유는 한 낱말, 한 구절, 한 문장, 한 저서도 그 자신 밖에 있는 대상, 상황, 역사, 그리고 다른 낱말들, 문장과 무한히 복잡하게 확대되는 세계와의 무한한 연관관계 속에서만 의미를 가질 수 있기 때문이다. (PN 29-31) 따라서 개념들은 상호 기생적이다. 즉 서로가 서로를 먹고 사는 형국이어서 종국에는 자양분이 하나도 남지 않는 불모지라는 것이다. 박이문의 철학적 문제는 앞에서 언급했듯이, 어떤 전문화된 특수한 영역에서 제기되는 언어적, 개념적, 논리적인 것이 아니라 세계 및 우주를 총체적으로 설명하고, '인생의 의미'를 찾아내는 절실하고 실존적인 것이다. 요약하자면, '개념의 명료화로서의 철학'은 너무 협소하고, 원천적으로 불가능하며, 무의미하다는 것이다. 그러나 그는 분석철학의 효용성에 대해 전면적으로 부정하지 않고, 자신의 철학적·분석적 사고를 명료화하고 정교화하는 도구로서 유의미함을 여러 곳에서 강조하고 있다.

셋째, 마지막으로 '세계 개혁' 내지 '이데올로기로서의 마르크스의 철학'을 비판한다. 철학은 인간적·사회적·도덕적 차원에서 자연과 사회를 보다 바람직한 방향으로 바꾸는 데 실천적으로 이바지해야 한다는 것이다. 이것이 바로 마르크스 철학의 테제이다. 그의 철학은 이미 주관적으로 선택된 가치와 목적을 달성하기 위한 전략적 행동 강령으로서의 이데올로기로 간주된다. 따라서 철학의 의도는 객관적 사실의 발견과 인식이 아니다. 그것은 목적, 즉 가치수행의 수단으로 전락한다. 철학의 가치는 진리가 아니라 이미 정해진 목표 달성이라는 결과에서 찾아야 한다. 철학이라는 개념은 진리, 이론 등과 같은 단지 인식적이고 서술적인 의미를 가질 뿐이다. 그것은 개혁이나 행동 등의 실천적 의미는 전혀 갖지 않는다고 본다. 그 이유는 이데올로기는 실천 논리가 아니고, 더욱이 행동의 지침을 처방하는 학문이 아니라는 인식에 기초하고 있기 때문이다. (PN 31~33) 박이문에 의하면, 철학은 모름지기 이성적 활동의 가장 대표적인 표현으로서 아무것도 생산하지 못하고, 세계의 어느 것도 바꾸어놓을 수 없기에 실용성을 지니지 않는다고 본다. 무엇보다 그것은 자연과 인간의 관계를 설명하는 '존재-의미 매트릭스'의 개념을 구성하는 '존재차원'과 '의미차원' 간의 순환적이며 상보적이고 상대적인 관계를 착각하여, 단 한 가지 차원으로 환원시켜 이해했기 때문에 수용하기 어렵다고 본다. (PT 186) 요약하자면, 마르크스 철학은 철학의 본령을 망각한 주관적 목적, 즉 가치 수행의 도구에 불과하다는 것이다. 그러나 박이문은 '자비의 윤리학'과 '생태학적 윤리'를 통해 철학의 실천적 차원을 배제하지 않고, 다만 철학이 실천의 도구로 전락하는 것을 경계한다.

이상과 같이 그는 종래의 세 가지 철학관들의 문제점을 적시(摘示)하고 그것들을 비판적으로 통합하면서 새로운 철학, 즉 '둥지의 철학'을 제시한다. 이를테면, 그것은 위의 세 가지 철학관을 통합할 수 있는 철학관이다. 이는 '둥지의 철학관', 이를테면 '둥지 짓기로서의 철학관', '관념적 둥지의 리모델링'으로서의 철학관이다. (PN 35) 이제 모든 시작(詩作)과 철학적 저서들은 '둥지 짓기'의 과정으로서 '둥지의 철학'을 위한 습작에 불과하다. 모름지기 '둥지의 철학'은 카오스(chaos)와 코스모스(cosmos)에 대한 모순과 경이로움을 시작과 철학적 작업을 통해 밝히려는 양면적 정신적 충동이자 소망을 나타낸 조화로운 세계관이자 인생관이다. 이는 곧 그의 '시적 철학'이자 '철학적 서사시'에 해당된다. (PN 6) 그것은 기존의 철학이 빠뜨리거나 담아내지 못하고, 일면적으로 파악한 우주의 모습을 '있는 그대로' 생생하게 그리고 있다. 또한 지성과 감성을 동원하여 예술적으로 그려내려는 사색의 결정체이다. 이 점에서 '둥지의 철학'은 기존의 철학관과는 차별화되는 고유성과 독자성을 드러내고 있는 셈이다.

여기에서 밝혀두는 것은 '둥지의 철학'은 자의적이거나 지성사적으로 분리되어 나온 독단적 사상이 아니라는 점이다. 그것은 이미 철학사에 주어져 있는 철학의 가지들을 모아 새롭게 둥지를 틀어가는 재창조의 작업이다. 따라서 저자의 고백대로, 스피노자(B. de Spinoza)의 '일원론적 세계관'과 상통함을 발견할 수 있다. 박이문에 의하면, 스피노자야말로 최고의 가치로서의 '몸과 마음의 안전과 평화, 정신과 감수성의 자유와 행복'에 이르는 삶의 길, 즉 지혜를 보여주었다고 간주한다. 스피노자에게 몸과 마음, 물질과 정신, 신과 자연은 하나이다. 그와 같이 철학과 삶, 지성과 감성, 결정론과 자유, 생각과 행동은 각기 두 개로 떨어져 있는 것이 아니라, 조화로운 단 하나의 존재이자 질서에 속한다. (PT 219)

> 스피노자의 일원론적 세계관은 존재 차원에서 본 인간과 자연, 마음과 몸,
> 인식과 존재 간에 존재하는 존재론적 즉 실질적인 인과적 연속성을 전제
> 하는 동시에 위와 동일한 것들 간의 인식론적, 즉 개념적 차원에서의 논리
> 적 단절성과 존재론적 차원에서 사물들 혹은 행위들 간의 인과적 연속성
> 을 함축한다. (PT 222 이하)

'둥지의 철학'의 세계관은 '일원론적 세계관'으로서 스피노자적이며, 또한 그것의 존재론은 메를로-퐁티[157]의 것과도 상통하고 있다. 말하자면 그것은

---

157) 1970년에 발간된 〈메를로-퐁티에서 '표현' 개념의 존재론적 해석〉의 철학박사 학위논문과 1981년 프랑스어로 쓰여진 〈메를로-퐁티와 의미의 현상학〉 논문과 1983년 영어로 기고된 〈메를로-퐁티의 야생적 존재론〉이란 박이문의 논문들이 있다. 이 논문들은 2010년 발간된 《존재와 표현》의 제1부, 제2부, 제3부로 차례대로 우리말로 번역되어 출간되었다. 이로써 저자와 메를로-퐁티의 사상에 대한 연구들의 일단과 양자의 사상적 친화성을 발견할 수 있다.

마음과 몸, 정신과 살, 물질과 정신으로 양분되기 이전의, '날-존재' 혹은 '야생의 사유'에 기초하고 있는 존재론과 일치한다. (PN 284) 그리고 '둥지의 철학'은 모든 것들 간의 존재론적 관계는 애매모호하다는 메를로-퐁티의 '애매성의 철학'에 맞닿아 있다. 이는 우주 안의 모든 존재들의 관계가 어느 상황에서도 언어로, 개념의 칼날로 정확하게 경계를 지을 수 없다는 '야생적 존재론'을 제시한다. 이것은 유물론적인 것도 아니며 유심론적인 것도 아닌, '야생적' 혹은 '날 것' 등으로밖에는 달리 서술할 수 없는 독특한 것이다. (PN 143 이하) 이런 점에서 '둥지의 철학'은 세계관적 사고의 틀을 스피노자에게서 빌려오고, 존재론적 개념들을 메를로-퐁티에 기대고 있음을 확인할 수 있다.

요약하자면, 박이문은 스피노자와 메를로-퐁티를 참조하여 '생태 중심적 일원론적 세계관'(PN 285)을 추구한다. 그는 '하나의 존재와 다양한 세계들을' 거론하고 있다. 이로써 '둥지의 철학'은 스피노자의 '일원론적 세계관'과 메를로-퐁티의 '야생적 존재론'을 참조하여 형성된 철학임을 알 수 있다. 이러한 관점에서 볼 때 모든 존재는 종교적, 철학적, 과학적 관점에서 거의 무한히 다양한 것으로 인식되고 구성되며, 다양한 방법으로 요리되어 사용될 수 있다고 여겨진다. 그것은 우주가 메를로-퐁티의 존재론에서처럼 모든 것들 간의 카이즘,[158] 즉 상호 얽힘의 관계 속에서 무한히 재창조될 가능성과 영원성을 함축하고 있음을 말해준다. (PN 153) 이제 이상과 같은 발생적 기원과 유래를 가진 '둥지의 철학'의 근본개념과 정의를 살펴보도록 하자.

---

158) 박이문, 《존재와 표현》. 저자는 일체의 것은 카이즘(chaism) 속에 놓여 있다는 메를로-퐁티의 입장을 따르고 있다. 즉 '야생의 존재' 내에서 의식과 그 대상 사이의 관계는 카이즘으로 설명된다. "존재는 모든 것이고 모든 것이 존재다. 한바탕의 소요가 카오스이며 타자와 무한히 복잡하게 얽혀 있음이고, 그것들 사이의 관계이며 '등가의 체계'다. 보는 자와 보이는 것, 보이지 않는 것과 보이는 것, 의식과 대상, 물질적 질서와 생명의 질서, 만지는 손과 만져지는 손 등 끊임없는 카이즘 속에 함께 놓여 있다. 즉 교차의 운동이 일어난다."(SA 287)

'둥지의 철학'의 개념과 정의

'둥지의 철학'에서 '둥지'는 일차적으로 '새의 집'을 나타내는 메타포[159]이다. 말하자면 둥지는 생명, 안전, 휴식, 꿈, 사랑, 행복, 그리고 바로 생명 자체의 감각적이고 구체적이며 생생한 메타포이다. (PN 42)

둥지에는 자연과 문화, 구조적인 것과 자연적인 것 사이의 경계가 있으면서도 없고, 없으면서도 있다. 둥지의 구조는 그것을 구성하는 내재적 요소들 사이의 관계적 측면에서나 그것을 둘러싼 외부환경과의 관계적 측면에서 볼 때 모두 유기적이며, 생태학적 모델로 볼 수 있다. 이러한 점에서 둥지는 건축의 백미이며, 그러한 집을 지을 수 있는 새들은 가장 뛰어난 재능을 가진 타고난 예술적 건축가들이다. (PU 203~204)

여기에서 '둥지'는 일종의 문화적 존재이자 동시에 자연의 일부로 파악된다. 둥지의 구조는 그것을 구성하는 내재적 요소들 사이의 관계적 측면에서 볼 때 모두 유기적이며 생태학적 모델로 볼 수 있다. '둥지'는 일차적으로 새들의 거처로 인식된다. 나아가 인간에게는 '관념적 거처'(PN 262)로서 그 속에서 마음과 몸이 안식할 수 있는 보금자리이다. 또한 우주는 하나의 마음과 몸의 따뜻한 거처로서의 둥지이다. (PT 251)

지식을 의식대상의 표상으로 정의하고 그 표상을 관념적 집에 비유한다면 나는 그 집 건축의 가장 분명한 사례와 모델을 새의 둥지에서 발견한다. 새의 둥지는 초끈이론이 주장하는 모든 존재본질의 표면인 동시에 그러한 존재의 본질을 가장 잘 알아낼 수 있는 존재의 표상으로서의 '지식'이라는 이름의 관념적 집 혹은 학문의 모델이 되며, 그렇게 되어야만 한다. (PU 203)

새의 '둥지'에서 연상되듯이, '둥지'는 새가 자연에서 가져온 나뭇잎, 나뭇가지들, 흙과 새의 깃털 등을 이용해 독특한 아이디어로 만든 세계이자 작품이다. 이런 점에서 '둥지'는 자연적인 것들의 '조화·통합의 아이콘'이다. 이처럼 철학도 자연 및 우주에 대한 관념의 '둥지'로서, 인간에게 주어진 자연과 인간의 아이디어와 비전이 어우러진 세계이자 작품이다. 특히 박이문은 존재적 차원과 의미적 차원이 직조되어 '둥지'가 만들어진다고 하며, 그러한 사태를 기술한 것이 '둥지의 철학'이다.

무엇보다 '둥지'는 동사적 의미를 지니고 있다. 말하자면 '둥지'는 계속 리모델링의 과정 중에 있는 '둥지 짓기'를 의미한다. 특히 새들의 '둥지 짓기'를 세계 전체의 관념적 건축학, 즉 총체적 세계관으로서의 철학의 건축학의 모델로 삼고 있다. (PN 43) '둥지'라는 건축물은 새 것도 아니고 재건축도 아니다. 그것은 언제나 리모델링이다. 어떤 개별적 사물이나 현상의 범주는 고정된 자연적 속성이 아니라, 편의에 따라 그리고 관점에 따라 무한히 가변적인 범주이고 관념적 구조물이다. 사물 혹은 현상의 존재론적 범주는 고정된 것이 아니며 무한히 가변적이며 유동적이라는 사실을 발견할 때, 개념적으로 큰 혼란과 당혹감을 경험한다. (PN 133) 그러나 모든 사유, 모든 생명 그리고 우주, 자연, 존재 자체는 언제나 전승된 것의 보존이자 보완이며, 끊임없이 수정하는 재개발이자 점진적인 발전이다. (PN 283) 결국 그러한 리모델링 작업[160]은

---

159) 장회익, 〈시와 철학으로 '언어적 둥지 짓기'〉, 474쪽. 여기에서 박이문 철학의 서술방식에 있어서 메타포가 중요하다는 것을 시사하고 있다. "그의 철학은 합리적 논변을 통해 표출되기 이전에 이러한 이미지 혹은 메타포를 통해 형상화되고 있다. 이 이미지 덕분에 그는 굳이 길게 서술하지 않고도 철학이 삶을 위한 것이며 그것도 가장 안락하고 편안한 삶을 제공하는 것이어야 한다는 점 등 중요한 몇 가지 기본 전제를 자연스럽게 바탕에 두고 출발하게 된다."

160) '리모델링 작업'에 대해서는 다음 인용문을 참고하라. "의식대상의 관념적 구성이 인간의 생존과 번영을 위해 몸과 마음을 쉴 수 있고, 행복하게 살 수 있는 둥지라면 그 둥지는 인

영원한 미완으로 맥스웰(J. C. Maxwell)의 열역학 법칙처럼 우주의 점차적 소멸과 함께 무(無)와 공(空)으로 환원되고 있다고 본다. (PN 285) 따라서 인간 의식이라는 손에 의해서 언어를 연장으로 사용하여 자연·우주가 전환하여 제조한 '세계'라는 구조물은 절대로 분명하고 결정적인 것이 될 수 없고 분명한 형태로 고정시킬 수 없다. 그것은 부단히 재조립, 리모델링을 필요로 하는 건축물에 불과하다. (PN 90)

이런 점에서 '둥지의 철학'은 하나의 형이상학적 비전이다. 그것은 우주, 존재 일반을 고정된 단 하나의 실체가 아니라, 무한히 다양한 것들이 역동적으로 복잡하게 얽혀 있는 영원한 소용돌이의 끝나지 않는 유동적 과정이라고 전제한다. (PN 285) 이 '둥지' 안에서 예술, 과학, 종교, 형이상학은 상호 간에 구분됨이 없이 지속적으로 리모델링 작업 중에 있다. 따라서 '둥지의 철학'은 우주에 관한 가장 포괄적이고 관념적인 건축물이 된다. 이와 같이 박이문은 현상학과 분석철학, 동양사상과 서양사상, 문학과 철학, 시와 과학, 예술과 철학, 인식론과 존재론, 자연과 세계, 자연과 문화 등의 분야를 비교하고 종합하면서 자신만의 '철학적 둥지' 내지 '둥지의 철학'을 제작한다. 그리하여 언어적 매개를 통해 지속적으로 리모델링을 계속 해나가고 있는 셈이다.

나아가 '둥지의 철학'은 철학의 영역을 미학적 차원, 즉 예술창작의 건축학으로까지 확장시키고 있다. 철학적 체계의 구축은 새들이 트는 '둥지'의 경우와 마찬가지로 한없이 복잡하면서도 정교한 예술창작의 건축학을 요한다. 특히 둥지는 미학적인 차원이 있음을 강조한다. 둥지는 색조나 재료, 수많은 재료들의 비상한 조합과 디자인의 조형성에서 미학적으로 가장 소박한 구수함과 동시에 가장 세련된 신선미를 갖추었으며, 가장 원초적이면서도 가장 첨

간이 존재하는 한 끊임없는 수리와 재조정, 즉 리모델링이 불가피하다. 끊임없이 발전해 왔고 앞으로도 끝나지 않을 과학적 탐구와 발전도 인간의 거처로서의 둥지의 리모델링 작업의 한 측면에 불과하다."(PU 218)

단적이다. (PN 43) 그리고 둥지는 미학적으로 아름답고, 감성적으로 따뜻하고, 영혼적으로 포근하고, 궁극적으로는 행복 그 자체이다. (PN 282) '생태적인 조화'(IK 187)를 추구하는 '둥지의 철학'에서는 가치의 궁극적 바탕인 '행복'이 인간 중심이 아닌, 생태 중심적인 일원적 세계관 안에만 가능하다고 본다. 여기에서는 개념적, 논리적, 과학적, 기하학적 사유에 앞서 감각적, 미학적, 은유적, 시적 언어가 중요함을 강조한다. 왜냐하면 미학적 차원이 논리적 사유에 앞선다고 보기 때문이다.

그러면 '둥지의 철학'은 어떻게 정의될 수 있으며, 철학에서는 어떤 자리에 놓여 있는가? 우선 '둥지'의 개념을 통해 박이문은 수많은 전통적 철학 담론의 아포리아(aphoria)를 풀 수 있는 비전을 담고 있는 인식론으로 규정한다. (PN 281) 그리고 '둥지의 철학'은 인식론이자 존재론이다. (PN 284) 존재와 인식은 동일하지 않지만 논리적으로 인과적으로 서로 뗄 수 없이 얽혀 있다. '존재'는 인식되어 '세계'로 전화(轉化)하고, 세계는 '날 것', 즉 순수한 '자연'의 발견이 아니라 인간의 의식에 의해 '요리된' 만들어진 제품, 즉 '문화'에 속한다. 그러므로 존재와 인식은 상호의존적이다. (PN 127) 그는 인간의 인식이 대상을 새롭게 발견하는 것이 아니라, 대상 자체를 창조적으로 재구성하는 것이라고 본다. 여기에서 그는 모든 것의 궁극적 실재성을 부정하는 것이 아니라, 오히려 인식이라는 색소를 통해 드러나는 그 어떤 바탕으로의 존재를 인정하고 있다. 이러한 인식론과 존재론은 그가 말하는 '존재-의미 매트릭스' 형태의 '일원론적 형이상학'으로 요약된다. 그리고 '둥지의 철학'은 진리의 재현이 아니라, 세계의 총체적 재구성, 즉 언어에 의한 세계의 관념적 재건축 활동이다. (PN 44) 인간의 인식은 그 대상의 수동적 발견이나 반영이 아니라, 언어라는 매체로 직조한 관념적 구축물이다. 따라서 철학은 일종의 언어적 건축이며, 철학 텍스트는 다른 텍스트들과 마찬가지로 언어로 세워진 건축물이다. (PN 38 이하)

요약하자면, '둥지의 철학'은 기존의 철학관과 차별화된 새로운 세계관으로서 지적으로 편안하고 감성적으로 따뜻함을 느낄 수 있는 관념적 둥지의 구축이며, 완성되지 않고 지속적으로 리모델링 중에 있는 '둥지 짓기'의 과정이다. 이것은 박이문에게 독창적인 철학적 체계로서 나타난다. 바로 이것이 전일적, 순환적 인식론 및 세계관으로서의 '둥지의 철학'이다.[161]

'존재-의미 매트릭스' 인식의 원초적 구조

박이문이 독창적으로 고안하고 제시한 새로운 아이디어인 '둥지의 철학'에 내재하는 인식의 원초적 구조는 무엇인가? '둥지의 철학'은 서로 다른 두 종류의 독립된 실체로 구성된 이원론적 존재론과 형이상학적 세계관을 부정한다.(PN 284) 다시 말해 존재론과 인식론을 분리하는 입장을 지지하지 않고, 오히려 '존재-의미 매트릭스'라는 개념으로 이 둘을 연결시킨다.

그러면 '존재-의미 매트릭스'란 무엇인가? 그것은 세계의 모태이자 중심이며, 척도이자 형태이다. 그리고 그것은 한 인간의 몸과 마음의 관계 및 우주 안에서의 자연과 인간의 관계에 내재하는 시원적 구조 또는 패러다임을 지칭한다.(PN 92) 이는 바로 인식과 그 대상과의 관계의 보편적이자 필연적이며 구조적 틀이자 잣대이다.(PT 197) 그것은 인간과 우주의 원초적 구조의 모태이고(PN 85), 인식의 원초적 구조이며(PN 122 이하), 가장 원초적인 인식론적 양태의 모태이다. 또한 '존재-의미 매트릭스'란 타 세계관을 이해하고 평가하는 잣대로서 그 역할을 한다. 말하자면 그것은 과거와 미래의 모든 세계관은

---

161) 정대현, 〈둥지철학의 두 가지 기여〉, 223쪽. 여기에서 '둥지의 철학'은 '유명론적 반실재론'으로 간주되며, 그것은 일원적 자연과 이원적 다원주의를 지향한다고 평가된다. 이는 진리와 그와 상응하는 사실 간의 대응관계를 거부하는 점에서 반실재론이다.

물론 전통적으로 종교, 철학, 과학의 중요한 주장과 논쟁을 새로운 시각에서 이해하고 평가하는 잣대가 될 것이다. (PT 41) 우리가 보는 우주의 풍경은 인간이 '존재-의미 매트릭스'로 버무린, 더 정확히 말해서 그것과 우주의 합작으로 버무려 세계관으로 정립한 관념적 제품에 지나지 않는다. (PN 203)

박이문에 의하면 주어진 자연은 '존재-의미 매트릭스'라는 관념적 구조 속에서 파악되며, 그것을 통해 세계로 나타난다. 그 세계는 바로 우리가 보고 인식하는 우주적 풍경으로서 어둠 속에 갇힌 자연이 이 구조를 통해 빛 속에서 풍경으로 드러나는 것이다. 다른 말로 바꾸면 침묵 속에 있던 X-존재가 이 구조를 통해 이름표를 단 개체로, 즉 의미를 지닌 존재로 재탄생하는 것이다. 이것이야말로 '변할 수 없는 존재와 변화 가능한 의미의 사태'에 다름 아니다. 여기에서 존재라는 범주와 의미라는 범주는 논리적으로 각기 전혀 다른 차원에 속한다. (PN 78) 이를테면 존재는 인간의 지성에 의해 세계로 전환된다. 원래의 그냥 자연·우주·존재, 즉 비가시적인 무의미한 존재가 'x, y, z'라는 개념으로 이미 의미화 된 존재로서의 '세계'로 전환된다. 즉 '호모 사피엔스(homo sapiens)'라는 인류가 탄생해서 애초의 그냥 우주라는 '존재'는 인간 지성의 빛을 받아 스스로의 정체를 드러내어 '세계'로 다시 탄생하게 되었던 것이다. (PN 89) 여기에서 '의미'는 인식과 분리해서 생각할 수 없는 언어적 의미를 뜻한다. (PN 77)

'둥지의 철학'에서 우선 '존재'는 어둠의 메타포로, '의미'는 빛의 메타포로 사용된다. 즉 '존재-의미 매트릭스'라는 관점에서 볼 때, 인간과 자연·우주는 인간의 의식, 즉 우주의 빛에 비교할 수 있는 인지능력의 존재 여부에 따라 그냥 무형의 어둠 속 '존재'로 볼 수 있거나, 아니면 분명한 언어로 서술할 수 있는 '개', '꽃', '동물', '사람', '산' 등으로 파악될 수 있다. (PN 83) 모든 것은 존재의 차원, 즉 하나의 전체를 뜻하고, 인식의 차원에서는 개별적인 '것들'이 드러난다. 그리고 전체로서의 하나와 개체적인 복수들이 존재한다. 그리하여 존재의 차원에서 볼 때, 우주 안의 무한히 다양한 것들은 인과적으로 연결된, 아무것도 완전히 구별할 수 없는 단 하나의 전체이다. 하지만 인식의 차원에서 볼 때 그 모든 것들은 서로 차별화되어 개별적 x, y, z로 인식, 서술되는 '것들'이다. (PN 84)

이런 점에서 인간은 물체로서 '존재적 차원(Ontological Plane)'에 속하는 동시에 의식체로서 '의미적 차원(Semantic Plane)'에 속한다. (DS 64) 여기에서 의미적 차원이란 영적 혹은 정신적 세계에 소속된 의식의 차원을 말한다. 순수한 개념은 어떤 실재하는 객관적 존재를 가리키는 것이 아니다. 그것은 논리에 의한 이성적 관념의 조직체인 것으로, 그것들 자체는 구체인 것으로가 아니라, 명확한 의미로만 존재한다. (DS 15) 따라서 의미론적이고 개념적으로 마음과 몸은 서로 단절되어 절대로 혼합될 수 없다. 그러나 존재론적으로는 그 둘은 서로 연속되어 완전한 구별이 불가능하다. (PN 84) 여기에서 마음과 몸은 개념적이고 의미적 차원에서는 절대적 차이가 존재하고 분명히 구별된다. 그러나 존재론적인 차원에서는 궁극적으로 완전히 구별되지 않고 연속된다. (PN 84)

주목할 것은 '존재-의미 매트릭스'는 사르트르의 인간관과 연결될 수 있음을 확인할 수 있다는 점이다. 인간과 그 대상 간의, 인간과 자연 간의, 자연적/존재론적인 동시에 정신적/의미론적인 관계, 그것은 인간이 이중적이자 모순되는 존재양식과 그것에 동반되는 인간 욕망과 영원한 좌절감에 관한 사르트르의 인간관에 비추어서 설명된다. '존재-의미 매트릭스'라는 개념은 철학적 인간관의 내용을 보여주는 '즉자(l'être-en-soi)'와 '대자(l'être-pour-soi)'로 설명된다, 즉 사르트르가 '존재(l'être)'라고 부르는 대상으로서의 존재양식과 '무라고 부르는 의식양식으로서의 존재 사이에는 갈등이 내포되어 있다. 이는 즉자인 동시에 대자, 논리적으로 성립 불가능한 있음, 즉 '유(l'être)'로서의 존재인 동시에 없음, 이를테면 '무(le néant)'로서 존재를 포괄한다. 이는 '물질'인 동시에 '자유의식'으로 있고자 하는 실현 불가능한 욕망을 가진 동물로

서의 실존주의적 인간관에 비추어 이해할 수 있다. (PT 83 이하) 그런데 존재의
차원과 의미의 차원은 연속적이며, 그 사이에는 무수한 층위, 즉 스펙트럼이
있다. 이제 그것을 살펴보도록 하자. 여기에서 '둥지의 철학'이 지닌 통합적이
고 관계론적인 특성과 역동적·미학적인 차원과 그 지평이 드러날 것이다.

'존재 차원'과 '의미 차원' 사이의 층위

앞에서 언급했듯이, 자기 반성적 의식을 지니고 언어를 사용하는 인식 주
체로서의 인간은 한편으로는 존재론적, 생물학적, 물리적으로 분리할 수 없
이 얽혀 있다. 다른 한편으로는 의미론적, 개념적, 논리적으로 분리되어 있다.
그러나 그 두 가지 관계들 사이에는 그것들 간에 존재하는 거리의 크고 작음
에 따라, 거의 무한한 차이들이 존재한다는 것이다. 이러한 차이는 인식 주
체로서의 인간의 의식이 지니는 생물학적 발달상황의 단계 혹은 의식의 긴장
상태에 따라 무한히 다양하게 투명성/모호성의 정도 차이로 구별이 가능하
다. (PN 121 이하)

그러나 '둥지의 철학'은 존재자들 간의 분명한 경계나 차이가 존재하지 않
는 역동적 '관계'의 개념에 주목한다. 우주는 '뫼비우스의 띠'처럼 그 어디에도
존재론적으로 명확하거나 절대적인 경계선을 그을 수 없이 순환적이며, 연속
적인 실재이다. 우주는 시간과 공간에 고정된 어떤 형태로도 존재하지 않고,
영원히 역동적이고 유동적인 단 하나의 존재다. (PN 147) 우주 안에 있는 모
든 서로 다른 것들 간에는 절대적인 대립적 경계나 차이가 존재하지 않으며,
그것들 사이에는 순환적이며 상호의존적이고 상호보완적인 관계만이 존재한
다. (PN 145)

이런 관계의 관점에서 존재차원(0)과 의미차원(1) 사이의 무한 수치의 다양

한 층위, 스펙트럼상의 차이가 존재한다. 그리고 이것은 '절대 무차별(0)-절대 유차별(1)'로 설명된다. (PT 41) 여기에서 눈금 0에서 1은 인식 주체의 의식과 그 대상 간의 존재론적인 거리인 동시에 의미론적 투명성 간의 반비례적 관계를 나타내는 수치이다. 의식과 그것의 인식 대상, 즉 인간과 자연 간의 거리가 0에 가까우면 가까울수록 존재론적으로는 그 대상과 거의 일치하며, 인식의 투명성은 무에 가깝고, 그만큼 마음은 꽉 채워지고, 따라서 편안하다. 반대로 인간과 자연 간의 거리가 수치 1에 가까울수록 수치 의미론적으로 인식의 투명성은 완벽에 가깝고, 그만큼 마음은 공허하고 따라서 불안하다. (PT 83) 여기에서 인간의 성장과 더불어 나타나는 사고의 과정은 온도가 낮음에 따라 얼게 되는 물의 동결현상에 비교된다. 즉 물의 고체 상태와 액체 상태에서 무한히 다른 상태들을 상상할 수 있는 것과 마찬가지로 육체로서의 상태와 뚜렷한 의식을 가졌을 때의 상태 사이에는 단절이 있지 않고 연속적이다. 그것들 사이에는 점차적으로 변하는 무한히 다른 연속된 상태를 상상할 수 있다. (PA 92)

박이문은 '존재-의미 매트릭스'라는 잣대를 0도에서 1도 간의 수치로 차등화하면서 존재론적 차원에서의 인과적 밀도와 의미론적 차원에서의 해석적 투명성을 수치적 측정치로 나타내고자 한다. 여기에서 수치 0도는 한 인간이 생물학적 존재, 즉 존재 차원에 귀속된 상태와 그가 의식적 주체로서 의미 상태 간의 분기점이다. 수치 1은 가장 투명한, 즉 최상위의 의식과 인식을 말하며, 최고의 이상적 수준에 도달한 지적 상태를 의미한다. (PT 198)

> 나는 앞에서 자연과 인간, 인식 대상과 인식 주체 간에 존재하는 관계를 설명하고 이해하는 방법으로 한쪽에는 존재 차원(Ontological Perspective)의 수치 '0'과 그 반대쪽에는 의미 차원(Semantic Perspective)의 수치 '1'로 각각 달리 수량화해서 측정할 수 있는 잣대로서 '존재-의미

매트릭스'라는 개념을 도입하고 사용해왔다. 여기에서는 존재 차원과 의미 차원과의 관계는 한편으로는 인식 대상으로서의 자연과 인식 주체로서의 인간의 관계로 볼 수 있고, 다른 한편으로는 물질의 인과적 법칙과 언어적 의미 해석 간의 관계로 구분해서 이해할 수 있다. 수치 '0'으로 기술될 수 있는 존재론적 차원과 수치 '1'로 기술될 수 있는 의미론적 차원으로 양극화된 자연과 인간 간의 위와 같은 관계는 좀더 세분해서 그 양극 사이에 가령 생물학적·신체적·미학적·개념적·언어적 등의 무한 수에 가까운 층위로 세분화해서 이해할 수 있다. (PT 148 이하)

박이문은 다시 '존재와 의미 사이의 스펙트럼'을 밝히면서 사르트르를 참조하고 있다. 인간이 궁극적으로 원하는 대상과의 관계는 즉자적, 즉 존재론적, 이를테면 '존재-의미 매트릭스'의 잣대로 가늠하면 눈금 숫자 0의 지점인 동시에 눈금 숫자 1의 지점에서 모순된 관계를 유지한다는 것이다. 그러한 관계를 통해서 인간은 한편으로는 그 대상을 마음대로 관념적으로 조작할 수 있는 주체로서의 자유를 확인한다. 다른 한편으로는 눈금 숫자 0의 지점에서 자신의 주체적 자유를 물질화하여 그 대상과의 일치, 즉 오로지 존재론적 차원에서 마음을 비우고 물질처럼 충만하고 편안한, 즉 절대적 평화인 동시에 침묵과 죽음을 뜻하는 존재양식으로서의 즉자로서 존재에 대한 소망을 채우고자 하는 것이다. (PT 85) 또한 인간의 삶을 하루를 단위로 하든 혹은 일생을 단위로 하든, 수치 0도의 지점에서 점점의 수치 1도 사이에서 오르내리는 그리스 신화의 인물 시지포스와 똑같은 존재로 본다. (PT 44)

또한 수치 0과 1 사이의 상대성과 절대성을 아래와 같이 규정한다.

인간과 모든 의식대상 간의 존재론적 및 의미론적 관계는 무한수의 층위를 나타내는 '존재-의미 매트릭스'의 관점에서 볼 수 있다. 이때 실재와 현상, 원본과 복사, 앎과 무지, 진리와 하위, 가지적인 것과 감각적인 것, 개념과 존재, 인간과 동물, 정신과 물질, 영혼과 육체, 물과 돌들 간의 존재론적 즉 실재적 차이가 생긴다. 그 차이는 언제나 절대적이거나 영구적인 것이 아니라, 오히려 상대적이며 잠정적이고, 애매모호하고 가변적이다. 만약 그러한 차이가 있다면 그것은 오로지 의미론적-언어적-인위적, 즉 개념적-관념적-가상적으로만 절대적이다. (PT 140 이하) 결국 '존재-의미 매트릭스'라는 자연과 인간 간의 관계를 측정하는 관념적 잣대를 놓고 본다면, 그것의 '존재론적 차원'의 한 극인 수치 '0'과 '의미론적 차원'의 또 다른 극인 수치 '1' 사이에는 절대적 동일성도 없고, 또한 절대적 차이도 없다. (PT 149)

그리고 '존재-의미 매트릭스'의 잣대의 눈금에서 동·서 문화를 비교한다. 그로써 동양의 일원론적 세계관은 존재론적 차원으로 기울어지고, 서양의 이원론적 세계관은 의미론적 차원으로 경도되는 것으로 구분한다. 왜냐하면 서양문화의 뿌리가 이원론적 형이상학에 있기에 서양의 역사는 자연과의 대립·정복·활용의 과정이었고, 반면 동양문화는 일원론적 세계관에 바탕을 두고 있어서 동양의 역사는 자연에의 순응, 주어진 환경과의 생태적으로 평화롭고 조화로운 적용과 공존에 대한 소원의 표현으로 해석될 수 있기 때문이다. (PT 118 이하)

'둥지의 철학의 의의'와 한계

이제 '둥지의 철학'의 의의를 정리해보자. 첫째, 그것은 존재론과 인식론의 통합의 가능성을 보여준다. 그것은 존재론이자 인식론으로서 '존재-의미 매트릭스'라는 개념으로 이 둘을 연결시킨다. 박이문의 지적 관심사는 일관되게 존재와 인식, 객관적 대상과 재현, 현상과 관념화, 지성과 감성, 진리와 의미, 철학적 투명성과 시적 감동, 객체와 주체, 그리고 앎과 삶 간의 피할 수 없는 긴장과 갈등을 풀고 조화시키는 문제이다. [162] 무엇보다 '둥지의 철학'은 모든 현상, 자연, 우주는 존재론적으로 연속적이며, 동시에 인식론적으로 단절적이라는 전제에서 출발한다. 존재는 바탕으로 있고, 인식은 그것을 다양하게 표상하고 재구성하는 셈이다. 이러한 인식론과 존재론은 그가 말하는 '존재-의미-매트릭스' 구조로 파악되는 '전일적인 형이상학'으로 요약될 수 있다.

둘째, '둥지의 철학'은 철학의 지평을 확장하는 데 기여한다. 그것은 '문학'과 '철학', '과학'과 '철학', '예술'과 '철학' 사이의 부단한 학제 간의 대화와 크로스 오버를 통해 형성된 철학이다. 따라서 그것은 문학적 철학, 과학적 철학, 예술적 철학이라 일컬을 수 있다. 그것은 실제로 철학의 영역을 미학적 차원인 예술창작의 건축학으로까지 확장시키고 있다. 그의 텍스트 양상론에 의하면 문학은 개연적/제안적 양상으로 명명될 수 있고, 철학은 단언적 양상으로 언명된다. 따라서 그것들의 차이는 사실적 차이가 아니라, 언어 및 사회적 약속에 근거한 차이이다. 그 약속에 의해 문학과 철학을 대하는 우리의 태도와 양상에 달려 있다고 한다. [163] 더욱이 '둥지의 철학'은 정태적인 완료형 철학이론이 아니라, 역동적인 '둥지 짓기'의 열린 철학적 활동을 요청한다. 이런 점에서 '둥지철학'은 소위 '표현인문학'의 대표적인 결실로 여겨진다. '표현인문학'은 철학적 고전 텍스트를 단지 이해하는 데 그치는 이해인문학을 넘어선다. [164] 나아가 그것은 일차적으로 문자, 그리고 이차적으로 비문자를 포함한 문화활동을 통해 사람다움의 표현을 모색하려 한다. 박이문은 자신의 사

---

162) 박이문, 《문학과 언어의 꿈》, 150쪽 이하.

163) 박이문, 앞의 책, 32쪽.

164) 정대현 외, 《표현인문학》, 생각의나무, 2000, 276쪽 이하. 여기에서 이해인문학과 표현인문학의 차이가 드러난다. "고전적 인문학을 그 전형적 활동인 글 읽기를 통해 파악하고자 할 때 그 핵심적 성질은 이해라고 할 수 있다. 고전적 인문학은 글 읽기의 인문학이고 이해의 인문학인 것이다. [⋯] 그러한 이해인문학에 대조되는 표현인문학은 글을 읽고 이해하는 과제로 만족하지 않고 글 등을 써서 표현하는 것을 목표로 한다. 표현인문학은 능동적이고 적극적인 관점에서 표현에 접근하고자 한다. 이해인문학이 이해에 초점을 맞춘 다분히 관념적 작업이었다면 표현인문학은 좀더 행동적이고 실천적이다."

고와 체험을 표현한 저술활동을 존재증명으로 삼고 있다. [165] 특히 삼라만상에 대한 시적-표현과 과학적 인식-재현, 그것들이 서로 모순되는 것 같지만 상호보존적인 기능으로 양립할 수 있고, 인간의 근원적, 즉 존재론적 욕망을 충족시킨다.

셋째, '둥지의 철학'은 인문학적 통합 및 융합의 원리이다. 박이문은 철학이 과학에 통합되는 것이 아니라, 과학이 인문학, 특히 철학에 통합되어야 함을 강조한다. 그의 주장에 의하면 철학은 인문학을 대표한다고 본다. 사실 자연과학은 넓고 근본적인 차원에서 볼 때 인문학의 일부로 인식해야 하며, 과학자들은 철학적 사유나 종교적 명상, 그리고 시적 감수성의 세계를 이해하고 인문학자들과 소통해야 함을 강조한다.

넷째, '둥지의 철학'은 '관계의 철학', 그리고 '사이의 철학'으로서 시의적절성을 지니고 있다. 그것은 '존재와 의미 사이의 노마디즘'으로 규정할 수 있다. 말하자면 그것은 존재와 의미의 사이를 통찰하면서 그 관계성을 천착한 연구이다. 그것은 표현(비인지적 명제)과 인식/재현적 표상(인지적 명제), 존재와 지성, 인간성 속의 자연성과 문화성, 인간과 자연, 문화와 자연, 무와 유, 무의미와 유의미 사이에 길을 내고 있다. 오늘날 지식과 정보의 그물망(net) 속에서 상호문화적 소통과 이해를 도모하기 위해서는 네트워킹이 요구된다. 우주안에 있는 모든 서로 다른 것들 간에는 절대적인 대립적 경계나 차이가 존재하지 않으며, 그것들 사이에는 순환적이며 상호의존적이고 상호보완적인 관계만이 존재한다. 이런 관계의 관점에서 존재 차원(0)과 의미 차원(1) 사이의

---

165) 박이문, 앞의 책, 153쪽. 그의 철학적 시도는 말이 되지 않은 것을 말이 되게 만드는 표현의 문법을 찾는 것이었다. "시와 철학이 만나는 곳에 존재, 마음, 언어와 더불어 사는 아름다운 둥지가 지어진다. 그와 같이 해서 지어진 시와 같은 철학인 동시에 철학과 같은 시로서의 존재, 마음, 언어의 둥지 안에서 우리는 처음으로 진정한 의미의 휴식을 얻고 행복을 체험할 수 있게 될 것이다. 궁극적으로는 아직 아무것도 말이 되지 않는다. 시와 철학의 등거리 지점에서 나는 말이 되지 않는 모든 것을 말이 되게 만들어보려는 것이다."

무한 수치의 다양한 층위, 스펙트럼상의 차이가 존재한다. 이러한 차이들을 담아내고 그것을 '둥지'의 메타포로 조화시키는 '관계의 철학', 그리고 '사이의 철학'으로서 '둥지의 철학'은 우리 시대가 요구하는 철학으로 자리할 수 있을 것이다.

다섯째, 둥지의 철학은 '비판과 재창조의 철학'으로 간주된다. '해체의 철학'이 창궐하는 시대에 기존의 철학들을 비판하는 데 그치지 않고 현재의 '존재와 세계의 위기에 대한 전면적인 철학적 응전'을 시도하고자 한다. 그리하여 생태친화적인 '둥지의 철학'을 대안으로 제시한다. '둥지의 철학'의 특징은 개방적이며, 불확실하며, 잠정적이며, 상대적이며, 순환적이다. 박이문의 표현대로, '둥지의 철학'이란 모순되어 보이는 정신적 양면성(표현-인식, 자연성-문화성)의 충동이자 소망을 조화로운 세계관 내지 인생관으로 통일된 하나의 시적 철학이자 철학적 서사시로 묶어보려는 시도다. 인간의 인식이 대상을 새롭게 발견하는 것이 아니라, 대상 자체를 창조적으로 재구성하는 것이라고 본다.

이제 '둥지의 철학'이 지닌 유의미한 의의들에도 불구하고, 독자들을 설득시키기에 미진한 문제점들을 살펴보고자 한다. 첫째, 박이문은 일체의 '세계관으로서의 철학'을 비판하고 극복하려 하면서도 '둥지의 철학'을 하나의 '일원론적 세계관'으로 제시하고 있다. 우리가 보는 우주의 풍경은 인간이 '존재-의미 매트릭스'로 아우른 세계관으로 정립한 관념적 제품에 지나지 않는다고 한다. '둥지의 철학'도 가장 포괄적이고 견고한 세계관, 말하자면 우주에 관한 포괄적이고 관념적인 건축물에 분명히 속한다. 그것이 여타의 세계관 철학과 무엇이 다른가? 물론 '둥지의 철학'은 통합적, 미학적, 생태친화적, 유동적인 특징이 있다. 그럼에도 불구하고 그것도 역시 우주 전체에 일어나는 모든 것을 '단 하나의 총체'로서 파악하려는 가장 체계적이며 객관적이고도 일관성 있는 인식이 아닌가? 세계관 철학을 비판하면서 다시금 세계관으로서의 철학을 제시하는 모순을 어떻게 풀어야 할 것인가?

둘째, '둥지의 철학'은 자연주의적 전일적 세계관을 전제한다. 인간의 의식과 사유는 우주, 즉 거대한 자연에 속한다. 그 자연 속에서 존재와 의식의 두 차원, 관점, 양태가 내함되어 있다고 본다. 그러므로 '둥지의 철학'은 자연주의가 지니고 있는 한계와 범주적 오류를 그대로 지니고 있다. 언제나 자연에서의 인간의 자리가 문제가 된다. 즉, 우연적 기원을 가진 존재가 자신의 지적 능력을 신뢰할 수 있을까? 자연주의는 인간으로 하여금 인간 존재를 귀중히 여길 만한 충분한 근거를 제시하고 있는가? 의식이 자연의 부대현상이라면 도덕성의 기초를 이루는 인간의 자유는 우연의 산물이 아닌가? 인간을 하나의 자연으로 간주하면서도 선택의 자유와 인간의 독특성을 이야기한다. 그 이유와 근거는 각각 무엇인가? 존재와 의식 차원의 구별, 자연과 문화의 범주적 구별은 어디에서 그 근거를 찾을 수 있는가?

셋째, '둥지의 메타포'에 대한 질문을 피할 수 없다. 둥지는 자연의 작품이고 새는 본능에 의해 둥지를 만들 뿐이다. 그러나 박이문은 새와 인간의 유비성을 부각시키면서, 새가 마치 문화적인 창조를 하는 것처럼, 즉 인공적, 의도적으로 거처로서의 둥지를 만드는 것으로 간주한다. 이런 점에서 '새의 둥지를 언어이자 그것의 구조물'[166)이라고 규정하는 것은 상당한 혼란을 가져오는 진술이 아닐 수 없다. 비록 새들의 둥지에는 새들의 의도가 깃들어 있을지라도, 인간의 자의식 판단과 자유의지에 의한 결정과는 구별되어야 하지 않을까? 그리고 문학예술 작품을 제외한 예술작품 내지 예술적 언어의 모델로

---

166) 박이문, 앞의 책, 42쪽. 어떤 의미에서 '둥지'가 언어적 구조물일 수 있는지는 선언적 주장으로 끝날 것이 아니라, 정치한 논변과 납득할 만한 설명이 요구된다. "나는 바로 위와 같은 성격을 가장 잘 띠고 있는 예술적 언어의 모델로 새들의 '둥지'를 들 수 있다고 믿는다. 둥지는 분명히 새들이 자신의 삶을 지속하고 향상시키기 위해서 구성한 인공적, 즉 의도적 거처이지만, 그 소재와 그것이 지어져서 구성된 후 주변과의 생태적, 미학적 조화의 차원에서나 구조적 견고성의 차원에서나 약하면서도 견고한 구조물이라는 점에 있어서 놀랍게도 뛰어난 언어이자 구조물이다."

서 새들의 둥지를 거론한다. 여기에서 예술작품은 언어를 사용하지 않고, 어떤 대상을 가장 충실히 표상 혹은 표현하고자 하는 '인간의 언어적 프로젝트'를 의미한다고 주장한다.[167] 그러나 이 '언어적'이란 말은 아마도 '비언어적'이라고 수정해야 할 것 같다. 결국 '언어', '비언어', '예술적 언어'를 먼저 명확히 하고, 그다음에 언어의 확장으로서 '비언어적 언어'를 거론해야만 이해함에 있어서 혼란과 착종이 없을 것이다.

넷째, '둥지의 철학'은 기존의 철학들을 해체시키고, 그 자리에 새로운 신화로 재탄생할 수 있기를 바라고 있다. 이는 어떤 절대적 자명성을 내세우면서 다른 철학들에 대한 건전한 비판이 아닌 '본질적 배타성'을 가질 수 있는 듯이 보인다. 이런 점에서 타 철학에 대한 근본적인 닫힘의 요소가 보인다.

이런 문제점들에도 불구하고, '둥지의 철학'을 통해 독창적인 철학사상을 펼친 시도는 현대 한국 철학사에 기념비적 사건으로 평가될 수 있다고 여겨진다. '둥지의 철학'은 여러 서양적 세계관들의 정박지들을 돌아 마지막으로 안착하고자 하는, 즉 동양적·한국적 세계관으로 되돌아와 '철학의 둥지' 내지 '마음의 둥지'를 찾으려는 박이문의 드라마 같은 지적 여정의 '귀향의 철학'이라 여겨진다. 그가 미완의 과제로 남긴 철학적 리모델링 작업은 그에게서 끝나지 않고, 후학들이 수행해야 할 몫이라고 생각된다.

---

167) 박이문 외, 《미술관에서 인문학을 만나다》, 미술문화, 2010, 41쪽. (이후 약호로 MH 표기)

제5부 ◆ '지혜사랑'의 전개 : '둥지의 철학'의 변주

박이문의 철학과 예술의 완성태는 둥지철학이다. 그러나 이것의 선행적 전개는 다양한 방식으로 변주되고 있다. 말하자면 그의 예술철학, 윤리학, 환경철학, 종교철학에서 이미 이루어지고 있음을 확인할 수 있다. 이런 점에서 이 장에서는 그 변주 과정을 '심미적 예술철학'의 선율, '자비의 윤리학'의 리듬, '생태 중심적 환경철학'의 하모니, '비판적 종교철학'의 불협화음을 서술해보고자 한다.

1. '심미적 예술철학'의 선율

> 인간은 하나의 예술작품인 세계를
> 창조하는 예술가이기도 합니다.
> – 박이문

인간은 아름다움을 느낄 수 있고 숭고함을 상상할 수 있는 심미적 감성과 지성, 아름다움과 추함을 가릴 수 있는 미적 판단력을 구유하고 있다. 이런 점에서 인간은 '심미적 인간(homo aestheticus)'이다. 인간의 보편적 가치의 하나인 '미'는 가치의 토대와 지향점이다. 무엇보다 예술이 지향하는 미적 가치는 삶을 풍요롭게 하고 삶의 질을 고양시킨다. 그리고 모든 철학의 마지막 지향점은 예술이다. 왜냐하면 아름다움은 그리스시대부터 '좋아하는 것', '마음에 드는 것'으로 간주되어왔기 때문이다. 미에 대한 감각적 인식을 다루는 미학은 논리나 학문을 넘어선 미적 차원과 미의 세계를 다룬다. 예술은 인간의 감성에서 솟아나오는 창의력과 상상력의 산물로서 차이와 복잡성의 세계를 이해하는 지평으로 이해될 수 있다. 더욱이 예술적 상상력을 통해 세계를 새롭게 창조할 수 있다. 따라서 이성이 기획한 기술의 세계를 근원적으로 변화시킬 수 있는 가능성은 예술에서 발견할 수 있다. 모름지기 예술은 세계 변혁과 창조 가능성의 조건으로 여겨져 왔으며, 그것은 영원한 생명력을 지닌 것으로 이해되어왔다. 예술이 지향하는 아름다움이란 사랑을 통해 이해할 수 있는 것이다.

아름다움은 근본적으로 사랑을 통해서 규정된다. 사랑의 대상은 언제나 아름답다. 아름다움이란 단어는 연인들이 암기해야 하는 사랑의 단어장 목록에 반드시 수록되어 있다. 아름다운 대상은 사랑을 불러일으킨다. 사랑 없는 아름다움은 허망한 가식이고, 아름다움 없는 사랑은 황량한 성도착으로 귀착된다. 사랑이 무엇이고 아름다움이 무엇인지를 논하기 이전에 사랑과 아름다움이 함께 동반하는 개념쌍이라는 점에 주목할 필요가 있다. 아름다움을 제도화된 예술에 한정지을 필요도 없다. 이미 플라톤부터 그렇게 생각했듯이 아름다움의 비밀을 푸는 첫 관문은 사랑이다.[168]

그러나 20세기의 해체적인 문화 현상의 한 반영으로서 '예술의 종말'은 예술 담론의 키워드가 되었다. 이런 점에서 기존의 예술 패러다임의 해체와 전이가 도처에서 전개되며, '예술의 종말'이 기정사실로 받아들여지고 있다. 이런 논의의 대열에 소위 '둥지의 예술철학'으로 자신의 철학적 완성을 기획하는 박이문도 적극적으로 가담하여 자신의 독자적인 목소리를 내고 있다.

잘 알려진 바대로, 1964년 뉴욕의 스테이블 갤러리(Stable Gallery)에서 앤디 워홀(A. Warhol)이 '브릴로 상자(Brillo Box)'라는 작품을 발표한 이후에 전통적인 예술의 정체성이 흔들리기 시작했다. 그러나 이제는 그것이 더 이상 유지될 수 없게 되었다. 근대적 예술관에 전제된 예술의 '독자성'과 '유일성'에 대한 회의가 생겨났다. 그리하여 예술이라는 개념 자체에 대한 기존의 보편적인 규정이 종말을 고하게 된 것이다. 여기에서 '예술의 종말'이란 예술 자체의 종말이 아니라, 한 양식이 다른 양식들에 비해 미적으로 우월하다는 양식의 경계가 무너지고, 소위 '르네상스식 미술 패러다임'이 종말을 맞았다는 것이다. 이런 상황에 대해 박이문은 이런 종말 이후에 등장하는 '컨템포러리

(Contemporary) 예술'에는 만족할 만한 예술의 정의가 아직 존재하지 않고, 예술철학은 개념적 수렁에 빠져 있다는 인식을 함께 지니고 있다. (KE 76 이하)

박이문은 다음과 같은 철학적 질문을 던진다. 그렇다면 이제 예술이란 무엇인가? 어떤 것이 예술이라면 그것을 예술로 만드는 것은 도대체 어떤 성질의 것인가? 또한 예술작품의 고유한 기능은 무엇이며, 한 작품이 지니고 있는 그러한 기능의 가치는 어떻게 평가되고 있으며, 어떻게 평가되어야 하는가? 이런 질문들을 통해 바로 '예술'이라는 범주에서 분류되는 사물, 제품, 행위 등 그 밖의 범주에 속하는 것들과 구별할 수 있는 근거를 찾을 수 있다. (IK 6) 그의 예술 철학에 대한 관심의 초점은 예술개념을 명확히 하는 문제, 즉 예술에 대해 철학적으로 만족할 만한 정의를 찾는 데 있다. (AP 287)[169] 따라서 그의 예술에 대한 논의는 '메타—예술론'에 속한 것으로서 다음의 질문으로 수렴된다. 즉 '예술의 종말 이후'의 예술론은 어떻게 가능한가?

박이문은 자신만의 독창적인 예술론을 지닌 예술철학자로 평가받는다.[170] 그는 예술과 철학 사이를 오가면서 예술적 철학 내지 철학적 예술을 논구해왔다. 이런 탐구의 최종적 결과물이 '둥지의 예술철학'으로 나타난다. 무엇보다 그의 독창적 예술론이란 '예술 양상론' 혹은 '양상론적 예술 존재론'이다. 여기에서는 먼저 박이문의 '예술 양상론'의 문제의식과 기원을 살펴본다. 자신의 예술론에 지대한 영향을 미친 단토(A. Danto)의 예술론을 박이문이 어디까

---

169) 여기에서 박이문은 일반적인 예술의 정의를 인용한다. 첫째, 아름다움을 생산한다는 점, 둘째, 현실을 재현하거나 재생산한다는 점, 셋째, 형식을 창조한다는 점, 넷째, 생각과 감정의 표현이라는 점, 다섯째, 심미적 경험을 창조한다는 점, 여섯째, 커다란 충격을 준다는 점.

170) 미학자 진중권의 평가를 인용해보자. "박이문 선생은 한국에서 유일하게 자기 이론을 가진 미학자다. '가능 유일세계'의 개념으로 예술의 새로운 정의를 시도했던 선생이 이번에는 예술과 생태라는 새로운 문제영역에 도전한다. 예술의 언어는 언어가 없는 자연과 소통해야 한다. 인공이면서 자연이어야 한다는 이 존재론적 모순은 '둥지'로서의 예술이라는 탁월한 은유를 통해 해결된다."(진중권, 〈박이문의 예술과 생태〉 추천사 중에서)

지 수용하고, 또 넘어서고 있는지를 다루고, 단토의 예술론의 수용과 거리두기를 조명해보고자 한다. 다음으로 박이문의 '예술 양상론'에 깃든 연구 방법론과 여기에서 제안하는 주요 내용을 살펴본다. 마지막으로 '예술 양상론'이 지닌 의의와 그 한계를 밝혀나간다.

'예술 양상론'의 기원과 문제의식

먼저 박이문의 예술철학에 관한 작품들을 연대기적으로 살펴보자. 한국에서 예술철학 분야의 고전의 반열에 오른 1983년에 출간된 박이문의 《예술철학》은 '예술 양상론'의 관점에서 예술을 정의하려는 시도를 담고 있다. 예술이란 무엇인가? 예술 작품은 어떻게 규정되며, 그것을 해석하는 방법과 논리는 어떻게 설정되는가? 예술에 대한 평가는 어떻게 이루어지며 그것의 기능과 가치는 어디에서 찾을 수 있는가? 이러한 근원적인 질문들에 대한 해답을 모색한다. 그는 고대에서 현대에 이르기까지 동서양의 예술 작품들을 통해 여러 학자들의 이론을 검토함으로써 예술을 둘러싼 여러 문제들을 밝혀내고 있다.

2003년에 출간된 《이카루스의 날개와 예술》, 《문학과 언어의 꿈》은 예술과 미학에 관한 그의 대표적인 저서들이다. 여기에서는 1960년대부터 시작하여 40년간 관심을 지니고 발표해왔던 글들을 모아, 예술과 예술을 둘러싼 여러 가지 철학적 문제들을 분석철학적 시각궤도에서 다루고 있다.[171] 즉 기존 예술의 개념들이 논리적으로 타당한가를 검토한다. 이는 어떤 대상에 접근하는 논리적 지평에 근거한 개념분석을 주로 하는 논리실증주의와 동일한 노선에 서 있음을 확인할 수 있다.[172] 또한 예술작품 자체의 개념이 오늘날 가장

---

171) 우리는 분석철학이라는 관점에서 예술, 더 구체적으로 예술작품을 둘러싼 핵심적 문제를 검토해보았을 뿐이다. (AP 276)

핵심적이고 어려운 철학적 문제로 등장하게 되었다고 본다.

여기에서 '예술'의 개념적 정의는 예술에 관한 모든 담론에 필수적이다. 예술의 개념 규정, 즉 철학적 정의가 결정되기 전에는 예술과 관련된 다른 어떤 철학 문제의 해결은 물론 검토조차 시작하기가 어렵다. 예술의 개념적 정의란 곧 예술을 그 밖의 모든 것과 구별할 수 있는 필요하고도 충분한 조건들의 제시에 지나지 않으며, 그러한 문제의 탐구는 곧 예술철학의 가장 기본적인 과제다. (MH 15) 여러 가지 예술 담론에 전제되어 있는 가장 기본적인 낱말의 개념들이 불투명하고 그것들 간의 논리적 관계가 혼란스럽다고 진단한다. 이런 인식 하에서 예술철학에 대한 논의가 전개된다.

> 예술에 대한 철학적 문제는 이러한 낱말들의 개념적 불투명성과 이러한 담론들의 논리적 혼란을 의식할 때, 예술에 대한 철학적 사유는 반성적으로 그러한 낱말들의 개념의 투명성과 그러한 담론의 논리적 혼란을 반성적으로 밝혀보고자 할 때 시작된다. (IK 21)

예술철학자로서 박이문의 핵심적 문제는 언제나 미술적 감동을 가져오면서 그 이유를 알 수 없는 '예술'의 정체를 근본적으로 밝혀보는 것이다. 《예술과 생태》에서의 주요 논점은 예술작품이 언어적 개념을 사용하지 않고서 인간의 의식 대상을 표현하려는 시도에서 발생한다는 주장이다. 즉 문학예술을 제외한 그림, 무용, 연극 등의 모든 예술양식의 언어 대부분은 감각 및 감성에

---

172) 정과리, 〈예술에 대한 가능적 노미날리즘〉. 여기에서 정과리는 "다른 과목들이 각기 인식 대상의 차이에 근거한 개념인 데 반해서 철학은 어떤 대상에 접근하는 논리적 지평에 근거한 개념" 혹은 "철학이 뜻하는 것은 어떤 담론에 사용되는 개념분석이다" 같은 대목들을 읽을 때 박이문의 철학이 논리실증주의의 연장선상에 놓여 있음을 알 수 있다는 점을 적시하고 있다.

만 의존하고 있다는 것이다. 그의 대표작인 《둥지의 철학》도 '둥지의 예술철학'으로서 자신의 고유한 예술철학을 집대성하고 있다.

다음으로 박이문의 예술론이 형성되는 데 어떤 철학자들의 이론이 영향을 미쳤는가를 살펴보자. 무엇보다도 그의 예술론은 플라톤 및 칸트와 사르트르에게서 연원한다. 플라톤의 《향연》에서는 예술의 기원을 사랑에서 찾는다. 이 텍스트가 서구의 사랑론을 다룬 책이면서 동시에 미학의 중요한 텍스트로 손꼽히는 이유가 여기에 있다. 이 텍스트에 따르면, 예술은 근본적으로 플라톤적인 에로스, 궁극적으로 불멸에의 욕망에서 기인한다. 한마디로 예술은 불멸의 미의 이데아를 향한 형이상학적인 욕망에 뿌리를 내리고 있다. 박이문도 시종 일관 불멸하는 완전한 신적 아름다움을 추구하고 있다는 점에서 플라톤의 후예이다. 이런 점에서 그는 고대 미학의 전통과 연계된 입장에 서 있음을 확인할 수 있다.

> 이런 이유에서 고대 미학은 '지성적 완전성'을 아름다움과 예술의 척도로 보았다. 참다운 미적 체험과 창작은 지성적 척도, 즉 질서, 균제, 조화, 균형 등에 준해서 수행되어야 한다. 게다가 그런 척도는 우주의 영원한 이법이라고 간주되었다. 그리고 그런 이법은 오직 지성을 통해서만 접근 가능하다. 아름다움과 예술은 단지 감각적 즐거움이나 쾌적함 또는 비이성적인 열정의 소산이 아니라 언제나 지성과 매개된 것으로 이해되었던 것이다.[173]

또한 칸트에게 아름다움이란 상상력과 지성 사이의 조화에서 느끼는 감정이다. 그는 '목적 없는' 가치, 그리고 무상적 충족감을 '아름다움'의 본질로 규정할 수 있다고 본다. 예술적 경험에 대한 이론은 이해관계나 소유욕으로부

---

173) 김동규, 《멜랑콜리 미학》, 86쪽.

터 벗어난 순수한 상태인 '무사심성(Interesselosigkeit)'이란 개념에서 찾아볼 수 있다. 예술적 경험의 본질로서의 무사심성은 다름 아니라 실용성을 떠난 태도를 의미한다. 예술작품이 그 본질상 반드시 감상의 대상, 즉 실용성 없는 가치로서 존재하게 마련이라는 사실은 예술작품은 미학적 가치를 내포하고 있음을 말해준다. (IK 55) 칸트에 의하면, 어떤 의식이 그 대상을 지성으로서가 아니라, 감성에 의해서 아무런 이해타산도 없이 경험할 때 그 대상은 예술적으로 경험된다. (IK 79) 알려진 대로, 칸트는 처음으로 예술의 자율성, 아름다움의 순수성을 이론적으로 논증하고자 했다. 아름다움의 순수성을 침해하는 것으로는 '감각적 만족'과 '지적/도덕적 만족'이었다. 칸트의 아름다움은 무사심성, 무개념성, 무목적성으로 규정된다. 칸트의 《판단력 비판》(1790)에서 판단력이란 객관적으로 우리의 밖에 주어진 대상에 대한 판단이 아니라, 아름답다고 하는 어떤 감정/감각에 의존하는 심미적 판단이다. 심미적 판단력이란 "특수한 것을 보편적인 것 아래에 함유되어 있는 것으로 사고하는 능력"[174]이다. 즉 '무엇이 아름답다'는 판단은 보편자 없이 내리는 반성적 판단이며, 개념이 아니라 반성을 통해 생긴 '감성'을 중시하는 판단이다.

> 칸트의 예술형식론은 심미적 경험이나 심미적 판단에 대한 그의 전제에 바탕을 둔다. 그것은 첫째, 예술적 경험이란 지성, 더 정확히는 오성에 의한 인식적인 것이 아니라 감각적이고 감성적인 것이다. 둘째, 심미적 판단이 비록 감성에 바탕을 둔 것이긴 하지만 주관에 빠지지 않고 객관적이라는 두 가지 전제이다. (AP 64)

박이문은 예술의 개념, 예술의 본질을 파악하기 위해서는 그것을 보는 관

---

174) I. 칸트, 백종현 옮김, 《판단력 비판》(1790), 아카넷, 2009, 162~163쪽.

점과 맥락을 단토의 정의를 포함한 지금까지의 모든 예술관을 만들어낸 시각과는 전혀 다른 관점에서 접근해야 함을 강조한다. 그 관점은 어떤 명제의 판단양태에서 찾아야 한다는 것을 독창적으로 제시하고 있다. (MH 31) 예술의 본성은 예술사를 통틀어 위치한 것과는 논리적으로 다른 판단적 관점에서 보아야 하는데 그것이 바로 칸트적 용어로서 양상(Modalität)이라는 것이다. (AE 302 이하) 이와 같이 박이문은 자신의 '예술 양상론'의 단초를 칸트에게서 발견한다.

다음으로 박이문의 예술론은 사르트르의 예술관과 관련을 지니고 있다. 그것은 사르트르의 '인간 존재론'에 근거를 두고 있다. 인간 존재의 구조는 '무로서의 존재'인 동시에 '존재로서의 무'로 분석된다. 인간의 의식은 무, 결핍, 욕망, 자유로 묘사되는데, 바로 이러한 성질을 갖고 있는 인간은 자신의 행동에 책임을 져야 하고, 동시에 존재의 불안에서 벗어날 수 없다. 사르트르에 의하면 예술적 경험이 항상 일종의 만족감, 즐거움을 가져오는 까닭은 그런 경험에서 순간적이나마 존재론적 욕망이 다소 충족되기 때문이다. 그에 의하면 예술적 경험의 본질은 어떤 대상을 '상상적인 실체(Réalité Comme Imaginaire)'로 간주하는 데에서만 생기는 경험이다. (IK 84 이하) 예술의 심리학적 기능의 또 하나는 예술작품이 사르트르가 말하는 이른바 인간실존의 궁극적 욕망을 충족시켜주는 데 있다. 인간 존재의 구조에 관한 사르트르의 이론에 따르면, 인간의 궁극적 욕망은 신이 되고자 하는, 즉 완전한 존재가 되고자 하는 욕망이다. 다시 말하면 두 개의 존재양식을 동시에 소유하는 완전한 존재, 즉 신이 되는 것이다. (AP 236 이하)

이제 박이문의 전통적 예술관을 비판하면서 새로운 예술론을 제시하게 된 배경을 살펴보도록 하자. 우선 기존의 '형식으로서의 예술관(Art as Form)'에 의하면 예술의 기능은 지각적으로 어떤 감정을 일으키는 그 작품 자체 밖에 있는 무엇을 재현 혹은 표상하는 데 있는 것이 아니다. 그것은 경험을 제공하는 대상 자체의 제작에 있다. 그러나 이러한 예술관은 이미 자연계에서나 문화계에서 발견되는 허다한 형식과 예술작품이 제공하는 고유한 형식을 구별하는 근거를 제공하지 못한다. 예술작품이라는 고유한 형식을 새삼스럽게 만들 필요를 설명할 수 없다. 이런 점에서 '형식으로서의 예술관'은 '예술'의 개념 규정으로 미흡하고, 예술의 고유한 기능을 설명하지 못한다. 이런 점에서 '상징적 형식(Symbolic Form)'으로서의 예술'의 개념 규정도 마찬가지로 문제를 안고 있다. 왜냐하면 형식주의적 예술관으로서는 예술의 범주에 속하는 사물들과 그 밖의 범주에 속하는 사물들을 구별할 방도가 없다고 보기 때문이다. (MH 23)

다음으로 디키(M. Dickey)에 의하면, '제도로서의 예술(Institutional Theory of Art)'이란 사회적으로나 문화적으로 중요한 역할을 한다는 점이다. 이러한 예술적 활동들은 위와 같은 모든 분야의 중심에서 활동하는 사람들과 조직들의 총체적 호칭인 일종의 비공식적 조직체로 '예술계'라는 일종의 느슨한 체제에 의해서 복잡하고 암묵적이지만 자연적으로 합의가 형성되어 결정된다는 것이다. 어떤 것이 '예술'이라는 범주로 일종의 문화적 신분 혹은 자격(Status)을 얻게 되는 데는 다양한 조건들이 있다. 그 중에서 가장 중요한 것은 암묵적인 '미학적 감상의 대상'으로서의 자격이다. 이러한 사실은 예술의 근본적인 기능이 '미학적 감상을 위한 가치'의 창출이고, 그러한 창출의 대상이 되는 데 있음을 함축한다. (MH 24) 그러나 문제는 자연적이든 인공적이든 모든 것은 잠재적으로 다 같이 미학적 감상의 대상이 될 수 있는 가능성이 있다. 그 중에서 어떤 것들이 예술의 범주에 속하고 어떤 것이 그렇지 못한가를 가려내는 근거를 마련해야 한다. 그러한 근거를 찾아낼 수 없다는 데에 디키가 주장하는 '예술의 제도적 정의'는 아래의 두 가지 점에서 한계가 있다는 것이다. 이 문제점이 박이문의 판단의 요지이다. 우선 철학과 예술에 대한 '실체론적' 구별이 폐기된다. 그리고 철학과 예술에 똑같이 '인지적' 성격을 부여함으로써 철학과 예술이 구별되지 않는다. 그러면 이제 그의 '예술 양상론'이 태동한 과정으로서 단토와의 관계를 영향사적 관점에서 살펴보기로 하자.

'단토의 예술론' 수용과 거리두기

박이문의 예술철학의 형성 과정에 결정적 영향을 미친 인물은 단토이다. 왜냐하면 박이문의 예술철학은 현대의 대표적이고 영향력 있는 예술철학자 단토와의 만남과 거리두기에서 탄생했다고 해도 과언이 아니기 때문이다. 그가 단토의 저서 《철학이란 무엇인가?》(1968)를 접한 사건이 있었다. 그때 그는 철학자이자 작가, 지적 동반자, 함께할 철학적 동료, 무엇보다 자신이 추구해야 할 철학적 모델을 찾았음을 곧바로 느꼈다고 한다. 연이어 출간된 단토의 《신비주의자와 도덕》, 《철학자로서 니체》, 《장 폴 사르트르》, 《인간과 세계와 고리》와 같은 저서들을 통해 철학자로서 그리고 인간으로서의 단토에 대한 그의 최초의 인식은 확고해졌다. [175] 특히 단토가 1984년에 발표한 〈문학으로서의 철학과 문학에 의한 철학〉이란 제목의 논문의 의도가 인상적이었는데, 그것은 바로 예술과 철학의 전통적 구별에 대한 철학적 도전에 대해 철학적으로 대응하는 것이었다. 이는 예술과 철학의 고유한 영역이 있음을 역설하고 설명한다. [176]

단토의 헤겔적 역사관에 의하면, 역사는 우주가 자기 반성적으로 자기인식의 성숙성에 도달하는 과정의 이야기가 있다. 모든 이야기가 그러하듯이 역

---

175) A. C. 단토, 《공공장소의 변용》(1981), 《예술의 철학적 권리약탈》(1986), 《예술의 종말 이후》(1977), 《아름다움의 남용: 미학과 예술의 개념》(2003). AE 282쪽 이하 참조.

176) A. C. Danto, *Philosophy as·and·of Literature, in Post-analytic Philosophy*, ed. John Rajchman & Cornel, West Columbia University Press, 1985, 78쪽. IK 23쪽 참조.

사에는 반드시 종말이 있다는 것이다. 예술사는 곧 그러한 역사의 한 반영 (Fractal), 즉 축소판으로서 우주의 역사적 패턴을 그대로 반영한 우주 안의 소우주의 역사이다. 단토에 의하면 워홀의 '브릴로 상자'는 헤겔이 말하는 우주의 역사가 시작과 끝이 있는 우주적 정신의 진화 과정의 이야기다. 그러한 우주 정신사의 축소판으로서의 예술 역사도 나름대로 시작과 끝이 있는 이야기라는 것을 처음으로 보여준 작품이다. '브릴로 박스'가 예술품으로 등극함에 따라, 예술의 문제는 단순히 심미적, 경험주의적, 과학적 문제이기를 중단하고 근본적으로 철학적인 문제가 되었다고 한다. (MH 26)

단토에 의하면, 예술작품으로서의 '브릴로 박스'로 인해 진정한 예술이란 무엇인가를 묻는 차원으로까지 예술은 철학의 한 종류로 그 자신을 변용시켰다고 한다.[177] (AP 290 이하) 단토는 서양예술의 역사를 세 가지 시기로 구분한다. 첫째, '예술탄생 이전'의 예술, '예술'이라는 특수한 활동과 제품을 자각하기 시작한 르네상스시대 이전에 나타난 고대예술, 즉 '예술탄생 이전'의 예술의 시기이다. 둘째, 르네상스시대의 예술관으로서 피렌체의 예술비평가이자 예술사가였던 바사리(G. Vasari)에 의해서 전통적 예술관인 예술의 기능이 '모방'이라는 개념을 강조한 예술의 시기이다. 셋째, 20세기 전반 뉴욕 예술의 이론계를 주도했던 '예술의 자율성(Autonomie de l'art)'을 주장한 그린버그(C. Greenburg)의 선언에 의해 예술작품이 분류되고 해석·평가된 '메니페스토(Manifesto)라는 선언적 내러티브', 즉 이야기 시기의 예술로 분류한다. (MH 26 이하)

---

177) A. C. 단토, 이성훈 외 옮김, 《예술의 종말 이후》, 미술문화, 2012(*After the End of Art: Contemporary Art and the Pale of History*), 193쪽. "이 책이 결국 고정적이고 보편적인 예술적 정체성이 있을 것임을 잘 함축하는 예술의 정의를 표명하기 때문에, 예술철학의 본질주의를 보증하기 위해 나는 《평범한 것의 변용》의 주제에 대한 나의 주요 작업의 짐을 모두 감당했을 것이다."

단토가 말하는 '종말'은 예술 창작 행위의 종말이 아니다. 그것은 지금까지 '예술'이라는 범주에 속하는 작품들을 다른 범주에 속하는 것들과 구별하고, 그것의 의미 해석 및 가치 평가의 틀을 제공해주었던 예술관의 폐기 아니면 무능화를 의미할 뿐이다. 여기에서 '예술의 종말'은 예술의 끝이 아니라, 실은 '예술의 해방과 새로운 시작'일 뿐이다. 왜냐하면 무엇을 만들어도 무슨 짓을 해도 예술이 될 수 있고, 거기에는 나름의 의미가 부여되고 감상의 대상이 될 수 있기 때문이다. (MH 26~27) 따라서 단토의 《예술의 종말 이후》는 예술의 종말을 선언하기 위한 책이 아니다. 그것은 보다 적절한, 즉 지금까지의 모든 예술적 활동의 동기와 그 의미를 밝혀줄 수 있는 예술관을 제안하는 데 있다. 즉 예술의 종말은 진정한 철학적인 예술의 본질을 깨닫는 순간을 맞이하는 데 있는 것이다. (MH 30)

단토는 본질주의자로서 예술작품의 개념을 떠받치고 있는 예술의 세 가지 존재론적 조건들은 다음과 같다고 본다. 첫째, 일종의 어떤 대상을 표상, 즉 의미하는 언어이다. 둘째, 그 언어는 반드시 무엇인가에 관한 것이다. 셋째, 언어의 의미를 육화한 것이다. (MH 28) 구체화되고 육화된 의미는 언어로서의 예술품의 은유적 의미의 특별한 특징을 가리키기 위해 쓰인다. 의미의 은유적 개성은 다양하고, 복잡하고, 유형적이고, 단단하고, 촘촘하고, 풍부하다. 그러므로 그것은 모호하고 애매한 언어의 의미의 특성을 가리킨다. 그의 예술철학의 궁극적 임무는 애초부터 핵심적인, 즉 보편적이고 고정된 철학적 정의를 더 잘 고안하고 발견하기 위한 것이었다. 철학의 본질주의자로서 그는 예술은 영원히 같다는 관점을 고수한다. 거기에는 시·공간과 상관없이 예술품이 되기 위한 필요충분조건이 있다. 그는 본질주의자가 되지 않고서는 예술철학은 물론 일반적인 철학까지도 할 수 없다고 생각한다. [178]

---

178) A. C. 단토, 이성훈 외 옮김, 《예술의 종말 이후》, 95쪽.

다음으로 박이문이 단토의 입장을 비판하면서 자신의 예술철학을 정립해 나간 과정을 살펴보기로 하자. 그는 단토의 예술의 정의가 위와 같은 사실에 비추어 기존의 어느 정의보다도 통찰력 있는 정의이기는 하지만, 완전히 참신한 정의는 아니라고 간주한다. 이른바 단토의 정의는 다음과 같은 문제를 제기하고 있다고 본다. 즉 어떤 언어가 위와 같은 조건들을 충족시키는지 아닌지, 즉 눈으로 보아서는 어떤 것이 예술작품인지 아닌지를 구별할 수 있는 척도가 없다는 것이다. (MH 30)

사실 엄격히 그 어원적 뿌리를 찾아보면 모든 자연어는 정도의 차이는 있지만 '육화된 의미'를 전달한다. 단토가 제시한 예술의 세 가지 조건에 의존해서 어떤 것을 예술작품으로 보고, 어떤 것을 그렇지 않은 언어로 분류할 방법이 나오지 않는다. 예술의 개념과 본질을 파악하기 위해서는 단토의 정의를 포함한 지금까지의 모든 예술관을 만들어낸 시각과는 전혀 다른 관점에서 접근해야 한다. 그 관점이란 바로 어떤 명제의 판단 양상에서 찾아야 한다. (MH 31) 예술의 본성은 예술사를 통틀어 위치한 것과 논리적으로 다른 판단적 관점에서 보아야 하는데, 그것은 바로 칸트의 용어로서 양상이다. [179]

단토에 의하면, "한 예술작품을 해석한다는 것은 그 작품이 무엇에 대한 것인가를, 그리고 그 작품의 주제가 무엇인가를 제공해주는 일이다."[180] 즉 예술작품의 의미의 유일성 혹은 특수성, 다시 말해 오로지 작품에 의해서만 찾을 수 있는 예술작품의 상위 의미를 가리켜 주제라고 한다. 그러나 주제보다는 세계라고 부르는 것이 더욱 적절하다고 박이문은 지적한다. 그러면서도 그 세계라는 의미, 즉 역설적이지만 비개념적인 의미는 반드시 해석되고 이해되어야 한다. 그렇지 않는 한 그 의미는 상실된다. 그렇기 때문에 그 세계는

179) A. C. 단토, 앞의 책, 302쪽 이하.
180) A. C. Danto, *The Transfiguration of the Commonplace: A Philosophy of Art*, Harvard University Press, Cambridge, 1981, 119쪽.

역시 해석의 대상으로 남아 있다. 그것이 해석되었을 때만 비로소 세계라는 말의 의미가 뜻을 갖게 된다. (AP 178)

이런 점에서 해석이란 오로지 작품 속에 구성하고 있는 그 작품만의 가능한 세계를 바로 그 작품 자체 속에서 가려내는 작업이다. 이런 입장에서 볼 때 단토의 주장은 애매하거나, 아니면 예술작품의 의미에 대해 잘못된 관점을 전제한 주장이 된다. 만일 우리가 말하는 '가능한 세계'가 아닌, 한 작품 속에 나타나는 문자 그대로의 이야기, 생각, 사물, 현상 혹은 형태라고 가정한다면, 그가 말하는 주제가 구태여 해석의 문제로 나타나지 않을 것이다. 왜냐하면 그러한 것들은 작품을 볼 때나 혹은 들을 때, 직접적으로 확인될 수 있는 성질의 것이기 때문이다. 만약 단토가 이런 뜻에서의 주제를 작품의 의미로 보았다면 그는 언어로서의 예술작품과 그러한 언어가 뜻하는 의미를 혼동하여 동일시하고 있는 것이라 생각된다. 문학에 나타나는 이야기 혹은 그림에 구상된 어떤 사물과 같은 주제는 그 자체가 언어이지 그 언어가 뜻하는 내용, 다시 말해 의미가 될 수는 없는 것이다. (AP 165 이하)

단토의 예술개념의 문제점은 그의 예술로서의 언어와 비예술로서의 언어를 일반적인 언어 내에서 구분하려는 정의가 실패했다는 데 있다고 한다.[181] (AE 297) 박이문은 예술품을 명제로 본다. 반면에 단토가 명제(proposition)와 진술(statement)의 구분을 하지 못한 것으로 결론을 내린다. 일반적으로 이 두 단어들은 명확히 구별되지 않고 사용된다. 하지만 그것들은 논리적으로 다르다. 둘의 차이는 혼란을 피하기 위한 특정 경우에서 엄연히 드러난다. 명제와 진술은 모두 문장으로 표현되는데 필연적으로 언어학적 의미를 지닌다. 모든 진술은 명제이지만 모든 명제가 진술은 아니다. 둘의 차이는 진술이 진·위로 판단되는 것에 원칙적으로 열려 있는 명제이다. 이에 반해 명제는 그것

---

181) A. C. 단토, 이성훈 외 옮김, 《예술의 종말 이후》, 297쪽.

의 진실 가치가 원칙적으로 처음부터 막혀 있는 결정을 판단하지 않는 단순한 문장들이라는 데 있다. 문장으로서의 예술품은 명제가 아닌 진술의 형태로 존재한다. 어떤 것을 예술품으로 간주함은 의미를 가진 단순한 명제가 아니라, 진실 가치를 지니는 진술로 본다는 데 있다. (AE 297)

그리고 단토의 실패는 어떤 주제에 의해 말해지고 써지고 번역되는 몇몇 문장들과 일치하는 양상에 있어서의 논리적 차이를 보는 데 실패한 데서 생긴다. 그는 여타의 언어들에 견주어 예술적 언어의 우위를 드러내려 한다. 이를테면 종교적, 철학적, 과학적 언어는 이카로스의 몸을 진리인 태양에까지 끌어올릴 수 없는 밀랍으로 만든 날개에 해당된다. 문학적, 더 일반적으로 모든 예술적 언어는 땅에 추락한 이카로스가 어떠한 좌절에도 굴복하지 않고 다시금 자신의 이상, 행복의 거처로서 불타는 태양에 도달하기 위하여 끝없이 자신의 날개를 다시 고치고, 다시 펴고, 다시 고안해내는 날개이다. (IK 180)

결국 단토의 '무엇에 대함'과 '구체화된 의미'는 예술품의 정수를 정의하는 데 필요충분조건으로 간주될 수 없다. 박이문이 예술철학에 있어서 궁극적으로 이끄는 단토의 주장을 계속 받아들일 수 없는 것이 바로 이 지점이다. 더 나아가 그는 예술의 근본적인 기능이 그것의 수행적인 수용력과 변형적 힘에 있다고 하는 단토의 사고에는 동의할 수 없음을 밝힌다. [182]

단토의 관점에서 보면, 표상은 어떤 대상을 지칭하는, 혹은 보여주는 의미를 가진다. 표현은 어떤 대상에 대한 혹은 어떤 대상에 관한 서술의 느낌이나 태도를 뜻한다. 예술작품은 이 두 가지 요소를 동시에 나타내는 언어라는 것이다. (AP 105) 단토의 예술작품에 대한 결론은 이러하다. 예술작품은 세계를 보는 태도를 외형화하고, 한 문화적 시기의 내면을 표하며, 우리가 의식의 흐름을 포착하도록 스스로를 하나의 거울로서 제시한다. [183]

---

182) A.C. 단토, 앞의 책, 301~302쪽.
183) A.C. 단토, 앞의 책, 208쪽.

그러나 예술적 표상이 다른 표상과 상이한 점은 전자가 객관적 사물을 대상으로 삼지 않는다는 것이다. 그것은 한 인간의 의식, 혹은 한 집단의 의식을 다룬다. 다만 그것이 둘 다 이미 존재하는 어떤 대상을 표상한다는 점에서는 전혀 다르지 않다. 그렇다면 그것은 하나의 사상사 혹은 정신사적 서술과 근본적으로 다를 바 없게 된다.

이런 점에서 단토의 예술작품에 대한 이론도 앞서 본 전통적 표상론 혹은 표현론과 근본적으로 다르지 않다는 것이다. 그것은 일종의 예술인식론에 불과하다. 그리고 이런 점에서 굿맨의 예술인식론과 상통한다. 그러나 예술작품이 언어라면 그리고 그것이 무엇인가에 대한 이야기를 한다면, 그것은 실재하는 대상을 전제로 하지 않는다. 즉 예술적 언어는 근본적으로 허구적이라는 점을 상기할 때 단토의 정의는 만족할 수 없는 것이다. (AP 106) 박이문은 단토가 예술작품을 언어로 간주한 것에 동의하지만, 예술의 언어와 비예술의 언어를 구분하지 못한 점을 비판했다. 따라서 그는 단토를 넘어서서 예술–생태주의 세계관을 제시한다.

> 나의 예술관이 생태주의와 결합하여 '예술–생태주의 세계관(Artico-Ecological Weltanschauung)'으로 확장되었다는 점에서 그렇습니다. 예술–생태주의 세계관 안에서 인간은 그 자체가 하나의 예술작품인 세계를 구성하는 요소이지만 그와 동시에 하나의 예술작품인 세계를 창조하는 예술가이기도 합니다. 인간을 포함하고 있는 세계를 인간이 계속해서 창조 작업을 하고 있는 예술작품으로 보는 관점은 나의 독창적 관점이라고 할 수 있을 것입니다. [184]

---

184) 정수복, 《삶을 긍정하는 허무주의》, 35쪽.

예술작품을 물리적 존재가 아니라, 의미적 존재로서의 언명으로 본다는 점에서 단토와 박이문은 동일한 입장에 선다. 그러나 단토가 그 언명을 진·위를 결정할 수 있는 진술로 취급한다. 그에 반해서 박이문은 그 입장을 따르지 않고, 칸트가 말하는 판단양상 가운데 오로지 한 명제의 진리 가능성만을 제안하는 판단양상의 관점에서 보아야 한다는 독자적인 입장을 취한다.[185] 따라서 모든 것을 가능세계로 포섭하는 '예술 양상론'을 제창한다. 결국 예술작품은 한편으로는 그 자체의 구체적 실재성 내지는 실재의 현시를 유지한다. 다른 한편으로 그것은 실체의 사물, 사건, 세계가 아니라 가능한 사물, 사건, 세계를 지시하거나 투사한다는 것이 박이문 '예술 양상론'의 독자적인 논지이다.

'예술 양상론'의 근본 개념과 테제들

박이문은 단토의 정의를 포함해서 모든 종류의 전통적 정의는 예술이 인식의 형식이라는 잘못된 추정에서 나온다고 믿는다. 그것은 옳고 그름에 대한 질문이 언어로서의 예술작품에서 수립될 수 없음을 인정하지 않는 데서 기인한다고 본다. 잘못된 추정과 인식적 기능의 부재를 인정하는 데 있어서의 실패는 진술과 명제 사이의, 인식과 제의 사이의 구분을 하지 못하는 데서 생긴다. 그러면 박이문의 '예술 양상론'은 무엇을 넘어서고자 하는가?

그는 기존의 예술개념, 즉 재현(mimesis), 표상, 형식, 제도로서의 예술관을 비판한다. 동과 서를 막론하고 지배적이었던 전통적 예술관은 '재현으로서의 예술관(Art as Reprsentation)'이다. (MH 21) '재현으로서의 예술관'에서는 예술의 기능을 객관적 대상의 표상으로 파악한다. 그에 반해서 '표현으로서의 예

---

185) 박이문, 〈"예술의 종말 이후"의 예술·미술사〉, 미술사학 제27집, 26쪽.

술관(Art as Expression)'에서는 예술의 고유한 기능은 예술가 자신이 객관적인 대상에서 느끼는 내면적 감동의 표상을 밖으로 표출시켜 그것을 타인에게 전달하는 데 있다고 본다. 이렇게 '재현으로서의 예술관'과 '표현으로서의 예술관'에 차이가 있음에도 불구하고, 예술의 기능을 무엇인가의 표상으로 본다는 점에서 두 가지 예술관은 동일하다. 후자의 예술관은 전자의 예술관과 마찬가지로 한 예술작품이 과연 그 표상 혹은 표현을 제대로 했는가를 결정할 수 없다는 데서 동일한 문제가 나타난다. (MH 22)

문장의 형태로 존재하는 어떤 예술작품에 옳고 그름의 개념을 적용시키는 것은 논리적으로 부적합하다. 그러므로 예술작품은 진술의 형태가 아닌 명제의 형태에서만 출구를 찾을 수 있다. 달리 말하면, 예술작품의 양상은 묘사적인 문장으로 존재하는 한 단언적이거나 필연적인 양상으로 존재하는 다른 묘사적인 문장들과 구별되는 문제적인 양상이다. 묘사적인 문장이 문제가 있다고 말하는 것은 그 문장의 진실이 사실이 아니라, 단지 가능성이라고 말하는 것이다. 예술품이 말하고 의미하는 것은 현실의 영역이 아니라, 오직 가능성의 영역이다. 예술품과 단순한 물건 사이의 구분이 가능하고, 예술품이 정의될 수 있다는 것은 이 양상적 관점에 비추어볼 때만 가능하다. 예술작품의 이 정의를 '양상적 정의(Modal Definition)'라고 부른다. 서술적 문장의 가능성 양상은 필요충분조건을 구성하며, 예술품의 정수는 특별한 양상, 다시 말해 문제적 양상에 있다. [186)]

이와 같이 박이문이 주장하는 예술 양상론에 의하면 예술의 존재양식은 사실적이 아니라, 오히려 개연적이다. 예술의 세계는 사실적이 아니라, 단지 가능한 세계를 드러낸다는 것이다. 예술작품이란 무엇인가를 뜻하는 개연적 언명이다. 이렇게 개연적 존재양식을 갖는다는 점에서 예술은 언제나 세계를 새

---

186) A. C. 단토, 앞의 책, 303쪽 이하.

룹게 볼 수 있는 가능성을 열어준다. 따라서 언어로서의 예술품의 기능은 어떤 것이 실제로 무엇인가를 보여주는 것이 아니라 가능한 것을 보여주는 데 있다. 언어로서의 예술작품은 진술의 형태가 아니라 명제의 형태로만 존재한다. 예술의 언어나 언어로서의 예술작품은 그것의 단언적 양상과 필연적 양상 사이의 차이점과 관계없이, 옳고 그름으로 판단될 수 있는 어떠한 사실을 긍정도 부정도 않는다. 그러나 개연적 양상으로 말하는 언어는 단언적인 양상과도 필연적인 양상과도 모두 다르다. 그리고 문제적 양상의 질서는 다른 두 양상들과 완전히 다른 논리적 질서의 영역에 존재한다. 모든 예술작품은 문제적 양상의 차원에 존재한다. 단언적이거나 필연적이지 않고 개연적이기만 한 것에 대해 진술하지 않으며, 그래서 무엇이든 지금까지 행해진 것과 전혀 다른 어떤 것을 볼 수 있는 가능성을 제안한다. 언어로서의 예술작품이 말하는 것은 옳지도 그르지도 않으며, 진술이 아닌 명제로서 존재한다. 따라서 옳고 그름에 대한 질문은 언어로서의 예술작품에서 제기되지 않는다. [187]

언어로서의 예술품의 중심 기능은 그것이 서술하는 것을 볼 새로운 가능성을 열기 위한 것에 있고, 예술작품의 가치는 그것이 묘사하는 대상과 방식이 그 이전의 모든 예술작품에 비해 얼마나 참신하고 창조적인가 하는 양상의 정도에 정비례한다. 어떤 것을 예술작품으로 간주함은 그것이 사실적 진술이라는 데 있지 않다. 그것은 오직 가설적 명제로 어떤 현실이 아니라 가능성을 가리키는 것으로 본다는 뜻이다. [188] 그러므로 예술론의 양상적 정의는 인식적 바탕에서 예술품과 단순한 물건 사이를 구별하는 것을 돕지 못한다. 그러나 단순한 사물의 범주로 분류되는 것과는 다른 예술품의 개념이 과연 무엇을 의미하는가를 이해하는 데는 도움이 될 것이다. [189]

---

187) A. C. 단토, 앞의 책, 304쪽.
188) A. C. 단토, 앞의 책, 305쪽.
189) A. C. 단토, 앞의 책, 307쪽.

마찬가지로 예술작품이 표상하는 세계는 실제로 있는 세계가 아니라, 가능한 세계이다. 그러한 세계는 논리적으로 인식될 수 있는 세계인 앎의 대상으로서의 세계가 아니라, 상상된 세계일 뿐이다. 왜냐하면 예술작품을 두고 창조란 말을 쓸 수 있는 것은 그것이 나타내는 체계가 이미 존재했거나 존재하는 세계인 것이 아니라, 새로운 세계, 처음으로 상상된 세계에 지나지 않기 때문이다. 한마디로 예술작품을 하나의 세계로 볼 수 있다면 그것은 오로지 '가능세계'로서일 뿐이다. 만일 그것이 이미 존재하는 세계를 나타낸다면 그것은 바로 그 순간에 예술작품의 기능에서 과학적 기능으로 변신하게 된다. (AP 107) 다시 말해 예술에 의해 계획된 세계는 언제나 처음의 유일한, 따라서 진정한 의미에서 항상 창조되는 세계이다. (AP 107) 우리는 예술작품이 '가능 유일 세계'라는 것을 알게 된다. 어떤 사물 현상을 예술작품이라고 부른다는 것은 그것을 가능적 유일세계로 본다는 것을 의미한다. (AP 108)

예술작품은 감각적 지각 대상으로서 뿐만 아니라 필연적으로 지적 이해의 대상으로 존재한다. 예술작품은 그냥 있지 않고 무엇인가를 뜻한다. 엄격한 의미에서 오로지 언어만이 어떤 '의미'를 지닐 수 있는 이상, 예술작품이 무엇인가를 반드시 '의미'한다면 그것은 일종의 언어일 수밖에 없다. 그러므로 예술작품은 각기 서로 다른 언명 아니면 담론이기 마련이다. 그래서 예술적 미는 언어적 미다. (IK 40) 비예술에서의 언명이나 담론은 어떤 사실을 객관적으로 실재하는 진리로서 전제한다. 반면 언명이나 담론으로서의 예술작품은 필연적으로 어떤 가설적 사실이나 상황을 상상한다. 그러므로 예술작품에 나타나는 사실이나 사건, 생각, 세계는 언제나 상상 속에만 있다. 그것은 과거나 현재가 아니라, 미래에 있을 수 있는 사실이나 사건, 생각, 세계로 남는다.

예술작품이 우리의 관심을 끌고 마침내 우리를 사로잡고 희열을 주면서 그것이 '아름답다'고 일컫게 하는 이유는 예술의 상상적 관점, 생각, 세계를 통해서 우리에게 새로운 가능성을 보이는 희망에 놓여 있기 때문이다. 그것은 기존의 관념의 틀을 깨뜨리고 그런 관념의 억압에서 해방되는 기쁨을 무의식적 차원에서나마 생생하게 체험케 하는 데 있다. 그러므로 예술작품은 반드시 감각적 지각 대상으로서 존재하지만, 그것은 본질적으로 자연현상과는 달리 지적 이해와 인식의 대상으로 존재한다. (IK 40)

박이문의 '예술 양상론'에서는 예술작품 존재론, 예술과 환경, 예술작품 평가로 나누어 다룬다. 그는 예술이 직면하게 된 예술의 존재론적 문제, 즉 예술과 그 밖의 다른 사물과 행동을 구별하는 척도에 대한 대답을 찾았다고 여긴다. (IK 7) 예술작품이 무엇인가를 지칭하는 하나의 큰 명제로 볼 수 있다면, 그것은 그의 양상이 개연적이라는 점에서 단정적이거나 필연적 양상을 갖는 모든 비예술적 명제와 구별된다. 이런 점에서 예술적 언어·기호의 기능은 어떤 사실의 서술이 아니라 그러한 사실의 가능성을 제안하는 데 있다. (IK 126) 예술작품은 관념적으로만 존재하지 못하고 반드시 감각적으로, 즉 미학적으로 존재한다. 예술작품은 언어적 가치 즉 관념적 가치가 있는 동시에 감각적 가치, 즉 미학적 가치를 떠나서는 존재할 수 없다. (IK 58)

박이문에 의하면 무엇보다 예술의 기능은 '가능 세계'를 보여주는 데 있다. 이미 있는 세계, 이미 생각하고 알고 있던 세계와는 다른 세계, 다른 관점을 제안하거나 제시하는 것이 예술을 예술이라고 규정할 수 있게 하는 유일한 기능이다. 이런 점에서 예술은 본질적으로 언제나 새로운 것이다. 이와 같은 새로움은 이미 기존에 있는 것들이 비판되거나 혹은 부정되는 것을 전제로 한다. 따라서 예술은 내재적으로 초월적인 성격을 띠고 있다. 그것은 부단하게 이미 있는 것, 생각된 것을 초월하고자 하는 데서 생기는 것이다. 그러므로 예술은 해방적이고 개방적이며 진취적이다. (AP 278)

예술은 가능한 사물, 가능한 견해, 가능한 경험, 사물을 보는 가능한 방식, 가능한 삶, 가능한 세계를 보여줌으로써 우리가 최소한 정신적으로는 현재의 세계를 초월할 수 있도록 도와주고 그렇게 함으로써 저기에 존재하는 것이 무엇이고 우리가 무엇이며 우리가 무엇을 할 수 있는가를 더 잘 보게 해준다. 〔……〕 예술은 가능성을 보여줌으로써 현실을 초월하도록 되어 있고 그럼으로써 가장 지속적인 현실에 한 비판이 된다. [190]

양상은 칸트가 정리한 한 명제의 진·위 판단에 내재된 확실성의 세 가지 다른 논리적 가능성을 지칭하는 이름이다. 그 세 가지는 사실성, 필연성, 개연성이며 그것을 총칭하여 진술한 진·위 판단양식이라고 한다. 양상은 칸트의 판단론에서 어떤 명제를 진술할 때 그 진술자가 확실성의 강도에 대해 갖게 되는 논리, 즉 단언적, 절대적, 개연적이라는 세 가지 입장을 지칭한다. (KE 127) 시적 명제는 개연적 양태를 갖는다. 기술적 용어를 쓰자면, 첫째 명제를 사실적, 두 번째 명제를 선험적, 세 번째 명제를 개연적 판단이라 부른다. 첫째의 진리는 우연적인 것이며, 둘째의 진리는 필증적인 것이고, 셋째의 진리는 가능한 것이라고 말한다. 명제, 진·위 종류, 판단 양태 간의 위와 같은 복잡한 관계들은 다음과 같이 정리될 수 있다. (MH 33) 논리학 특히 칸트의 인식론에서 한 명제의 진·위 판단자의 위와 같은 태도를 명제 판단의 '양상'이라 부른다. [191] 한 명제와 다른 명제 간에 존재하는 보이지 않는 이는 그 명제의 양상적 관점에서 보면 분명해진다. 하나하나의 예술작품을 일종의 명제로 볼 때, 예술로서의 명제와 비예술로서의, 가령 철학적, 과학적, 수학적, 종교적 명제들과의 차이는 그 두 종류 간에 존재하는 판단적 양태에 있다. (MH 32)

---

190) Park, Ynhui, *Man, Language and Poetry*, 168쪽.

191) 이러한 양태는 다음과 같은 세 개의 명제로 도식화할 수 있다. 1) It is a fact that S is P, 2) It is necessary that S is P, 3) It is possible that S is P(MH 33). 동일한 명제의 진·위도 판단자에 따라 서로 다른 양태로 판단할 수 있으며, 명제를 구성하는 S와 P의 구체적 내용, 즉 객관적 사실에 따라 모든 경우 진(참)일 수 있고 위(오류)일 수 있다. (MH 34)

이제 예술은 명제의 논리적 존재양식과 관련된 칸트의 양상적 구별에 비추어 다음과 같이 정의될 수 있다. 첫째, '예술'이라는 존재는 언제나 일종의 명제이다. 그것은 그냥 물리학적 존재가 아니라 무엇인가를 의미하는 언어이다. 둘째, 예술이라는 명제의 진·위의 양상은 사실적으로 주장할 수 있는 우연적인 것이거나 단호하게 주장할 수 있는 필연적인 것이 아니라, 개연적으로만 주장할 수 있는 가능한 것이다. 즉 명제로서의 '예술작품'의 진·위의 양태는 그 가능성이 개연적으로만 결정될 수 있고 사실적이거나 절대적인 것이 아니다. 셋째, 양상은 가시적, 즉 물리적 존재가 아니라 약정적, 논리적 존재로 지각적 관찰의 대상이 될 수 없다. 그것은 오로지 논리적 사유에 의해서만 이해될 수 있는 비가시적 속성이다. 개연적 양태가 각별히 그러하다. 넷째, 예술은 가능한 세계를 열어주는 언어적 제품이다. 이런 점에서 예술의 기능은 모든 기존의 질서로부터 인간을 해방하고, 새로운 세계를 향한 자유이자 희망의 길을 열어준다. 즉 가장 창조적 활동의 패러다임이라 할 수 있다. (MH 34 이하)

예술작품은 가능 유일세계이다. '예술작품은 어떤 사물, 현상 혹은 행위가 문화적 맥락 속에서 제도적으로 가능 유일세계라고 정해진 것'이라고 우리는 정의한다. (AP 100) 예술작품을 '가능 유일세계'라고 할 때의 '세계'란 말은 이와 같은 의미를 갖는 유기적 총체를 뜻하며 그것만으로 독자적으로 존재하는 표상을 뜻한다. 예술작품이란 이런 뜻에서 '세계'이다. 표상이 언어를 떠나서는 나타날 수 없다면 '세계'로서의 예술작품은 하나의 언어, 더 정확히 말해서 하나의 통일된 의미를 갖는 언어이다. (AP 101) 예술작품은 그것이 언어라는 점에서 표상 혹은 의식구조라는 점에서 세계일 수 있다. 각각의 예술작품이 개체성, 유일성을 떠나서는 예술작품으로 존재하지 못한다는 사실은 예술작품의 이른바 독창성이 강조되는 것과 관계가 있다. 한 예술작품은 언제나 그것이 누군가에 의해서 처음으로 생각된 세계, 즉 독창적인 세계인 한에서 진정한 예술작품, 즉 진정한 세계인 것이다. (AP 103)

박이문은 미학과 예술철학을 구분한다. 학문적 범주로서의 예술학 (Aesthetics)은 미학(Studies on Art)의 일부일 수 있지만 미학은 예술학의 일부가 아니다. 예술이라는 범주에 속하는 것이 반드시 미적 존재는 아니며, 미적 존재가 반드시 예술의 범주에 속하지는 않는다. 미는 감각적 경험의 한 속성이지만, 그 자체는 자연의 일부가 아니다. 결국 예술은 자연적 혹은 문화적 사물 자체를 지칭하는 것이 아니다. 그것은 어떤 지각적 대상, 사건, 내면적 경험 등 무엇인가를 지칭하는 일종의 기호언어로서, 그 의미 해석 및 그 의미가 갖는 가치평가이다. (MH 16)

'예술 양상론'의 의의와 한계

이제 박이문의 예술 양상론의 의의와 한계를 살펴보도록 하자. 첫째, 그것은 과학적 이성보다 예술적 이성, 생태학적 이성의 우위를 제시한다. 근시안적, 미시안적 이성을 넘어 원시안적, 거시적 이성으로 세계를 바라보고자 한다. 또한 인간 중심적인 관점을 넘어 자연 중심적으로 지구, 자연을 보고자 한다. 자연을 볼 때, 인간만을 위한 도구로서만이 아니라 그것을 하나의 예술작품처럼 그 존재 자체로서의 내재적 가치를 인식해야 한다는 것이다. 이를 위해서 과학적 이성의 의미를 예술적 이성의 잣대로 파악하고, 도구적 이성을 생태학적 이성으로 통제해야 한다는 점을 부각시키고 있다. (IK 184)

둘째, 그것은 예술과 철학을 존재론적으로 동급으로 정위시킨다. 이제 박이문의 야심적 기획은 명쾌한 윤곽을 완성한 듯하다. 그는 예술의 특성적 측면, 즉 논리가 아닌 형상의 측면에 근거해 철학과 예술을 동시에 구출하고자 한다는 점이다. 철학과 예술의 양상적 구별을 통해 예술이 철학을 침범하는 경로를 차단한다. 다른 한편으로 예술을 단순히 현실로부터 해방되려는 '생물학적' 욕망으로 두지 않고 예술의 철학적 성격을 보존한다. 예술과 철학은 양상적 차이를 통해 존재론적으로 동렬에 설 수 있게 된 것이다.

셋째, 그것은 예술의 본질적 기능을 환기시킨다. 예술의 기능은 '가능 세계'를 보여주는 데 있다. 이미 존재하는 세계, 이미 생각하고 알고 있던 세계와는 다른 세계, 다른 관점을 제안하거나 제시하는 것이 예술다운 예술의 유일한 기능이다. 이런 점에서 예술은 본질적으로 언제나 새로운 것이며, 이런 새로움은 이미 기존에 있는 것들이 비판되거나 혹은 부정되는 것을 전제로 한다. 따라서 예술은 내재적으로 초월적인 성격을 띠고 있다. 그것은 부단하게, 이미 있는 것, 생각된 것을 초월하고자 하는 데서 생기는 것이다. 그러므로 예술은 해방적이고 개방적이고 진취적이다. 예술을 통해서 우리는 언제나 과거로부터 새삼 해방되어 미래를 위해 부단한 창조를 계속하는 것이다. (AP 217)

이런 맥락에서 예술의 본질적 기능이란 저항적이며 부정적이고 창조적이다. 그리고 이러한 창조적 기능은 예술에서 발휘되는 끝없고 참신한 인간의 상상력에 뿌리를 내리고 있다. (IK 266 이하) 이러한 관점에 대해 우리는 예술에 대한 '기능적 유명론(Nominalism)'이라 명명할 수 있을 것이다. 기능적 유명론은 예술을 인지 행위로 보지 않고 새로운 인지적 패러다임의 '제안' 행위로 본다. 왜냐하면 여기에서 제안이란 예술 행위가 제도의 울타리 안에 놓여 있다는 것을 가리키기 때문이다. 박이문은 자연현상을 비롯한 비예술적 사물 현상에서 느끼는 미적 경험은 근원적 행복에 대한 우리의 생물학적 욕망에 기인한다고 본다. 이와 반대로 예술작품에서 느끼는 미적 경험은 관념적 구속으로부터 해방되고자 하는 정신적 욕망에 근거한다. 이것은 기능적 유명론의 관점에서 볼 때 예술이 '해방의 경험'이라기보다 해방에 대한 구상이자, 그 구상의 제출이라는 것을 가리킨다. 예술의 제도적 기능은 제도 내부의 자기갱신운동인 것이다. 그것은 제도 안에서 제도 밖을 시험하는 운동이다. 그러나 한 예술작품의 예술적인 가치가 평가되려면 그것은 언제나 예술작품의 예술적 기능, 즉 가능세계의 창조라는 기준에 의해서만 이루어져야 할 것이다. (AP 275) 예술은 과학과는 근본적으로 성질이 다른 기능을 하고 있다. 그러므로 예술의 기능을 객관적 사물 현상의 표상, 즉 인식에서 찾을 수 없는 것이다. (AP 50)

넷째, 그것은 예술이 생태학적 문제의 해법임을 주장한다. 예술적 세계관이 생태학적 문제의 열쇠라면 우리는 예술적 기능을 이해하고 그것의 결정적 중요성을 인정해야 한다. 예술적 기능의 발휘가 이렇게도 중요하다면 그러한 기능을 직업적으로 맡고 있는 예술가들은 예술의 본래적 기능을 새삼 의심하고 그 기능을 충분히 맡기 위해서는 과학적 세계관, 기존의 모든 체계, 가치관 등에 종속되어 추종하고 싶은 유혹을 깨뜨려야 한다, 그리고 언제나 저항적 자세를 가져야 하며 언제나 신선한 시각을 버리지 말아야 한다. (IK 267)

다섯째, 그것은 가능한 세계로서의 예술에 대한 양상적 정의를 표방한다. 시의 정체성에 가시적, 즉 물리적 속성은 존재하지 않지만 그래도 시를 구별하는 언어적 행위에 전제된 비가시적인 어떤 약정적 속성을 찾아볼 수 있다고 한다. 이러한 시의 정의를 박이문은 양상적 정의라고 부른다. 현대미술작품의 경우, 미술품과 비미술품의 구별이 가시적으로는 불가능하지만 양상적 관점에서는 가능하다. 이와 같이 문학에서도 시와 산문의 구별은 '양상'이라는 비가시적 관점에서 충분히 가능하다. 어떤 행위가 한편으로는 예술작품으로 분류되고 다른 한편으로는 그렇지 않다면 그것을 구별하는 비자각적 근거의 발견이 필요하다. 예술과 비예술 사이에 존재하는 차이는 객관적으로 실재하는 속성이 아니다. 그것은 칸트의 인식론에서처럼 어떤 명제의 진·위 판단 범주 양상의 개념에 비추어서만 구별할 수 있다. 개연적 양상을 가지는 명제는 진리를 사실로 주장하는 것이 아니라, 오직 진리의 가능성만을 제안할 뿐이다. 어떤 명제가 예술작품이냐 아니냐를 물리적으로 보아서 결정할 수는 없지만 그 명제를 양상적 관점에서 검토할 때 예술적 명제인지 비예술적 명제는 충분히 결정할 수 있다. (KE 170 이하)

다음으로 박이문의 예술 양상론의 한계를 살펴보자. 첫째, 예술작품에게 귀속한 가능세계 지시성에 관한 문제이다. 이승종은 예술작품에게 귀속한 가능세계 지시성의 문제를 거론한다. 이를테면 예술작품의 기능이 우리를 과거뿐만 아니라 현재 삶의 조건의 속박에서 해방시킨다. 그것은 우리가 인지적으로 보다 진실되고 세계 그 자체와 존재론적으로 보다 조화를 이룰 수 있는 이상적 세계를 찾는 것을 의미한다. 이러한 주장의 실현 가능성에 대해 회의적인 입장을 취하는 비판이 가능하다. 그 이유는 두 가지로 제시된다. 하나는 언어로서 무언가를 말하려면, 의미와 실재, 그리고 우리와 세계 사이의 간격을 유지하면서 동시에 그 간격을 말소하려는 길항적 대립이 있다. 그것을 박이문은 이카로스와 시지포스의 비극적 운명에 비유하고 있다. 이런 점에서 그는 자기 모순적인 주장을 하고 있다는 지적이다. 또 다른 하나는 예술작품이 무언가를 의미하는 언어라는 박이문의 주장은 특정 예술작품에 대해서 논의될 수는 있으나, 예술작품 일반에 보편적으로 적용되기는 어렵다고 본다. 예술작품이 보여주는 것은 의미로 번역될 수 없는 어떤 분위기나, 처해 있음, 경지, 열정 이미지일 수 있다. 특히 일체의 의미를 제거하고 이미지만 남기는 무의미 시가 반례가 될 수 있다는 점이다.[192]

둘째, 예술과 시에 대한 어원적 구별이 모호하다는 점이다. 즉 시와 예술의 차이점이 잘 부각되지 않고 있다. 시와 예술의 차이점은 플라톤의 글에서부터 나타난다.[193] 즉 테크네(techne)는 한편으로 자연(physis)과 대비되는 인공성이란 차원에서는 서로 유사하면서도, 다른 한편으로 신적 광기의 산물로서의 포이에시스(poiesis)는 이성적인 테크네와는 완전히 다른 것으로 묘사된다. 플라톤에 따르면 포이에시스는 테크네를 초과하는 영역을 뜻한다.[194]

---

192) 이승종, 〈예술과 언어 : 박이문 교수의 철학세계(박이문, 《문학과 언어의 꿈》, 《이카루스의 날개와 예술》 서평)〉, 철학과현실, 2004, 215~217쪽.

뮤즈 여신들에게서 오는 광기 없이, 기술만 가지고도 충분히 시인이 될 수 있으리라 확신하고서 시작의 문턱에 다가서는 사람이 있다면, 그는 자신도 완성에 이르지 못할뿐더러 분별이 있는 그 사람의 시작은 광기에 사로잡힌 자들의 시작에 가려 그 빛을 잃게 될 걸세.[195)]

포이에시스와 테크네의 차이는 아리스토텔레스의 유명한 말에서도 확인된다. "철학과 정치, 시 또는 예술 방면의 비범한 사람들이 왜 모두 명백히 멜랑콜리커였을까?"[196)] 이 문장에서 시와 예술은 철학과 정치가 다른 것과 마찬가지로 구분되고 있다. 박이문은 '예술적'이란 개념과 '심미적'이란 개념에 대해 착종된 세 가지 입장을 표명하고 있다. 그의 논지의 일관성이 문제시된다. 우선 '예술적'이라는 개념과 '심미적'이라는 개념은 서로 다른 범주에 속한다. 그리고 '예술적'이라는 개념은 '심미적'이라는 개념을 포함하지만 그 역은 참이 아니다. 마지막으로 '심미적'인 것은 '예술적'인 것을 포함하지만 그 역은 참이

---

193) 김동규, 《하이데거의 사이 예술론 – 예술과 철학 사이》, 그린비, 2009, 108쪽 이하. "서양에서 시와 예술은 원래 다른 것이었다. 하위개념과 상위개념이란 위계질서로 편입되기 이전에 양자는 너무나도 이질적인 것이었다. 고대 그리스인들에게 예술은 테크네(Techne), 곧 넓은 의미의 '기술'이고 시는 포이에시스(Poiesis), 곧 넓은 의미에서 '창작'을 뜻하는 말이었다. 기술과 창작은 인간이 무엇인가를 만드는 행위라는 점에서 유사점을 찾을 수 있지만, 전자가 같은 것을 반복해서 제작할 수 있는 지적 행위인 반면, 후자는 미지의 타자적인 힘(신적인 힘)을 빌려서 전무후무한 것을 산출하는 비-지성적 창작행위다. 전자가 지적 인간의 평범한 행위인 반면, 후자는 인간 단독의 힘만으로는 성취하기 힘들어 보이는 초-인간적 행위다. 이런 까닭에 양자는 같은 범주로 모이기 힘들었다. 점차 시의 신화적 후광이 사라지면서 지금과 같은 형태로 분류되었지만, 여전히 시는 예술의 숱한 하위 범주들 가운데 하나가 아니라 어떤 특권적 지위를 차지한다. 다시 말해서 시는 예술의 핵심부, 즉 인간의 기술적 조작을 넘어서는 경이로운 창작성을 한다."
194) 플라톤, 조우현 옮김, 《잔치》, 두로, 1983, 205b~c. 여기에서 포이에시스와 테크네에 관한 모범적 정의가 소개되어 있다.
195) 플라톤, 조대호 옮김, 《파이드로스》, 문예, 2008, 245a.
196) Aristoteles, *Problems* I, 1957, 953b.

아니다. [197]

셋째, 표상(Representation)과 비표상의 개념이 착종되어 있다. 표상은 어떤 대상의 존재를 전제로 하며 그 대상을 대치해 보임을 의미한다. 표상은 그것의 대상의 실제적 존재를 전제한다. 표상된 사실, 혹은 사건은 그것이 표상하고 있는 대상의 대치를 의미한다. 예술작품이라는 존재는 그것이 어떤 종류의 매개를 사용하고 있든 간에 넓은 의미에서 그 매개체는 '언어'라고 보아야 한다. 예술작품은 그냥 물질적으로만, 지각적으로 존재하지 않고 필연적으로 무엇인가의 의미를 갖고 있다. 그것이 무엇을 뜻한다는 점에서, 무엇인가를 상징하고, 표상하고 표현하는 매개체라는 점에서 그것은 언어로만 존재한다고 보아야 한다. (IK, 236)

이런 의미에서 각각의 예술작품은 하나의 세계를 각각 지니고 있다. 예술작품은 초월적 세계에 대한, 인생에 대한, 사랑에 대한, 책상에 대한, 일종의 표상으로 볼 수 있다. 여기에서 '일종의'라고 덧붙인 이유는 예술적 표상은 그 대상의 실재성을 전제하지 않기 때문이다. 그 표상은 언제나 가상적인 것이며, 따라서 오직 가능한 것으로만 존재한다는 것이 전제된다. 그렇기 때문에 우리는 앞에서 예술적 표상이 프레게가 말했듯이, 지시대상(Bedeutung)과 구별되는 의미(Sinn)에 해당하는 것으로 혹은 진술(Statement)과 구별되는 명제(Proposition)에 해당하는 것으로 보았던 것이다. (AP 266) 어떤 대상을 예술적 표상의 시각에서 접근할 때 그 접근의 수단은 이성 혹은 지성에만 의존하는 개념의 틀에 의해서가 아니라, 그것에 앞서 감각, 더 구체적으로 말해서 감각적 지각에 의존한다.

한마디로 말해서 예술적 표상은 그리스어의 어원적 뜻으로서 미학적, 즉 감성적이다. (IK 257) 예술작품은 세상에서 발견될 수 있는 사물, 사건, 혹은 어

---

197) 이승종, 〈박이문 철학의 중심개념과 논증적 짜임새〉, 철학적 분석 17, 2008, 129쪽.

떤 사람이 지니고 있는 느낌, 사상들에 대한 정보를 제공하는 것이 된다. 예술 감상자들은 예술작품을 통해서 그들이 미처 알지 못했던 새로운 사실, 새로운 진리를 배우게 된다. (AP 35 이하) 앞서 고찰한 바대로 어떤 언어 혹은 상징체를 예술작품이라고 분류할 때 우리는 이미 그 언어의 허구성을 받아들이고 있는 셈이다. 그러한 언어는 그것의 지칭 대상의 실제적 존재를 전제하지 않기 때문이다.

그리고 예술적 언어, 즉 허구적으로 쓰인 언어도 어떤 의미에서 지칭 대상을 갖는다고 가정하더라도 예술적 언어, 즉 예술적 표상은 결코 인식적인 의미를 가질 수 없다. 예술적 표상언어에 대한 진·위 판단이 결정적으로 불가능하다면, 그리고 진·위판단이 전제되지 않은 표상언어가 인식적 의미를 가질 수 없다면, 예술적 표상, 즉 예술작품은 인식적 기능을 한다고 말할 수 없다. 인식 혹은 진리는 예술작품의 충분조건이 아닐 뿐만 아니라, 필요조건조차도 될 수 없다. (AP 48) 이상에서 살펴보았듯이 박이문의 표상론에 대한 입장은 선명하지 않다.

이제 이상의 논의를 정리해보도록 하자. 박이문은 문학의 길에서 철학을 만나고, 철학의 길에서 다시 예술철학으로 돌아온다. 여하튼 철학의 길을 따라가다 보면 반드시 예술을 만날 수밖에 없다. 헤겔의 절대정신에도 예술과 철학은 함께 가고 있다. 하이데거의 멋진 표현에 따르면, 예술과 철학은 사유의 세계에 우뚝 솟은 두 개의 산봉우리들이다. 즉 그것들은 인간의 존재 가능성을 최고도로 높인 영역이다. 한 산봉우리에 올라서 다른 산봉우리를 볼 수 있듯이, 철학의 높이에서 예술의 깊이를, 예술의 높이에서 철학의 깊이를 조망할 수 있다, 이렇듯 예술과 철학은 함께 가며, 철학을 동반한 예술, 예술을 동반한 철학이 가능하다. 이런 가능성을 가장 잘 드러낸 철학자가 박이문이다. 그가 인공을 자연에 맞추려는 서양의 생태주의 미학과 노선을 같이함을 엿볼 수 있다. 오늘날 '오직 기술만이 우리를 구원할 수 있다'는 기술제국의 시대에도 '새로운 예술의 패러다임'이 대안으로 등장된다. 그것은 미래의 대안적 '삶의 양식'으로 제시되기도 한다. 특히 미학은 윤리학을 극복하고 완성시킬 수 있다. 이러한 점에서 그것은 마르크스의 소위, '미래의 윤리학' 또는 '미래의 경제학'이 될 수 있을 것이라고 예측되고 있다.

이런 맥락에서 박이문은 예술의 사회적 기능을 아래와 같이 서술하고 있다.

예술은 우리에게 사물 현상을 새로운 눈으로 보게 도와주고, 도덕적 혹은 그 밖의 가치에 대해서 새로운 시야를 열어준다. 또한 우리의 감수성을 새롭게 하고 바꿔가는 데 도움을 준다. 이러한 예술의 사회적 기능은 그것이 할 수 있는 정치적 혹은 이념적 기능보다 근본적인 기능에서 예술의 참다운 사회적 기능을 찾게 한다. 이와 같은 관점에서 볼 때, 한 사회는 그곳에 살고 있는 사람들의 사물에 대한 인식, 사물 현상에 대한 가치관, 그리고 도덕적 혹은 종교적 가치관의 총체적 반영이다. 우리의 감수성과 가치관을 항상 재검토하게 하고 창조라는 본질적 기능을 통해서 항상 새로운 지평을 열어주는 예술은 가장 근본적인 의미에서 사회와 밀접한 관계를 지니고 있다. 이런 차원에서 예술은 한 사회의 반영인 동시에 한 사회의 비판이며 새로운 사회를 향한 문을 열어 놓는다. (IK 136 이하)

모든 존재가 어떤 것으로도 결코 완전히 분절할 수 없지만, 그렇다고 그것이 카오스가 아니라 파장 혹은 관절의 질서를 가졌다면, 그러한 존재의 질서는 투명한 선험적 순수이성에 의한 직관으로 파악되는 것이 아니라, 육화된 경험으로서의 지각을 통해서만 가장 충실히 인식될 수 있다. 또한 그렇게 인식된 존재를 가장 가깝게 표상할 수 있는 언어는 수학이나 과학이나 철학이 아니라 예술이며, 예술 가운데서도 문자언어를 사용하는 문학보다 비문자 언어를 사용하는 음악, 춤, 특히 회화이다. (IW 279 이하) 이와 같이 박이문은 메를로-퐁티의 입장과 칸트의 양상론을 종합한다. 그리하여 '둥지철학'의 이념을 품고 있는 '예술 양상론'의 선율로 자신의 독창적인 예술철학을 연주하고 있다.

앤디 워홀의 브릴로 박스 - 1964년 뉴욕의 스테이블 갤러리에서 앤디 워홀이 '브릴로 상자'라
는 작품을 발표했다. 이후 전통적인 예술의 정체성이 흔들리기 시작했다. 박이문은 이를 통해
예술철학은 개념적 수렁에 빠져 있다는 인식을 지니게 되었다.

2. '자비의 윤리학'의 리듬

박이문은 '자비의 윤리학'을
새로운 시대의 윤리학으로 제시하고자 한다.
– 강학순

오늘날 과학기술의 발전으로 야기된 윤리적 문제들로 말미암아 기존의 윤리적 담론들은 그 빛이 바래고 있다. 그것들은 새로운 문제들 앞에 속수무책이고 무력하다. 이런 상황을 직시하면서 박이문은 기존의 윤리철학이 혼미상태에 빠져 있다고 진단한다.

> 이런 윤리적 혼선은 생명과학 기술 발달로 낙태, 장기이식, 인간복제 등
> 이 가능해지고, 생명의 의학적 공학에 인간을 비롯한 모든 생명체의 물질
> 적 환원주의가 전제됨으로써 윤리의 철학적 문제는 전통적 뜻으로서의 '윤
> 리'라는 개념이 내용 없는 공허한 낱말이라는 악몽과 같은 결론을 피할 수
> 없게 되었다. (EC 267)

인간은 시대를 초월하여 '윤리적 인간(homo ethicus)'임은 자명하게 수용되어왔다. 인간의 보편적인 도덕성은 마치 새가 하늘로 비상하며 살아야 하고, 물고기가 물속에서 사는 것과 마찬가지로 임의로 바꿀 수 없는 자연의 원칙이다. 그것은 동시에 형이상학적 질서의 일부이다. 윤리적 가치평가를 떠난

인간의 삶이나 인간의 행동은 물건이나 동물의 존재 중의 하나에 불과하다. 그것은 사물 현상의 사건의 하나에 불과한 것이 될 뿐이다. (EC 142) 윤리의 문제는 일반적으로 '어떻게 사느냐?', '어떠한 삶이 가장 보람 있는 삶이냐?', '어떤 것이 옳은 행동이냐?', '나는 어떻게 행동할 것인가?'의 문제들로 귀결된다. 이 물음들은 삶의 궁극적 가치가 무엇이며, 그런 가치가 결정됐을 때 그러한 가치를 실현시키기 위해서 어떻게 행동해야 하는가에 대한 물음에 지나지 않는다. 이러한 물음의 뜻을 투명하게 하고, 그 물음에 체계적인 대답을 시도할 때 윤리학이 성립된다.

박이문에게 윤리는 위에서 언급한 것처럼 자연의 원칙이며, 형이상학적 질서이다. 윤리적 물음과 행위는 인간에게만 적용되는 가장 근본적이고 보편적인 속성이다. 왜냐하면 인간이 윤리적 관점을 떠나 살 수 없다는 사실이야말로 인간을 다른 동물들과 구별할 수 있는 본질적이고 유일한 속성이기 때문이다. 이런 입장은 전통적인 윤리관의 기본 입장과 맥을 같이한다.

> 이러한 윤리적 물음과 고민은 인간에게서 떼어버릴 수 없는 가장 근본적이고 보편적인 속성이다. 이런 물음, 이런 고민을 떠난 인간은 사실상 인간의 범주에 들어가지 못한다. 그러므로 오로지 인간에게만 윤리적인 문제가 생긴다. 인간으로서 태어날 때 필연적으로 위와 같은 물음을 갖게 되고 그런 물음에 고민하는 사실이 어쩔 수 없는 객관적인 사실이라면, 오직 인간만이 물리학적, 화학적, 생물학적, 심리학적 차원 이외에 윤리적 차원을 갖고 있다고 볼 수밖에 없다. 인간의 윤리적 속성은 눈으로 보이지 않지만 가장 객관적인 인간의 형이상학적 속성이다. (EC 21 이하)

박이문은 윤리적 담론이 필요한 이유를 다음과 같이 제시한다. 윤리적 존재로서 인간은 보람있는 윤리적 행동을 하고자 한다. 그런 윤리적 실천을 하기 위해 가치판단과 가치규범이 우선적으로 요구된다고 본다. 왜냐하면 윤리적으로 옳은 삶을 살자면, 옳은 윤리적 가치판단이 전제된다. 왜냐하면 옳은 가치판단은 근거 있는 판단에 보편적으로 적용될 수 있는 잣대로서의 윤리규범을 전제하기 때문이다. (EC 269) 그러나 오늘날 시간과 장소를 초월해서 언제나 윤리적 판단과 행동에 만족스럽게 적용될 수 있는 보편적 윤리적 규범은 존재하지 않는다고 선언한다. 말하자면 기존의 윤리규범들은 그 어느 것 하나도 우리가 다 같이 피부로, 직관적으로 느끼는 윤리적 감수성을 일률적으로 설명하지 못하기에 만족스럽지 못하다. 이런 인식 하에서 박이문은 '자비의 윤리학'을 새로운 시대의 윤리학으로 제시하고자 한다.

'자비의 윤리학'의 기원과 문제의식

박이문은 2008년에《자비의 윤리학 - 도덕철학의 기초》를 출간하여, 여기에 자신의 윤리에 대한 문제의식과 사유를 담았다. 그 외에도《삶에의 태도》(1988), 영문으로 된 저서인 《Reality, Rationality and Value》(1999)가 있다. 그는 윤리의 핵심적 철학 문제를 가치판단의 문제라고 간주한다. 여기에서 그는 윤리의 개념을 명확히 규정하고, 보편적으로 적용될 수 있는 윤리적 가치규범을 제시하고, 인간으로서 가장 바람직한 윤리적 자세를 모색하고자 한다. (EC 267 이하)

박이문에게 윤리의 문제는 가치의 문제이다. 좋고 나쁜 삶의 문제, 옳고 그릇된 행동에 대한 문제가 윤리적 가치의 문제라면, 우리의 문제는 윤리적 가치가 주관적인 것이냐 아니면 객관적인 것이냐를 아는 데 있다. (EC 25) 그는 현대의 윤리상대주의의 시각에서 논의된 가치 정감주의(Emotivism)와 윤리적 처방주의(Prescriptism)를 거론하면서 그것들에 비판적 입장을 취한다. 한 사회 안에서만 볼 때 윤리적 가치와 도덕적으로 옳고 그름은 객관성을 지니고 있다. 따라서 윤리적 가치나 도덕적 선악은 결코 상대적이 아니다. 그럼에도 불구하고 윤리적 상대주의자들은 절대적 객관주의를 거부하면서 상대주의를 주장한다. 여기에는 인간 사회가 다양하다는 사실과 한 사회 안에서, 그리고 서로 다양한 사회들 사이에 기존하는 지배적 인생관이나 도덕적 규범에 대한 비판과 부정이 가능하다고 본다. 또한 역사적으로 늘 있어왔다. 그 비판과 부정에 따라 종종 새로운 인생관, 새로운 도덕적 규범이 대치되었다는 사실을 간과할 수 없다. (EC 34 이하)

그러나 윤리적 상대주의의 문제점은 다음과 같다. 상대주의가 어느 정도의 객관성을 지니고 있다고 전제하는 한, 사회의 윤리적 가치관이나 도덕적 규범은 궁극적으로 전혀 객관성이 없다는 것이다. 왜냐하면 그것은 결국 한 사회에 살고 있는 사람들의 태도, 입장, 감정 등을 나타낸 것으로밖에 볼 수 없기 때문이다. 따라서 그러한 것들은 우연적인 것이며 언제나 변할 수 있는 성질의 것이다. 윤리적 상대주의의 근본적인 문제는 윤리적 가치를 궁극적으로 인위적인 것, 사회적인 것, 주관적인 것으로 보는 데 있다. 도덕적 가치, 도덕적 판단의 만족스럽고도 궁극적인 해결은 윤리적 가치가 객관적인 것이 아니고는 이루어질 수 없다. (EC 37 이하)

그러나 사르트르가 생각하는 윤리적 가치와 우리가 생각하는 윤리적 가치는 그 성격이 근본적으로 다르다. 사르트르의 입장에서 볼 때 윤리적 가치를 포함해서 모든 가치는 인간에게 상대적이다. 따라서 한 인간이 선택하는 것은 무엇이고 간에 그 자신에게는 가치가 된다. (EC 118) 윤리도덕적 가치는 우리의 주관적 선택에 따라 상대적으로 좋고 나쁘든가 옳고 그른 것은 아니다. 그것은 우리의 선택에서 독립해서 객관적으로 존재한다. (EC 119)

그리고 지적 가치와 미학적 가치가 모든 인간이 필수적 의무로 추구해야만하는 것은 아니지만, 세계에 관한 올바른 인식으로서의 지적 가치가 중요한 것은 그것이 생물학적 생존과 발전을 위한 필수조건이기 때문이다. 또한 미학적 가치가 중요한 것은 미적 경험이 감성적 동물로서의 인간적 삶의 조화와 행복의 조건이기 때문임을 우리는 경험을 통해서 쉽게 이해할 수 있다.

이와 같은 맥락에서 가치의 정감주의에 있어서 가치는 인식의 대상이 될 수 없고, 가치평가에는 객관적으로 옳고 그름이라는 결정이 논리적으로 불가능하다는 것이다. 누가 어떤 사물 현상을 앞에 놓고 그것을 평가하여 가치를 부여할 때 우리는 그 사물 현상에 대해 아무런 새로운 정보를 얻을 수 없다. 다만 우리가 알 수 있는 것은 그러한 발화자에 대한 정보뿐이다. 그 발화자가 어떤 것을 좋아하고, 어떤 욕망을 지니고 있다는 사실을 알게 될 뿐이다. 가치는 한 사람의 사물에 대한 기호, 한 사실에 대한 태도를 나타냄에 지나지 않는다는 말이다. (EC 30) 윤리적 가치는 정감주의가 주장하는 것처럼 주체자의 감정, 태도를 의미하는 데 그치지 않는다. 윤리적 선택은 어디까지나 행위자의 주관적이고 근거 없고 맹목적인 결정이 아님을 암시한다. 윤리적 가치와 윤리적 선택에는 어떤 종류인가의 객관성, 즉 주체자의 개인적 기호나 감정이나 태도를 초월한 어떤 객관적 근거가 있음을 의미한다. (EC 31) 이런 점에서 윤리적 경험을 설명할 수 있는 이론이 요청된다.

다음으로 박이문은 '윤리적 처방주의'의 내용과 문제점을 밝혀나간다. 처방을 할 때 우리는 반드시 감정이나 기분을 넘어 이성적 판단을 전제한다. 그 처방은 나 개인, 내가 처방하는 바로 그 순간, 그 경우에만 효용성이 있지 않고 보편적 효용성이 있음을 전제한다. 처방은 분명히 감정의 표현이 아니라, 의지와 이성을 전제한다. (EC 32) 삶을 어떻게 살아야 한다고 제안하는 것이 윤리적 처방이라면, 그 처방은 어떤 삶의 규준에 근거한 것이 아니다. 그 자체가 하나의 규준이 되고 있는 것이다. 그리고 어떤 행위를 보고 옳다 혹은 그르다 할 때, 그 판단은 어떤 규범을 전제한다. 그것에 근거해서 내려진 것이 아니고 그 판단 자체가 하나의 규범으로 제시되는 것이다. 그러므로 윤리적 진술, 발언 혹은 판단을 단순한 주관적 감정의 표현이 아니라, 의지와 이성의 통제를 받는 일종의 처방이라고 본다. 그래도 그 처방은 근본적으로 객관성을 갖추지 못하고 있다. 따라서 윤리적 처방주의도 결국 일종의 주관주의라는 비난을 벗어날 수 없다. 요컨대 '윤리 정감주의'나 '윤리 처방주의'는 다 같이 윤리적 경험을 만족스럽게 설명하지 못한다. 모든 평가, 판단에는 논리적으로 반드시 어떤 규범을 전제하기 마련이다. 이것이 박이문의 논점이다.

그는 마지막으로 '윤리적 경험의 현상학'을 거론한다. 적어도 어떠한 지각으로도 인식될 수 없는 윤리적 가치, 혹은 윤리성의 본질은 오로지 현상학적 방법에 의해서만 밝혀지고 이해될 수 있을 것이라고 생각한다. 왜냐하면 윤리적 가치는 지각되지 않더라도 인간이면 누구나가 항상 경험하고 있는 것이기 때문이다. (EC 39 이하) 이와 같이 볼 때 옳은 삶을 산다는 것은 객관적으로 옳은 삶에 맞추어 산다는 것이다. 옳은 행위는 객관적으로 옳은 행위에 맞게 행동한다는 것이다. 한 마디로 윤리적 가치나 도덕적 행위의 옳고 그름은 궁극적으로 볼 때 어떤 의미에서도 상대적일 수 없고 객관적이고, 절대적인 것이다. (EC 44) 윤리적 가치나 도덕적 경험의 특수성, 즉 본질은 현상학적으로만 접근되고 서술될 수 있다. 현상학적인 서술대상은 아무것으로도 환원될 수 없는 윤리적 가치의 본질에 있으며, 그 본질은 윤리적 행위자나 논리적 행위의 결과와도 독립된 절대적 객관성을 지니고 있다. (EC 45) 즉 윤리적 경험의 현상학은 윤리적 가치가 사람, 사회, 사람이나 사회의 기호나 태도에 달려 있지 않음을 드러낸다. (EC 52)

그러나 모순되는 직관이 논리적으로 언제나 있을 수 있고, 실제로 언제나 있어 왔다는 사실은 직관이 무한한 역행적 논리를 따라 멈추지 않고 증명해 나갈 필요가 있음을 보여준다. 이와 같은 사실은 어떠한 직관도 궁극적으로는 절대적인 권위를 가질 수 없다. 따라서 진리의 근거가 되어 그것을 결정하는 규준으로 사용될 수 없음을 입증한다. (EC 58) 진리의 문제는 무엇보다 먼저 객관적인 인식 대상으로서의 존재를 밝히는 문제이다. 실용론은 정합론 (Coherence Theory)과 마찬가지로 그러한 존재 자체에 초점을 두기보다는 인식자의 의식이나 용도에 초점을 두고 있다. (EC 62 이하)

요약하자면, 박이문에 의하면, 윤리 이론이 윤리 현상을 설명하고 밝힐 경우, 윤리정감주의, 처방주의, 윤리상대주의 등은 그것의 객관성을 설명하지 못한다는 것이다. 이 점에서 이들은 만족스러운 윤리 이론이라고 할 수 없다고 판단한다. 이런 문제의식을 배경으로 새로운 도덕철학으로 '자비의 윤리학'이 태동된 것이다.

'자비의 윤리학'의 근본 테제

박이문은 도덕철학의 기초를 마련하기 위해 '자비의 윤리학'을 제안한다. 그는 윤리적 규범을 정립하는 데 있어서 중요한 네 가지 덕성을 제시한다. 즉, 윤리적 선택에 가장 중요한 것은 지적 명석성, 인격적 진정성, 타자, 모든 생명체와 그것들의 고통에 대한 따뜻한 심정, 그리고 자신의 행동의 결과에 대한 책임감이다. (EC 272)

그는 '박애의 윤리'나 '인의 윤리'에 앞서 '자비의 윤리'를 주장한다. 새로운 윤리철학으로 시도하는 '자비의 윤리학'의 다섯 가지 주장들은 다음과 같다. 첫째, 윤리적 감성주의, 윤리적 상대주의를 반대하며 윤리적 가치의 객관성을 주장한다. 둘째, 윤리적 가치의 객관성에도 불구하고 윤리적 가치는 객관적으로 알 수 없다. 따라서 우리는 항상 궁극적으로 윤리적 가치를 선택해야만 한다. 셋째, 한 사람이나 그의 행동에 대한 윤리적 평가는 결코 독단적일 수 없다. 넷째, 내가 윤리적 선택을 할 때나, 내가 남을 윤리적으로 평가를 해야 할 때 윤리적으로 가장 중요한 것은 자비의 덕을 가져야 한다. 다섯째, 인류 중심의 윤

리에서 탈피해서 모든 존재가 윤리공동체에 포함되어야 한다. (EC 22 이하)

'자비의 윤리학'의 핵심 키워드는 '자비'이다. 타자의 고통을 의식하고 함께 괴로워하는 마음의 자세인 자비는 불교에서 가장 중요한 개념이다. 타자들의 아픔과 기쁨에 대한 마음의 자세, 즉 심성을 윤리적인 자세라고 한다. 그렇다면 타자들의 고통에 대한 의식을 강조한 불교의 윤리적 자세를 '자비'라고 부를 수 있다. 이와 같이 자비는 불교에서 가장 기본적인 윤리적 가치, 가장 귀중한 심성, 즉 덕이다. 자비는 우선 나 자신만도 아니고 자기 중심적도 아니고 타자들과 함께 느끼는 마음씨다. (EC 187)

'자비의 윤리학'은 싱어(P. Singer)의 '동물해방'과 관련된 생명윤리학과 그 맥을 같이하고 있음을 확인할 수 있다. 싱어의 윤리학은 '생물 중심주의(Biocentrism)' 내지 탈윤리 중심주의 윤리학이라 칭해진다. 위와 같은 모든 동물의 생존 조건이 사실이라면 모든 동물도 모든 인간과 마찬가지로 마땅히 윤리공동체에 소속되어야 한다는 것이다. 이와 같은 논리에 따라, 싱어는 윤리공동체를 인간 사회로부터 인간 이외의 모든 동물 사회로 확장시켜야 한다고 주장한다. 그는 지금까지의 윤리는 인류 중심적이었다고 말한다. 그러한 윤리학은 '종주의(Specism)'라고 칭하며, 인류 중심적 관점을 초월한 동물 중심적 윤리학을 '생물 중심주의'라고 부른다. 위와 같이 설명되는 싱어의 탈인류 중심주의 논증은 반박될 수 없는 설득력을 지니고 있다. 그러나 자신의 윤리학을 생물 중심주의라고 말하고 있지만 사실인즉 그것은 '동물 중심주의(Animocentrism)'라고 불러야 적절하다. 왜냐하면 싱어의 윤리학에서 볼 때 윤리적 고려의 대상, 즉 윤리적 객체는 모든 생물을 포함하지 않고 동물이라는 범주에 속하는 것뿐이다. 그래서 싱어는 인류 중심주의를 벗어날 것을 강력히 역설한다. (EC 205)

싱어의 생각에 따르면, 어떤 생명체에 필연적으로 따르는 어떤 필요성 때문에 반드시 생기기 마련인 고통이 윤리적 의식의 근원이 된다는 것이다. 어떤 필요성을 느끼고 그에 따라 육체적 혹은 심리적 고통을 받는 어떤 동물이 존재하지 않는다면 윤리도덕의 문제는 생기지도 않고 이해될 수도 없다는 것이다. 삶은 고통이요, 삶의 고통에 대한 의식과 그 의식에 따른 태도와 행동은 윤리적 문제의 출발점이며 또한 종점이다. 이런 점에서 박이문에 의하면, 싱어의 공리주의와 무신론의 관점에서 선 생명윤리학은 불교적 '자비의 윤리학'과 근본적으로 같다고 본다. (EC 204) 다시 말해 싱어의 동물 중심주의적 윤리학은 불교가 주장하고 있는 윤리관과 일치한다는 것이다.

인류 중심주의적 윤리학이 동물 중심적 윤리학으로 지향되고 극복되어야 하는 이유는 다음과 같다. 하나의 종으로서의 인류는 역시 또 하나의 종으로서의 다른 동물과 근본적으로 구별될 수 없다. 그들은 다 같이 살아가야 하고 그래서 고통스러움이 따른다는 데 있다. 이런 근거에서 동물 아닌 다른 존재들은 윤리적 공동체에서 제외된다. (EC 208) '자비의 윤리학'은 그 자비심이 모든 것들에게 양적으로 똑같이 분배된다고는 말하지 않는다. 오히려 그 자비심은 각기 대상에 따라서 차별적으로 분배되어야 도덕적으로 옳다고 본다. 우리가 할 수 있는 일은 각기 구체적인 윤리적 상황에서 최대·최고의 지력을 동원하여 그때그때 가장 옳다고 판단되는 행위를 선택하고 그 선택을 자비심에서 우러나는 실천적 행동으로 옮기는 것뿐이다. (EC 219 이하)

박이문은 윤리적 가치를 행위와 규범을 다루는 '원칙의 윤리'와 인간의 인격, 심성을 다루는 '덕의 윤리'로 나눈다. 그리고 전자보다 후자가 더 중요함을 강조한다. 후자는 다음의 질문들을 다룬다. 어떤 삶이 좋은 삶인가? 어떻게 덕을 성취할 수 있는가? 어떻게 하면 좋은 삶을 살아갈 수 있는가?

어떤 윤리적 원칙이 옳은가를 따지기에 앞서, 예를 들어 정직한 사람, 착한 사람, 관용성 있는 사람이 되는 것이 더욱 중요한 것이다. 착한 사람으로서, 정직한 사람으로서, 관용성 있는 사람으로서 행동할 때 우리의 행위는 윤리적으로 가장 옳은, 즉 객관적으로 참된 행위가 될 가능성이 커진다. 옳고 그른 것을 절대적으로 판단할 수 없는 이상, 그 판단의 잘못은 우리가 착하고 정직하고 성실한 태도로 행동을 결정한 후에, 그 결과를 기다려 평가될 수밖에 없는 것이다. (EC 160)

'자비의 윤리학'은 다음과 같이 요약될 수 있다. 첫째, 도덕적 삶은 인간으로서의 삶을 의미한다. 도덕적 테두리를 벗어난 삶은 인간의 삶이 아니라 동물의 삶임을 전제한다. 인간적인 삶이 도덕적인 것은 인간의 자의적인 결정에 매여 있지 않고 인간을 초월한 형이상학적 질서에 기인한다.

둘째, 자비의 윤리학은 도덕적 행위의 옳고 그름의 객관성을 믿는다. 도덕적 행위의 옳고 그름은 인간이 만들어낸 어떤 규범이나 원칙에 매여 있지 않고 객관적인 형이상학적 질서를 의미한다. 어떠한 경우에도 하나의 구체적인 도덕적 행위에 대해서는 반드시 객관적으로 옳거나 아니면 잘못된 판단이 가능하다. 구체적인 어떤 상황에서 도덕적으로 할 수 있는 여러 가지 행위 가운데에 객관적으로 옳은 어떤 하나만의 행동이 반드시 존재한다는 말이다. 셋째, 어떤 구체적인 도덕적 행위의 선택을 해야 하는 상황에서 어떤 행동이 정말 객관적으로 옳은 것인가를 절대적으로 확신할 사람은 아무도 없다. 인간은 예외 없이 도덕적 진리를 절대적으로 확신 있게 인식할 수 없다. 인간이 아무리 유일하고 고귀한 동물일지라도 유한한 존재이기 때문이다.

넷째, 모든 인간은 아무리 선의를 갖고 있을지라도 도덕적으로 그릇된 행동을 할 가능성이 많다. 도덕적으로 옳지 못한 삶을 살고 형이상학적 질서 속에서 영원히 끝을 맺게 될 확률이 크다. 따라서 모든 사람은 영원히 나쁜 삶을 살아야 하는 불행과 고통을 가지게 될 운명에 처해 있다.

다섯째, 도덕적 진리와 인간의 조건에 비추어볼 때 나 자신에 대해서뿐만 아니라, 다른 사람들에 대해서도 취할 가장 근본적인 태도는 자비로운 태도여야 한다고 믿는다. 인간은 영원히 도덕적으로 고통스러운 상황에 놓여 있거나 놓여 있을 가능성이 많기 때문이다. 궁극적으로 도덕적 행위가 결단의 문제이긴 하지만, 그 결단이 어떤 것이든 간에 자비로운 마음씨에 바탕을 두어야 한다. 그 결단이 객관적으로 잘못되어 고통을 받아야 할 때 그 잘못된 행위와 고통은 또다시 자비로운 마음에 의해서 용서되고 수용되어야 한다. (EC 193~194)

윤리적 실재론

박이문의 '자비의 윤리학'은 '윤리적 실재론(Ethical Realism)'을 표방한다. '윤리적 가치의 존재학'과 연계하여 윤리적 실재론이 제시된다. 윤리적 가치를 객관적인 것이라고 간주할 때, 그리고 그 객관성은 존재를 의미한다. 그러면 윤리적 가치는 어떤 종류의 존재인가? 그러한 가치는 어떠한 방식으로 존재하는가? 이런 물음을 탐구하는 것이 윤리적 가치의 존재학에 해당한다. (EC 48) 윤리학에서 윤리적 가치를 객관적으로 존재한다고 보는 입장을 윤리적 실재주의, 즉 리얼리즘이라 부르고, 그것을 부정하는 입장을 윤리적 반실재주의(Antirealism)라고 부른다. 후자의 입장을 취하는 것이 최근 많은 철학자들의 경향이지만 박이문은 여기에서 명백하고 강경하게 '윤리적 실재론'을 주장하고 있다. (EC 52)

윤리적 실재론은 윤리적 인지주의(Cognitivism)로 통하고, 반면 윤리적 반실재주의는 윤리적 반인지주의로 연결된다. 윤리적 가치가 객관적인 존재라면 그것은 반드시 인식의 대상이다. 윤리적인 문제는 반드시 행동에서 정착되고 열매를 맺는다. 그러나 윤리적 가치가 객관적으로 존재하는 인식의 대상인 이상, 윤리적 행동에 앞서 윤리적 진리가 발견되어야 한다. 따라서 행동에 인식이 전제되어야 한다. 플라톤이 '알고서도 윤리적으로 잘못 행동하는 이는 아무도 없다'라고 말했을 때 그는 윤리적 가치의 객관적 존재를 인정한 것이다. 이는 윤리적 가치가 인식의 대상임을 전제한 것이고 윤리에 있어서 행동

과 인식과의 관계를 말해준 것이다. (EC 53)

여기에서 윤리 현상이 객관적이라는 것은 도덕적인 의견의 불일치가 생길 때 실제로 존재하는 것이다. 그리고 도덕 판단은 인지주의적이고 도덕적 가치는 실재하며, 우리로부터 독립해서 존재할 수 있음을 나타낸다. 즉, 윤리적으로 옳은 선한 삶이란 객관적으로 존재하는 것이다. 즉 내가 그대로 행동하든지 안 하든지 간에, 내가 꼭 해야만 했을 윤리적으로 옳은 행동, 즉 선은 객관적으로 존재한다. (EC 145)

윤리적 실재론은 논리적 실증주의 내지 인식상대주의와 다르다. 그의 윤리학적 주장은 그 가치의 객관성을 전제로 하고 있으며, 그 가치의 객관성을 밝히는 데 있다. 이런 주장의 초점은 그러한 객관적 가치의 존재양식 때문에 그 가치를 인식함에 있어서 인식의 절대적 확실성이 결코 보장될 수 없다는 데 있다. 윤리적 가치나 도덕적 판단의 선과 악, 옳음과 그릇됨은 하나의 가치이다. 하나의 선이나 악으로서, 하나의 옳은 것이거나 그릇된 것으로서 마치 산, 사람, 책상, 세균, 돌, 코끼리가 존재한다. 이와 같이 객관적으로 우리가 그것을 인식 여부와는 전혀 관계없이 존재하는 것으로 볼 수밖에 없다는 결론이 나온다. 여기에서 가치에 대한, 그리고 특히 윤리적 가치에 대한 해석은 정감주의를 주장하는 논리실증주의와는 다르다. 더 나아가서 최근 철학적으로 지배적인 영향을 미치고 있는 윤리상대주의를 포함한 인식 상대주의와도 전혀 다르다. (EC 47 이하)

박이문은 윤리적 실재론을 통해 윤리적 주관주의 및 상대주의를 비판하고, 윤리적 객관주의와 현상학을 지지한다. 선과 악은 도대체 어떤 것인가? 많은 철학자들이 생각해왔던 바와 같이 선과 악은 주관적이거나 아니면 상대적인 것인가? 만일 그렇다면 윤리적 문제는 사라진다. 그러나 윤리적 경험의 현상학에서 본 바와 같이 우리의 윤리적 경험은 윤리적 선과 악이 객관적임을 전제하지 않고서는 설명되지 않는다. 우리의 윤리적 경험이 가장 자명한 경험 중의 하나인 이상, 윤리적 선과 악이 객관적이어야 한다는 결론은 회피할 수 없다. (EC 136 이하) 따라서 윤리적 실재론은 다음의 주장을 담고 있다. 이를테면, 윤리적으로 좋은 나의 삶은 내가 싫어하든 좋아하든 객관적으로 좋은 삶이다. 도덕적으로 나쁜 나의 행위는 내가 원했든 원하지 않았든 객관적으로 나쁜 것이다. 윤리 도덕적으로 선은 언제나 선이며, 악은 언제나 악이다. 한마디로 말해서 윤리 도덕적 관점에서 가치를 뜻하는 선과 악은 객관적이다. 칸트의 표현을 빌리자면, 이런 선과 악은 무조건적, 즉 절대적인 선이요, 절대적인 악이다. 내가 그대로 살든 살지 않든 간에 내가 꼭 살아야 했을 윤리적으로 옳은 선한 삶은 객관적으로 존재하는 것이다. 내가 그대로 행동하는가의 여부에 관계없이, 내가 꼭 해야만 했을 윤리적으로 옳은 행동, 즉 선은 객관적으로 존재한다. (EC 145)

박이문의 '윤리적 실재론'은 다음과 같이 정리될 수 있다. 첫째, 우리 모두의 윤리 도덕적 경험은 도덕적으로 옳고 그릇된 것, 즉 도덕적 진리가 도덕적 주체자의 생각과는 상관없이 객관적으로 존재함을 전제한다. 둘째, 그러나 인간의 유한성 때문에 아무도 그러한 도덕적 진리를 확신할 수 없으므로 우리의 선한 의도에도 불구하고 누구나 도덕적 과오를 범하고 윤리적으로 나쁜 삶을 살아갈 가능성을 갖고 있다. 셋째, 윤리적 삶을 위해서는 도덕적 규범에 앞서 덕성을 개발해야 한다. 넷째, 모든 존재는 형이상학적 차원에서 구성원자로 분리 분해될 수 없다. 모든 존재의 다양성은 '단 하나'로서의 '전체'의 다양한 측면에 지나지 않는다. 다섯째, 모든 인간은 싫건 좋건 윤리도덕적일 수밖에 없다. (머리말 3)

'자비의 윤리학'의 의의 및 문제점

첫째, 자비의 윤리학은 생태 중심 윤리학을 지향한다는 점이다. 윤리공동체는 인간에서 동물로, 동물에서 식물로, 식물에서 그 밖의 모든 사물들, 즉 이른바 '자연' 전체로 확대되어야 한다. 이러한 관점에 서 있는 윤리학은 인류 중심 윤리학은 물론 동물 중심 윤리학이나 생물 중심 윤리학과도 구별해서 '생태 중심 윤리학(Ecocentrism)'이라는 말로 적절히 이름 붙일 수 있을 것이다. 생태 중심 윤리학은 모든 개개의 존재가 그것이 어떤 것이든 간에 '단 하나'로서의 '존재 전체'의 분리할 수 없는 일부, 아니 한 측면에 지나지 않음을 전제한다. 그리하여 이 윤리학의 입장에서는 윤리공동체는 특별한 공동체가 아니다. 그것은 자연 전체, 더욱이 존재 전체와 일치하고 동일하다. 윤리학으로 '자비'의 심성이 가장 중요하다면, 그 자비심은 사람뿐만 아니라 동물과 식물, 그리고 무생물에게도 미쳐야 한다는 것이다. 자비심이 나 아닌 다른 존재의 아픔을 함께 느낀 마음씨라면 우리는 사람, 동물, 식물만의 아픔뿐만 아니라 무생물의 아픔도 함께 느껴야 한다. (EC 213)

둘째, 자비의 윤리학은 윤리적 문제에 대한 관용의 태도를 장려한다. 윤리적으로 옳고 그름은 우리의 생각과는 따로 떨어져서 객관적으로 존재하고 있다. 그럼에도 불구하고 옳고 그름의 평가가 우리의 인식능력, 우리의 판단과 결정에 달려 있을 수밖에 없다. 그러므로 윤리적 문제, 곧 구체적으로 우리가 취할 수 있는 행동의 문제는 결국 형이상학적 차원에서 존재하는 객관적 진리가 아니다. 그것은 우리의 능력, 우리의 태도의 문제에 귀착된다. 이런 윤리적 상황에서 가장 중요한 것은 관용의 태도이다. 모든 윤리적 상황은 우리에게 무엇보다도 관용할 것을 필연적으로 요청하게 된다. 우리가 구체적으로 필요로 하는 것은 남들을 관용할 수 있는 태도를 배우고 길러야 한다는 것이다. 이를 위해서는 각자가 그러한 태도를 실천할 수 있도록 스스로 인격적 수양

을 해야 할 것이다. (EC 167)

셋째, 자비의 윤리학은 덕의 윤리를 제안하면서 덕성을 강조한다. 어떤 윤리적 원칙이 옳은가를 논하기에 앞서, 예를 들어 정직한 사람, 착한 사람, 관용이 있는 사람이 되는 것이 더욱 중요하다. 자비의 윤리학은 행위를 평가하는 기준에 초점을 맞추는 원칙의 윤리보다는 인간의 심성에 초점을 맞추는 덕의 윤리에 관심을 기울이고 있다. 도덕적으로 옳은 행동을 언제나 할 수 있는 품성, 즉 자연스러운 힘 또는 몸에 지닌 가능성을 덕성이 중요하다. 윤리 도덕적 문제에 있어서 덕을 키우고 닦는 일은 어떤 상황에서 어떤 행위가 도덕적 규범 혹은 원칙에 맞는가를 결정하는 작업보다 더 중요하다. (EC 169) 그러나 인격자가 갖추어야 할 품성, 즉 덕성은 자연의 선물로서 인간에게 주어진 능력 혹은 가능성이 아니라, 인격적 주체자로서의 인간 스스로의 자율적 의지와 이성적 판단에 의해서만 개발될 수 있는 이성적 산물이다. (EC 171)

요컨대, 윤리 도덕적 관점에서 우리가 할 수 있는 유일한 일, 우리가 갖추어야 할 가장 중요한 것은 덕을 닦는 일이다. 나 이외의 모든 다른 사람들의 이해와 복지를 고려하는 데 중요하다고 생각되는 인격적 능력을 가려내는 일, 즉 나뿐만 아니라 모든 다른 사람들의 인격을 존중하는 데 가장 옳게 행동할 수 있다고 생각되는 어떤 인격적 품성을 도야하는 일이다.

위와 같은 근거에서 원칙의 도덕에 앞서 도덕적 행위자로서의 인격적 품성과 관련되는 '덕의 윤리'가 제안된다. (EC 171) 존재로서의 선이 아무리 중요하다 해도, 인간의 구체적인 윤리생활에서는 태도로서의 선이 더 중요하다. 왜냐하면 객관적으로 존재하는 선에 대한 우리의 지적 인식능력은 극히 한계가 있기 때문이다. 그리고 그런 선에 대한 우리의 믿음은 언제나 오류가 있을 수 있기 때문이다. (EC 150)

넷째, 자비의 윤리학은 가치의 문제와 진리 인식의 문제를 연결시키고, '메타 윤리론'을 지향한다. 가치인식의 주체와 객체라는 틀을 통해 볼 때, 가치

인식은 인식자의 관점을 떠날 수 없다. 가치를 인식하는 일은 발견이 아니라 선택/결단 내지 해석의 문제로 귀결된다. 여기에서는 규범 윤리학에 앞서서 윤리 그 자체의 본질이 문제시된다.

> 저자는 규범적 주장을 제기하기에 앞서 메타 윤리적인 문제인 도덕의 본질, 내가 왜 윤리적으로 살아야 하는가에 대한 의문에 답변을 제시하고자 한다. 여기에서 저자는 도덕의 객관성, 그리고 윤리적으로 살아야 할 필요성을 확보하기 위해 노력한다. 〔……〕 저자는 스스로 도덕적 삶을 살아야 한다고 생각하고 있고, 그러한 생각을 뒷받침하기 위해 메타 윤리적인 고민을 하고 있으며, 만약 도덕적인 삶을 산다는 것이 정당화될 수 있다면 구체적으로 어떤 도덕적 지침을 가지고 삶을 영위해야 하는가에 천착하고 있다.[198]

다음으로 '자비의 윤리학'의 문제점을 살펴보도록 하자. 첫째, 인격주의와 자연주의의 양립가능성의 문제를 거론할 수 있다. 인격으로서의 인간이 윤리적인 선택을 피할 수 없는 것은 인간의 존재론적 구조로부터 연유된다. 그러므로 '왜 내가 윤리 도덕적으로 살아야 하는가?' 의 물음에 대한 대답은 간단하다. 즉 내가 인격적 존재로서의 인간이기 때문이다. 다시 말해서 내가 윤리 도덕적으로 살아야 하는 이유는 전혀 다른 곳에 있지 않고, 내가 단순히 인격으로서의 인간이기 때문이다. 즉 그 이유는 내가 인간이라는 사실 자체 속에 내재하고 있기 때문이다. 인간이 윤리 도덕적으로 살아야 하는 이유는 윤리 도덕적으로 좋고 나쁜 삶, 혹은 올바르고 틀린 행위를 선택해야 하는 궁극적 이유는 인간이 본질적 구조가 형이상학적으로 그렇게 되어 있기 때문이다. (EC 112)

그렇다면 인격은 어떤 속성을 가진 존재로서 이해될 수 있는가? 도대체 '인

---

198) 김성한, 〈젊은 후학들에게 준 치열한 실존적 고민〉(서평, 박이문, 《자비 윤리학》, 2008), 278쪽.

격'이란 말은 무엇을 의미하는가? 일반적으로 인격이란 자주적 주체를 의미한다. 인간 외의 모든 사물 현상들은 엄격한 인과적 법칙에 따라 움직이지만 인간만이 오로지 인과적 법칙을 초월하여 자신의 행동을 결정할 수 있는 자유를 지니고 있는 것이다. 다른 모든 것이 오로지 대상으로서만 존재하는 데 반해 인간은 무엇보다도 먼저 주체로서 존재한다. 자유로운 주체인 인격으로서의 인간 스스로가 자신의 삶과 행위를 결정해야 한다. 따라서 자신이 선택한 행위와 삶에 스스로 책임을 져야 할 운명을 지니고 있다. 여기에서 인간 아닌 다른 존재에게서는 볼 수 없는 인간만의 고민과 불안이 생긴다.

인간 아닌 모든 존재의 의미 혹은 가치는 인간의 관점에서 볼 때 오로지 인간의 자유로운 결정에 의해 생긴다. 자유로운 주체로서의 인간의 결정을 떠나서 인간 이외에 모든 것들의 가치는 이해될 수 없다. 이런 의미에서 인격으로서의 인간은 그 자체가 가치의 원천이요, 그 자체가 가치이다. 오직 인간만이 내재적 가치를 갖고 있다고 볼 수 있다. 따라서 인격으로서의 인간은 신을 제외한 모든 것 가운데서 유일한 존재이며, 유일한 존엄성을 지니고 있다. 자유롭고, 존엄성을 가진 인격으로서의 인간, 즉 주체로서의 인간과 그의 행동은 그냥 평가되는 것이 아니고 심판을 받게 된다. 심판의 대상이 된다는 것은 주체성과 존엄성을 인정받는다는 뜻이 된다.(EC 131 이하) 즉 인격으로서의 인간은 그 자체가 가치의 원천이요, 그 자체가 가치다.

박이문은 인간만이 윤리의 객체가 된다는 인간 중심적 윤리학에 반기를 든다. 윤리적 객체 는 윤리적 주체의 행위가 적용되는 범위에 드는 대상으로서 고통을 체험하는 것이라면 유아나 정신병자뿐만 아니라, 동물들, 식물들도 윤리적 객체가 된다고 주장한다. 그러나 이런 입장에는 몇 가지 질문들이 생긴다. 즉 어떤 이가 윤리적 객체이기 위하여 고통을 느낄 수 있는가? 또한 동식물이 고통을 갖는다는 것은 무엇인가? 인간의 고통의 경우 여러 가지 의미에서 인지적인 것이다. 동식물에게 고통의 능력을 부여할 수는 있지만 이것은 인간의 고통과는 질적으로 다르다. 동식물의 고통은 단순히 자연적일 뿐이다. 고로 여기에는 가치의 방향도 우선순위도 설정될 수 없다.[199] 이런 비판은 정당하다고 여겨진다.

둘째, 불교의 자비 개념의 새로움은 무엇인가? 기본적이고 절대적인 덕으로 기독교의 박애, 유교의 인, 불교의 자비를 제시한다. 이것들은 유사하지만 불교의 자비가 더 우월하다고 본다. 우리가 갖추어야 할 가장 중요한 덕, 즉 우리가 윤리적으로 가져야 할 마음씨, 심성은 박애도 아니고 인도 아니고, 그것은 자비다. (EC 187) 여기에서 박애는 궁극적인 기준이 될 수 없다고 간주한다. 그 이유는 그것이 보편적인 기준이므로 현실 속에 부딪히는 도덕적 갈등을 해결해 줄 수 없는 사실상 실행이 불가능한 덕이라고 본다. 그러나 자비의 개념과 박애 내지 사랑의 개념은 과연 다른 것인가? 매킨타이어도 자신의 저서 《이성적 동물》에서 아퀴나스(T. Aquinas)의 《자비(Misercordia)》가 사회적 존재인 인간의 본질을 규정하는 데 중요한 덕으로 제시되고 있다고 강조한다. (EC 290 이하) 이와 같이 '자비'는 '사랑'과 함께 대표적인 기독교적 용어이다. 성경에 의하면, 하나님이야말로 '대자대비하신 분'이다. '사랑'과 '자비'는 동의어라 해도 과언이 아니다. 굳이 차이를 말하자면, 사랑이 있기에 자비를 행한다고 말할 수 있다. 성경의 자비에는 '아픔'이 핵심이다. 후덕한 인심으로 적선해주는 것이 아니라, 불행한 상황에 처한 사람을 보고 마음이 깨지는 아픔을 겪는 것이 먼저이며 중심이다. 구약성경의 언어인 히브리어에서 '자비'를 뜻하는 말 '라하밈(rachamim)'은 여자의 '자궁'을 뜻하는 말에서 나왔다. 자비란 어머니가 자식에게 갖는 마음과 관계가 있다는 뜻이다. 신약성경의 언어인 헬라어에서 '자비'를 뜻하는 단어 '엘레오스(eleos)'는 어려움에 빠진 사람에 대한 긍휼한 마음을 가리킨다. '자비' 혹은 '긍휼'을 뜻하는 또 다른 헬라

---

199) 정대현, 〈고통에 근거한 생명 공동체의 윤리학〉(서평, 박이문, 《자비 윤리학 – 도덕철학의 근본문제》, 철학과현실사, 2008), 297~298쪽.

어는 '내장'을 가리킨다. 다른 사람의 아픔을 보고 창자가 꼬이는 것 같은 아픔을 느끼는 것이 긍휼이고 자비이다.

영어의 '컴패션(Compassion)'이라는 단어는 라틴어 '함께(Com)'라는 말과 '아파하다(Passio)'라는 말이 합쳐져서 만들어졌다. 한자의 '자비(慈悲)'에는 마음 심(心) 자가 두 개나 들어 있고, '비'는 '슬픔'을 뜻한다. 영어와 한자가 모두 성서 언어와 일맥상통한다고 할 수 있다. 이상에서 보듯, 기독교의 자비의 핵심은 아파하는 것이다. 마음이 깨어지는 것이다. 그것이 신의 자비이다. 자비 혹은 긍휼과 비슷하지만 조금 다른 말로 '동정(同情, Sympathy)'이라는 말이 있다. 한자로 느낄 정자를 사용하고 있다. 동정은 아파할 정도는 아니고, 느끼는 정도이다. 영어 'Sympathy'도 역시 '곁에서 느낀다'는 뜻이다. 반면, 자비 혹은 긍휼은 느끼는 것에서 끝나지 않고 아파하는 정도까지 가는 것이다. 곁에 서서 느끼는 것이 아니라, 함께 부둥켜안고 우는 것이다. 다른 사람의 불행을 보고 마음이 깨어지는 것은 고통스러운 일이다. 그래서 우리의 마음에는 그런 상황을 회피하려는 경향이 있다. 혹은 값싼 동정으로 상황을 모면하려 한다. 하지만 신은 인간의 불행을 보고 마음이 깨어지는 아픔을 기꺼이 감당한다. 그래서 신이야말로 대자대비하다고 말하는 것이다. 우리는 상대에게 진정으로 도움을 주거나 상대의 고통을 줄여주는 것을 박애라고 정의할 수 있는 가능성이 남아 있다.

그리고 우리는 모든 사람을 액면 그대로 동등하게 대우하는 것이 아니라 고통의 양이나 상황에 따라 대우를 달리하는 것이 박애라고 이해한다. 동일한 고통을 동일하게 취급한다는 의미로 박애를 받아들인다면, 박이문의 생각과는 달리 실천 불가능한 지침이 아닐 수 있다.[200] 이런 점에서 그는 박애의 개념을 너무 외재적으로 평가하는 데 머무르고 있는 셈이다. 그리고 그가 주

---

200) 김성한, 앞의 서평, 285쪽.

장하는 자비의 덕이 이성의 기권 혹은 포기가 아니라, 오히려 각 개별자의 특수성을 이해하려는 이성의 노력, 즉 구체적인 정치와 사회에 대한 관심과 비판 인식을 전제하는 것이 요청됨을 지적한다. 동시에 자비의 덕이 공동체를 구현하기 위한 출발점으로서, 또 공동체를 유지하기 위한 덕으로 중요하지만 윤리적인 공동체를 실현하기 위해서는 선에 대한 적극적인 논의가 필요하다.[201]

또한 자비는 사실상 특별한 것이 아니고 공리주의의 도덕 원리의 내면화로 볼 수 있다는 것이다. 박이문의 자비란 '남들의 고통을 남들과 함께 느끼는 마음씨'로 규정된다. 그리고 자비의 마음의 표현이란 남의 고통을 조금이라도 덜어주겠다고 생각할 경우 두 행동 중 어느 쪽이 그러한 결과를 낳겠는가를 계산하는 것이라고 한다.

> 하지만 공리주의가 고통에 관심을 가지며, 이에 대한 계산을 핵심으로 하는 원리라는 점, 결과를 중요시하지만 동기 또한 중요하게 생각한다는 점, 자칫 다른 사람들에게 피해를 줄 가능성이 있다는 이유로 적극적으로 행복을 주기 위해 노력하려 하기보다는 고통 제거를 우선적으로 생각하는 경향이 있다는 점, 품성은 결국 행위가 쌓여서 형성된다는 측면에서 보았을 때 저자가 말하는 자비의 윤리는 사실상 공리주의의 도덕 원리를 내면화한 것이라고 생각해볼 수 있는 듯하다.[202]

더 나아가 자비를 궁극적인 기준으로 파악할 경우 다른 도덕이론이나 덕목에 대해 관용의 여지가 없는 절대주의적 입장이 배태된다. 이것은 자비와 관용의 딜레마를 만들어낼 수 있다는 지적에 공감할 수 있다.

---

201) 김성한, 앞의 서평, 292~293쪽.
202) 김성한, 앞의 서평, 284쪽.

다른 모든 덕들은 자비라는 덕에 비추어서 덕으로서의 가치를 인정받게 될 텐데, 그러한 기준에 부합되지 못한 덕들은 덕으로서의 가치를 인정받지 못하여 폐기되어야 할 것처럼 보이기 때문이다. 거꾸로 관용을 강조할 경우 자칫 자비는 궁극적인 기준이 되지 못할 수가 있다. 그 이유는 자비라는 기준에 부합되지 않는 다른 이론이나 덕목에 대해 자비가 관용을 베풀어야 하는데, 이렇게 될 경우 다른 이론이 자비 못지않은 위치를 차지할 수도 있기 때문이다. [203)

셋째, 박이문은 윤리적 실재주의를 표방하면서 윤리적 인지주의를 옹호한다. 단적으로 말해서 많은 사람들, 많은 철학자들이 생각하는 바와는 달리, 윤리적 가치는 마치 산이나 강아지, 돌이나 벌레, 핵이나 미생물이 존재하듯이 객관적으로 존재하며, 윤리적 가치의 존재는 마치 수학적 혹은 논리적 진리가 존재하듯이 관념적 존재로서 존재한다. 윤리학에서는 윤리적 가치를 객관적으로 존재한다고 보는 '윤리적 실재론'을 표방한다. 그러나 '윤리적 반실재론'이 최근 많은 철학자들의 경향이다. 과연 그가 주장하는 '윤리적 실재론'은 근거가 명확한가?

이상과 같이 생태 중심 윤리학을 지향하는 '자비의 윤리학'의 리듬은 '둥지철학'을 변주해주는 선행적 작업에 속한다.

---

203) 김성한, 앞의 서평, 286쪽 이하.

3. '생태 중심적 환경철학'의 하모니

위로의 왕국이냐 아래로의 암흑이냐,
인간은 이 둘 중 하나를 선택하여야 한다.
                                    - 박이문

앞에서 밝혔듯이, 박이문의 사유의 완성태는 '둥지의 철학'이다. 이는 선행적
으로 변주되어 나타난다. '심미적 예술철학'의 선율과 '자비의 윤리학'의 리듬
과 이와 함께 어우러진 '생태 중심적 환경철학'이 하모니로서 변주된다. 이제
환경철학의 화음을 경청해보도록 하자.

우리는 지금 어떠한 대가를 치르더라도 시급한 환경 문제에 대한 해결 방법
을 함께 모색해야 한다는 데 인식을 같이 한다. 그 이유는 환경 문제는 지금
까지 인류가 당면한 문제들 가운데 가장 근본적이고, 전 지구적이며, 심각한
문제가 있기 때문이다. 이와 같은 환경 문제에 직면하여 그 해결의 실천적 방
법들로서 일반적으로 네 가지 방법들이 제시되고 있다.

첫째, 신비주의적 세계관의 재수용, 둘째, 과학기술의 개발과 활용을 통한
과학기술적 해법, 셋째, 정치·사회적 개혁 등을 통한 제도적 해법, 넷째, 세계
관 및 가치관의 전환을 모색하는 철학적 해법이다.

박이문도 작금의 환경 위기의 심각성을 위와 같이 거론하면서, 철학적 응전
을 시도한다. 그는 세계관 및 가치관의 전환을 통한 환경의 위기 극복의 해법
을 지지한다고 할 수 있다. 왜냐하면 환경 위기의 근원을 추적하면서, 환경의

위기는 문명의 위기에서 왔고, 문명의 위기는 잘못된 세계관에서 유래했다고 평가하기 때문이다. 여기에서 그의 '생태 중심주의적 세계관'이 배태된다. 이것은 기존의 '인간 중심주의적 세계관'에 대한 대안으로 제시된 것이다.

> 인간 중심적 세계관을 대치할 수 있는 세계관, 즉 사실과 맞는 세계관은 무엇인가? 세계, 자연, 우주의 총체적 질서를 보는 세계관을 어떻게 서술할 수 있는가? 이런 물음에 대한 대답은 바로 '생태 중심주의적' 세계관이라는 말로 풀어나갈 수 있다. (EP 127 이하)

인간 중심주의적 세계관에서 인간 중심적 환경관이 배태되었다고 본다. 그리고 생태환경의 위기를 극복하기 위한 종래의 해법들을 비판하면서 '생태 중심적 세계관'에 바탕을 둔 환경철학을 모색한다. 가치론적 인간 중심주의라고 정의한 사상이 바로 환경과 생태계 위기의 원인이라고 진단한다. 현재 인류가 겪는 환경과 생태의 위기를 해결하는 근본적인 해결책은 이런 인간 중심적 가치론의 대안으로 자연과 생태를 중심에 두는 것뿐이다. (KE 254)

특히 서양의 전통적인 인간 중심주의에 근거한 일체의 인간관, 세계관, 가치관을 비판하고 동시에 신비주의에 토대를 둔 탈인간적 심층생태론 역시 비판의 대상이 되고 있다. 그 대신 '자연'과 '생태'를 중심에 둔 아시아적 철학에 깃든 자연주의적 세계관과 서양의 과학적 세계관에 대해서는 우호적인 입장을 취한다. 서양의 형이상학적 이원론을 대신하여 동양의 일원론 내지 전체론을 옹호한다. 특기할 만한 것은 동물을 윤리적 객체로 간주하면서 윤리적 공동체에 편입시키고 있다는 점이다. 그는 인간과 동물의 유적 차별성을 인정하지 않고, 생명체라는 큰 틀에서 그 연속성을 수용한다. 인간의 초월성보다는 동물성 내지 자연성에 더 방점을 둔다. 정신과 몸, 문화와 자연, 인간과 동물의 차이보다는 공통적 연관성 및 전일적 유대성에 초점을 맞추고 있다.

박이문은 '인간 중심적 환경'의 시각에서 '생명 중심적 생태계'의 시각으로의 전환을 촉구한다. 우리의 관점이 인간 중심적 사고에서 생명 중심적 사고로 바뀔 때 '환경'은 '생태계'의 테두리 안에서 비로소 참된 의미를 갖는다고 본다. 이런 시각의 전환은 인간과 그 밖의 모든 종의 생명이 서로 단절된 것이 아니라, 서로 끊을 수 없는 고리로 연결되어 있음을 주장하는 진화론으로 뒷받침된다고 믿는다. '환경'의 개념을 '생태계'의 개념을 빌리지 않고서는 만족스럽게 이해할 수 없다면, '생태계'의 개념은 좀더 포괄적 개념인 '자연'의 개념에 비추어보아야 하기 때문이다. [204]

박이문은 환경의 위기 문제에 접근한 기존의 철학적 응전들이 만족스럽지 못하다고 여긴다. 그리하여 '생태환경의 위기'에 대한 철학적 응전을 동양적 세계관의 시각에서 새롭게 시도하려 한다. 먼저 그가 새롭게 제시하는 생태 중심적 환경철학의 기원과 문제의식을 살펴보도록 하자.

'생태 중심적 환경철학'의 기원과 문제의식

박이문의 환경철학을 살펴볼 수 있는 저작들을 살펴보자. 《문명의 미래와 생태학적 세계관》(1997), 《더불어 사는 인간과 자연》(2001), 《환경철학》(2003), 《예술과 생태》(2010) 및 당해 논문들[205]을 열거할 수 있다. 여기에서 박이문은 환경철학의 기초와 관련하여 인간 중심주의적 윤리를 비판하면서 생태 중심적 윤리를 제안하고자 한다. 이것은 인간 중심주의(Anthropocenterism) 개념에 대한 비판적 분석을 기초로 한다. 이로써 '형이상

---

204) 박이문, 《문명의 미래와 생태학적 세계관》, 73쪽.

205) Ynhui Park, "Critique of Anthropocentrism", in: *Man, Language and poetry*, Seoul National University Press, 1999.

학적 이론으로서 인간 중심주의가 인간의 무조건적 자연 이용을 정당화할 수 없음'을 보여주려고 한다. 그는 생태학적 윤리의 새로운 기초를 세우려 한다. 이를 통해 인간 중심주의의 불합리성과 이른바 '심층생태학'의 지극히 단순화 된 생명 중심주의의 불합리성이 극복될 수 있을 것이라고 주장한다. [206)]

박이문은 우선 '인간 중심주의'의 불합리성을 비판한다. 인간을 자연 및 우주의 중심에 두는 서양의 전통적인 종교적, 형이상학적 인간관과 가치관을 총칭하는 인간 중심주의를 환경과 생태계 위기의 원인으로 진단한다. 그리고 이를 넘어서서 '자연'과 '생태'로의 전이를 요청한다.

> 이렇게 가치론적 인간 중심주의는 결과적으로 자신의 무례한 탐욕을 만족시키는 수단으로 자연을 착취하고자 하는 욕구에 불을 질렀고 문명과 진보라는 미명 하에 환경과 생태를 파괴해온 산업화를 정당화하는 구실을 해왔다. 그러므로 가치론적 인간 중심주의라고 정의한 사상이 바로 환경과 생태계 위기의 원인이라는 점이 분명해진다. (KE 254)

이렇게 서양철학을 관류하는 가치론적 인간 중심주의가 참된 것이라면, 조건 없는 자연지배와 도구적 이용은 정당화된다고 본다. 그러나 그것이 과연 참된 것인가? 참된 것이라면, 참됨의 근거는 무엇인가? 그것은 우주의 객관적 사실인가, 아니면 단순히 인간의 주관적 희망의 반영물에 불과한가? 이런 물음에 대해 그는 단호하게 부정적인 입장을 취한다. 즉 인간만이 유일한 주체이며, 유일한 가치라고 하는 가치론적 인간 중심주의! 그것은 더 이상 형이상학적인 객관적 사실이 아니라, 인간의 자의적인 결정이라고 할 수 있다. (WN 117)

인간 중심주의를 배태한 그러한 인간관은 서양의 사상사를 지배해온 기독

---

206) 박이문, 《더불어 사는 인간과 자연》, 미다스북스, 2001, 113쪽. (이하 약호 WN으로 표기)

교나 플라톤, 데카르트, 칸트, 그리고 사르트르로 이어지는 철학적, 신학적, 이원론적 형이상학에 의해 뒷받침되어왔다고 본다. (EP 145) 인간 중심주의 철학의 문제점은 유일한 윤리적 주체라는 점에서 오직 인간만이 우주와 자연의 중심에 있고, 인간만이 유일한 가치라는 주장에서 찾을 수 있다. 이런 점에서 그것은 윤리적 주체일 수 없는 유아나 정박아는 비록 생물학적으로는 인류라는 범주에 속하더라도 내재적 가치가 없고, 윤리적 배려의 대상에서 배제되어야 마땅하다고 여긴다. 그러나 이러한 결론은 가장 근본적이며 보편적 윤리적 직관에 배치된다. 어떠한 관점에서 보더라도 인간 중심주의의 철학적 근거는 존재하지 않거나, 존재하더라도 불충분하다는 것이 박이문의 논점이다. (EP 111 이하)

한걸음 더 나아가 동물도 윤리적 주체는 아니지만, 윤리적 객체로서 윤리공동체에 편입되어야 함을 역설한다. 인간 중심적 윤리는 인간 이외의 모든 동물을 윤리공동체 밖으로 제외시킴으로써 그들에게 윤리적 배려를 하지 않는다는 것이다. 이는 모든 동물들을 '자연'의 존재범주 속에 포함시켜서 '인간'이라는 존재론적 범주와 형이상학적으로 구별된다는 것을 전제하는 데 있다. 그러나 이러한 전제는 근거가 없는 의심스러운 픽션으로 볼 수 있다는 것이 박이문의 입론이다. 다시 말해 동물과 인간의 존재론적 구별은 근본적인 차원에서 볼 때 허구이다. 그런 구별은 겉으로 보기와는 달리, 인간이 자신에 의한 동물들의 지배와 도구화를 정당화하기 위해 상상해낸 하나의 형이상학적 이야기에 지나지 않는다. 인간과 동물 간에 형이상학적 차이가 없는 상황에서 윤리적 주체로서 존재할 수 없는 정박아, 심한 치매환자, 의식을 잃은 환자는 윤리공동체에 소속된다. 그렇다면 역시 윤리적 주체로 존재할 수 없다는 이유로 다른 동물들을 윤리공동체로부터 제외할 수는 없다. 왜냐하면 인간 이외의 동물들은 비록 윤리적 주체일 수 없더라도, 윤리적 객체로서는 당당하게 존재할 수 있기 때문이다. (EP 162 이하)

박이문은 기존의 가치론적 인간 중심주의, 존재론적 인간 중심주의, 인식론적 인간 중심주의를 다음과 같이 비판한다. 첫째, 가치론적 인간 중심주의에 의하면 인간은 원래가 궁극적이고 본래적인 가치를 지닌다. 가치론적 인간 중심주의는 '인간이 여타의 모든 다른 가치들의 원천이요 척도가 된다'는 신념을 전제한다. 싱어가 말한 바와 같이, 가치론적 인간 중심주의는 종교 철학사상의 역사를 관통하여 아주 기본적이고 설득력이 강한 주장이다. 유대-기독교, 칸트의 철학, 동양의 유교에서도 가치론적 인간 중심주의가 깃들어 있다고 간주한다. 이를 테면, 유대-기독교는 구약의 창세기에서 보이듯이 가치론적 인간 중심주의의 기반 위에 놓여 있다는 것이다. 왜냐하면 인간은 '신의 형상'으로서 창조의 정점에 서 있다고 보기 때문이다. 칸트에 의하면, "지성을 지니는 지구상의 유일한 존재로서 인간은 확실히 자격 있는 군주요, 자연을 목적론적 체계로 본다면 인간은 자연의 궁극적 목적으로서 태어난다"고 함으로써 인간 중심주의의 철학적 토대를 제공한다. 동아시아의 주도적인 철학사상인 유교도 역시 "인간만이 유일한 윤리적 존재인 한, 인간은 가장 고귀한 존재이다"라고 주장하고 있다는 면에서 가치론적 인간 중심주의가 된다. (WN 114 이하)

둘째, 존재론적 인간 중심주의는 인간이 우주의 중심적 위치를 점한다는 견해로 해석된다. 인간 중심성을 긍정하는 인간 중심주의는 또한 우주 속에서 인간 존재의 존재론적 유일성을 긍정한다. 우주 공간에서 중심은 오직 하나이기에, 인간만이 유일하다는 결론이 도출된다. (WN 117)

셋째, 인식론적 인간 중심주의는 인식의 중심을 인식 주체인 인간에게 둔다는 것을 뜻한다. 인식론적 실재론에 의하면, 인식의 진리는 세계를 있는 그대로 표상하는 것을 의미한다. 인식론적 관념론에 의하면, 세계의 표상은 우리가 이 세계를 보고 표상하는 방식에 따른 세계표상이라는 것이다. 인식관계의 중심을 인간에게 둔다는 것은 우리가 보고 표상하는 세계가 우리의 보는 방식과 표상하는 방식에 의존함을 뜻한다. '인식론적 인간 중심주의'는 인식

관념론적 상대주의 형식을 띤다. 서양의 주류 철학파, 즉 피타고라스학파, 칸트학파, 듀이학파, 굿맨, 쿤, 로티 류의 인식론과 진리설은 인식론적 인간 중심주의의 여러 예들이라고 볼 수 있다. 왜냐하면 인간에 의해 지각되지 않거나 언어적으로 표현되지 않는다면, 어떤 것도 존재한다고 확언할 수 없다고 보기 때문이다. (WN 120~121)

박이문은 일체의 인간 중심주의를 문제로 삼고 있다. 한편으로 가치론적 인간 중심주의도 존재론적 인간 중심주의도 참된 것으로 옹호될 수 없다. 다른 한편으로 인식론적 인간 중심주의는 단지 동어반복적일 뿐이요, 공허하기 짝이 없다고 평가한다. 그 이유는 어떤 의미로 해석하든지 간에 의의가 어느 정도 있다는 의미에서도 인간 중심주의는 증명될 수 없다는 것이다. (WN 122) 인간 중심적 가치관은 인간이 자신들의 자연지배와 착취를 정당화하기 위해 꾸며낸 허구로밖에는 볼 수 없다고 단언한다. (EP 140)

이런 맥락에서 박이문은 인간 중심적 인간관의 몇 가지 문제점들을 거론한다. 인간이라는 범주에 속하는 존재는 우주인 존재 전체, 즉 자연의 일부에 불과하다는 전제를 가지고 있다. 그러므로 인간과 자연의 대칭적 구별은 논리적으로 성립될 수 없다고 본다. 전통적인 서구의 인간관에서 인간의 몸을 인간의 본질에 고려해 넣지 않고 배제한 것은 잘못된 것으로 본다. 다윈의 진화론과 최근의 생명공학의 인간관에 의거하여 전통적인 인간의 우주에서 지니는 특권적인 위치, 즉 인간 외의 다른 모든 것들과 질적으로 다르게 구분하는 것은 근거가 없다고 여긴다. 이른바 인간을 정신적·영적 존재라는 형이상학적 규정을 근거 없는 픽션으로 치부한다. 마지막으로 인간과 자연을 범주적으로 구분하는 것을 비판한다. (EP 146~149)

박이문은 또한 '심층생태론'의 불합리성을 비판한다. 자신의 환경철학을 모색하는 과정에서 인간 중심주의에 대한 비판과 아울러 심층생태론의 입장을 비판한다. 그 핵심은 인간에게는 동물만이 아니라 식물까지 포함한 생명체에 대해서, 그리고 더 나아가서 모든 비생명체에 대해서도 동일한 배려를 해야 할 윤리적 의무가 있다고 주장하는 데 있다. (EP 165)

이제 박이문의 심층생태론 비판에 대한 두 가지 이유를 살펴보도록 하자. 첫째, 생명체가 아닌 그냥 물질에 대해서도 윤리적 배려를 해야 한다는 주장의 근거에 문제가 있다. 좁은 뜻으로서의 '자연'(존재 전체)을 구성하는 모든 존재들에는 한편으로는 쾌감과 아픔, 기쁨과 슬픔을 느낄 수 있는 감수성을 지닌 존재범주에 속하는 존재인 동물이 있다. 다른 한편으로는 그렇지 못한 무기물, 식물, 박테리아 같은 무감각적 존재범주에 속하는 것이 있다. 이들은 구별할 필요가 있다. (EP 166)

둘째, 모든 존재에 대한 동등한 윤리적 배려를 요구하는 심층생태주의는 윤리적 원칙으로 적용될 수 없다. 만약 모든 것에 평등한 윤리적 배려를 해야 한다면 윤리적 문제는 처음부터 제기되지 않는다. 왜냐하면 기계적으로 윤리적 배려가 분배될 수 있기 때문이다. 애초에 윤리적 문제가 생기는 것은 인간이 항상 윤리적 배려를 선택적으로 해야 하는 상황에 처하기 때문이다. 윤리적 행위에 있어서 가장 중요한 문제는 어떻게 윤리적 배려 대상들을 차별적으로 선택하느냐의 원칙을 알아내는 데 있다. 윤리적 배려는 필연적으로 차등적이다. 불가피하게 선택할 차등적 배려를 정당화할 수 있는 근거와 기준을 어떻게 찾아내느냐 하는 것이 윤리의 가장 중요한 문제이다. (EP 169) 이런 점에서 심층생태학은 윤리 문제에서 중요한 '차등의 원칙'을 고려하지 않은 나이브한 이론으로 간주할 수 있다는 것이다.

이런 문제의식에 박이문의 생태 중심적인 환경철학의 기원이 있다. 생태 중심주의에 따르면 한편으로는 인간이라는 한 생명체가 종으로서 생존하고 번영하는 것과, 다른 한편으로는 생태계 자체, 즉 지구상에서 생명체의 존속과 번영 중 양자택일이라는 윤리적 결단을 내려야 할 때, 후자를 선택해야 함을 뜻한다. 생태계의 보존과 인간의 집단적 자살이라는 두 개의 가능성 가운데 하나만을 선택해야 한다면, 인간의 집단적 자살이 윤리적으로 옳은 선택임을 뜻한다. (EP 141) 생태 중심주의가 주장하는 것은 인간만이 아니라, 모든 동물에 대해서도 윤리적 배려를 해야 한다는 것이다. 인간과 동물에 대해서 질적으로나 양적으로 동일한 배려를 해야 한다는 것은 결코 아니다. (EP 131)

요약하자면, 박이문은 환경윤리의식과 실천 없이는 우리가 처한 문명 위기를 극복할 수 없음을 다음과 같은 방식으로 주장한다. 현재 인류는 문명의 종말을 함축하는 '환경 위기'라는 역사적 도전을 받고 있다는 사실을 심각하게 받아들여야 한다는 것이다. '환경 위기'의 근원적 원인이 인간 중심주의, 즉 인간 이외의 다른 동물에 대한 윤리적 배려의 부재에서 비롯되었다고 본다. 그리고 환경윤리의 철학적 정초를 생태 중심적 세계관에서 찾고자 한다. 마지막으로 그러한 환경윤리에 바탕을 두지 않는 한, 환경 문제 해결이나 문명의 위기 극복 방법에 관한 모든 논의와 프로젝트는 근시안적인 임시처방이라는 경고를 한다. 이런 문제의식에 그의 생태 중심적 환결철학의 기원이 깃들어 있다.

'생태 중심적 환경철학'의 주요 개념

박이문은 환경철학의 중심적 과제를 자연, 환경, 환경윤리라는 기본 개념들을 명료화하는 것으로 설정하고, 그것에 대한 분석철학적 작업을 시도한다. (EP 27 이하) 그는 먼저 자연 개념을 다음과 같이 설명한다. 문화와 대별되는 서양의 전통적 자연 개념을 넘어서서 전일적 자연관을 지향한 동양적 자연관을 옹호한다. 자연은 가장 포괄적인 개념으로서 인간을 포함한 모든 존재를 총괄적으로 지칭한다.

서양의 이원론적 세계관과 인간 중심적 세계관에 바탕을 둔 자연관에서는 자연과 인간의 관계를 보는 관점에 따라 크게 두 가지 다른 입장에서 찾을 수 있다는 것이다. 첫째, 자연과 인간은 존재론적 측면에서나 실천적 측면에서 대립하는 존재라는 생각이다. 이 경우 자연과 인간은 형이상학적으로 전혀 성질이 다르며, 실천적 측면에서 서로 이해관계가 대립된다. 자연은 필연적으로 인간에게 위협의 근거이고 불안의 요소이며, 인간에 의한 정복과 지배 그리고 약탈의 대상이다. 이러한 자연관은 이원론적 형이상학과 인간 중심적 세계관을 함축하고 있다.[207]

둘째, 인간과 공존하는 자연관을 생각해볼 수 있다. 자연은 인간과 갈등하고 인간의 정복 대상으로서 존재하는 것이 아니라, 공존할 수 있다. 인간과 자연의 공존관계는 똑같은 자연환경에서 여러 동물과 여러 생명체가 각자 나름대로 공존할 수 있는 것과 마찬가지다. 그럼에도 불구하고 이러한 자연관 역시 자연과 인간의 존재론적 구별과 형이상학적 이원론을 전제한다. 이러한 자연관 속에서 인간은 아직도 자연 밖에 존재한다. 우주적 비전에 비추어 볼 때 환경이란 생태계의 한 측면을 지칭한다. 우주의 모든 현상은 단 하나의 동일한 존재, 즉 다양한 측면에 불과하다. 환경과 생태계, 그리고 자연의 구별이 형이상학적 근거를 갖지 않으며, 모든 것은 자연의 큰 테두리 안에서 볼 수 있는 것이다. 이것은 생태계로, 생태계가 자연으로 환원될 수 있다거나 자연이 물질이라는 개념으로 환원되어 이해될 수 있다는 말은 아니다. 전체로서 하나인 자연은 과학자가 아니라, 시인이 말하는 자연이다. 즉 철학자가 논하는 개념화된 자연이 아니라 종교인이 체험한 살아 있는 자연이다.[208]

박이문은 자연과 환경 개념을 구분하고 그것을 혼동해서는 안 된다는 것을 강조한다. 우선 그의 '자연' 개념을 살펴보자. 첫째, 자연은 인간 이외의 생명체의 총칭이다. 둘째, 자연은 생명체로서 기쁠 수도 있고 아플 수도 있다. 셋째, 자연은 나의 생존과 뗄 수 없는 인과적 관계 때문에 나의 공동체의 일부

---

207) 박이문, 《문명의 미래와 생태학적 세계관》, 73쪽 이하.
208) 박이문, 앞의 책, 77쪽.

구성원이다. 넷째, 자연은 나의 행복이나 불행의 기본적인 물리적 조건이다. 다섯째, 자연에 대한 나의 의도, 태도, 그리고 행위가 자연을 발전시켜주거나 아니면 파괴할 수 있다. 따라서 그것은 자연의 관점에서 보면 좋을 수도 있고 나쁠 수도 있다. (EP 42 이하)

총체적인 자연은 인간이 형이상학적 차원에서 구별할 수 있는 존재가 아니다. 인간은 자연질서의 한 측면을 나타낼 뿐이다. 이런 맥락에서 볼 때 자연과 인간의 '대립'이라는 개념과 '공존'이라는 개념도 논리적으로 불가능하다. 요컨대 '자연'은 우주 전체, 아니 존재 전체를 단 하나로 통합하여 지칭하는 개념이다. '자연'이라는 개념은 '생태계'라는 개념보다 더 포괄적인 개념이다. 이런 자연관은 오랫동안 동양을 지배해온 불교와 도교 등 동양사상의 밑바닥에 아득한 옛날부터 있어 왔다. 서양에서는 17세기 스피노자의 일원론적 형이상학에서도 찾아볼 수 있다.[209]

박이문은 자연 개념에 이어서 환경 개념을 다음과 같이 설명한다. '환경'이란 어떻게 개념 규정될 수 있는가? '환경'은 평가적 개념이라고 단언한다. '환경'은 가치중립적으로 존재하지 않는다. 그것은 반드시 어떤 기준에 따라 '좋다' 혹은 '나쁘다'라고 평가된 존재다.[210] 그리고 생명체를 떠난 환경은 존재하지 않는다. 환경은 언제나 한 생명체의 관점에서 본, 생존, 번식, 번영할 수 있는 자연적, 문화적, 물질적, 사회적 조건들의 총칭이다. 동시에 그 자체가 곧 수많은 종의 생명체들의 집합체이기도 하다. 한 생명체는 다른 생명체를 자신의 양식으로 희생시키지 않으면 생존할 수 없다는 것이 자명하다. 바로 이런 점에서 생명의 옹호, 보존, 생명에 대한 사랑은 곧 환경의 보존, 보호 및 존중과 일치한다. 역으로 환경의 보존, 보호 및 존중은 생명보호, 존중, 생명에 대한 사랑이 된다. (KE 325 이하)

---

209) 박이문, 앞의 책, 76쪽.
210) 박이문, 앞의 책, 69쪽.

특별히 '환경'과 '생태계'의 다른 점이 부각된다. 첫째, 환경에서의 생명은 인간만을 뜻하는데 반해, 생태계에서의 그것은 모든 종류의 생명체를 포함한다. 따라서 환경이 인간 중심적인 개념이라면 생태계는 생물 중심적이다. 따라서 환경이 문화적 개념인데 반해서, 생태계는 생물학적 뜻을 지닌다.

둘째, 환경은 삶의 조건을 뜻한다. 원래 어원적으로 '거주지'를 뜻하는 그리스어 '생태계(Eco)'라는 말에서 유래한 생태계(Ecosystem)는 삶의 장소인 거주지의 체계성을 뜻한다. 따라서 환경이라는 개념이 구심적(centripetal)이거나 원심적(centrifugal)인 중심주의적 세계관을 나타낸다면, 생태계라는 개념은 '관계적'이라고 이름 붙일 수 있는 세계관을 반영한다.

셋째, 환경이 원자적, 단편적 세계인식 양식을 반영하는 데 반해, 생태계는 유기적, 총체적 세계인식 양식을 나타낸다. 이런 세계인식의 차이는 한편으로는 인간과 자연의 형이상학적 구별을 인정하는 세계관과 다른 한편으로는 그러한 것을 부정하는 세계관의 차이를 전제하고 있다.

넷째, 좀 더 근본적으로는 환경 개념과 생태계 개념의 차이는 형이상학적 시각에서 찾을 수 있다. 자연과 별도로 인간을 설정하는 인간 중심적 사고를 반영한다는 점에서 환경이라는 개념은 이원론적 형이상학을 함의한다. 이에 반해 모든 생명의 뗄 수 없는 상호의존성을 강조하는 생태학이라는 개념은 일원론적 형이상학을 반영한다. 211)

이어서 '환경윤리' 개념은 다음과 같이 설명된다. 윤리적 삶을 떠난 인간의 삶은 상상할 수 없으며, 인간의 인간됨은 윤리적 차원을 흔히 염두에 두고 하는 말이다. 여기에서 윤리개념을 우선 살펴보자.

윤리란 한 윤리공동체 내의 타자를 전제하며, 나와 타자의 관계, 더 정확

---

211) 박이문, 앞의 책, 71쪽 이하.

히 말해서 나의 복지와 남의 복지 사이의 관계의 문제이다. 윤리란 한 인간의 의도와 행동이 다른 한 사람 혹은 여러 사람들의 고통과 즐거움에 어떤 영향을 주는지 비추어보고, 생각하고 평가하는 관점이다. [212]

우리의 주제인 환경과 관련된 윤리의 문제를 거론함에 있어서 가장 중요한 과제는 무엇인가? 그것은 환경철학에서 우리가 가져야 할 윤리적 보편적 척도를 알아내는 데 있다고 본다. 일반적으로 윤리의 철학적 문제는 타자의 행복에 기여할 수 있는 행동, 즉 선과 옳음의 척도가 되는 보편적 규범을 밝히는 데 있다. 그렇다면 환경철학의 윤리적 문제는 환경과 관련된 우리의 행동이 선한 행동인지 악한 행동인지 판단할 수 있는 보편적인 척도 내지 준거를 찾아내는 데 있다. (EP 35)

여기에서 제시되는 환경윤리 개념은 여타의 응용윤리들과 같은 특정한 분야의 분류적 개념이 아니다. 그것은 하나의 형이상학적, 인간학적, 그리고 윤리적 입장을 나타내는 선언적 개념으로 차별화된다. 환경윤리는 기존의 인간 중심주의적 윤리관을 비판하고 극복하는 데서 출발한다. 더 상세히 말하자면, 그것은 인간 중심주의적 윤리관의 기본 전제 자체에 대한 의문, 검토, 비판에 기초한다. 인간 이외의 모든 생명체들도 윤리공동체에 참여시켜서 윤리적 객체, 즉 타자로서 유일한 윤리적 주체인 인간이 윤리적 배려의 대상으로 삼아야 한다는 것을 전제하고 있다. 이런 점에서 그것은 탈인간주의적 보편적인 윤리적 규범을 제시하는 데 중점을 두고 있다.

'환경윤리'의 문제는 이러한 여러 가지 윤리들이 다 같이 전제하고 있는 인간 중심주의적 전제를 비판적으로 검토함으로써 탈인간 중심주의적 형이상

---

212) 박이문, 《환경철학》, 미다스북스, 2002, 29쪽. (이하 약호 EP로 표기)

학의 틀에서 전혀 새롭고 보다 보편적인 윤리적 규범을 고안하는 것이다. 그리고 그러한 규범에 따라 인간 이외의 존재인 환경으로서의 자연에 대한 윤리적 입장을 세우고 필요한 윤리적 배려를 결정하는 데 있다. (EP 42)

환경의 미학적 변용

그러면 생태적 환경의 위기와 재앙에 직면하여 우리는 이제 무엇을 어떻게 해야 할까? 이런 인류 공통의 문제의식에 대한 응답으로 '환경미학'이 등장한다. 환경미학의 문제는 '아름답다'는 막연한 뜻으로서 어떻게 우리 삶의 환경을 미학적으로 만족스럽게 만드느냐의 문제만은 아니다. 그것은 세계 전반에 걸쳐서 진행되고 있는 생태학적 재앙의 가능성에 대해 그것을 어떻게 대처하고, 피해갈 수 있는가의 문제이다.

환경미학에 대한 관심은 두 가지 이유에서 생겨난 것으로 본다. 우선은 더 추악해져 가는 인류의 주거환경에 대한 자각과 아울러 자연과 인종의 생존을 함께 위협하는 생태학적 재난의 개연성이라는 요소이다. 여기에서 환경미학이 맡은 프로젝트는 이론적인 동시에 실천적인 차원에서 다 같이 가능하다. 단토식의 표현을 적용하자면 '세계의 예술적 변용'을 통해서 실천에 옮겨질 수 있다고 본다. 여기에서 말하는 '세계의 예술적 변용'이라는 말은 예술작품이야말로 이론적 관점으로서의 세계관과 환경미학의 실천적 프로젝트의 모델, 패러다임의 역할을 해야 함을 뜻한다. (KE 344)

환경세계의 자연을 예술작품으로 본다는 것은 인간 중심적 목적으로 그것에 상처를 주어 해롭게 하는 행위일 수 있고, 그것을 보기 흉하게 만들어 생태학적 관점에서 반역적일 수 있다. 세계는 조화롭게 통일된 실체로서 그 아름다움이 찬양되고, 깊은 우주적·형이상학적 의미를 지니고 있기에 존중되고 숭배되어야 하는 것으로 나타난다. 예술작품으로 변용된 세계에서 인간과 자연, 행위자와 행위 대상자, 유기물과 무기물들은 어떤 것으로도 분할할 수 없는 하나의 존재로 융합된다. 이런 점에서 그것은 환경미학의 모델, 패러다임으로 활용되어야 한다. (KE 354) 이것이 바로 환경의 미학적 변용을 주장하는 이유이다. 따라서 예술작품으로 변용된 세계는 실재하는 세계가 아니라, 도리어 이상적으로만 존재하는 세계다. 따라서 환경미학의 학술적 업무의 성격은 서술적이 아니라, 기투적이다. 세계의 예술적 변용은 환경미학에 의해서 확인할 수 있는 하나의 현실적 사실이 아니라, 하나의 이상, 즉 우리가 앞으로 만들어가야 할 하나의 과제로 남아 있다. (KE 355)

이와 같은 사실들은 환경미학에 있어서 다시 세 가지 실천적 문제를 함축한다. 그 첫 번째 문제는 집단적 협력의 요구이다. 환경미학의 프로젝트란 하나의 삶 혹은 몇몇 예술가 개인들만이 아니라 화가, 조각가, 음악가, 그리고 더 나아가서 이 세상의 모든 사람들과 연대해야 할 과제에 속한다. 그 이유는 환경미학의 관점에서 볼 때 모든 인간은 하나하나가 예술가의 기능을 하기 때문이다. 두 번째 문제는 예술작품으로서의 세계는 단 하나의 전일적 작품을 지향한다. 그것은 자신이 특정한 예술적 범주의 특정한 양식으로 분류되기를 거절하고 초월하여 가능한 모든 장르와 모든 형식을 포함하고자 한다. 세 번째 문제는 환경미학이 창조하려는 예술작품은 역사가 끝날 때까지 지속적인 작업을 필요로 한다.

결국 환경미학의 철학적 토대에 관한 여러 가지 고찰은 우리를 '예술적·생태적'이라고 이름붙인 세계관으로 유도한다. 이러한 세계관의 틀 안에서 우리 인간은 모두 세계 예술작품의 구성적인 요소인 동시에 그러한 예술작품을 창조하는 예술가이다. 또한 우리를 포함하는 세계는 창조된 예술작품의 일부인 동시에, 창조되는 과정에 있는 예술작품이기도 하다. 그리고 이러한 세계 안에서 만일 환경미학의 과제에 끝이 있다면 그 끝은 헤겔식의 형이상학적 열정의 끝과 일치할 것이다. (KE 360) 따라서 환경의 미학적 변용은 지속적으로 이루어져야 할 인류의 과제에 속한다는 것이 박이문의 입장이다.

환경철학의 의의와 문제점

이제 박이문의 생태 중심적 환경철학의 의의를 세 가지로 정리해보도록 하자. 첫째, 생태적 문화 패러다임으로서의 아시아 전통사상을 옹호한다는 점이다. 아시아 전통사상인 힌두교나 불교적 형이상학은 이미 우주의 만물이 다른 모든 만물과 관계하고 연속적이어서 브라만(Brahman) 혹은 공(空)이라는 개념으로 이해되는 단일한 우주를 형성한다고 말한다. 이런 관점에서 인간과 자연의 차이에 대한 인간 중심주의적 견해는 승인될 수 없다고 본다. 따라서 인간, 당나귀, 개, 새, 나비, 벌레, 사물, 그리고 바위나 물 등의 사이에는 궁극적으로 형이상학적 차이가 없다. (WN 123) 그가 서구적 인간 중심주의 윤리관을 비판하는 것은 윤리적 공동체로부터 비인간적인 것들의 배제가 그 자신의 정당화와 배치되며, 자기 모순적이라는 것이다. 따라서 생태 중심적 세계관을 제시하는 아시아의 전통사상이 새로운 생태적 문화 패러다임으로 평가될 수 있다는 것을 밝히고 있다. 동양문화는 본질적으로 자연적, 생태 친화적이다. 이에 반해 과학적이라고 서술될 수 있는 근대 서양문화는 근본적으로 반자연적·반생태적이다. 따라서 생태 위기 극복의 수단이 될 수 있기는 고사하고 오히려 그 근본적 원인으로 볼 수 있다. (KE 271)

둘째, 서구의 과학적 세계관과 아시아의 전일적 세계관의 통합을 시도한다는 점이다. 서구의 과학적 세계관은 아시아적 전일적 세계관과 통합될 수 있다고 본다. 특히 오늘날 첨단 과학 이론들은 전일적 세계관의 정당성을 입증한다고 생각한다. 그리고 세계관의 전환과 함께 과학적 지식과 기술을 응용하여 환경 위기를 극복해야 한다고 주장한다. 환경 위기를 극복하고 개선하는 데 있어 과학적 지식과 기술보다 더 중요한 방법은 없다. 적어도 환경 위기, 자연보존에 관한 한 과학은 저주가 아니라 축복이다. 과학기술의 발달은 어두운 그림자가 아니라 밝은 양지이다. 그러므로 과학교육, 즉 사물 현상을 과학적, 객관적으로 보는 일반 대중의 교육과 훈련과 한 걸음 더 나아가서 환경공학의 발전과 대중화를 위한 사회적 투자가 필수적이다. 모든 시민이 무지의 소산인 애니미즘적, 미신적 자연관, 세계관에서 깨어나서 과학적 세계관을 받아들여야 한다는 것이다. 자연과 우리 인간 자신에 대한 낭만적 감상과 왜곡된 환상에서 해방되어 냉정하게 이성적 인식을 가져야 함을 강조한다. 감상에서 지성으로의 자연에 대한 태도의 변화, 애니미즘에서 과학적인 자연에 대한 관점의 전환, 미신에서 철학으로의 사유 방식의 혁명이 필요하다. (EP 215 이하)

만약 우리가 적절한 목적으로 과학기술과 지식을 사용하는 법을 배운다면 이들 지식은 인간의 번영뿐만 아니라 전체 생태계의 안녕을 위해서도 크게 기여할 것으로 본다. 이런 반성과 새로운 인식은 반드시 종전의 서구적 인간 중심주의적 사고와 이원론적 세계관으로부터 탈피해 자연 중심적인 아시아적 사유로 전환해야 한다. 즉 분석적이고 환원주의적인 사유의 감옥에서 탈출해서 종합적이고 전일적이며 우주에 대해 열려 있는 사유로 코페르니쿠스적 전환을 시도해야만 한다는 것이다. 그렇다고 근대성의 서구적 인간 중심주의적 사유에서 고전적 아시아적 자연 중심주의로 그 사유 태도를 바꾼다고 해서 모든 문제가 해결된다는 것은 아니다. 가장 중요한 것은 바로 이런 사유의 전환을 더 실질적이고 일상 속에서 구체적인 행동으로 실천하는 일이다. (KE 261 이하)

셋째, 인간 중심적 환경철학에서 생태 중심적 환경철학으로의 패러다임 전환을 시도한다는 점이다. 환경문제 해결의 실천적 방법은 세계관의 전환에 놓여 있다. 다른 생명체들과의 공존을 고려하지 않고 자기 자신의 생존만을 위해서라도 자연과 인류와 다른 생명체들이 생존할 수 있는 환경의 보존은 필수적 조건이다. 그러나 물질 중심의 가치관에서 정신 중심의 가치관으로의 전환 없이는 자연과 환경의 지속적 보존은 불가능하다. 이러한 가치관의 전환은 근시안적이고 미시적인 인간 중심적 세계관에서 원시안적이고 거시적인 생태 중심적 세계관으로 전환이어야 한다. (EP 219)

그렇다면 새로운 환경철학이 택해야 할 환경의 관점은 인간만의 관점이 아니라 모든 생물의 관점을 포함해야 한다. 이런 사실은 인간 중심적 환경관이 잘못됐음을 입증하고 인간 중심적 환경관의 폐기는 그 철학적 근거인 인간 중심적 세계관의 포기를 뜻한다. 인간 중심주의를 폐기해야 할 이유는 이러한 이론적 모순 때문만이 아니다. 이론적 이유보다 더 절실하고 절박한 이유는 인간 중심적 세계관에 바탕을 두고 지금까지 발전해온 문명이 환경 위기를 몰아오고 있다는 사실이다. 이는 문명만이 아니라 인류의 생물학적 존속까지 위협하는 상황에 이르렀다는 사실에서 찾을 수 있다는 것이다. (EP 117)

이제 박이문의 생태 중심적 환경철학의 문제점을 몇 가지 질문들로 정리해보도록 하자. 첫째, 자연 중심적 윤리는 어떻게 가능한가? 그는 자연주의적 세계관을 옹호하면서 과학기술문명은 탈인간 중심적, 자연주의적 세계관에 기초해야 한다고 본다. 탈인간 중심주의는 동물과 인간을 똑같이 대하자는 것이 아니고, 동물을 대하는 것도 도덕적 차원에서 접근해야 한다는 것이다. (WN 291) 모든 것이 다른 것과 구별되는 한에서 모든 것은 유일하다고 하겠다. 만약 모든 것이 유일하다면 인간의 유일성은 유일한 것이 못 된다는 것이다. 어떤 것도 절대적으로, 본질적으로, 존재론적으로 혹은 형이상학적으로 다른 것들과 다른 것이 아니다. 이러한 귀결은 한 세계 이전에 다윈의 진화론에서 밝혀졌고, 반세기 전에 프로이트의 정신분석학에서 밝혀졌고, 최근에는 놀라운 발전을 거듭한 우주론적 생물학과 게놈 계획 등 여러 분야에서 밝혀진다고 증언한다. 모노(J. L. Monod)에 의하면, "유전자의 불변적 내용은 쥐나 인간에게서나 따라서 모든 포유동물에게서나 대체로 같다."(WN 119) 모노의 견해처럼 인간이란 존재가 생겨난 것은 우연이다. 우연히 태어났지만 운명적으로 태어난 것이고 우리 자신은 인간의 운명뿐만 아니라, 지구의 운명, 자연의 운명, 인류의 운명을 통제할 수 있는 능력이 있다. 지구의 운명과 인간의 운명도 인간의 결단과 선택에 달려 있다. 그 선택에 따라 변화 또한 가능하다. (WN 295)

> 옛날의 맹약은 산산조각이 난 상태이다. 인간은 우주라는 무정한 광대함 속에서 외로운 존재라는 사실을 드디어 깨닫게 되었다. 다시 말해 인간은 오직 우연에 의해서 이 우주의 광대함으로부터 생겨났다. 인간의 운명은 이 우주 어느 곳에서도 판독될 수 없고 그 어떤 것도 인간의 의무가 아니다. 위로의 왕국이냐 아래로의 암흑이냐, 인간은 이 둘 중 하나를 선택하여야 한다. (WN 131)

박이문은 저러한 자연 중심적 세계관에 기초하여 생태 중심 윤리학을 표방한다. 즉 윤리적 전체, 따라서 윤리공동체는 인간에서 동물로, 동물에서 식물로, 식물에서 그 밖의 모든 사물들, 즉 이른바 '자연' 전체로 확대되어야 한다. 이러한 관점에 서 있는 윤리학은 인류 중심 윤리학은 물론 동물 중심 윤리학이나 생물 중심 윤리학과도 구별해서 '생태 중심 윤리학'이라는 말로 적절한 이름을 붙일 수 있다고 본다. '생태 중심 윤리학'은 모든 개개의 존재가 그것이 어떤 것이든 간에 '단 하나'로서의 '존재 전체'의 분리할 수 없는 일부, 아니 한 측면에 지나지 않음을 전제한다. 그리하여 이 윤리학의 입장에서는 윤리공동체는 특별한 공동체가 아니라 자연 전체, 아니 존재 전체와 일치하고 동일하다. (EC 213) 이런 점에서 박이문은 전체 우선의 차등의 원칙을 제시한다. 지구상에서 생명의 존엄성, 가치의 관점에서 볼 때, 생태계의 보존은 인류를 포함한 특정한 생명체보다 더 우선하기 때문이다. 동시에 친근성 우선의 차등의 원칙을 제시한다. 즉 어떠한 윤리원칙도 차등적으로 적용되며 또한 그럴 수밖에 없다는 것이다. (EP 176)

그러면 어떻게 자연적 '사실의 세계'에서 윤리적 '당위의 세계'가 도출될 수 있는가? 인간에게 운명을 통제할 수 있는 능력이 있다면 도덕적 능력인 결단과 선택의 자유가 보장되어야 한다. 필연의 세계인 자연에서 어떻게 자유의 세계인 초자연성이 확보될 수 있는가? 차등의 원칙의 근거는 어디에서 찾을 수 있는가? 인간과 인간의 행동에 대해서만 가치평가가 내려지는데, 탈인간적 차원에서 윤리를 운운하는 것은 자기모순은 아닌가? 박이문은 스스로 인간에게만 윤리적 문제가 생긴다고 한다.

> 이러한 윤리적 물음과 고민은 인간에게서 떼어버릴 수 없는 가장 근본적이고 보편적인 속성이다. 이런 물음, 이런 고민을 떠난 인간은 사실상 인간의 범주에 들어가지 못한다. 그러므로 오로지 인간에게만 윤리적인 문제가 생긴다. 인간으로서 태어날 때 필연적으로 위와 같은 물음을 갖게 되고 그런 물음에 고민하는 사실이 어쩔 수 없는 객관적인 사실이라면, 오직 인간만이 물리학적, 화학적, 생물학적, 심리학적 차원 이외에 윤리적 차원을 갖고 있다고 볼 수밖에 없다. 인간의 윤리적 속성은 눈으로 보이지 않지만 가장 객관적인 인간의 형이상학적 속성이다. (EC 21 이하)

위의 질문들에 타당한 해답을 내놓지 못하다면 박이문의 자연 중심적 윤리는 선언적 주장이나 값싼 세계관 철학의 아류에 지나지 않는다. 더욱이 그의 윤리적 입장은 모순적 주장에 해당한다. 그 이유는 인간적 관점을 떠나 살 수 없다는 사실이야말로 인간을 다른 동물들과 구별할 수 있는 본질적이고 유일한 속성임을 그가 역설하고 있기 때문이다. (EC 267)

둘째, 아시아의 자연관이 과연 대안이 될 수 있는가? 유대-기독교적 신학은 가치론적 인간 중심주의를 절대적 진리로 받아들이기에 그것은 보편적으로 승인될 수 있는 세계관이 못 된다는 것이다. 이에 반해 자연적인 일원론적·형이상학적 비전을 다 같이 근저에 지니고 있다는 것을 인정할 때, 힌두교, 불교, 도교, 유교로 대표되는 동양의 전통사상은 생태학적 세계관의 모델이 될 수 있다고 한다. 동양의 오랜 전통에 뿌리박고 있으면서 서양의 근대사상과 과학기술을 짧은 시간에 소화할 수 있었던 나라 가운데 한국은 생태학적 문화를 창조하는 데 앞장설 수 있는 잠재력을 갖고 있다는 것이다. 과연 아시아의 자연관은 대안이 될 수 있는가? 거기에는 자연종교적 신비적 요소와 비과학적이고 비인간적인 세계관이 융합되어 있다. 오늘날 첨단 기술과학시대에 농경시대에 기반을 둔 자연관이 적실성을 가진 구체적 대안이 된다는 입장은 지나친 낭만주의적 해법에 속한다.

셋째, 과연 아시아적 자연관 중심의 상보적 통합은 믿을 만한 주장인가? 박이문은 아시아적 자연 중심의 세계관과 서구의 과학적 지식과 기술의 통합을 기획한다. 그러나 양자의 상보적 통합은 가능할까? 생태 위기의 근본은 이제까지 서구사회를 지배해온 인간 중심주의적 사고에 그 기원이 있다고 본다. 오늘날 생태 위기의 근본적인 해결책은 아시아의 대표적인 사상적 전통에 내재한 자연 중심적인 사유 틀에 있으며, 현재의 생태 위기를 극복하기 위해서는 서구세계의 과학기술 지식을 아시아적 세계관에 통합하는 것이 무엇보다 본질적인 일이라고 주장한다. 따라서 우리가 아시아적 세계관에 대해서 더 이상 불편해야 할 이유가 없다고 단언한다. (KE 250) 그렇다면 과학적 세계관, 힌두교, 불교, 노장사상은 서로 상반되는 두 개의 명제가 아니다. 우주와 존재 일반, 즉 존재 전체를 보는 차원이 다르지만, 서로 모순되지 않은 두 개의 관점을 나타내는 것으로 풀이할 수 있다고 본다. 그 이유는 전자가 현상적, 국부적 관점을 나타낸다면 후자는 보다 차원이 높은 실체적, 본질적, 총괄적 관점을 나타내고 있기 때문이다.

요약하자면, 박이문은 이제 인간 중심적 세계관에서 탈인간 중심적 세계관으로의 전환이 필요하다고 역설한다. '생태학적'이라 이름붙일 수 있는 이러한 새로운 세계관으로의 전환은 이원론적 형이상학과 인간 중심적 가치관을 대표하는 서양의 세계관, 즉 우주에 대한 총체적 비전을 버리고, 존재 일반에 대한 총괄적 비전을 담고 있는 일원론적 우주관과 자연 중심적 가치관에 뿌리를 둔 동양의 세계관으로 전환해야 한다는 것이다. 그럼에도 불구하고 일체의 비과학적 사고 대신에 서구의 과학적 세계관을 통해 문제를 해결할 수 있다고 주장한다. 동양의 비과학적 세계관과 서양의 과학적 세계관이 어떻게 양립할 수 있을까? 따라서 과학이 배태한 환경위기 속에서 자연의 수학화에 의한 '자연의 탈마법화' 대신에 '자연의 재마법화'가 운위되는 시점에서, 박이문의 주장은 반시대적인 요소를 지니고 있다. 과학적 세계관에서 방향 전환이 필요한 시점에서 과연 그의 주장에 얼마만큼 시의적절한 설득력이 있을까?

4. '비판적 종교철학'의 불협화음

지와 앎에 대한 갈구는
나에게 있어서 하나의 종교다.
- 박이문

'불가지론'과 '무신론' 사이의 딜레마

박이문은 종교에 대한 불가지론과 회의론을 표방하는 '휴머니즘적 종교관'
의 입장에 서 있다. 이는 종교비판적인 종교관에 해당된다. 이러한 것에 근거
한 '비판적 종교철학'은 휴머니즘적 종교철학으로서 종교의 본질을 밝혀나가
는 여정에서 다소 이질적인 불협화음으로 연주되고 있다. 그 이유는 앞에서
다룬 그의 '윤리적 실재론'과 달리 종교적 인식론의 상대주의를 옹호하고, 무
신론적 독단주의를 내포하는 반종교적 입장을 견지하고 있다고 여겨지기 때
문이다. 무엇보다 종교의 신비적 차원과 인간적 의미의 차원 사이에는 불협화
음이 일어난다. 그의 종교적 입장 표명들 속에는 내적인 동요와 균열이 틈입
되어 있다.

궁극적 존재와 궁극적 의미에 대하여 어쩔 수 없는 심오한 신비를 느끼며
종교가 주장하는 삶의 의미 대신 오로지 인간적 의미를 찾고 그것을 경험
한다는 그 자체는 역설적으로 넓은 의미, 아니 진정한 의미에서 이미 진정

한 종교적 의미를 갖게 될 것이다. 종교를 넘어서 겸허하고 확실한 인간적 자세를 다시 찾았을 때 참다운 종교적 체험이 있으며, 어떤 특정한 종교를 믿는 대신 그것을 넘어서 이성이 가르치는 것을 따라 살아갈 때 참다운 종교적 인간이 나타날 것이다. (WR 266)

박이문은 1985년에 《종교란 무엇인가》라는 책을 출간하고, 2007년에 〈개념의 개념과 종교의 개념〉이란 논문을 보태어 개정판을 내놓는다. 여기에서는 이 저서를 중심으로 그의 '종교에 대한 철학적 성찰'을 살펴보고자 한다. 그리고 다른 저서들에 산종(散種)되어 있는 그의 종교적 견해들을 참고하고자 한다. 그의 철학과 문학의 심층에는 일관되고 지속적으로 종교적 물음이 자리하고 있음을 아래에서 확인할 수 있다. 특히 그러한 관심과 물음의 표징이 전술한 저서의 '서문'에 고스란히 배어 있다.

의식적으로 혹은 무의식적으로 나는 항상 묻고 있었다. '이것이 다 무엇인가?', '이것이 도대체 무슨 의미를 갖고 있는가?' 불교도 모르고 기독교도 모르고 있었지만, 나는 벌써 아니 처음부터 넓은 뜻에서 종교적 문제를 묻고 있었다. 문학과 철학에 마음이 끌린 동기의 밑바닥에는 종교적 물음이 깔려 있었던 것이다. 이와 같은 종교적, 즉 실존적 충격에 근거하지 않거나, 그러한 충격과 관계없을 때 아무리 아름다운 문학적 표현도 진정한 예술성을 갖지 못하며, 아무리 정연한 철학적 논리도 진정한 지적 가치를 상실한다. 그러한 것들만으로는 궁극적으로 다 같이 허전할 뿐이다. [213]

이상의 고백에서 살펴볼 수 있듯이, 그는 종교적 차원이나 종교를 무시하는

---

213) 박이문, 《종교란 무엇인가》(개정판), 아름나무, 2008, 6쪽 이하. (이하 약호 WR로 표기)

교양인이 아니라, 궁극적 진리 내지 신을 찾는 종교적 구도자에 속한다. 따라서 그의 무신론은 명목상의 무신론이며, 실질적으로는 치열하고 진지한 구도자로서 종교적인 성향과 초월적·탈세속적 지향을 지니고 있다. 어쩌면 '신 앞에 정직하게 물음을 던지는 자'인지도 모른다. 그의 삶의 자세나 도덕적 및 초월적 삶의 여정 모두가 종교적이며, 재가 수도자의 면모를 지니고 있음을 부정할 수 없다. 그는 윤리적인 차원을 넘어 초윤리적인 종교적 차원으로 진입한다.

> 종교는 인간과 인간 사이에 생기는 문제를 해결하기 위한 행위의 원칙 혹은 규범을 제시하지 않고, 사회와 시대를 초월해서 우주 전체 또는 존재적 전체와의 관계에서 생기는 문제의 해결을 제시한다. 그것은 인간이 우주와의 관계에서 생기는 문제의 해결을 제시한다. 그것은 인간이 우주와의 관계에서 어떻게 하면 가장 적합한가를 가르친다. 바꿔 말해서 종교는 인생 내에서의 문제가 아니라 인생의 문제를 어떻게 보며, 인생에 대해서 어떻게 태도를 취하느냐의 문제를 가르친다. 이와 같이 하여 종교는 초윤리적이다. 그것은 윤리적 문제, 윤리적 관점을 초월할 것을 요구한다. 이와 같은 종교의 성격은 반드시 윤리를 무시하거나 제거하는 것은 아니다. 다만 종교적 차원과 윤리적 차원이 다르다는 것을 말할 뿐이다. (LT 90)

그는 기성 종교의 테두리에서 벗어나서 학문적 탐구를 종교적 자세를 지니고 수행하면서 '종교적 진리'에 도달하기 위해 진력한다. 물론 그에게서는 분명하게 종교 개념의 세속화 내지 탈종교적 종교관 및 무신론적 세계관도 엿볼 수 있다. 왜냐하면 그는 보기 드물게 단호한 어조로 자신을 '무신론자'로 공표하는 데 주저하지 않기 때문이다. 그는 여전히 특정 종교에 대한 신앙고백이 없고, 제도적 종교 안에서 신앙생활을 하지 않는다는 점에서 무신론자이다. 그럼에도 불구하고 그것이 전부는 아니다. "나는 무신론자이지만 기본적으로 종교적 인간이다. 나라는 존재는 궁극적으로 지와 앎을 추구하는 인간이다. 지와 앎에 대한 갈구는 나에게 있어서 하나의 종교이다."(WN 305) 그는 본능적으로 '종교적 인간(homo religius)'[214]이다. 신성을 향한 초월(Trascendence)을 향하고[215], 우주에 대한 '궁극적인 관심(Ultimate Concern)'[216]을 가지는 한에서 박이문은 종교적이다. 그러나 이성을 매개로 한 종교적 진리를 추구한다.

> 신학자 틸리히는 신앙을 정의하면서 '궁극적 관심'이라고 말했다. 틸리히가 말하고자 하는 것은 어떠한 특수한 교리를 믿지 않아도, 한 인간이 자기의 삶과 우주 전체 혹은 존재 전체와의 궁극적 관계에 관여할 때, 그는 아마 종교를 갖고 있다는 것이다. 다시 말하면 한 인간이 자신의 인생에 대한 궁극적 의미를 찾고 그런 것을 믿을 때 그는 넓은 의미에서의 종교인이라는 것이다. [217] (LT 68)

그래도 그는 스스로를 '믿지 않는 신 앞에 무릎을 꿇는 자', '종교인 아닌 종교인'임을 자처한다.

언제나 죽은 사람이 있고

---

214) "나는 무신론자이지만 기본적으로 종교적 인간이다. 나라는 존재는 궁극적으로 지와 앎을 추구하는 인간이다. 지와 앎에 대한 갈구는 나에게 있어서 하나의 종교이다."(WN 305)
215) 박이문의 영문 시 '초월'을 들어보자. "No matter what./free like bird./ happy likr song./forver tanscending/toward the/divine, and no matter what,/great." (〈Transcendence〉) (제아무리/ 새처럼 자유롭고/ 노래처럼 행복하더라도/ 영원히 초월해 나아가리/ 신성을 향해/ 제아무리/ 위대하더라도), Yeemun Park, "tanscendence", *Broken Words*, Minumsa, 1999, 124쪽.
216) P. Tillich, *Dynamics of Faith*, Harper and Row, 1957.
217) 정수복, 앞의 책, 68쪽.

언제나 상처받는 사람이 있다.
하지만 밤은 너무 힘들어
나는 무릎을 꿇는다
내가 믿지 않는 신을 향해

언제나 대답 없는 질문이 있고
언제나 해답 없는 문제가 있다
하지만 밤은 너무 어두워
나는 눈을 감는다
거기 없는 신을 보기 위해

나는 지친 게 아니다
몇 가지 답을 가지고 있을 뿐
하지만
밤은 너무 황량해
나는 두 손을 맞잡는다
저항할 수 없는 무 앞에서

나는 무신론자
그저 할 일을 할 뿐이다
하지만 밤은 너무 공허해
나는 두 팔을 뻗는다
나타나지 않을 고도를 기다리며[218]

---

218) 박이문, 〈한 무신론자의 기도〉, 《부서진 말들》, 92~93쪽.

이 시에서 그는 '신의 존재'를 부정하지 않는다. 오히려 '자신의 질문에 대답을 주지 않고, 자신의 문제에 해답을 주지 않고, 눈을 감고 찾아도 보이지 않고, 저항할 수 없는 무와 공허 앞에서 무작정 기다릴 수밖에 없게 만드는 신!' 그 님을 '타는 목마름'의 정조로 헛헛하게 그려내고 있다. 그는 인격적 존재자로서 신의 존재 문제나 그것에 기초한 인생의 의미 문제에 대해서 전적으로는 거부하지 않는다. 다만 그것의 가능성에 대해서 열린 자세로 유보적인 입장을 취하고 있다.

> 초월적인 인격자의 존재 여부는 그에 대한 결론을 단정적으로 내릴 수 없는 '열린 문제(open question)', 즉 미결의 문제로 남아 있을 뿐이다. 위와 같은 결론은 우리가 알고자 하는 '인생의 의미'가 없다는 또다른 결론을 내릴 수 없게 한다. 그것은 인생의 의미의 가능성을 남긴다. 그렇다면 종교가 주장하는 것처럼 인생의 의미는 우리로서는 알 수 없지만, 절대적 인격자인 신의 어떤 목적을 위해 기여하고 있는지도 모른다. (WR 238~239)

박이문은 수도승처럼 구도자적 삶의 자세를 견지해왔다. '순례(Pilgrim)'를 정의하기를, 그것은 좁은 의미의 종교인에게만 의미를 갖는 말이 아니다. 그것은 넓은 의미에서 낯익은 곳을 떠나 낯선 다른 곳, 보다 의미 있고 바람직한 것을 찾아가는 끊임없는 길 떠남이요, 인간의 삶은 끊임없는 방황, 탐구, 즉 순례의 과정임을 실토한다. 그의 궁극적 관심은 철학도 문학도 아니고, 바로 종교적인 것으로 귀결된다.

왜냐하면 그는 시종 여일하게 영원한 진리, 영원한 아름다움을 발견하고 경험하고 소유할 수 있는 형이상학적인 기쁨을 추구했거니와 하나의 진리를 찾기 위해서는 모든 것이 희생되어도 좋다고 생각하기 때문이다. 그 진리를 담은 '한편의 시'를 남기기 위해 온 인생을 불살라오고, 지금까지 사투를 벌이고 있다고 해도 과언이 아니다. 그는 삶의 근원적 근거와 근원적 의미를 알 수 없다는 데서 형이상학적 소외에서 헤어날 수 없었다. 근본적으로 모든 사물의 언어를 해석해낼 수 없다고 본다. 그리하여 무한히 허전하게 들떠 있음을, 그리고 삶이 근원적인 차원에서 '텅 비어 있음'을 뼈아프게 의식하고 있다. 이제 철학교수가 되고 난 후의 독백을 인용해보자.

> 이게 다 무슨 의미가 있는가? 우주현상의 무한히 깊은 신비 앞에서 철학, 즉 철학교수의 철학은 아무 발언도 할 힘 없이 오로지 침묵을 지킬 수밖에 없다. 어떻게 살 것인가? 역시 이 물음에 대해서도 철학은 결정적 대답을 주지 못한다. 그러나 대답이 없이, 그래서 잘 몰라도 우리는 살아야 함이 또한 이 신비로운 우주의 원리가 아니겠는가! 아버지의 무덤이 있는 언덕에서 먼 하늘에 떠가는 구름을 바라보면서 내가 이제부터라도 어떻게 살 것인가, 무엇을 해야 할 것인가를 생각해본다. 어떻게 산다 해도 그 선택에 대한 결정적 이유를 철학은 제공하지 못한다. 그러나 누구와도 마찬가지로 싫건 좋건 잘못됐건 잘됐건, 왜 그러니 알고서건 혹은 모르고서건 부득이 결단을 내려야만 하는 삶의 필연성을 누구도 회피할 수는 없다.[219]

그는 '보이지 않는 그림자'로서의 신을 찾는다. 결국 그는 다음과 같은 질문을 던진다. 만일 절대적 주체자로서 하느님이 없다면 내가 모든 것에 의미를 부여하는 나의 행위 자체는 의미를 얻지 못할 것이 아닌가?(WR 231) 그러면 박이문은 종교를 철학적으로 어떻게 규정하고 있는가?

---

219) 박이문, 《사물의 언어 : 실존적 자서전》, 민음사, 1988, 228~229쪽.

종교에 대한 철학적 물음과 종교의 개념 규정

종교란 용어는 사람과 사회에 따라 각기 다르게 사용된다. 종교에 관련된 물음들 중에 가장 우선적으로 해야 하는 질문은 '종교란 무엇인가?'라는 '종교'의 개념 규정, 즉 '종교'의 정의에 대한 물음일 것이다. 왜냐하면 이 물음이 선결 과제로 정립된 후에 모든 종교 담론 및 종교철학적 논의가 논리적으로 가능하기 때문이다. 이와 같이 박이문은 종교에 대한 철학적 개념 규정을 강조하면서 종교라는 인식 대상을 정의하는 데 있어서 대표적인 방식들을 거론한다.

아래의 세 가지 방법들은 나름대로 문제가 있고, 다만 네 번째 본질적 정의만 정의로서 받아들일 수 있다고 단언한다. 첫째, 어원학적(Etymological) 방법으로서 종교(宗敎)라는 것은 '최고의 가르침', '맺는다', '연결하다'라는 뜻의 렐리기오(religio)라는 라틴어에서 유래했음을 소개한다. 이는 신과 인간의 맺음과 현실세계와 초월세계와의 연결을 의미한다. 둘째, 서술적(Descriptive) 방법으로, 한 낱말의 서술적 정의는 그 낱말이 적용되는 구체적인 현상들의 서술을 뜻한다. 셋째, 약정적(Stipulative/Normative) 방법으로, 이것은 한 낱말의 뜻의 선언적 약정에 의한 결정을 뜻한다. 넷째, 본질적(Essential) 방법으로, 한 낱말의 본질적 정의는 그 낱말이 사용된 모든 경우에 언제 어디서건 변하지 않고 누구에게나 소통될 수 있는 그 낱말의 보편적, 즉 본질적 의미에 지나지 않는다. 왜냐하면 어떤 기호가 언어로서 의사소통에 사용될 수 있는 것은 바로 그러한 의미가 존재하고, 그러한 의미가 이미 사회적으로 정의되어 있기 때문이다. (WR 23~25)

이런 논의를 한 연후에 박이문은 다음과 같이 종교를 정의한다. 즉 우선 모든 종교는 나름대로 분명하거나 희미한 세계관이나 인생관을 지닌 것으로 간주된다. 그리고 그것은 세 가지 본질적 특성들을 지닌다.

우선 종교는 인간을 포함한 모든 것, 즉 존재의 총체를 지칭하는 자연·우주에 대한 그림, 그 속에 존재하는 개별적 존재들이나 현상들의 관계, 그리고 그 것들의 전체적 및 개별적 의미에 대한 이론으로서의 세계관을 지니고 있다. 종 교적 세계관의 공통점은 지각적 관찰의 대상이 되고 과학이 설명해주는 인과 적 법칙으로 설명할 수 없는 이 현실세계와 완전히 다른 타자로서 초월적·정 신적·영적·초월적 영역으로 전제한다. 다음으로 종교적 세계관의 본질은 의인 적·물활론적·인격적이다. 종교의 세계는 인격적인 단 하나 혹은 다수의 존재 들의 생각과 의지에 의해서 작동되고 변동되는 세계이다. 이런 인격적 존재를 전제하지 않는 세계관은 종교적 세계관이 아니다. 마지막으로 종교는 인간이 우주의 본질에 대처해야 할 삶의 방식을 제안하며, 한계의식을 동반한다. 종 교는 인간적 삶의 소외, 외로움, 고통, 그리고 생물학적 죽음이라는 절대적 한 계의식에서 인간이 피할 수 없는 무력감에서 출발한다. 그러한 자신이 한계를 극복하기 위해서 초인간적, 초자연적 힘을 가진 다른 세계, 아니면 세계의 다 른 차원에서 존재하는 '신' 혹은 초월적인 존재로서의 인격적 '타자'와 소통하 여 그의 힘에 의존하고자 불가피한 요청을 전제한다. 이러한 세 가지 속성들 을 통합하여 박이문은 종교에 대한 바람직한 정의를 다음과 같이 요약하여 서술한다. (WR 27~28)

첫째, 종교는 물리적 존재와 절대적으로 구별되는 초월적 타계, 즉 형이상학 적 존재에 대한 믿음이며, 둘째, 이 세계 즉 속세와 더불어 그 세계, 즉 성스 러운 타계를 관리하는 인격적 한 존재 혹은 존재들, 즉 신 혹은 신들의 존재 에 대한 믿음과 인식이며, 의식·제의를 통하여 그들의 힘을 빌려 인간의 궁극 적 소망을 성취할 수 있는 방식을 제공하는 이론적 및 실천적 신념체계이다.

종교는 사회, 시대, 윤리를 초월하는 속성을 지니고, 윤리적 차원과 구분되 며, 인생의 문제를 다루는 초월적이고 거시적 관점을 지닌다.

이에 반하여 종교는 인간과 인간 사이에 생기는 문제를 해결키 위한 행위의 원칙 혹은 규범을 제시하지 않고, 사회나 시대를 초월해서 인간이 우주 전체 또는 존재 전체와의 관계에서 생기는 문제의 해결을 제시한다. 그것은 인간이 우주와의 관계에서 어떻게 하면 가장 적합한가를 가르친다. 바꿔 말해서 종교는 인생 내에서의 문제가 아니라 인생의 문제를 어떻게 보며, 인생에 대해서 어떻게 태도를 취하느냐 하는 문제를 가르친다. 이와 같이 하여 종교는 초윤리적이다. 그것은 윤리적 문제, 윤리적 관점을 초월할 것을 요구한다. 이와 같은 종교의 성격은 반드시 윤리를 무시하거나 제거하는 것은 아니다. 다만 종교적 차원과 윤리적 차원이 다르다는 것을 말할 뿐이다. (LT 90)

다음으로 박이문은 종교에 대한 철학적 고찰로서 '종교철학'을 다음과 같이 규정한다. 종교철학은 믿음이라는 행위와는 독립된 순수한 지적 작업이고 종교에 관한 학문에 속한다고 전제한다. 무엇보다 그는 언어분석 철학적 관점에서 종교철학의 본령과 논의 지평을 서술한다.

종교철학은 종교가 아니라 종교에 관한 학문으로서, 종교에 대한 과학적 설명이 아니라 종교에서 사용되는 종교와 관련된 언어, 더 정확히 말해서 개념들의 의미를 밝히고 종교적 믿음이 전제하거나 함유하는 여러 가지 사실들의 논리적 타당성을 검토하는 작업으로서 종교와 관련된 수많은 개념들의 분석과 그 의미의 이해, 그리고 궁극적으로는 종교 전체의 의의를 밝히자는 데 목적이 있다. (WR 37)

종교라는 개념 자체와 그것을 둘러싼 수많은 개념들을 다루는 것은 어렵고 복잡하다. 박이문은 이런 과제를 다루기 위해 그 문제들을 가능한 한 총괄적으로 요약해서 철학적으로 고찰하고 검토하려 한다. 그것을 수행하기 위한 방법으로 여러 종교들 가운데서 가장 보편적인 종교들을 선택해서 가장 중심적인 것으로 생각되는 개념들과 문제들을 설정한다. 그리하여 그것들의 의미와 해결을 검토하고 그러한 개념과 문제들 간의 논리적 상호관계를 밝히고자 한다. 개별 종교를 서술함에 있어서 세 가지 측면을 고려하고 있다. 첫째, 경전의 역사적 기원, 둘째, 종교의 인식적 측면인 교리의 내용, 셋째, 실천적 측면인 제의이다. (WR 42) 무엇보다 중요한 것은 인식적 내용으로서의 종교란 사물 현상, 특히 궁극적·초월적 사물 현상에 대한 진리의 주장이며, 실천적 내용으로서의 종교는 삶의 근본적 목적을 달성키 위한 규범이며 처방이다. (WR 92 이하) 말하자면, 박이문에 의하면 종교란 궁극적 존재에 대한 진리 주장이며, 그것에 근거한 구체적의 삶의 태도와 규범을 제시한다는 것이다. 더욱 유념해야 하는 것은 종교란 지적 신앙과 행동에 앞서 내면적 체험에서 그것의 참된 모습이 드러난다는 주장이다. [220]

'종교적 진리'의 의미

박이문에 의하면 믿음은 단지 느낌이 아니라, 일종의 앎과 인식행위로 간주된다. 이런 점에서 '어떤 믿음이 옳다'는 주장은 진리와 인식의 문제라고 간주된다. 여기에서 중요한 질문이 대두된다. 이른바 종교가 어떤 대상에 대한 믿

---

220) 박이문, 《우리시대의 얼굴》, 철학과현실사, 1994, 58쪽. "종교는 어떤 구체적인 존재에 대한 지적 믿음이기 전에, 어떤 신앙에 일치하는 행동이기에 앞서 각 인간이 갖고 있는 내면적 체험에서 그 진실한 모습을 찾을 수 있다. 남에게 보이지 않지만 한없이 깊고, 남에게는 들리지 않아도 한없이 엄숙한 영혼의 체험 속에서만 진정한 종교의 세계가 있다. 참다운 종교는 한없이 조용하다. 진정한 종교인은 숨어 사는 탐구자이다. 소리 없는 관조적 명상 속에서 참다운 종교적 참여가 가능하다."

음이요, 그 믿음이 옳다, 즉 '진리이다'라고 주장한다면, 그 믿음의 대상은 어떤 종류의 존재일 수 있는가? 그러한 대상에 대한 믿음이 옳다는 주장은 어떻게 보장될 수 있을까? 가령 한 종교가 신의 존재를 전제하고, 신이 전지전능하다고 주장할 때 우리는 도대체 신이라는 인식 대상, '신이 전지전능하다'는 믿음을 어떻게 증명할 수 있는가? 그리고 일반적으로 어떤 믿음의 진리, 종교적 진리의 객관성은 어디에서 어떻게 찾을 수 있는가? 이런 물음들을 통해 확인된 믿음, 그리고 상호주관적으로 보장될 수 있는 믿음만이 객관성이 있는 믿음이 되고, 그것이 앎으로 전화된다고 본다. 이런 입각점은 일반적으로 인식이란 지각 경험과 논리적 추론에 근거한 믿음이라는 입장에서 나온 것이다. (WR 112 이하)

이런 점에서 믿음은 진리를 내포한다는 입장을 취한다. 즉 과학적 믿음이든 종교적 믿음이든 믿음은 다 같이 무엇인가의 대상에 대한 믿음이다. 즉 그 대상이 어떠어떠하다는 것, 즉 어떤 것에 대한 진리임을 동시에 내포하고 있다. 어떤 대상이 어떤 진리인지 확실하지 않다는 것을 인정하면서도 그것을 믿는다는 것은 가장 뚜렷한 모순이다. (WR 135) 신앙의 대상이 객관성을 확보하지 못할 때, 그 신앙은 객관적으로 그것이 옳다고 할 수 있는 근거가 없다는 말이 된다. 즉 객관적 근거 제시 없는 믿음은 주관적인 확신의 차원에 머무를 수밖에 없다고 본다.

신앙의 절대성이 신앙의 절대적 진리를 확보하지 못한다. 믿음의 절대성은 필연적으로 주관적일 수밖에 없고, 그 믿음의 주관성을 인정한다면 그 믿음의 진리, 즉 객관성은 보장되지 않는다. 한 믿음의 내용이 진리냐 아니냐는 종교적 확신이 진리로서 인정되려면 아무리 절대적이라 해도 주관적 신념, 즉 신앙도 객관적인 근거를 제시해야 한다. (WR 136 이하)

논리실증주의 입장에서는 종교적인 언어 및 명제는 지각 가능한 경험적 지칭 대상을 결여하고 있기에 진·위를 따질 수 없는 무의미한 것(non-sense)이라고 단정한다. 왜냐하면 지각될 수 없는 대상을 지칭하는 낱말이나 실증될 수 없는 사실을 지칭하는 명제는 무의미하다고 보기 때문이다. 따라서 한 명제의 진·위는 분석적인 것과 종합적인 것밖에 있을 수 없다고 본다. 논리실증주의에서 '실증방법'이란 언어 의미의 규율은 언어의 참된 기능을 인식적인 것으로만 보고, 한 언어의 의미를 그 언어가 가리키는 지칭 대상으로만 본다는 것을 전제한다. (WR 144)

이러한 입장을 견지하면서 박이문은 어떤 인식적 내용, 즉 정보 내용이 없는 종교는 종교일 수 없다고 본다. 그 이유는 종교가 반드시 인식적 측면만을 갖고 있는 것은 아니지만 그것은 종교의 근본적 전제 조건의 하나이기 때문이다. 종교는 과학과 철학과 마찬가지로 반드시 어떤 진리에 바탕을 두고 어떤 진리를 주장한다. (WR 150) 이런 점에서 종교적 언어는 진리와 분리될 수 없다는 점이다.

> 한마디로 말해서 종교적 언어는 필연적으로 반드시 지칭적, 즉 표상적 기능을 전제하고 있다. 그러므로 종교언어는 지칭 대상, 객관적인 대상을 전제로 한다. 달리 말해서 종교적 언어는 인식적 내용 즉 정보적 내용을 갖고 있으며 진리와 떼어 생각할 수 없다. 진리를 전제하지 않는 종교, 진리를 주장하지 않는 종교라는 개념은 논리적으로 모순이다. (WR 169)

이런 논의에서 박이문의 입장은 다음과 같이 요약된다. 이른바 종교적 진리에 대해서 내릴 수 있는 결론은 그것의 진·위를 알 수 없다는 회의적 입장이다. 종교에 대해서 그것이 주장하는 진리를 긍정할 수도 없고 부정할 수도 없다고 본다. 왜냐하면 우리가 알 수 있는 것은 인간의 한계조건(Boundary

Condition)과 종교적 문제가 소위 제한적 문제(Limiting Question)라는 사실 때문이다. (WR 173) 그러나 일상 언어 철학이 주장하는 '용도 의미론(Use-Theory of Meaning)'에서는 한 언어의 용도는 다만 한 가지로 정해지지 않고 경우와 사정에 따라 다양하다. 논리실증주의자들의 주장처럼 종교적 언어가 단순한 무의미가 아니라 그것대로의 의미를 지니고, 언어적 기능을 발휘하며 인간 삶의 어떤 차원을 밝혀주는 것이라고 주장한다.

과학적 진리와 종교적 진리의 양립 가능성

우리는 과학적 진리를 선택하면 종교적 진리를 버려야 하는가? 아니면 종교적 진리를 선택하면 과학적 진리를 무시해도 좋은가? 이 두 가지 선택지를 넘어서서 양자의 양립 가능성이 확보될 수 있는 것인가? 크게 보면 과학과 종교의 배타적 분리의 입장과 상호보완적 관계의 입장으로 나눌 수 있다. 박이문은 다원주의적인 인식론의 관점에서 양자의 대립적 입장에 대해 다소 부정적인 견해를 다음과 같이 표방한다. 즉 로마라고 하는 진리의 도시로 통하는 길은 과학에만 있는 것이 아니다. 종교도 또 다른, 또 하나의 길일 수 있다. 과학적 진리가 유일한 진리는 아니며, 과학적 진리는 종교적 진리와 반드시 대립되지 않을 가능성이 있다. 과학의 입장에서 종교를 배척하고 부정할 수는 없다. (WR 220)

일반적으로 종교적 진리가 객관성이 없다는 점에서 그 진리가 거부되고, 반면 과학적 진리는 객관성이 있다는 점에서 쉽게 수용된다. 여기에서 박이문은 물음을 던진다. 그렇다면 진리를 보장하는 객관성은 무엇인가? 전통적으로 그것은 있는 그대로의 사태나 사물 현상을 표상하느냐의 여부에 달려 있다. 이런 점에서 과학적 인식은 객관성을 지니고, 종교적 인식은 그렇지 못하다고 보는 것이다. 후자는 단지 주관적 인식에 머문다고 본다. 그러나 이제는 쿤 (T. Kuhn)의 패러다임 이론과 현대 해석학적 인식론에서 적시하듯이, 객관성은 사태나 사물에 귀속되는 독립변수가 아니라, 인식체계에 따르는 종속변수이다. 그리고 현상학에 의하면 과학적 지식도 어떤 확증성 없는 전제 혹은 신념에 기초를 두고 있다고 비판하면서 무전제의 철학을 강조한다. 박이문도 이런 입장에 동의하고 있다.

> 과학적 인식은 모든 다른 인식과 마찬가지로 어떤 인식체계를 전제로 하며, 그 체계에 의해 사물 현상을 표상해준다. 따라서 과학이 보여주는 사물 현상은 있는 그대로가 아니라 과학적 체계에 의해서 이미 구성되고 결정된 것이다. 객관적 인식을 진리라고 부른다면, 진리는 어떤 사물 현상의 있는 그대로를 의미하지 않는다. (WR 221)

박이문은 '인식론적 상대주의'의 입장을 취한다. 말하자면 인식론의 논의 지평에서 개념의 상대성, 관점의 상대성, 맥락의 상대성, 체계의 상대성, 차원의 상대성을 인정한다. 이런 점에서 과학적 관점과 종교의 관점의 층위의 차이와 상대성이 부각된다. 한걸음 더 나아가 진리의 선택의 문제는 각각의 그때그때의 믿음의 효용에 따라 상대적으로 결정된다는 실용주의적 관점도 수용하고 있다. 여기에서 그의 사유의 열려 있는 유연성과 균형감각을 확인할 수 있다. 이와 같이 볼 때, 과학적 진리도 종교적 진리와 마찬가지다. 그것들은 다 같이 똑같은 사물 현상에 대한 두 가지 다른 인식체계로 볼 수 있으며, 그 정당성은 오로지 그것들의 체계 내에서만 가능하다. 과학적 관점에서 종교적 관점을 비판하는 것은 마치 중량의 관점에서 부피의 관점을 잘못이라고 거부하는 경우와 같다. 이러한 사실은 모든 진리가 상대적임을 보여준다. (WR 221)

그는 하나의 진리를 이야기하기보다 복수적 진리를 받아들인다. 세계에 대한 다양한 믿음과 복수적 진리가 가능하고 요청되며, 그것들이 다양한 용도를 지니고 있다고 간주한다. 그에 의하면 과학적 믿음과 종교적 믿음은 공히 인간의 행복을 위한 조건들에 해당된다. 과학적 믿음에 따라서만 살아야 할 근거가 없을뿐더러, 인간의 형이상학적 요청을 그 믿음이 채워줄 수 없다는 사실이다. 왜냐하면 인간적 고독, 죽음에 대한 공포, 삶의 궁극적 의미, 더 나아가 우주의 궁극적 의미에 대한 물음에서 누구도 자유롭지 못하기 때문이다. 그는 과학의 중요성과 기능을 인정함에도 불구하고, 그것의 용도를 제한적 의미로 받아들이고, 그 한계를 분명히 하고 있다. 동시에 종교적 믿음에 근거한 진리의 실존적 용도를 흔쾌히 인정함을 확인할 수 있다.

> 이러한 문제·물음이 인간의 보편적인 실존적 문제이며 물음이라면, 이러한 문제·물음은 그 성격상 과학으로써는 해결될 수도 없고 해답을 줄 수도 없다. 과학적 진리의 용도에는 그 한계가 있고, 실존적 용도를 충당하기 위해서는 과학 아닌 다른 믿음, 다른 진리가 요청된다. 그렇다면 종교적 진리는 과학적 진리에 의해서 제거되거나 부정될 성질의 것이 아니라 과학이 채워줄 수 없는 실존적 용도를 맡을 수 있을지 모른다.

일반적으로 실존주의에서는 종교와 과학의 대상과 목적과 방법이 충분히 구별되지 않을 경우에는 경쟁과 충돌이 생기게 된다고 한다. 여기에서는 종교와 과학을 인격적 자아의 영역과 비인격적 대상 영역으로 구분한다. 이런 실존주의자들에게 종교는 우리의 인간성을 주관적이고 내적으로 정향하는 것인 반면, 과학은 대상들을 연구하고 교묘하게 처리하는 것이 된다. 다시 말해서, 주제 면에서 종교와 과학은 엄격하게 구분된다. 종교는 개인의 고유한 존재 영역을 다룬다. 그에 반해 과학은 대상들의 영역과 그것들을 조작하는 일을 다룬다. 지식의 방법 면에서는 하나는 주관적이고, 다른 하나는 객관적이다. 종교의 목표는 개인적인 의미의 길을 제공하는 데 있다. 그러나 과학적 작업의 목표는 우리의 물리적 환경 안에서 비인격적인 대상의 형태를 설명·예측·통제하는 것이다.[221]

후기 비트겐슈타인의 일상 언어 철학에서도 종교와 과학이 구별되면서도 똑같이 정당한 '언어놀이'로서 독자적인 용어와 범주와 논리를 가지고 있다고 한다. 양자의 언어는 각기 다른 목적과 방법을 지니고 있다고 본다. 이어서 박이문은 다음과 같은 질문을 던지면서 '종교와 실존'의 문제를 다룬다. 그렇다면 인간의 실존적 문제는 구체적으로 무엇인가? 그러한 문제해결에 종교적 진리의 용도는 무엇인가? 하이데거의 말처럼, 신은 철학할 수 없고, 오직 앎을 욕망하는 인간만이 철학할 수 있다. 이를테면, 철학은 종교가 아니고 종교적인 초자연적인 원천을 가지고 있지 않다. 철학은 단지 가사적인 인간이 유한하게 사유하는 자기 이해일 뿐이다.[222]

종교에서의 '실존'의 문제

박이문에 의하면 일단 종교는 일종의 앎의 체계이다. 그 이유는 모든 종교가 궁극적 존재에 대한 어떤 진리를 주장하기 때문이라는 것이다. 비록 종교가 일종의 인식적 체계라고 하더라도, 그러한 진리를 인식하는 것이 종교의 궁극적 목적이 아니라고 간주한다. 다시 말해 종교는 단지 인식적 욕구를 충족하기 위한 것이 아니라, 어떤 실존적 욕구를 충족하기 위한 것으로 여긴다. 따라서 그는 종교에 내재한 실존적 욕구는 무엇이며, 어떻게 충족될 수 있는지를 문제로 삼는다. 특히 그는 인간 실존에 대한 이해에 있어서 다음과 같이

---

221) M. L. 피터슨 외, 하종호 옮김, 《종교의 철학적 의미》, 이화여대출판부, 2005, 386~387쪽.
222) E. Fink, *Metaphysik und Tod*, Stuttgart, 1969, 120쪽.

사르트르의 입장에 동의한다.

> 사르트르의 말대로, 우리는 자유롭도록 처형되었던 것이다. 흔히 우리는
> 자유를 구가하고 추구하며 자랑으로 여긴다. 그러나 사르트르에 의하면
> 자유는 반드시 구가할 것도 아니며, 자유로운 처지는 반드시 즐거운 것
> 도 아니다. 자유는 인간에게 있어서 하나의 저주라 할 수 있다. 자유가 인
> 간의 실존적 조건이라면 이러한 자유는 인간에게서만 볼 수 있는 실존적
> 문제를 낳게 된다. 내가 어떤 행동, 어떤 태도에 대한 자유를 갖고 있다는
> 것은 그 행동, 그 태도에 대한 책임이 오직 나에게만 있다는 것을 함의한
> 다. (WR 228~229)

박이문은 인간을 '실존적 존재'로 규정한다. 왜냐하면 인간은 자신의 궁극
적 뿌리를 찾고자 하고, 자신의 존재에 대한 궁극적 정당성을 필요로 한다고
보기 때문이다. 실존적 존재로서 인간은 삶의 의미를 묻는 유일한 존재자이
다. 이 의미의 문제는 과학의 문제, 인식의 문제를 넘어서서 실존적 문제이다.
종교는 이러한 실존적 문제, 이를테면 삶의 의미의 문제에 해답을 주려는 기
능을 가지고 있다. 즉 종교의 근본적 기능은 삶의 의미를 가르쳐주는 데 있다
고 본다. 삶의 의미 내지 인생의 의미에 대한 물음은 실존하는 인간이 지닌 것
으로서 언어 이전의 어떤 사실, 개념화 이전의 어떤 궁극적 체험, 즉 종교적 체
험에 대한 질문으로 간주된다.
　여기에서 종교적 체험이란 공적인 것이 아니라 사적인 것으로서 '말로 표현할
수 없는 초월적 존재에 대한 경험'이라 일컫는다. (WR 252) 그것은 언어로 표현
되고 설명될 수 없다. 초월적 존재는 보편적인 의미에서 '분리·분간할 수 없는
하나, 즉 유일 존재에 대한 체험'과 연관된다. 말하자면 모든 것은 분리할 수
없는 하나라는 체험으로서 필연적으로 언어적 표현을 거부한다는 것이다. 따

라서 침묵 속에서 종교적 대상, 혹은 종교적 진리를 체험할 수 있게 된다. 이런 점에서 종교적 진리는 신비에 속한다. 한마디로 종교는 과학적으로든 혹은 철학적으로든 설명될 수 없는 어떤 진리에 대한 체험이다. 그러므로 그것은 인식 아닌 인식이요, 진리 아닌 진리이다. 더 정확히 말해서 인식 이전의 인식이요, 진리 이전의 진리이다. 종교적 진리는 말없이 말한다. 그것은 침묵을 통해서만 전달된다. 그러므로 종교적 진리는 근본적으로 신비적이다. (WR 253)

종교적 체험은 일종의 전체로서의 하나에 귀속하고 그곳으로 돌아가는 '귀가의 체험' 내지 '귀의의 체험'이다. 이런 측면에서 죽음도 어떤 전체 속으로 돌아가는 것으로 본다. 모든 것이 무분별의 '하나'라는 깨달음이 특히 동양종교의 범신론적 세계관에 깃들어 있다. 일체가 신에 귀속된다는 서구의 종교관도 이런 점에서 만날 수 있다. 죽음을 분리나 단절로 보지 않고, 유일 존재의 자연적 한 측면으로 간주한다. '나의 죽음'은 죽음이 아니라 단 하나의 존재로서의 한 측면에 불과하다. 죽음은 내 존재의 단절이 아니라 종전과 다른 형태로 나타난 단 하나의 전체의 한 측면에 불과하다. 나는 죽는 것도 아니며 없어지는 것도 아니다. 나는 어떤 경우에도 영원한 존재이다. 이처럼 나의 영원성은 단 하나만의 존재, 즉 형이상학적 전체 속으로 돌아감으로써만 발견된다. (WR 255)

의의와 반론

이제 박이문의 휴머니즘적 종교관의 문제를 살펴보도록 하자. 모든 종교는 '절대적 진리'가 무엇인지와 그것에 근거하여 삶의 '절대적 의미'가 무엇인지를 인간이 알게 하고 느끼게 한다. 그리하여 그것은 '인간이 궁극적으로 어떻게 살아야 할 것인가'에 대한 해답을 주고자 한다. 따라서 종교는 인간의 경험,

과학, 철학을 초월하는 진리, 그리고 그것에 근거한 초월적 삶의 의미를 제공한다. 이런 입장이 박이문의 종교관을 압축한 주장에 속한다. (WR 260)

이와 같이 그의 종교관은 인간의 진리인식, 의미추구, 행위의 방향과 목표에 정향되어 있다. 그러나 인간의 인식 범위를 벗어난 종교적 진리와 인간의 감성을 벗어난 종교적 의미는 인간의 삶의 방향과 목표에 만족스러운 답을 줄 수 없다고 못을 박고 있다. 즉 우리는 어디까지나 인간이며, 인간으로서 그러한 진리와 인생의 의미를 알고자 하는 것이다. 인간이 이해할 수 없는 진리, 인간이 느낄 수 없는 인생의 의미는 인간에게 전혀 의미가 없다. 아니 한걸음 더 나아가서 인간이 알 수 없는 진리, 인간이 느낄 수 없는 의미는 도대체 있을 수가 없다. (WR 261)

이상에서 살펴본 바대로, 박이문의 종교관은 인간을 위한, 인간에 의한, 인간 중심적인 휴머니즘적 종교관을 표방하고 있음을 확인할 수 있다. 이런 점에서 초월적 존재에 관한 초인간적 진리인식은 논리적으로 확실한 근거가 없고, 그 진리에 기초한 초인간적인 삶의 의미도 믿을 수 없다고 단언한다. (WR 260~261) 인간의 인식 범위 안에서 확인될 수 있는 진리와 그것에 근거한 의미만이 믿을 수 있다는 입장이다. 이런 점에서 그는 종교를 부정하지는 않지만, 그것의 진리는 인식할 수 없고, 그것에 근거한 의미는 느낄 수 없고, 삶의 지표로 삼을 정도로 만족스럽지 않다는 것이다. 종교는 결국 '어떻게 인간답게 살 것인가'에 대해 만족스러운 대답을 줄 수 없다는 것이다. 이는 종교에 대한 불가지론과 회의론을 표방하는 '휴머니즘적 종교관'의 입장이다. 이는 종교비판적인 종교관이다. 종교를 믿을 수 없다는 것은 그것을 부정하는 것이 아니다. 단순히 인간으로서 그것을 알 수 없는 자신의 솔직하고 담백하게 겸손한 입장을 말할 뿐이다. 그는 모르는 것을 안다고 어찌 주장할 수 있겠는가? 인간이 모르는 것을 인간이 안다고 어찌 우길 수 있겠는가?라고 반문한다. (WR 263)

이런 박이문의 휴머니즘적 종교관은 과연 정당한 것인가? 그러한 입장은 종교의 본질과 실천적 의미를 제대로 반영한 것인가? 그의 종교관은 값싼 표피적·피상적·외재적 종교비판에 머문다는 비판과 의혹에서 과연 자유로울 수 있는가? 박이문은 기존의 종교 대신에 인간 이성이 가르치는 것을 따르고 믿고 살아가는 '이성종교'를 표방하고, 그 종교를 신봉하는 '참다운 종교적 인간'의 등장을 촉구한다. 이런 점에서 휴머니즘적 종교만이 역설적으로 진정한 종교적 의미를 갖게 된다고 확언한다.

박이문은 앎을 논리실증주의의 관점에서 인간의 관찰과 경험과 이성에 제한시킨다. 이것은 근대 철학적 인식론의 전제에 속한다. 이런 좁은 잣대를 종교적 진리를 논하는 데 있어서 절대적인 것으로 적용시키고 있다. 따라서 경험적이고 이성적인 진리만이 믿을 수 있고, 초경험적·초이성적 종교의 진리는 알 수도 없고 믿을 수도 없고, 실천적 진리로 받아들일 수 없다고 확언한다. 다시 말해 종교적 세계관을 따라 살아간다는 것은 이성적으로 납득되지 않는다고 본다.

여기에서 종교적 진리에 대한 반종교적 회의론의 입장이 등장한다. 즉 종교가 주장하는 진리는 원칙적으로 초월적·비경험적·초인간적인 것이다. 그렇기 때문에 그것은 처음부터 인간의 관찰과 이성이 도달할 수 없는 것이다. 만약 그러한 진리가 있다고 해도 그것은 인간에게 나타난 진리가 아니며, 그런 진리에 바탕을 둔 삶에 의미가 있다 해도 그것은 인간이 이해하고 느낄 수 있는 것이 아니다. 그러나 우리가 알 수 있는 진리와 인생의 의미는 오로지 이성과 경험을 넘어서는 있을 수 없다. (WR 261) 다시 말해 종교적 진리는 인간인 우리에게 이해될 수 없다. 여기에서 이해는 인간의 경험과 이성에 국한된 이해이다. 이렇게 이해되지 않는 것은 믿을 수 없고, 그나마 믿을 수 있는 것은 오로지 이성이 밝혀주는 진리라는 것이다.

경험과 이성을 넘어서는 종교적 진리는 알 수도 없고, 믿을 수도 없기에 그 앞에 침묵해야 한다는 것이 박이문의 최종적 입론이다. 이는 비트겐슈타인의

'우리가 말할 수 없는 것에 대해서 우리는 침묵을 지켜야만 한다."[223] 그는 논리실증주의자들과는 달리 종교적 세계의 가능성을 제거하지도 않고, 그런 세계에 대한 언어를 완전히 난센스로 치부하지도 않았다. 따라서 종교적 어둠의 세계 앞에서 그리고 존재 일반의 궁극적 신비 앞에 겸허한 태도를 취할 수밖에 없다는 것이다. 즉 우리가 미흡하게나마 의지할 수 있는 것은 우리의 구체적인 지각경험과 이성뿐이다. 이와 같은 이성과 경험의 강조는 종교적 진리를 부정하는 것이 아니다. 그것은 다만 이성의 빛이 도달할 수 없고 지각경험이 뻗치지 못하는 것들에 대해서 우리는 다만 침묵을 지켜야 한다는 것이다. (WR 264)

이런 휴머니즘적 종교관은 '형용모순의 오류'를 범하고 있다. 물론 이런 표현을 역설적 표현으로서 비극적 해학으로 에둘러 표현할 수도 있다. 왜 종교적 외피를 벗지 못하고 그 주위를 맴돌 수밖에 없는 것일까? 다음으로 박이문의 종교관과 관련하여 증거주의의 문제를 거론해보자. 과연 알 수 없는 것은 믿을 수 없고 의미가 없는가? 박이문의 종교적 인식론 비판은 경험과 이성에 근거한 증거주의(Evidentalism)에 기인한다. 많은 현대 철학자들은 강한 정초론으로 알려진 인식론적 관점으로서의 증거주의를 지지한다. 그러면 증거주의란 무엇인가?

첫째로, 어떤 사람이 기독교나 기타 유신론을 받아들이는 것이 합리적이지 않는 한, 그 사람이 그것을 받아들이는 것은 잘못이라고 주장한다. 둘째로 다른 믿음들이 그의 종교적인 확신을 지지해주는 증거가 되지 않는 한, 그러한 확신을 갖는 것은 비합리적이라고 주장한다. 어떠한 종교도 합리적이지 않는 한 받아들여질 수 없고, 어떠한 종교도 증거에 의해서 지

---

223) L. 비트겐슈타인, 이영철 옮김, 《논리-철학 논고》(*Tractatus Logico-Philosophicus*, 1922), 책세상, 2006, 7쪽.

지되지 않는 한, 합리적이지 않다. [224)

　증거주의를 주장하는 정초론자들의 입장은 다음과 같이 요약될 수 있다. 그들이 옹호하는 믿음은 두 가지로 구분된다. 첫째는 다른 믿음들이 증거가 되어 지지해주는 믿음인 추론된 믿음(Derived Belief)이 있다. 둘째는 다른 믿음의 지지를 받지 않고서 받아들여지는 기초적 믿음(Basic Belief)이다. 이것은 우리의 믿음과 지식의 전체 구조를 최종적으로 뒷받침해주는 기반을 이루고 있다. 더욱이 이 믿음은 증거 없이 믿어도 되는 합당한 믿음으로서 '정확히 기초적인 믿음(Properly Basic Beliefs)'이라 일컬어진다. 이는 자명한 믿음이거나 오류가 불가능한 믿음으로 간주된다. 이런 점에서 우리가 임의의 믿음을 받아들이는 것이 합리적이기 위해서는, 그 믿음이 자명하거나 교정 불가능하든지, 아니면 자명하거나 교정 불가능한 믿음들에서 논리적으로 추론되든지 해야 한다. 고로 증거주의와 종교는 적대관계에 놓이게 된다. [225)

　이러한 증거주의의 종교에 대한 도전에 대해서 소위 개혁주의적 인식론자들[226)은 종교적 인식론의 정당성을 옹호하고 나선다. 특별히 그들은 칼뱅(J. Calvin)의 입장을 계승한다. 즉 신에 대한 신념은 인간이 가진 가장 본유적인 것으로서 '신성에 대한 감각(Sensus Divinitas)'은 인간의 가장 기본적인 믿음의 하나라는 것이다. [227) 그들은 종교에서의 궁극적인 믿음들이 합리적인 평가에서 면제된다고 생각하지는 않는다. 그럼에도 불구하고 종교적인 믿음들을 지지해주는 증거가 없더라도 그 믿음들은 전적으로 합리적일 수 있고, 정

---

224) A. Plantina and N. Woterstorff, (ed.) *Faith and Rationality : Reason and Belief in God*, University of Notrdam Press, 1983, 6쪽.

225) M. L. 피터슨 외, 《종교의 철학적 의미》, 173쪽 이하 참조.

226) Alvin Plantinga , Nicholas Woterstorff 등

227) 배국원, 《현대종교철학의 이해》, 동연, 2000, 121쪽.

당화될 수 있다고 주장한다.[228] 특히 플란팅거(A. Plantinga)에 의하면 신자들이 어떤 논증이나 증거를 전혀 가지고 있지 않더라도 신의 존재를 믿는 것은 자신의 인식론적 권리에 해당하며, 유신론적 신념의 기본성은 이 기본 신념이 전적으로 합리적이고 이성적임을 보장해준다는 것이다.[229]

그러면서 그들은 정초론 자체를 거부하지 않으나, 정초론의 증거주의도 그렇게 자명하지 않다는 것이다. 그들은 정확히 기초적인 믿음의 기준을 정초론자들이 지나치게 제한한다는 것을 문제 삼는다. 일반적으로 정확히 기초적인 믿음으로 인증된 것들, 일상적인 지각에 대한 믿음, 기억에 의한 믿음, 다른 사람의 생각과 느낌에 대한 믿음이다.

그런데 유신론자들은 종교적 믿음이 자기가 합리적으로 정확히 믿을 수 있는 믿음이라고 확신한다. 그렇다면 신이 존재한다는 믿음이 기초적인 믿음 내지 왜 그 기반의 일부가 될 수 없는가? 이 믿음이 우리의 정확히 기초적인 믿음이 될 수 없는 이유가 무엇인가?

플란팅거에 의하면 개혁주의적 인식론을 표방하면서 신에 대한 믿음도 전적으로 정당하고 합리적이라고 전제한다. 비록 다른 사람들이 동의하지 않더라도 유신론적인 철학자는 '신은 존재한다'를 정확히 기초적인 믿음으로 간주할 수 있으며, 이것은 충분히 정당화될 수 있다고 본다. 결국 자신이 신의 현존과 활동을 경험했다고 생각하는 사람은 신이 존재한다는 믿음을 비롯해 신에 관한 여타의 믿음들을 기초적인 방식으로 정당하고 합리적으로 주장할 수 있다.[230] 이런 주장에는 철학자들도 '선철학적인(prephilosophical)' 입장 내지 그때그때마다의 사유의 패러다임에서 출발할 수밖에 없다는 것을 밝히고 있는 것이다.

---

228) M. L. 피터슨 외, 앞의 책, 172쪽 참조.
229) 배국원, 앞의 책, 120쪽.
230) 배국원, 앞의 책, 178~187쪽 참조.

인식과 믿음은 순환적이다. 어떤 인식도 믿음의 전제 없이는 불가능하고, 어떤 믿음도 인식을 배제할 수 없다. 특히 종교적 인식과 믿음의 차원과 층위는 다양하고 복합적이다. 박이문의 종교적 인식론에서 '알 수 없는 것은 믿을 수 없고 의미가 없다'는 주장은 일방적이다. 인식 우위의 입장은 인식의 발생론적이고 경험적인 조건을 충분히 고려하지 않은 주장으로 평가된다.

마지막으로 박이문의 종교론에서 우리는 '성스러운 차원'의 논의의 결핍을 엿볼 수 있다. 과학이 진리의 가치를 추구하고, 예술이 아름다움을 추구하고, 종교는 성(聖, Holiness)의 가치를 추구한다. 따라서 종교학 혹은 종교철학은 성담론이 핵심이다.[231] 그것은 성이 무엇이며, 성의 차원은 무엇인지를 탐구한다.

이런 점에서 박이문의 종교철학 담론은 거룩함에 대한 논의가 부족하다. 이러한 성스러운 차원에 대한 논의의 결핍으로 종교담론에 있어서 '범주적 오류'가 엿보인다. 따라서 종교의 본령으로 더 이상, 더 깊이 논의가 진전되지 못하고 있다. 그의 논의는 신의 도래가 이루어지는 신성한 혹은 성스러운 차원과 영역에 진입하지 못한 채 인식론과 존재론의 차원에 머무르고 있다는 한계를 지니게 된다. 하이데거에 의하면, 종교의 대상인 신에 대한 사유는 성스러움의 본질에서 유래된다는 것을 분명히 하고 있다.

> 존재의 진리에 입각해서만 비로소 성스러운 것의 본질은 사유될 수 있다. 성스러운 것의 본질에 입각해서만 비로소 신성의 본질은 사유될 수 있다. 신성의 본질의 빛 안에서만 비로소 신이란 낱말이 무엇을 명명해야 하는지의 여부가 사유되고 말해질 수 있다.[232]

---

231) M. 엘리아데, 이은봉 옮김, 《성과 속》, 한길사, 1998.
232) M. 하이데거, 이선일 옮김, 〈휴머니즘 서간〉, 《이정표》, 한길사, 2005, 167쪽.

하이데거는 자연물과 그 현상 속에는, 즉 구름, 뇌우, 번개와 천둥, 폭풍과 빗줄기 안에는 신의 현존이 은닉되어 있다고 한다. 자연의 나타남과 흐름은 존재의 성스러움으로서의 신성을 눈짓으로 알려오는 전령이라고 본다. 신적인 것들은 존재의 성스러운 영역이며, 이곳에서는 신성의 은닉된 본질 영역이다. 이 영역이 '사방세계(das Geviert)'를 구성하는 한 축으로서의 신적인 것들의 차원을 말한다.

벨테(B. Welte)는 《종교철학》에서 '의미론적 신 존재 증명'을 통해 신에게로 가는 길을 존재나 존재자로부터가 아니라, 오히려 무에서부터, 무에 대한 경험에서부터 찾아낸다. 무가 그저 '텅 빈 무'일 경우, 여기에서 귀결되어 나오는 것은 일체의 것이 아무런 의미가 없다는 사실이다. 다른 경우 모든 것은 다 의미를 띠고 있는 경우인데, 이것은 명백한 윤리적 근본요청이며 양심 자체의 소리이다. 이 경우 무는 그저 텅 빈 허무한 무로서가 아닌 다른 것으로 해석되어야 한다. 그런데 이것은 무 자체가 간직하고 있는 이중성에서부터 설명될 수 있다. 무는 은닉이어야 하거나 또는 무한한, 우리에게 무조건적으로 요구해 오는 신비에 쌓인 어떤 힘이 은닉된 현전이어야 한다. 그리고 바로 그 힘이 그 모든 의미를 주고 있으며 그 모든 잠정적으로 무의미한 것들에게 의미를 아긴 채 그것들을 보호하고 있는 것이다. 그럴 경우 무는 그 모든 사물적인 파악 가능성 저편에서 그 무가 소리 없이 나타나고 있는 것으로 주목되어야 할 것이다. [233]

요약하면, 박이문은 신을 찾다가 난파한다. 오히려 본인이 신이 되어 의미를 부여하고 싶어 한다. 이는 동양 종교적, 즉 힌두교적, 뉴에이지적 성향을 나타내고 있음을 보여준다. 그는 궁극적으로 종교나 정치보다 앎에서 하느님처럼 되고 싶다는 야망을 가지고 살았다고 하면서 '금단의 열매'에 도전한

---

233) 이기상, 〈세속화된 세계에서 신에 이르는 길 찾기〉, B. 벨테, 오창성 옮김, 《종교철학》, 분도출판사, 1998, 301쪽 이하.

다. 인간의 유혹 중 가장 큰 유혹이 자신이 곧 신이 되고자 함에 있다. 따라서 기독교에서는 그것이 가장 큰 터부이다.

박이문은 종교의 도덕적 충고를 배격하고 반기독교적 감수성을 지닌 무신론자로 자처한다. 그는 사르트르식의 무신론적 자유주의에 동조한다. 박이문의 사상은 오늘날의 자연주의를 배경으로 하고 있으며, 여타의 인문학자들처럼 그런 가운데서도 인간의 가치를 찾기 위해 노력한다. 그리하여 어떤 특정한 종교를 믿는 대신에 그것을 넘어서 이성이 가르치는 것을 따라 살아갈 때 참다운 종교적 인간이 나타날 것이라고 한다. (WR 266) 이런 점에서 그는 이성에 대한 신앙을 지닌 이성종교를 표방하는 셈이다. 종교는 '이성적 믿음'을 넘어선, 신앙에 기초한 루소(J. J. Rousseau)의 표현대로 '심정적 확실성'을 추구하는 데서 그 본령이 드러난다.

제6부 ◆ 지혜사랑의 아름다움 - 둥지철학의 독창성

'지혜사랑'을 추구하는 박이문의 철학과 예술은 창조적인 독창성을 지니고 있다. 그가 제안하는 새로운 이성과 합리성은 미학적인 특징을 지닌다. 여기에서는 그의 '둥지철학'에서 나타나는 미적인 독창성을 '사이'의 사유, 예술적·생태학적 이성과 합리성, 인문학적 통합의 창조적 사유, 예술-생태주의 세계관으로 정리해서 밝혀보고자 한다.

1. '사이'의 사유

둥지는 생태학적이며 친환경적이고,
〔……〕 영적으로 행복하다.
– 박이문

둥지철학, '사이'를 횡단하다

오늘날 네트워킹 매체사회에서 '사이'는 핵심적 문화 코드이며 새로운 문화 패러다임이다. '사이'에 대한 철학적 담론은 중요한 토픽이 되고 있다.[234] 사이가 '관계맺기'의 의미(inter, 나와 너 사이)와 '환경 형성'의 의미(intra, 우리 사이)를 모두 포함하고 있다. 사이의 문화는 인간 삶의 각 분야에 부각되고 있는데, 그것은 '간(間)의 미학(美學)', '인터(inter) 효과', '인트라(intra) 환경' 등의 주제를 포함하고 더 나아가 '우리'가 아닌 '우리 사이'라는 '세계 만들기'의 목표를 제시한다.[235]

박이문의 철학도 '사이'에 대한 사유로 그 독창성을 드러낸다. 그것은 '사이'에 의해 연결되는 두 관계항 사이를 탐색하고, 그 사이를 넘나드는 횡단

---

234) 강학순, 《존재와 공간》, 한길사, 2011, 223~238쪽. 여기에서는 근원적 토포스(Topos)로서 '사이' 문제를 다루고 있다. ; 김동규, 《하이데거의 사이 예술론 – 예술과 철학 사이》 참조
235) 김용석, 《문화적인 것과 인간적인 것 – 포스트 글로브 시대의 철학 에세이》, 푸른숲, 2010, 30쪽.

(Cross over)을 수행해오고 있음을 확인할 수 있다. 예를 들자면, 현상학과 분석철학, 문학과 철학, 시와 과학, 과학과 철학, 철학과 예술, 동·서철학, 예술과 생태 등을 들 수 있다. 그의 철학의 핵심 키워드인 '둥지'는 '사이'의 세계를 드러낸다. 보이는 둥지는 가지 사이, 하늘과 땅 사이, 밭고랑 사이에 있다. 나아가 철학적·예술적 둥지는 자연과 문화 사이, 인간과 자연 사이, 철학과 예술 사이, 지성과 감성 사이, 이성과 욕망 사이, 언어와 비언어 사이, 존재와 의미 사이, 가능성과 불가능성 사이, 존재와 무 사이에 위치하고 있다. 그의 사유는 저러한 사이를 횡단하는 사유로 특징지어진다.

박이문이 세계의 존재론적·인식론적 틀로 제시한 '존재-의미 매트릭스'라는 개념 속의 하이픈(-)은 바로 '절대적 사이'이다. 이는 존재의 차원과 의미의 차원을 연결시키려는 시적·예술적 차원이다. 이 사이 차원을 밝히기 위해 박이문의 철학과 예술이 존재한다 해도 과언이 아니다. 이런 '사이'의 사유, 즉 둥지의 철학은 전통적으로 실체론적 사유보다는 '관계론적 사유'와 연결될 수 있다.

> 둥지는 생태학적이며 친환경적이고, 미학적으로 아름답고, 건축공학적으로 견고하며, 감성적으로 따뜻하고, 영적으로 행복하다. 그렇다면 우주를 구성하는 서로 다른 모든 개별적 존재들, 특수한 구조, 그것들 간에 무한 수에 가까운 관계, 그리고 그것들의 의미와 궁극적 가치들은 시원적, 즉 형이상학적 차원에서 볼 때 서로 다른 것이 아니라, 단 하나의 동일한 것의 형상의 다양한 측면으로 볼 수 있으며, 역동적인 새들의 둥지 리모델링 작업은 무한하고 영원한 단 하나로서의 삼라만상의 은유, 즉 메타포로 파악될 수 있다. (MH 42 이하)

이 '관계'로 칭해지는 '사이'의 사태를 밝히기 위해 앞서 '둥지의 철학'에서 거론한 것을 다시 환기해보도록 하자. 존재의 차원과 의미의 차원은 연속적이며, 그 사이에는 무수한 층위, 즉 스펙트럼이 있다. 여기에서 '둥지의 철학'이 지닌 통합적이고 관계론적 특성과, 역동적·미학적인 차원과 그 지평이 드러날 것이다. 즉 존재자들 간의 분명한 경계나 차이가 존재하지 않는 역동적 '관계'의 개념에 주목한다. 우주는 '뫼비우스의 띠'처럼 그 어디에도 존재론적으로 명확하거나 절대적인 경계선을 그을 수 없고 순환적·연속적인 실재이다. 그것은 시간과 공간에 고정된 어떤 형태로도 존재하지 않고, 영원히 역동적이고 유동적인 단 하나의 존재이다. (PN 147) 그 안에 있는 모든 서로 다른 것들 간에는 절대적인 대립적 경계나 차이가 존재하지 않으며, 그것들 사이에는 순환적이며 상호의존적이고 상호보완적인 관계만이 존재한다. (PN 145)

지상의 척도, '존재-의미 매트릭스'

박이문은 '존재-의미 매트릭스'라는 잣대를 0도에서 1도 간의 수치로 차등화하면서 존재론적 차원에서의 인과적 밀도와 의미론적 차원에서의 해석적 투명성을 수치적 측정치로 나타내고자 한다. 여기에서 수치 0도는 한 인간이 생물학적 존재, 즉 존재 차원에 귀속된 상태와 그가 의식적 주체로서 의미 상태 간의 분기점이다. 즉 수치 1은 가장 투명한, 즉 최상위의 의식과 인식을 말하며, 최고의 이상적 수준에 도달한 지적 상태를 의미한다. (PT 198) 이런 관계의 관점에서 존재 차원(0)과 의미 차원(1) 사이의 무한 수치의 다양한 층위, 스펙트럼상의 차이가 존재한다. 그리고 이것은 '절대 무차별(0)-절대 유차별(1)'로 설명된다. (PT 41) 여기에서 눈금 0에서 1은 인식 주체의 의식과 그 대상 간의 존재론적인 거리인 동시에 의미론적 투명성 간의 반비례적 관계를 나타내는 수치이다. 의식과 그것의 인식 대상 간의 거리, 즉 인간과 자연 간의 거리가 수치 0에 가까우면 가까울수록 존재론적으로는 그 대상과 거의 일치한다. 인식의 투명성은 무에 가깝고, 그만큼 마음은 꽉 채워지고 따라서 편안하다. 반대로 인간과 자연 간의 거리가 수치 1에 가까울수록 수치 의미론적으로 인식의 투명성은 완벽에 가깝다. 그러나 그만큼 마음은 공허하고 불안하다. (PT 83)

나는 앞에서 자연과 인간, 인식 대상과 인식 주체 간에 존재하는 관계를 설명하고 이해하는 방법으로 한쪽에는 존재 차원(Ontological Perspective)의 수치 '0'과 그 반대쪽에는 의미 차원(Semantic Perspective)의 수치 '1'로 각각 달리 수량화해서 측정할 수 있는 잣대로서 '존재-의미 매트릭스'라는 개념을 도입하고 사용해왔다. 여기에서는 존재 차원과 의미 차원과의 관계는 한편으로는 인식 대상으로서의 자연과 인식 주체로서의 인간의 관계로 볼 수 있고, 다른 한편으로는 물질의 인과적 법칙과 언어적 의미 해석 간의 관계로 구분해서 이해할 수 있다. 수치 '0'으로 기술될 수 있는 존재론적 차원과 수치 '1'로 기술될 수 있는 의미론적 차원으로 양극화된 자연과 인간 간의 위와 같은 관계는 좀 더 세분해서 그 양극 사이에 가령 생물학적·신체적·미학적·개념적·언어적 등의 무한 수에 가까운 층위로 세분화해서 이해할 수 있다. (PT 148 이하)

또한 수치 0과 1 사이의 상대성과 절대성을 아래와 같이 규정한다. 인간과 모든 의식 대상간의 존재론적 및 의미론적 관계의 무한수의 층위를 나타내는 '존재-의미 매트릭스'의 관점에서 볼 때 다음의 차이가 나타난다. 말하자면 실재와 현상, 원본과 복사, 앎과 무지, 진리와 허위, 가지적인 것과 감각적인 것, 개념과 존재, 인간과 동물, 정신과 물질, 영혼과 육체, 물과 돌들 간의 존재론적, 즉 실재적 차이가 생긴다. 그 차이는 언제나 절대적이거나 영구적인 것이 아니라, 상대적이며 잠정적이고, 애매모호하고 가변적이다. 만약 그러한 차이가 있다면, 그것은 오로지 의미론적-언어적-인위적, 즉 개념적-관념적-가상적으로만 절대적이다. (PT 140 이하) 결국 '존재-의미 매트릭스'라는 자연과 인간 간의 관계를 측정하는 관념적 잣대를 놓고, 그것의 '존재론적 차원'의 한 극인 수치 '0'과 '의미론적 차원'의 또 다른 극인 수치 '1' 사이에는 절대적 동일성도 없을 뿐만 아니라 절대적 차이도 없다. (PT 149)

윌슨(E. O. Wilson)의 《통섭 – 지식의 대통합》에 의하면, 이제는 진정 학문의 경계를 허물고 일관된 이론의 실로 모두를 꿰는 범학문적(Transdisciplinary) 접근을 해야 할 때가 되었다고 한다. 이제 학문 상호 간의 통섭(Consilience) 내지 융합(Convergence)의 시대가 열렸다. 더 나아가 인문학의 위기 속에서 철학, 문학, 예술을 포괄하는 '표현 인문학'으로의 확장이 요청되고 있다. 이 시대에는 전문 지식보다는 통합적 지식을 통해 창조적 사고를 해야만 한다는 주장이 설득력을 얻고 있다. 이런 점에서 형이상학이나 초월적 인식론 내지 윤리학에 앞서 통합학문이 제일철학(prima philosophia)이 될 수 있을 것이다. 이런 시대를 앞서 박이문은 철학과 문학, 그리고 철학 안에서도 유럽철학(실존철학, 현상학)과 영미철학(분석철학, 언어철학) 그리고 동·서철학의 사이를 크로스오버하면서 상호학문적, 그리고 학문 내적인 횡단적 사유를 실험해오고 어느 정도 연구 성과를 내놓았다.

요약하자면 박이문은 철학과 예술 간의 '사이의 사유'를 통해서 '철학의 빛은 시의 그늘 없는 무의미하다'고 한다. 시와 철학이 만나는 곳에 존재, 마음, 언어와 더불어 사는 아름다운 둥지가 지어진다. 시와 같은 철학인 동시에 철학과 같은 시로서의 둥지 안에서 진정한 의미의 휴식을 얻고 행복을 체험할수 있게 될 것으로 본다. 결국 '둥지철학'은 존재와 의미 사이에 지어진 예술적·철학적 둥지이다.

2. 예술적·생태학적 이성과 합리성

진실로 합리적인 것은
필연적으로 '생태학적'일 수밖에 없다.
– 박이문

새로운 이성과 합리성을 찾아서

박이문은 근대적 이성과 합리성(Rationality)의 위기에 직면하여, 그것들의 죽음을 선고하는 탈근대주의의 대열에서 벗어나고자 한다. 그래도 여전히 '이성은 죽지 않았다'고 선언하면서 이성 자체의 중요성을 강조하는 이성적 합리주의의 노선에 확고히 서있다. 그럼에도 불구하고 서양의 근대적 이성과 합리성에 독점권을 부여하지 않고, 다른 종류의 새로운 이성과 합리성을 요청한다.

> 어떠한 믿음, 결정, 담론도 합리성의 개념 없이는 가능하지 않고 합리성은
> 어떤 형태로든 이성을 전제하지 않고는 불가능하다. 인간은 존재하는 한,
> 생각하고 말하고 신념을 형성하며 결정을 내린다. 그리고 그렇게 하는
> 한, 인간은 필연적으로 사고, 즉 이성을 작동한다. 그러므로 고전적인 서
> 구적 개념과 다른 새로운 이성 및 합리성의 개념을 발견하는 일이 절실히
> 필요하다. (KE 193)

박이문에 의하면 합리성이란 개념은 존재하지만, 그것은 포괄적인 것이 아니라 단편적이고 분해된 것이라고 본다. 하나의 형이상학적 실체로서의 이성이라는 개념은 형이상학적 허구이다. 이성은 합리성의 근거가 될 수 없다. 이제 '이성의 빛'과의 일치라는 뜻에서의 합리성의 개념은 불가능하다고 여긴다. 왜냐하면 그것은 존재론적 이원론이란 오류에서 나왔기 때문이다. (KE 156 이하) 이제 근시안적·미시안적 이성을 넘어 원시안적·거시적 이성으로 세계를 바라보아야 한다. 그리고 인간 중심적인 관점을 넘어 자연 중심적으로 모든 것을 보아야 한다. 하나의 예술작품처럼 일체의 것에 깃든 그 존재 자체로서의 내재적 가치를 인식해야 한다. 이제 '과학적 이성'의 의미를 '예술적 이성'의 잣대로 파악하고, '도구적 이성'을 '생태학적 이성'으로 통제해야만 한다. (IK 184)

이런 점에서 박이문은 서양의 근대적 이성에 대한 잘못된 이해를 수정하고 새로운 해석을 제안한다. 즉 '예술적·생태학적 이성'과 '생태학적 합리성'을 거론한다. 전자는 우주의 다른 부분과 분리될 수 있는 어떠한 실체를 가리키는 것이 아니라, 인간의 성찰력을 가리킨다. 그것은 객관적 세계 속에 항구적으로 고정된 어떤 대상으로도, 주관적인 정신으로도 존재하지 않는다. 다만 그것은 역동적으로 행동하는 하나의 정신적 활동이다. 그리고 '합리성'은 '이성'이라고 불리는 어떤 초월적이거나 형이상학적인 규범에 따른 믿음이나 판단을 가리키는 것이 아니라, 바로 성찰력의 활동을 가리킨다. 그것을 어디에서도 발견할 수는 없다. 하지만 무엇인가를 생각하는 순간마다 그것을 실천하고 경험할 수 있다. 그리고 '생태학적 합리성'이라는 용어가 가리키는 것은 모든 종류의 담론을 타당화·정당화하는 일반적이고 포괄적인 규범 형태이다. 이러한 맥락에서 '생태학적'이라는 용어는 보편적이고 포괄적이며 합리성이 갖추어야 할 기초적인 특징을 가리키는 것이다. (KE 160 이하)

이성과 합리성을 '생태학적'인 것으로 특징지음으로써 이성과 합리성의 기원과 존재 양상과 의미가 어원적으로 본래적인 의미의 오이코스(oikos)에 비추어 이해되어야 함을 상기시킨다. '생태학적'이라는 단어는 그리스어 오이코스, 이른바 생태학과 경제학이라는 단어가 여기에서 파생된다. 이는 원래 집, 거처, 서식지 또는 경영이라는 의미에 암시되어 있는 몇 개의 의미를 동시에 뜻한다. (KE 197) 무엇인가를 '생태학적'으로 본다는 것은 오이코스에 내재되어 있는 특성에 비추어, 다시 말해 집이나 거처나 보금자리와 같은 말에서 연상된 특성에 비추어 본다는 것을 뜻한다. (KE 197 이하) 무엇보다 이성의 형식은 복수적이며, 유연하다. 그리고 합리성도 복수이며, 모든 경우는 다른 합리성을 갖는다고 한다. 서양적 이성이나 동양의 합리성도 이성 자체나 합리성 자체가 아니라, 어떤 '지역적·국부적' 이성이나 합리성으로 간주된다. (KE 218). 이런 점에서 합리적인 것은 '생태학적'이라고 칭한다.

> 이성의 진정한 형식은 수학과 논리의 경우처럼 획일적이고 기계적인 것이 될 수 없고, 오히려 체육이나 예술이나 정치적 사고에서 드러나듯이 무한히 복수적이며 유연하다. 유일하고 획일적인 합리성은 존재하지 않으며 복수의 합리성이 존재할 뿐이다. 모든 종과 모든 개별 생명체가 생태적 관련 속에서 각기 다른 위치와 다른 방식으로 상호관계를 맺는 것과 마찬가지로, 모든 경우는 각기 다른 합리성을 갖는다. 바로 이런 뜻에서 나는 진실로 합리적인 것은 필연적으로 '생태학적'일 수밖에 없다고 주장하고 싶다. (KE 202 이하)

그리고 새로운 이성과 합리성의 생태학적 형식은 '전일적'이며, '미학적인' 특징을 지니고 있다. 이러한 그의 생각은 동양적 사유에서 유래한다. 즉 동양적 형이상학 일반에는 이성과 합리성에 대한 일관되고 체계적인 이론이 없다. 하지만 동양철학 속에는 각별히 '미학적'이라고 일컬을 수 있는 이성과 합리성에 대한 어떤 개념이 내포되어 있다. (KE 210) 그러면 그것이 왜 전일적이고 미학적인지 그 이유를 살펴보도록 하자.

> 전일적이라고 하는 이유는 생태학적 관점에서 볼 때, 어떤 신념이나 결정
> 과 관련하여 무엇이 합리적이냐는 어떤 하나 또는 몇몇 사실들이 아니라
> 관련된 모든 사실, 모든 국면 전체에 의해서 규정되기 때문이다. 또 미학적
> 이라고 하는 것은 이성이 그 자신이 감각적·육체적 기원, 그리고 궁극적으
> 로 대지에 박혀 있는 자신의 뿌리에서 완전히 유리되거나 거기에 무감각해
> 질 수 없기 때문이다. (KE 203)

예술적·생태학적 이성

'생태학적 합리성과 새로운 이성 개념'(KE 197~206)에서 두 개념을 다음과
같이 정의하고 있다. 첫째, 올바르게 정의될 때 '생태학적인' 합리성은 결코 죽
은 것이 아니며 인간의 심장 속에 항구적, 보편적으로 살아 있다. 둘째, 아시
아 철학이 지구상의 모든 지적, 사회적 재난과 생물학적 죽음을 치유하는 만
병통치약은 아니다. 그러나 그 철학의 근저에 있는 형이상학은 본질적으로
'생태학적'인 성격을 지니고 있다. 즉 그것은 '생태학적 합리성'을 이룩하는 데
하나의 지적 영감이 될 수 있고, 하나의 형이상학적 토대를 제공할 수 있다.
마지막으로 세계와 우리 자신을 보는 올바른 비전을 찾는 데에서 패러다임의
변화가 일어나야 한다. 이원론적 형이상학에서 일원론적 형이상학으로, 과학
적, 기계론적 인식론에서 미학적, 유기적 인식론으로 나아가야 한다. 그리고
인간 중심 윤리에서 생태 중심의 윤리로 변화가 일어나지 않으면 안 되는 이
유는 문명의 종말론적 위기가 절박하기 때문이다. (KE 220)

그러면 서양의 이성은 부정되거나 폐기되어야 하는가? 아니다. 그것은 지역

적·국부적 이성으로는 인정될 수 있다고 본다. 오히려 그것을 거시적 관점에서 재평가하고, 생태적 합리성에 통합해야 함을 다음과 같이 강조한다.

> 서양적 이성은 '생태학적 이성'과 양립 불가능한 것이 아니라, 그 속에 포함될 수 있다. 생태학적 합리성이 주로 서구적 인간 중심주의 위에 기초한 기술문명에 대해 비판적이고 우리의 세계관을 생태 중심주의로 바꾸는 코페르니쿠스적 혁명을 주장한다고 하더라도 이것은 서양적 이성과 그 기술적·실제적·지적 성취를 모두 거부해야 한다는 것을 뜻하지는 않는다. 오히려 그것은 그러한 성취를 전일적이고 거시적인 시각과 생태학적 합리성에 비추어 재평가해야 하고, 그렇게 함으로써 그러한 성취가 갖는 가치를 생태학적 가치 속에 통합해야 할 긴급한 필요성을 뜻한다. (KE 218)

요컨대, 생태 위기에 직면하여 아시아적 사유에서 발견할 수 있는 예술적·생태학적 이성과 생태학적 합리성을 통하여 서양의 도구적 이성과 지역적·국부적 합리성을 극복해야 한다고 주장한다. 따라서 서양철학의 대안철학으로 예술적·생태학적 철학인 '둥지의 철학'을 제시하고 있는 셈이다. 여기에서 그것의 미적 독창성이 나타나고 있다.

3. 인문학적 통합의 창조적 사유[236)]

나는 과학의 인문적 통합의 원리를 '둥지의 철학'이라 부른다.
- 박이문

'둥지철학'을 통한 학문의 통합

'둥지의 철학'에는 미래를 내다보는 혜안이 깃들어 있다. 그러면 이런 '둥지의 철학'은 오늘날 화두가 되고 있는 학문 간의 통합 및 융합의 요구에 어떤 의미를 줄 수 있고, 다양한 학문의 생태계에서 어떤 역할과 기여를 할 수 있는지를 살펴보고자 한다. 잘 알려진 바대로, 20세기 초 모리스(C. W. Morris)를 중심으로 한 몇몇 논리실증주의자들이 일으킨 철학적 '통일 과학(Unified Science)'을 위한 운동이 전개되었다. 그 이후 학문의 세분화를 넘어 학문의 통일, 즉 통일된 학문, '지식의 통일성'을 위한 새로운 시도가 필요하다는 점에서 생물학자 윌슨의 《통섭 – 지식의 대통합》에서 '통섭(Conscilience)'이라는 인식론적 개념이 화두가 되고 있다.

윌슨은 인간이 물리적 인과관계에 따른 사건들로 인해 행동하는 존재라면,

---

236) 강학순, 〈'둥지의 철학'의 근본개념과 사상에 대한 고찰 – '존재-의미 매트릭스'를 중심으로〉, 한국하이데거학회, 존재론 연구, 2013년 겨울호, 85~89쪽을 수정보완함.

사회과학과 인문학은 왜 자연과학에서 제외되어야 하는가 하고 반문한다. 그는 통섭이라는 방법으로 여러 분과들의 흩어진 사실들을 통일할 수 있으며 통섭은 봉합선이 없는 인과관계의 망이라고 한다.[237] 인간의 조건은 자연과학의 미답지이다. 역으로 자연과학에 의해 드러난 물질세계는 인문·사회과학의 가장 중요한 미답지이다. 그렇다면 통섭논증은 다음과 같이 압축될 수 있다. 즉 두 미답지는 동일하다.[238]

월슨은 모든 학문이 동일한 과학적 방법, 즉 물리적 인과법칙에 의해 통일될 수 있다고 생각한다. 이런 상황 속에서 박이문은 〈학문의 통합과 둥지철학〉에서 세 가지 과제를 제시하면서 반론을 제기한다. 첫째, 지식통합 및 학문의 퓨전 등의 개념적 공허함을 지적한다. 둘째, 월슨의 '통섭'에 기초하고 있는 유물론적 세계관과 환원적·직선적 인식론의 한계를 비판적으로 검토한다. 셋째, 인간을 포함한 우주 모든 것의 포괄적 설명 양식, 즉 철학관인 동시에 세계관인 '둥지의 철학'을 예로 들어, 전일적·순환적 인식론 및 세계관을 제안한다. (PU 209~218)

박이문은 먼저 월슨의 '통섭' 개념을 다음과 같이 파악한다. 말하자면 통섭은 원칙적으로는 자연 우주 전체가 단 하나의 보편적 원리와 인과법칙으로 설명할 수 있게 되었다는 것이 중심 테제이다. 그것은 학문 즉 지식의 통일이론이며, 인식론인 동시에 형이상학이다. 즉 세계현상을 설명하는 방식으로서 '통섭'은 물리학·화학·생물학·수학·지리학·언어학·철학·문학을 같은 의미로서 하나의 학문으로 볼 수 있다. (PU 213 이하) 이른바 '통섭'이라는 인식론이 인과적 결정론에 지배되는 유물론적 형이상학을 전제한다. 세계를 설명하는 학문적 이론으로서의 '통섭'은 우주의 모든 잡다한 현상이 '마디 없는 인과관계의 그물망으로 짜여 있다'는 직관에 의존하고 있다는 것이다. 즉 통섭에서는

237) E. O. 월슨, 최재천·장대익 옮김, 《통섭 – 지식의 대통합》, 사이언스북스, 2005, 495쪽 참조.
238) E. O. 월슨, 앞의 책, 461쪽.

자연의 물질적 토대, 세계가 적은 수의 인과적 자연법칙에 의해 조리 있게 설명될 수 있다는 형이상학적 신념, 세계의 물질적 초석과 자연의 통일성을 전제한다. 그러므로 그것은 아직은 과학이 아니라, 형이상학적 세계관으로 간주할 수 있다. (PU 218) 이런 점에서 과학이 철학적 전제에서 자유롭지 못함을 밝히고 있는 셈이다.

세계의 전일적 이해의 학문으로서 '통섭'은 아직 철학적 사념의 차원을 완전히 벗어나지 못했지만, 윌슨은 언젠가는 그것이 명실공히 과학적 학문이 되기를 꿈꾼다. 그러나 그것이 실현되지 않을 것이라고 박이문은 잘라 말한다. (PU 215) 인문학과 과학의 융합 내지 통섭은 학문의 발전은커녕, 학문의 종말을 가져올 수 있다고 내다본다. 왜냐하면 '통섭'은 자연과학과 인문학의 융합이 아니라, 오히려 그것들의 환원적 통일을 뜻한다. 이때의 환원은 전자에 의한 후자의 흡수, 즉 인문학의 자연과학화를 뜻한다. 이 환원주의는 지각적으로 서로 다른 현상들이 근본적으로 변하지 않은 동일한 실재의 다양한 합성물에 지나지 않는다는 결정론적 유물론의 형이상학에 바탕을 두고 있다.

인문학에 의한 자연과학의 통합

이런 점에서 윌슨의 주장을 다음과 같은 두 가지 논거들을 제시하면서 반박한다. 첫째, 유물론적 형이상학은 모순된 개념이다. 그 이유는 형이상학적 신념들은 우주의 일부가 아니라, 필연적으로 우주 안에 있는 인간의 '관념', 즉 의식의 표현에 불과하기 때문이다. 둘째, 인식은 인간이 무엇인가를 의식하기 전부터 독립해서 완전히 객관적으로 존재했던 것을 발견하거나 수집하는 것이 아니라, 인간의 의식에 의해서 개념적으로 해석되고 구성된 일종의 관념적 산물이다. 인간이 보는 세계는 필연적으로 인간의 생물학적 및 심리학적 구조와 맞물려 있다. 따라서 과학적 이론은 그것이 어떤 종류이든 모든 의식, 신념, 설명, 이론, 즉 학문은 다 같이 인문학적이다. 이런 점에서 인문학을 대표하는 철학이라면 윌슨이 주장하는 것과는 달리 철학을 과학으로 환원해서 볼 것이 아니다. 도리어 우리는 과학을 보다 더 철학적으로 생각해야 한다. (PU 217 이하) 이런 점에서 모든 이론들은 가변적일 수밖에 없고, 모든 상황에 적합할 수 있도록 재조정에 열려 있어야 한다는 것이다.

또한 분과학문들 간의 학제적 구별은 절대적이 아니며 모호하다. 그럼에도 불구하고 서로 구별하는 것은 불가피하고 편리한 점이 있다. (PU 18) 이런 점에서 물리적 현상을 다루는 학문과 달리 인문학은 기호 혹은 기호적으로 보이는 현상을 대상으로 하는 일종의 기호학이다. (PU 20) 여기에서 기호의 의미는 물리적 현상, 사건, 상황을 표시하거나, 인간의 감정이나 의도를 표시하는 것이다. 기호는 해석의 대상이며 언제나 의미의 해석이다. 따라서 기호를 앎의 대상으로 하는 인문학은 지각할 수 있는 기호 안에서 비가시적인 의미를 찾아내는 기호학이다. 이론적 지식만이 학문에 속하고, 학문으로서의 지식의 본질은 감각기관으로 지각할 수 있는 '다양한 단독적' 현상들의 원인을 비가시적이고 관념적인 '단일한 보편적' 원리에서 찾는 데 있다. (PU 194)

> 우리는 지각 대상들에 명칭을 붙여 개념화하고, 그러한 것들을 구별하여 인식 대상으로 묶어 각기 다른 학문의 영역으로 나눈다. 그러나 그러한 것들의 경계가 분명한 것도 아니며, 따라서 실제로 서로 분리되어 존재하지도 않는다. 모든 것들의 차이와 구별의 경계는 언제나 불분명하고, 모든 것은 절대적으로 구별할 수 없는 하나의 전체, 세계, 우주로만 존재한다. (PU 203)

인문과학이 뜻하는 것은 이미 존재하는 것에 대한 인식적 작업이 아니다. 그것은 과학적 지식, 과학적 기술, 과학적 활동을 망라해서 모든 인간 활동의 의미, 인간이 추구해야 할 가치에 대한 반성과 창조이다. 자연과학이나 사회과학은 기존의 사실에 대한 객관적 지식을 찾고자 한다. 이에 반해 인문학은 새로운 경험, 새로운 사고의 훈련도장이며, 새로운 형상과 새로운 가치를 끊임없이 창조하는 치열한 시험장이다. (PU 183) 특히 대상들 사이의 형이상학적, 즉 원천적 차이는 하나의 환상에 지나지 않고, 지식의 궁극적 꿈은 실현 가능하다. 지식은 단 하나의 동일한 원칙과 방법에 의해 획득될 수 있으며, 모든 학문은 궁극적으로 단 하나의 거대 학문으로 통일될 수 있다. (PU 196) 따라서 과학의 눈으로만 인문학을 볼 것이 아니라, 인문학적 눈으로 과학을 보아야 한다. 인문학과 인문학적 세계관, 즉 우주관은 삶이라는 관점에서 그 내용이 이해되고 그 가치가 평가되어야 한다. (PT 251)

> 어떤 학문이든지 우리가 세계를 어떻게 보든지, 우리가 문명사적 새로운 환경에서 살든지, 결국 모든 학문, 모든 세계관, 우리의 모든 선택은 필연적으로 인문학적일 수밖에 없는 것, 즉 주관적일 수밖에 없는 인간에 의한 인식이며, 산물이기 때문이다. 인문학의 위기는 어쩌면 인문학에 의한 과학의 통합과정에 나타나는 불가피한 현상에 지나지 않는다. 나는 과학의 인문적 통합의 원리를 '둥지의 철학'이라 부른다. (PU 6)

이런 주장은 멀리로는 딜타이의 해석학과 구조주의와 쿤의 입장과 연결된다. 특히 딜타이의 해석학은 자연과학과 정신과학의 차이에 주목하여 후자의 정체성과 고유성을 유지하고자 하였다. 구조주의에서는 의미 현상을 탐구하는 인문·사회과학이 자연 현상을 탐구하는 자연과학과 구별된다. 양자는 연구 대상의 본질적 차이에 주목하고 자연과학과 인문학을 구별한다. 양자는 다른 방법론을 요구하면서 인문학의 독자성을 확보하려 했다. 특히 과학을 인문학의 한 분야로 본 것은 쿤이다.

그 혁명은 인문사회학과 자연과학 간에 방법론적으로나 결과적으로 절대적 단절이 있다는 인식, 후자의 진리가 객관적인 데 반해서 전자의 진리는 주관적이라는 인식을 완전히 뒤집고, 후자가 전자의 한 양태라는 사실, 즉 학문으로서 과학도 아주 넓은 의미에서 인문학의 양태로 봐야 한다는 주장과 궁극적으로 모든 인식과 지식은 인간의 의식, 즉 주관적 창조적 산물임을 함축한다는 데 있다. 인문학과 자연과학의 차이는 질적이 아니라 주관성 개입의 정도의 차이에 있을 뿐이라는 것이다. (PT 261)

요약하자면, 윌슨의 '통섭' 이론의 주장과는 반대로 자연과학으로 인문학이 흡수되는 것이 아니라, 인문학에 의한 자연과학의 흡수로서만 가능할 것이라고 박이문은 단언한다. 이때 새롭게 생긴 '통섭'이라는 일종의 '메타 학문 (Metascience)'이 될 것이다. 그 방식은 영원히 끝나지 않는 '둥지 리모델링' 작업의 형태를 갖게 될 것이라고 확언한다. (PU 216 이하) 특히 예술적인 '둥지의 철학'이야말로 진정한 '통섭의 모델로 간주될 수 있으며, 통합 인문학의 정초를 마련할 수 있다는 것이 박이문의 확고한 입론이다. 이로써 '둥지의 철학'은 인문학적 통합의 창조적 사유를 독창적으로 표방함을 확인할 수 있다.

4. 예술-생태주의 세계관

예술-생태주의 세계관 안에서 인간은
하나의 예술 작품인 세계를 창조하는 예술가이다.
– 박이문

동양적인 생태학적 세계관

박이문의 생태학적 세계관은 동양의 전통적 세계관과 서양의 근대적 세계관이 통합된 세계관을 지칭한다. 그것은 양자의 세계관이 서로 배타적인 것이 아니라, 양립 가능한 것으로 본다는 점에서 독창적이다. 서구 세계관의 동양적 수용이 가능했다면, 동양적 세계관의 서양적 수용도 가능할 수 있다는 입장을 취한다. 물론 서양을 지배해온 세계관은 기독교, 플라톤, 데카르트, 칸트와 사르트르로 전승되어 온 것으로서 이원론적 세계관으로 규정된다.

이와는 반대로 박이문은 일원론적 '예술-생태주의 세계관(Artico-Ecological Weltanschauung)'을 제시한다. 이것은 스피노자의 '일원론적 세계관'과 상통함을 발견할 수 있다. 스피노자야말로 최고의 가치로서의 '몸과 마음의 안전과 평화, 정신과 감수성의 자유와 행복'에 이르는 삶의 길, 즉 지혜를 보여주었다고 간주한다. 그에게 있어서 몸과 마음, 물질과 정신, 신과 자연은 하나이다. 그와 같이 철학과 삶, 지성과 감성, 결정론과 자유, 생각과 행동은 각기 두 개로 떨어져 있는 것이 아니다. 그것은 조화로운 단 하나의 존재이자 질서에 속한다. (PT 219)

스피노자의 일원론적 세계관은 존재 차원에서 본 인간과 자연, 마음과 몸, 인식과 존재 간에 존재하는 존재론적, 즉 실질적인 인과적 연속성을 전제하는 동시에 위와 동일한 것들 간의 인식론적, 즉 개념적 차원에서의 논리적 단절성과 존재론적 차원에서 사물들 혹은 행위들 간의 인과적 연속성을 함축한다. (PT 222 이하)

그리고 동양의 지배적인 세계관을 대표하는 철학적 힌두교와 불교, 그리고 철학적 노장사상이 일원론적이었다고 본다. (EP 153) 그러나 동서양의 세계관은 통합 가능성에 열려 있다.

오랫동안 불교, 도교, 유교가 바탕에 깔려 있는 동양의 전통적 세계관과 기독교, 계몽적 합리주의, 과학사상이 바탕에 깔려 있는 서양의 근대적 세계관은 서로 양립할 수 없는 것으로 여겨져 왔다. 그러나 생태학적 세계관의 관점에서 볼 때 이러한 갈등은 동서 세계관의 의미를 근시안적이고 피상적으로 파악한 데서 생긴 것이다. 흔히들 생각하고 있는 것과는 달리 현재 서양적 문화가 드러내고 있는 이론과 모순과 실제 문제는 근대 서양 세계관의 완전한 포기를 의미하지 않으며, 또한 동양에 의한 근대 서양문화의 수용은 동양의 전통적 세계관의 전적인 포기를 뜻하지 않는다. 그렇다면 근대 서양적 세계관, 그리고 그 표현인 서양문화가 아무리 큰 문제를 드러내게 됐더라도 우리의 문제는 그것의 포기가 아니라, 그것을 더욱 거시적인 시각에서 재해석하고 그 테두리 속에 포괄하여 그 테두리에 맞게 수용하는 것이다. [239]

지금까지 대립된 것으로 생각해왔던 동·서양의 전통적 세계관을 포괄하는

---

239) 박이문, 《문명의 미래와 생태학적 세계관》, 99쪽 이하.

세계관으로서 '생태학적 세계관'이 바람직하다는 것이 박이문 사유의 새로움이다. 그것은 세계를 전체적으로(holistic) 보는 하나의 시각이다. 다시 말해 인간도 자연을 구성하고 있는 고리 중에 하나이며, 일부에 지나지 않는다고 보는 것이다. (WN 292) 이런 점에서 인간과 자연의 조화를 근본으로 하는 생태학적 세계관은 근본적으로 동양적인 것이다. 생태학적 세계관의 특징들은 아래와 같이 서술될 수 있다는 것이다.

첫째, 생태학적 세계관은 서양의 종교와 근대철학의 기초가 되는 데카르트의 합리주의에 기저하고 있는 인간 중심주의에서 불교의 윤회사상, 도교의 '도' 사상에 기저하고 있는 자연 중심주의로의 시각 전환을 뜻한다. 인간은 자연의 소유자가 아니라 절대적인 구별이 불가능한 존재의 총체로서의 단 하나인 자연, 우주의 영원히 순환적 한 고리에 불과한 것이다.[240]

둘째, '이성'이 객관적 존재에 충실한 객관적 '사유'를 뜻한다면, 생태학적 세계관은 '수학적·기계적'인 이성에 앞서 '미학적·예술적' 이성을 더 근본적인 것으로 본다. 이성적인 자연 현상에서 비롯된 모든 관계의 궁극적 구조가 '수학적' 언어로 기술할 수 있는 단선적·직선적 관계가 아니라, '미학적' 언어로만 표상할 수 있는 다원적·곡선적 관계라고 믿기 때문이다. 두 개의 이성이 갈등할 때 이성은 수학적 이성을 미학적 이성에 종속시킬 것을 요청한다.[241]

셋째, 생태학적 세계관의 테두리에서 우리의 태도는 자기 중심적 배타성이 공동체 중심적인 포용적 협동으로, 공격적 지배성이 조화로운 유연성으로 전환한다. 불교와 도교는 형이상학적 측면에서, 그리고 유교는 사회적 측면에서 이러한 생태학적 태도를 대변해준다.

넷째, 생태학적 세계관은 대상 중심적 인식과 시각에서 가치 중심적 인식과 시각으로의 전환을 요구한다. 중요한 것은 무엇이냐가 아니라 그것의 가치

---

240) 박이문, 앞의 책, 100쪽 이하.
241) 박이문, 앞의 책, 101쪽.

다. 과학 지식, 과학기술, 물질적 풍요가 아무리 중요하더라도 그러한 중요
성은 그것이 인간의 삶에 끼치는 가치의 관점에서만 이해될 수 있다. 이러한
시각은 객관적 진리를 강조하는 합리주의적이고 과학적인 인식에서 모든 현
상의 의미에 초점을 맞춘 불교적, 도교적 인식으로의 전환을 의미한다.

다섯째, 생태학적 세계관은 물질적 소유, 쾌락의 경험을 강조하는 현대문명
의 가치관에서 관조적 감상, 내면적 체험을 중시하는 가치관으로의 전환을 의
미한다. 근대서양에서 발명된 자본주의적 생산과 소비문화가 지배하는 현대
문명의 이념이 외형적 가치관을 대변한다면 내면적 가치관의 모델은 동양을
지배해온 불교와 유교에서 찾을 수 있다.[242)]

이와 같은 생태학적 세계관은 인간이라는 동물학적 종이 다른 동물학적 종
들과 근본적으로 차별되지 않는다는 자연주의적, 즉 생태학적 인간관으로 이
어진다. 이러한 인간관은 윤리적 사고를 인간 중심에서 생태 중심으로 전환
시킨다. (EP 158) 이런 생각은 동양적 사상에 그 기원을 두고 있는 셈이다. 특
히 동양의 윤리, 특히 힌두, 불교적 윤리는 인간 중심적이 아니라 생태 중심적
윤리이다. 그래서 윤리적 대상의 범주 속에는 인간만이 아니라 모든 동물이
함께 포함되는 것이다. (EP 159)

예술을 통한 '존재론적 이원론'의 통합

무엇보다 박이문은 서양의 전통적 존재론적 이원론을 예술을 통해 통합하
고자 한다. 특히 자신이 창안한 존재론적·인식론적 틀인 '존재-의미 매트릭
스'의 잣대의 눈금에서 동·서 문화를 비교한다. 따라서 동양의 일원론적 세계

---

242) 박이문, 앞의 책, 102쪽 이하.

관은 존재론적 차원으로 기울어지고, 서양의 이원론적 세계관은 의미론적 차원으로 경도되는 것으로 구분한다. 왜냐하면 서양문화의 뿌리가 이원론적 형이상학에 있기에 서양의 역사는 자연과의 대립·정복·활용의 과정이었고, 반면 동양문화는 일원론적 세계관에 바탕을 두고 있어서 동양의 역사는 자연에의 순응, 주어진 환경과의 생태적으로 평화롭고 조화로운 적용과 공존에 대한 소원의 표현으로 해석될 수 있기 때문이다. (PT 118 이하)

박이문이 긍정하는 다윈(C. Darwin)의 이론이 보여준 것은 진화의 산물인 인류란 인간 이외의 다른 종들, 나아가서는 우주적 전체성과 형이상학적으로 분리되어 있지 않다는 사실이다. 그러므로 그것이 함축하는 것은 정신, 이성이 육체와 형이상학적으로 분리되어 있는 것이 아니다. 결국 정신은 육체와, 인간은 다른 종들과 유정물은 무정물과 연속적인 관계에 있으며, 모든 것이 분리될 수 없는 하나의 존재, 실재, 세계를 형성하고 있는 것이다.[243]

더욱이 박이문의 입장은 화이트헤드(Whitehead)의 유기체의 철학과 유사하다. 20세기 과학이 고수하는 진화론적 자연관과 일치하는, 실체에 대한 체계적이고 형이상학적인 해석을 제시하는 것이 유기체 철학의 진수다. 그는 새로운 자연 개념들을 통해서 자연이 진화적이고 역동적이어서 시간이 흐름에 따라 새롭고 신기한 형태들이 나타나는 것으로 보게 된다고 주장한다. 결정론적 개념들은 우연·무작위성·무질서의 개념들로 교체되어 자연은 구조뿐만 아니라, 개방성에 의해서도 그 성격이 규정된다. 더욱이 자연은 관계적이고 생태적이며 상호의존적인 것으로 이해된다. 실재는 분리된 실체들과 그것들의 작용으로 이루어지는 것이 아니라 사건과 관계들로 구성되는 것으로 여겨지게 되었다. 화이트헤드에 따르면, 실재에 대한 통전적 개념은 모든 형태의 이원론을 무효로 만든다고 한다. 인간 본성에 대한 이원론적 관점은, 인류의 특별한 역량을 인

---

243) 박이문, 앞의 책, 157쪽.

정하면서도 그것이 자연 질서 안에서 다른 피조물들과 상호의존적이며 그 산물이라고 주장하는 진화론적 관점이다. 그리하여 자연을 왕국으로 보는 관점으로 대체된다. 화이트헤드의 형이상학에서는 존재보다는 생성이, 영속성과 지속성보다는 변천과 활동이 우위에 있다. 화이트헤드가 '현실적 발현(Actual Occasion)'이라고 부른 모든 개체들은 의식 경험의 중심이고, 각각은 다른 모든 발현에 영향을 미치면서 실재를 상호 의존적이고 생태적이게끔 만든다."[244] 박이문의 일원론적 생태 중심적 세계관은 예술-생태주의 세계관으로 확장된다.

> 나의 예술관이 생태주의와 결합하여 '예술-생태주의 세계관'으로 확장되었다는 점에서 그렇습니다. 예술-생태주의 세계관 안에서 인간은 그 자체가 하나의 예술작품인 세계를 구성하는 요소이지만 그와 동시에 하나의 예술작품인 세계를 창조하는 예술가이기도 합니다. 인간을 포함하고 있는 세계를 인간이 계속해서 창조 작업을 하고 있는 예술작품으로 보는 관점은 나의 독창적 관점이라고 할 수 있을 것입니다. [245]

요약하자면, '예술-생태주의 세계관'의 요지는 인간과 자연은 동일하다는 사실이다. 인간과 인간, 인간과 자연, 즉 인간과 동물, 생물과의 관계는 존재론적 차원에서 근본적으로 다르지 않다는 사실이다. 인간만이 철학을 하고 사고를 한다. 그러나 인간만이 절대적인 존재는 아니다. 동물이나 인간이나 모두 생물이라는 공통분모를 가지고 있다. 생태학적 세계관은 인간 중심적 세계관에서 벗어나 생태 중심적으로 우리의 시각이 변화해야 한다는 것을 주장하고 있다. 여기에서 '예술-생태주의 세계관'을 지향하는 '둥지철학'의 새로움과 다름이 드러남을 확인할 수 있다.

---

244) M. L. 피터슨 외, 앞의 책, 401쪽.
245) 정수복, 앞의 책, 35쪽.

제7부 ◆ 지혜사랑의 소용돌이 - 둥지철학의 과제

창조적 사상가들에게 공통적으로 나타나는 현상은 그들의 사유의 깊이에는 창조적 혼돈과 소용돌이가 있다는 사실이다. 박이문도 예외가 아니다. 그것은 충실한 독자를 당혹하게 만들고 뒤흔들어서 그 사유의 문제점을 노정시켜 비판적 과제들을 제시하게 하고, 나아가 그것들을 더욱 발전시켜나가게 하는 원동력과 실마리가 된다. 여기에서는 여섯 가지 과제들을 살펴보고자 한다. 이를테면, '행복한 허무주의'의 문제, '인간의 자연화'의 문제, '사유의 투명성과 일관성'의 문제, '자유주의적 개인주의'의 문제, '동·서양 사유의 양립 가능성'의 문제, '지혜사랑'에서 '지혜실천'으로의 확장의 문제이다.

1. '행복한 허무주의'의 문제

나는 어디서 왔는가? 나는 어디로 가는가?
나의 존재는 너무나 무상하다.
– 박이문

'행복한 허무주의'는 과연 행복을 담보할 수 있는가?

박이문은 소싯적부터 지금까지 삶에 대한 궁극적 공허성에서 벗어나지 못하고 있다. 비록 불행하다고까지는 말할 수 없지만 적어도 살아가는데, 특히 '살아 있다'는 사실에 어쩐지 거북함을 느끼지 않을 수 없다고 고백한다. 생각하면 생각할수록 산다는 것이 마치 남의 집에 와 있는 것 같고, 남의 옷을 입고 있는 느낌이고, 남의 생각을 남의 말로 반복하고 있다는 느낌에서 벗어날 수 없다는 불안감을 감추지 못하고 있다. 자연과 세계와 타인들과는 물론, 그 자신과도 자신의 모든 행동, 모든 생각, 아니 그 자신의 존재 자체가 박자가 맞지 않는다는 것을 피부로 느낀다. 이는 자신과 자신 속에 있는 타자(혹은 비아) 사이의 메울 수 없는 간격에서 느끼는 공허감이라고 할 수 있다. 심지어 1991년 61세에 이르러서 30년의 긴 외국생활을 청산하고 고국에 돌아왔지만, 30년 전 모든 것을 버리고 찾아갔던 그의 꿈은 이뤄지지 않았음을 확인했다. 그래서 그는 여전히 지적 혼란에서 완전히 벗어날 수 없고, 솔직히 말해서 실존적 허탈감을 극복할 수 없다고 한다. 삶과 세상, 그리고 자신과도 끊임없는 불화를 짊어지고 사는 이에게, 그가 누구이든지 간에 한없는 인간적 연민과 안타까움을 느낄 수 있다.

이런 배경에서 박이문은 '행복한 허무주의'를 표방한다. 인간적인 삶과 세계에는 형이상학적으로 의미가 주어져 있지 않지만, 인간 스스로 의미를 부여하면서 긍정적으로 살아가야 한다는 실존주의적 허무주의 입장을 견지하고 있다. 그의 사상이 유래한 무신론적 실존주의는 인간이 진리도, 신도 없는 공허한 세계에서 절망하여 허무주의로 나아갈 수밖에 없다는 사실을 부각시킨다. 그러나 스스로 가치를 찾아야만 하고, '자기 자신으로 존재하려는 용기'를 지녀야 한다는 것이다. 여기에서만 그래도 나름 행복을 찾을 수 있다고 본다.

특히 박이문에게 있어서 '허무함'을 나타내는 '무의미'는 형이상학적, 우주적, 역사적 목적론의 부정과 아울러 인간의 유한성과 무상함을 뜻한다. 지속적으로 떠나지 않는 근원적 질문들이 있다. 즉 "나는 어디서 왔는가? 나는 어디로 가는가? 나의 존재는 너무나 무상하다. 무한한 우주에 비추어볼 때 나의 존재는 너무나 무의미하다. 나는 이 짧은 삶에서 무엇을 하고 있는가?" (WR 230) 존재의 우연성과 유한성으로 인한 허무주의적 정조의 비가(悲歌, Elegie)로 가슴에 멍울이 진다. 그리고 '나의 존재'의 진정한 의미는 신인 절대자에게서 나오는데, 그것을 확신할 수 없다는 것이다. 그의 허무주의는 무한과 유한, 그리고 절대성과 상대성과의 간격과 충돌 속에 기원한다.

이런 점에서 박이문의 허무주의는 형이상학적, 종교적 기원을 지니고 있다. 인생은 허무하지만 '삶의 긍정'의 가치를 통해 자신의 삶의 의미를 스스로에게 부여하자는 것이다. 말하자면 무의미로 인한 비극과 슬픔 때문에 방황하게 되는 절망적인 멜랑콜리 대신에, 행복해지려는 희망을 지니고 노력하는 멜랑콜리를 택한 것이다. 결국 자신이 원하는 방향으로 세상과 자신의 불일치를 만들어내고, 그것을 극복해가는 절차와 과정을 박이문은 '행복'이라고 본다.

나는 나의 모든 것에 의미를 부여하는 주체자이며, 모든 것들이 나에 의해서 의미가 생긴다. 그와 같이 의미가 부여되는 만큼 모든 것들은 그것들마다 존재의 정당성을 갖춘다. 그러나 모든 것에 의미를 부여하는 주체로서의 나의 의미는 어떻게 부여될 수 있는가? 만일 절대적 주체자로서 하느님이 없다면 내가 모든 것에 의미를 부여하는 나의 행위 자체는 의미를 얻지 못할 것이 아닌가?(WR 230 이하)

박이문의 허무주의의 유래는 자신의 회의와 절규, 그리고 방황으로 가득 찬 삶의 체험과 아울러 아나톨 프랑스(A. France)의 '행복한 회의주의'와 카뮈, 사르트르와 니체의 사상의 영향으로 여겨진다. 프랑스는 인생의 모든 광신을 야유하고 또 인생 자체를 무의미하게 보았다. 그리고 모든 것을 믿지 않았다. 이러한 가운데서도 그는 인간이 자유를 아끼고 가련하고 약한 인간 상호 간의 자비심을 장려한 휴머니스트이며 모럴리스트이다. 카뮈가 쓴 〈독일인 친구에게 보내는 편지〉에 의하면, 이 세상이 아무런 형이상학적 의미도 없지만, 이 세상의 무엇인가는 의미를 지니고 있다고 한다. 그런 의미가 있는 그 무엇은 바로 인간이다. 왜냐하면 인간만이 그러한 의미를 요청하는 유일한 존재이기 때문이다.

'행복한 허무주의'의 연원

그리고 박이문의 허무주의의 사상적 기원은 무엇보다도 사르트르의 '형이상학적 허무주의'에서 그 뿌리를 찾을 수 있다. 사상적 멘토로서 그의 삶에 결정적인 영향을 주었던 사르트르는 진정 그의 고통을 대변해주며, 그의 생각이야말로 살 길을 가르쳐줄 수 있을 것 같았다고 여기저기서 토로하고 있다.

신이 없기 때문에 '인간은 자유로울 수밖에 없다'는 그의 주장! 필연적으로 주어진 인간의 운명이 따로 있는 것이 아니라, 각자 자신의 각본을 만들어서 살아야 한다고!

결국 인간의 궁극적 욕망은 완전한 존재, 즉 신이 되는 일이다. 그러나 그러한 존재는 모순되기 때문에 신은 존재할 수 없고, 따라서 인간의 모든 노력은 끝내는 허사가 된다고 본다. 이와 같은 인간의 존재 조건은 '인간은 쓸데없는 수난'이라고 표현하는 사르트르에게 동조한다. (IW 456) 따라서 모든 것을 자신의 자유로운 결단에 의해서 의미와 가치를 부여하고 정당화할 수 있는 근원적 바탕으로서의 인간은 자신의 존재와 삶의 궁극적 의미와 정당성을 발견할 수 없다. 그리하여 인간은 그저 우연히 태어나 평생을 불안과 고통을 겪으면서 근본적 이유도 없이 고독하게 살다가 죽어가는 비극적 동물이다. 이와 같이 박이문은 "인간의 실존은 근원적으로 비극적이다"라는 사르트르의 생각에 깊이 동조한다. (IW 272 이하)

또한 박이문의 허무주의는 니체의 허무주의(Nihilismus)와 그 맥을 같이 한다. 니체는 허무주의를 다음과 같이 규정한다. "허무주의란 무엇인가? 그것은 최고의 가치들이 무가치하게 된다는 것이다. 그리고 이는 목표가 결여되어 있다는 것, 즉 '왜?'라는 물음에 대한 답이 결여되어 있다는 것을 의미한다."[246] 그에게 허무주의는 그의 가치 사상에 입각하여 기존의 가치들이 존재자 전체에 대한 자신의 지배력을 상실하는 사건이고, 그것의 극복은 새로운 가치 정립에 의해서 수행된다. 이에 그는 이제까지의 모든 가치들의 전환을 주장하고 있다. 그것은 기존의 모든 가치들의 원천으로서 초감성적 차원을 송두리째 부정하면서 오직 이 현실로부터 가치 정립의 원리를 찾는 것을 의미한다. 어떻게 살아야 하는가? 어떤 인간이 가장 바람직한 인간인가?'라

---

246) F. Nietzsche, *Der Wille zur Macht*, n. 2, Kritische Gesamtausgabe der Werke Nietzsches in 30 Bänden von G, Colli und M. Montinari, 1967ff, VIII 9(35).

는 당위성에 관한 물음에 대한 대답으로 니체는 자신이 창조한 차라투스트라(Zarathustra)의 입을 빌려 '나는 여러분들에게 초인(Übermensch)을 가르친다. 인간은 반드시 극복되어야 할 무엇이다'라고 선언한다. 스스로 그때그때마다의 자신을 넘어서 가는 '초인'이 되어 비로소 자신의 존재뿐만 아니라, 우주, 자연, 존재 일반의 무의미가 극복될 수 있다. (IW 412)

이런 점에서 박이문의 허무주의는 니체의 것과 동일선상에 놓여 있다. 즉 도덕적 허무주의에 머무르고 있는 셈이다. 기존의 삶의 의미의 기반이 된 최고의 가치들이 폐기된 상황을 허무주의로 표현하고, 그것을 넘어 가치 전환을 통해서 내 자신이 스스로 부여하는 생의 의미에 근거해서 삶을 긍정하려는 '앙티 데스탱(Anti-Destin)'의 내용으로 받아들여야 한다.

어찌됐든 그의 가치 사유에 기초한 허무주의는, 존재 자체로부터 다가오는 시원적인 무(無, Nichts)와 대면해가는 '철저한 허무주의'와 구분되어야 하지 않을까? 박이문은 니체와 같이 무를 도덕적·가치론적 측면에서 바라본 한계를 지적할 수 있다. 그러기에 허무의 본령인 무 그 자체에는 진입하지 못하고 있다. 즉 근원적 존재론의 차원에서 무는 온갖 존재의 시원이자 터전이다. 그것은 의미와 무의미의 피안에 있다. 무는 '단적인 초월'로서 진정한 사유자에게 열릴 수 있는 근원적 지평이다. 이 무를 사유할 때만이 존재의 심연을 경험할 수 있는 것이다.

그리고 박이문이 일관되게 추구하는 인생과 세계의 궁극적 의미는 철학적 차원을 넘어 종교의 차원에 속한 것으로 간주된다. 그러나 그는 그 의미를 철학적으로 찾으려 하다가 결국 '모든 것이 무의미하다'는 허무주의적 결론에 이르고 만다. 이것은 바로 종교의 차원을 이성의 빛으로, 즉 철학적으로 해명하려는 모순을 범하는 것은 아닌가? 박이문은 스스로에게도 해당되는 다음과 같은 문제점을 지적하고 있다.

종교적 세계가 이성의 빛으로 도달할 수 없는 어둠의 세계를 전제로 한다면, 그것은 동시에 그 어둠을 이성의 빛보다 더 높은 차원의 빛으로 보고자 한다. 그러나 종교가 침묵을 지키지 않고 얘기를 하고 그곳에 새로운 세계를 만든다면, 그것은 어둠의 빛을 어둠의 빛으로 받아들이지 못하고 그것을 이성의 빛으로 조명하려는 모순된 욕망이 아닐까?[247]

그러면 '행복한 허무주의'에서 '행복'이란 무엇인가? 이는 박이문의 사유의 전체 시각궤도에서 보자면 '이성에 준거한 삶의 실천'을 의미한다. 인간에게 가장 중요한 선이 행복(eudaimonia)이며, 인간을 위한 행복은 인간에게 독특한 본성에 속한 이성에 따른 삶의 실천으로 가능하다는 아리스토텔레스부터 이어지는 서양철학 전통의 행복관과 직접적인 연관점을 지니고 있다. 무엇보다 박이문의 '행복한 허무주의자'는 과연 행복할 수 있는가? 행복한 허무주의는 '최고의 자기 긍정'이다. 스스로가 이제 행/불행을 만들 수 있다. 행복이란 가치 중의 가치이다. 행복과 불행이란 구분은 가치평가를 전제한다. 우연에 의해 던져진 존재가 이러한 가치를 가질 수 있는가? 그리고 그러한 가치를 가진들 무슨 소용과 의미가 있겠는가? 행복한 허무주의자는 '형용모순'으로 간주되는 비판을 무력화시킬 수 있는가? 인간은 일관되고 철저한 허무주의자가 될 수 있는가? 물론 그는 퇴폐적 허무주의를 버리고 행복한 허무주의를 결단한다. 그러나 다른 편으로 어떤 형태이든 허무주의를 심리적으로 받아들이기 어렵다고 여긴다.

신도 죽고, 역사에 아무 목적도 없다면, 우주라는 존재에는 처음부터 아무 목적도 없었다면, 이 땅 위에 인간으로 태어나 역사 속에서 홀로 사라

---

247) 박이문, 《이성은 죽지 않았다》, 304쪽.

지고 마는 나의 존재에는 아무런 의미가 없다. 그러나 자신의 행위에 의미를 부여하지 않으면 만족할 수 없고, 죽음을 초월해서 언제까지나 생존하려고 하는 본능에서 해방될 수 없는 우리에게는 이러한 인생관은 심리적으로 받아들이기 어렵다. (LP 232)

그의 허무주의는 오늘날 자연주의 세계관에 기초한 탈목적론적 형이상학과 역사관과 궤를 같이하고 있음을 확인할 수 있다. 이는 인간과 세계의 초월적 차원을 배제하고, 세계를 폐쇄된 인과율의 체계로 보는 자연주의 세계관의 연속선상에서 나타나는 필연적인 귀결이 아닌가? 자연주의에서는 어떤 형태의 형이상학적 목적론을 배격한다. 즉 "인간이 진화의 목표가 아님은 분명한 사실이다. 진화에는 명백한 목표가 없다."[248] 그리고 최근에 도킨스(C. R. Dawkins)도 우주에서 목적성을 배제한다. "자연선택은 무목적인 시각의 눈먼 시계공인데, 앞을 내다보지 못하고 이후의 일들을 계획하기에 눈이 멀었다고 표현한다."[249]

요컨대 허무주의는 도구적 근대 이성, 즉 과학 세계관이 낳은 것이다. 즉 자연주의의 마땅한 귀결이다. 그럼에도 불구하고 그런 세계 이해에서 행복을 찾으려고 몸부림친다. 이는 사이어(J. W. Sire)의 다음과 같은 '유한한 우주의 침묵 자연주의'에서 잘 드러나고 있다.

다시 말하면 인간이 출현한 후 의미 있는 역사인 인간의 역사-자기 의식과 자기 결정력이 있는 인간의 사건-가 시작된 것이다. 그러나 고유한 목표가 없는 진화와 마찬가지로 역사도 고유한 목표가 없다. 역사는 인간이

---

248) G. G. Simpson, *The Meaning of Evolution: A Study of the History of Life and of Its Significance for Man*, Yale University Press, 1967, 143쪽.
249) R. Dawkins, *The Blind Watchmaker*, New York, 1986, 21쪽.

만드는 대로 형성된다. 사람들이 어떤 사건을 선택하고 회상하는 등, 의미를 부여할 때만 인간의 사건들은 그 부여된 만큼의 의미를 갖게 된다. 유신론과 마찬가지로(동양 범신론의 순환론과는 달리) 역사는 직선적이나 미리 정해진 목표는 없다. 역사는 〔……〕 단지 의식적인 인간이 존재할 때까지만 '지속될' 뿐이다. 만일 인류가 소멸하면 인간의 역사도 사라질 것이고 자연의 역사만 계속될 것이다.[250]

사이어는 《영점. 허무주의》에서 자연주의에서 허무주의로 넘어갈 수밖에 없는 이유는 자연주의가 인간에게 의미 있는 행동을 할 수 있는 근거를 마련해주지 않았기 때문이라는 것이다. 오히려 자연주의는 타고난 자기 의식적 특징 위에서 자유로이 선택할 수 있는 자기 결정력을 지닌 존재의 가능성을 부인한다. 인간은 결정되었든지 변덕스럽든지 간에 하나의 기계에 불과하다. 인간의 의식이란 고도로 잘 조정된 물질의 복잡한 상호관계에서 나온다. '인간은 자기 의식과 자기 결정력이 있는 인격이 아니다'는 것이 자연주의 주장의 요체임을 밝힌다. 이러한 자연주의적 인간관에 기초한 박이문의 행복한 허무주의는 무신론적 실존주의와 그 맥을 같이하고 있다.

무신론적 실존주의가 허무주의를 극복했을까? 열정과 확신을 가지고 극복하고자 시도했음은 분명하다. 그러나 그것은 각 개인을 초월하는 도덕적 준거점을 제공하는 데는 실패했다. 인간의 가치의 근거를 주관에 둠으로써 그것을 실재와 유리된 영역에 두었다.[251]

---

250) J. W. 사이어, 김헌수 옮김, 《기독교 세계관과 현대사상》, IVP 2007, 100~101쪽.
251) J. W. 사이어, 앞의 책, 178쪽.

'행복한 허무주의'와 독단론

박이문의 허무주의는 개인적 가치관으로 성립할 수 있다. 그러나 '행복한 허무주의'는 철학적 입장에서는 독단적인 성격을 내포하고 있다. '세상은 무의미하다'는 명제의 근거는 무엇인가? 왜냐하면 의미와 무의미 자체, 행복과 불행 자체가 그 근거를 설정하는 자체가 이율배반을 배태하기 때문이다. 무의미, 그리고 의미의 상실에서는 아무것도 나올 수 없다. 허무주의라는 상자 안에 갇혀 있으면, 무를 근원적으로 사유하지 못하고, 무의 본령에 진입하지 못한다. 이런 점에서 박이문의 '삶을 긍정하는 행복한 허무주의'는 많은 질문과 여운을 남기고 있다. 어쩌면 자연주의에 기초한 과학이 배태한 허무주의에 무릎을 꿇고 지성의 날개를 접은 것은 아닌가? 과연 허무에서 반전되는 것이 행복이며, 허무에서 이길 수 있는 대항마가 행복인가?

물론 행복한 허무주의는 역설(paradox)을 품은 시적인 표현이다. 한용운의 〈님의 침묵〉에 등장하는, '아아! 님은 갔지만 나는 님을 보내지 않았습니다'처럼. 그럼에도 불구하고, 그의 허무주의와 자유정신은 양립하기 어렵다. 왜냐하면 허무주의의 유혹과 폭력을 벗어나 의미를 위한 지속적인 이니셔티브를 창조하는 능력이 자유의지의 표현이기 때문이다. 또한 자유의지로 의미를 찾아내고 모든 가능성 추구가 금지된 세계에서도 가능성을 찾아내는 것이 진정한 문화창조에 해당되기 때문이다.[252]

결론적으로 박이문의 허무주의는 독단론적 성격이 강하다. 주어진 우주와 세계에는 의미가 없다고 단언하는 한, 그 주장은 독단론이다. 그것은 의미가 있는지 없는지 알 수 없다고 하는 불가지론과도 구분된다. 그의 허무주의적 독단론은 그의 양상론적 세계관과 생태 중심적 세계관과 양립할 수 없다. 인

---

252) 김용석, 앞의 책, 41쪽.

생에서 형이상학적 의미의 근거를 밝히기 어려운 만큼, 형이상학적 무의미의 근거를 밝히기도 어렵다. 이런 측면에서 형이상학적, 역사적, 우주적 목적론을 배격하고 부정하는 그의 입장은 직관적인 자신의 세계관일 수는 있다. 하지만 논거를 지닌 철학적 주장과는 구분될 수밖에 없다. 심정적으로 허무감을 느낄 수는 있지만, 가치론적 허무주의는 일종의 독단론의 성격을 띠고 있다. 왜냐하면 세상에는 형이상학적 의미가 없다고 단정 짓기 때문이다. 이러한 독단론적 허무주의를 유포하는 박이문의 삶과 저작은 허무주의의 슬픔과 아픔을 치유하는 애도 작업의 일종으로 볼 수도 있다. 그러나 나이브한 '행복한 허무주의'가 배태할 수 있는 예측할 수 있는 결과에 대한 책임 있는 성찰이 요구되지는 않을까?

박이문의 허무주의는 특정한 가치의 관점에서 타당하다. 하지만 존재 자체는 허무주의의 피안에 그저 찬연히 있다. 존재(Sein)에서 당위(Sollen)를 이끌어올 수 없다. 그리고 우주가 지닌 의미 있음과 없음의 형이상학의 문제는 인식론의 영역 밖일 것이다. 그러므로 '행복한 허무주의'에서는 결코 참되고, 선하고, 그리고 아름답고 숭고한 행복이 담보되기가 어렵게 여겨진다. 역설적으로 그의 허무주의는 그의 창조적 작업의 추동력으로 작용하는 형이상학적 에너지일 수도 있다. 그러나 실천적 허무주의는 불가능하다. 실제로 철저한 허무주의자로 살아갈 사람은 아무도 없다. 제한된 형태의 실천적 허무주의는 일시적으로 가능할 수 있다. 이런 점에서 형상학적, 인식론적 허무주의에서 비롯된 '행복한 허무주의'는 건강하고 아름다운 삶의 철학으로서는 자리매김될 수 없는 한계성과 위험성을 지니고 있음을 부정할 수 없다.

2. '인간의 자연화'의 문제

나는 철학적 사유도 역시 자연의 일부로서
자연, 세계 속에 갇혀 있음을 안다.
    - 박이문

'자연'과 '자유' 사이

박이문의 후기 사유는 전반기와는 사뭇 다르다. 전반기에는 운명과 대결할 수 있는 자유와 선택권이 인간에 있다고 보았다. 즉 우리 자신은 인간의 운명뿐만 아니라, 지구의 운명, 자연의 운명, 인류의 운명을 통제할 수 있는 능력이 있다. 지구의 운명과 인간의 운명도 인간의 결단과 선택에 달려있다고 본다. 그 선택에 따라 변화 또한 가능하다. (WN 295) 그리고 인간적인 삶이 도덕적인 것은 인간의 자의적인 결정에 매여 있지 않고, 인간을 초월한 형이상학적 질서에 기인한다고 분명히 주장한다. (EC 193) 더욱이 인간은 언어로 인해 자연의 일부가 아니라고 단정한다. 즉 "언어로 해서 인간은 동물 아닌 동물이 되어 자연과 뛰어넘을 수 없는 거리를 갖게 되었다. 우리는 이미 자연 속에서 살지 않고, 자연의 완전한 일부가 아니며, 언어의 세계, 의미의 세계 속에서 살고 있는 것이다."(DS 120)

그러나 후기 사유에 접어들수록 인간의 우주에서의 특별한 지위를 기존의 형이상학에서처럼 인정하지 않는 자연주의적 인간관으로 경도된다. 말하자면 인간도 자연의 일부에 속할 뿐이다. 그리하여 인간의 문화적, 초자연적 차원도 자연적 차원에 귀속된다는 입장을 취한다. 즉 인간의 초월성도 자연성으로 환원된다. 물론 자연주의(Naturalism)에서도 인간을 우주의 다른 사물들과 구분되는 독특함을 언급하고 있다. 여기에서도 인간을 자연의 최고 산물로 인정한다. 즉 인간은 자기 결정권을 가지고 가치를 창조할 수 있는 유일한 자연적 존재로 간주한다. 그러나 인간을 한낱 바닷가의 조약돌보다 더 가치 있는 존재로 여기지 않는다. 특히 자연주의의 기본 명제에 의하면 "인간은 복잡한 기계이고, 인격이란 우리가 아직 완전히 이해하지 못한 화학적, 물리적 힘의 매우 고등한 작용이다."[253] 인간의 의식이란 고도로 잘 조정된 물질의 복잡한 상호관계에서 나온다는 입장에 박이문은 동의한다.

그는 '형이상학적 이원론'을 비판하면서 '형이상학적 일원론'으로 기울어지면서 후자의 견해에 원론적으로 동조한다. 그것에 의하면 이성의 초월성 내지 초자연성이 부정된다. 그 이유는 이성이 물리적 실재와 형이상학적으로 유리된 하나의 관념적인 실체를 가리키는 것이 아니라고 보기 때문이다. (KE 198) 이런 점에서 그의 사상은 오늘날의 자연주의를 배경으로 하고 있으며, 여타의 인문학자들처럼 그런 가운데서도 인간의 가치를 찾기 위해 노력한다. 그는 인간과 동물의 유적 차별성을 인정하지 않고, 생명체라는 큰 틀에서 그 연속성을 수용한다. 인간의 초월성보다는 동물성 내지 자연성에 더 방점을 둔다. 말하자면 정신과 몸, 문화와 자연, 인간과 동물의 차이보다는 공통적 연관성 및 전일적 유대성에 초점을 맞추고 있다.

18세기에 태동하여 오늘날까지 강력한 영향력을 지닌 현대의 자연주의는 다음과 같이 정의할 수 있다. 즉 인간의 기원은 자연에 있다. 인간은 단지 개개인으로서가 아니라, 하나의 종(種)으로서 자연에서 나왔으며 또한 자연으

---

253) J. 사이어, 앞의 책, 127~128쪽.

로 돌아갈 것이다. 자연의 역사는 우주의 기원과 함께 시작된다. 오래전에 우주의 물질에서 어떤 과정, 말하자면 빅뱅이나 갑작스러운 출현이 발생하여 결국은 현재 우리가 살고 있으며 지각하고 있는 우주를 이루었다.[254]

또한 자연주의는 우주를 인과율의 폐쇄체계로, 또 인간을 하나의 복잡한 기계로 간주한다. 하지만 선택의 자유를 지닌 인간의 독특성을 주장한다. 그리하여 자연주의는 정직하고 객관적이라는 인상을 준다. 그것은 사실과 과학적 탐구와 학문의 확실한 결과에 근거한 것만을 받아들이도록 요구한다. 자연주의는 과학과 자유로운 지적 탐구의 확실한 결과에 의해 얻어진 합리적 설명으로 간주된다. 따라서 자연주의는 일단 일관성 있게 보인다. 가치란 오직 인간이 만드는 것이다. 즉 자연주의는 신도, 영혼도, 사후의 삶도 가정하지 않는다. 가치의 창조자는 바로 인간이다.[255]

자연주의와 결정론

초월적인 것을 부정하고 물리적 존재에 바탕을 두고 있는 과학적 자연주의는 결정론적 사유를 유도하는 인과의 세계이자 동시에 구조주의적 해석을 강요하는 체계적 통일성을 띠고 있다. 알려진 바대로, 19세기부터 실증주의 진영에서 '인간의 자연화 프로그램'을 시도해왔다. 1960년대 '심·신 동일론'에서는 마음과 몸이 속성과 기능은 다르더라도, 그것들은 근원적으로 하나로 귀속될 수 있다고 본다. 자연과 인간에 대한 탐구가 본질적으로 동일한 차원에 놓여 있다고 간주하고 '방법적 일원론'을 강조한다. 자연과 인간에 관한 학문

---

254) J. 사이어, 앞의 책, 95~96쪽.
255) J. 사이어, 앞의 책, 118쪽.

이 근본적으로 하나의 방법론적 원칙 아래 통합될 수 있다는 것이다. 이러한 '통합과학'의 이념을 제창했던 논리실증주의는 마음에 관한 유물론적 환원이론을 구축하는 것이 요구되었다.

이제 박이문이 자연주의를 옹호하는 핵심적 주장을 살펴보자. "나는 철학적 사유도 역시 자연의 일부로서 자연, 세계 속에 갇혀 있음을 안다."[256] 여기에서 물리적 우주에 대한 과학적 설명을 신뢰한다는 확실한 입장이 표명된다.[257] 그는 여전히 가설에 머무르고 있는 첨단과학이론들을 추수한다. 즉 모노(J. L. Monod), 다윈(C. Darwin), 프로이트(S. Freud) 등의 현대 과학이론에 전제된 자연주의적·과학적 세계관을 받아들이면서 과학의 성과에 동의함을 확인할 수 있다. 물론 일관되게 모든 사유의 단계에서 그러한 것은 아니다. 하지만 후기 사유로 올수록 자연주의 세계관에 연결되어 있음을 여러 곳에서 확인할 수 있다.

특히 박이문은 환경 위기를 극복하고 개선하는 데 있어 과학적 지식과 기술보다 더 중요한 방법은 없다고 확언한다. 적어도 환경 위기, 자연보존에 관한 과학은 저주가 아니라 축복이라는 것을 강조한다. 과학기술의 발달은 어두운 그림자가 아니라 밝은 양지로서 과학교육, 즉 사물 현상을 과학적, 객관적으로 보는 일반 대중의 교육과 훈련과 한 걸음 더 나아가서 환경공학의 발전과 대중화를 위한 사회적 투자가 필수적이라고 생각한다. 모든 시민이 무지의 소산인 애니미즘적, 미신적 자연관 및 세계관에서 깨어나서 과학적 세계관을 받아들여야 한다고 역설한다. 자연과 인간 자신에 대한 낭만적 감상과 왜곡된 환상에서 해방되어 냉정하게 이성적 인식을 가져야 한다는 것이다. 감상에서 지성으로의 자연에 대한 태도의 변화, 애니미즘적에서 과학적인 자연에 대한 관점의 전환, 미신에서 철학으로의 사유방식의 혁명이 필요하다고

---

256) 박이문, 《이성은 죽지 않았다》, 387쪽.
257) 박이문, 앞의 책, 384쪽.

역설한다. (EC 215 이하)

박이문은 인간의 기원에 대한 모노의 자연주의적 인간 기원론에 동조한다. 모노에 의하면, 인간은 '우연적 존재'이며, 인간이란 몽테 카를로(Monte Carlo) 게임에 올라온 '우연적 수'에 불과하다고 한다. 즉 우연이 인간 탄생의 실마리가 된다. 무한한 기간에 걸쳐 서서히 우연과 필연의 상호협력을 통해 단세포 생물, 다세포 생물, 식물계와 동물계, 그리고 인간까지도 탄생했다고 본다.[258] 모노에 의하면, 유전자의 불변적 내용은 쥐나 인간에게서나 그리고 모든 포유동물에게서나 대체로 같다.[259](WN 119) 모든 존재는 우연히 태어났지만 운명적으로 태어난 것이다.

> 그러나 모노가 말했듯이 우연은 새로운 방향으로의 추진력을 시간과 공간 안에 유입시켰다. 우연한 사건은 이유가 없다. 그러나 그것 자체가 하나의 원인이 되어 폐쇄된 우주의 긴요한 부분이 되었다. 우연은 우주를 이성이나 의미, 목적 등이 아니라 부조리로 열었다. 갑자기 우리는 우리가 어디에 있는지를 모르게 되었다. 우리는 더 이상 우주의 균일한 구조에서 피어난 꽃이 아니라, 비인격적 우주의 매끄러운 피부에 우연히 솟아난 혹이 되어버렸다.[260]

---

258) J. Monod, *Chance and Necessity*, trans. by Austryn Wainhause, New York, 1971, 98쪽, 112쪽.

259) 모노는 이렇게 쓰고 있다. "옛날의 맹약은 산산조각이 난 상태이다. 인간은 우주라는 무정한 광대함 속에서 외로운 존재라는 사실을 드디어 깨닫게 되었다. 다시 말해 인간은 오직 우연에 의해서 이 우주의 광대함으로부터 생겨났다. 인간의 운명은 이 우주 어느 곳에서도 판독될 수 없고 그 어떤 것도 인간의 의무가 아니다. 위로의 왕국이냐 아래로의 암흑이냐, 인간은 이 둘 중 하나를 선택하여야 한다."(WN 131)

260) J. 사이어, 앞의 책, 135~136쪽.

또한 최근의 생명공학이 물체와 생명, 육체와 정신의 상호보완적 관계를 밝혀내고 있다. 따라서 박이문은 이런 첨단과학의 성과를 수용하면서 인간이 인간 이외의 존재와 근본적인 차원에서 구별할 수 없다는 사실을 뒷받침해주고 있다고 본다. 그는 천체 물리학자이자 과학을 대중화한 세이건(C. Sagan)과 네겔(E. Nagel)의 입장에 동조하는 셈이다. "우주는 존재하는 모든 것이자 존재했던 모든 것이며, 앞으로 존재할 모든 것이다."[261] 또한 "성숙한 자연주의는 인간의 가장 독특한 특징조차도 비인간적인 물질에 의지하고 있다는 주장을 부인하지 않고, 오히려 인간의 본성을 인간의 행동과 업적, 인간의 열망과 능력, 인간의 한계와 비극적 실패, 인간의 상상과 재주를 통한 놀라운 작품 등에 비추어서 평가하려고 노력한다."[262] 박이문에 의하면 인간, 당나귀, 개, 새, 나비, 벌레, 사물, 그리고 바위나 물 등의 사이에는 궁극적인 형이상학적 차이가 없다는 것이다. (WN 123)

이런 자연주의적 입장은 신은 존재하지 않으며, 물질은 영원히 존재하며, 우주에는 목적이 없으며, 그것은 존재하는 것의 전부라는 주장이다. 따라서 인간의 자유라는 형태로 표현되거나 세계를 초월한 것으로 생각되는 이성의 초월성을 계보학적으로 새롭게 보아야 한다는 것이다.

> 만일 성찰력으로서의 이성이 세계를 초월한다면 처음부터 그런 것은 아니다. 정신은 육체와 분리될 수 없고, 인간의 육체는 세계의 일부이기 때문에 성찰력으로서 정신은 세계와 대지에 계보학적으로 뿌리박혀 있음을 의미한다. 이성의 초월성은 이미 대지 속에 내재되어 있는 것이다. (KE 199)

---

261) C. Sagan, *Cosmos*, New York, 1980, 4쪽.

262) E. Nagel, *Naturalism Reconsidered*, Proceedings and Addresses of the American Phil-osophical Association, Vol. 28: 5~17(1954), 490쪽.

박이문의 사유는 이성의 내재성, 혹은 현대에 와서 회자되는 자연성에 근거한 과학적 자연주의, 생물학적 유기체주의 내지 동양적 자연 중심적 전일적 세계관에 연결된다. 이는 김형효가 말하는 '자연동형론(Physiomorphism)'과 유사하다. '불교는 인간의 자연동형론'²⁶³⁾과 유사한 것으로, 그것은 우주 일체를 한 몸으로 사유하며 인간-자연을 공존하는 상생의 전형으로 본다. 말하자면 자연동형론은 인간을 자연으로 산화시키는 사유이다. 인간을 자연성(physis)의 그물망 속으로 해체시키는 초탈적 사유가 인간의 자연동형론이다. 거기에는 인간과 신 중심주의가 없다. 자연동형론에서는 목적의식을 망상으로 여기고, 그것은 존재하는 일체가 자연에서처럼 다 상생의 놀이를 연출하다가 사라진다는 것을 말한다. 그러나 사라지는 죽음은 삶의 존재 양식의 귀환으로 본다.

박이문이 제시하는 인간 중심주의의 대안은 생태 중심주의, 더 궁극적으로는 자연 중심주의이다. 인류가 오늘날까지 성취한 철학적·과학적 탐구의 결과는 인간 중심주의의 허상을 극명하게 보여주고 있다는 것이다. 인류라는 종의 생명은 생태계의 중심이 아니라, 하나의 특수한 고리를 맺고 있다. 이런 점에서 생태 중심주의는 생명 중심주의로 바뀌어야 한다. 그리고 생태계는 물리적 존재에 바탕을 두고 그것과 끊을 수 없는 고리를 맺고 있다고 본다. (IW 423) 따라서 인간의 자연 속에서의 위치는 특별한 것이 아니라, 그 일부에 지나지 않는다는 견해이다. 자연동형론은 개념화되기 이전의 구체적이고 아무 것도 서로 구분할 수 없는 세계와 현상을 인식하고 표상하고자 한다는 점에서 생태학적 자연관을 전제로 한다. 그러나 이는 일체의 타자를 포섭하고 자기화하는 '동일성의 철학'에 갇혀 있는 셈이다.

---

263) http://blog.naver.com/kimseye3?Redirect=Log&logNo=130013600136 참조.

예술이 뜻하고자 하는 바는 비록 그 자신이 하나의 표상이긴 하지만, 그렇게 표상됨으로써 개념화되기 이전의 구체적이고 아무것도 서로 구분할 수 없는 세계와 현상을 인식하고 표상하고자 한다는 점에 생태학적 자연관을 전제로 한다. 어떻게 보자면 예술작품이란 과학적, 분석적, 인간 중심적 세계관을 부단히 부정하면서 그것을 극복하는 방법의 구체적인 예로도 볼 수 있다. 예술은 또한 자연으로부터 스스로 소외된 인간이 자연과의 화해와 조화를 되찾으려는 영원한 꿈의 표현이라고도 얘기할 수 있다. (IK 263)

또한 박이문이 지지하는 자연주의적·과학적 세계관에서 자신의 허무주의가 귀결된다. 세계가 형이상학적으로 아무런 의미도 없다고 단정하고, 우주적 목적론이 제거된 상황에서 허무주의는 배태된다. 과학과 기술에서 인간은 사물의 존재가 겪는 것과 동일한 운명에 처한다. 박이문은 인간 중심적 가치관은 아무 근거가 없다고 일축한다. 왜냐하면 그것은 인간이 자신들의 자연 지배와 착취를 정당화하기 위해 꾸며낸 허구로밖에는 볼 수 없기 때문이다. (EC 140) 그럼에도 불구하고 과학과 기술을 통한 생태계 위기 극복에 희망을 포기해서는 안 된다고 한다. 그러나 가치 차원을 배제한 과학, 기술의 지배는 그 자체로 위험하다. 왜냐하면 인간도 자연과 사물처럼 부품화되고 조작될 수 있기 때문이다. 이런 점에서 다음과 같은 질문은 유효하다.

과연 기술의 진보는 어디에서 멈출 것인가? 기술에 의한 자연의 훼손은 그냥 방치해도 되는 것인가? 아니면 그 자연의 복원도 기술에 맡기면 되는 것인가? 기술의 무한질주는 인류를 불안스럽게 하고 있다. 생활의 편리를 향유하면서도 늘 불안하지 않을 수 없는 현대인의 고뇌가 거기에 있다. [264]

---

264) 소광희, 《자연 존재론 - 자연과학과 진리의 문제》, 문예출판사, 2009, 596쪽.

'자연주의의 범주적 오류'의 문제

결국 박이문은 현대과학의 결론에 깃들어 있는 자연주의적 전제의 문제를 간과한 것으로 보인다. 이런 점에서 그의 입장은 우리 시대의 시대정신인 인문주의 선언과 그 맥을 같이한다. "우리가 아는 바로는 전인격이란 사회적, 문화적 상황 안에서 활동하는 생물학적 유기체의 작용이다. 육체의 죽음 후에도 생명이 계속된다는 것에 대한 신뢰할 만한 증거는 없다."[265] 자연주의자들의 일부를 제외하고 대부분은 결정론과 인간의 자유가 양립 가능하다고 한다. 즉 어떤 자연주의자는 인간의 행동을 포함한 우주의 모든 사건에 대해 엄격한 결정론을 주장함으로써 어떠한 의미의 자유의지도 거부해버린다. 반면에 대부분의 자연주의자는 인간의 자신의 운명을 자유롭게, 적어도 부분적으로나마 결정할 수 있다고 주장한다. 후자의 경우 폐쇄된 우주가 결정론을 함축하기는 한다. 그래도 그 결정론은 인간의 자유와 아니면 적어도 자유롭다고 느끼는 감정과 양립할 수 있다고 주장한다.[266]

그러나 인과율로 폐쇄된 우주에서 인간의 자유란 '인식되지 않은 결정성'에 불과할 수 있다는 것을 배제할 수 없다. 따라서 우주의 의지에 따라야 하는, 또는 세계가 나에게 주도권을 행사하는 개인의 자유에는 책임을 반드시 수반하지 않는 사이비 자유이다. 이런 점도 박이문의 생각과 일치한다. 그는 우주의 기원과 무목적성에 대한 자연주의자들의 입장을 받아들인다.

그럼에도 불구하고 자연주의 내부에서도 자연주의의 주장들의 일관성에 문제가 있다고 본 것이다. 그 이유는 다음과 같다. 첫째 가치의 문제가 제기된다. 우연에 의해 던져진 존재가 가치를 가질 수 있을까? 자연주의는 인간으로 하여금 인간 존재를 귀중히 여길 만한 충분한 근거를 제시하지 못한다

---

265) Humanist Manifestos Ⅰ(1933), and Ⅱ(1973), 17쪽.
266) J. 사이어, 앞의 책, 93쪽.

지혜사랑의 소용돌이 : 둥지철학의 과제 339

는 것이다. 인간이 독특하다면 원숭이도 독특하다. 마찬가지로 자연의 모든 범주도 공히 독특하다. 둘째, 이와 같이 불분명한 기원과 유래를 가진 존재인 인간이 자신의 지적 능력을 믿을 수 있을까? 만일 인간의 정신이 뇌와 경계를 접하고 있다면, 또한 '내가' 단지 생각하는 기계에 불과하다면 어떻게 나의 생각을 신뢰할 수 있을까? 의식이 물질의 부수현상이라면, 도덕성의 기초를 이루는 인간의 자유가 나타난 것도 우연이나 불변의 법칙의 부수현상일 것이다. 아마도 우연이나 사물의 본성이 사람에게 자유롭다는 '감정'을 새겨준 것에 지나지 않기 때문에 실제로 인간은 자유롭지 않은 것이다.[267] 자연주의자들에게는 세계와 그 속의 인간이란 단지 거기에 존재할 뿐이다. 여기에서 당위와 도덕의 근거를 찾기가 어렵다. '자연주의의 범주적 오류'를 박이문은 어떻게 극복할 수 있는가?

---

267) J. 사이어, 앞의 책, 119~120쪽.

3. '사유의 투명성과 일관성'의 문제

나는 이성이 정확히 무엇인지는 모른다.
그러나 이성의 존재를 확신한다.
– 박이문

개념의 착종과 혼합의 문제

명징성과 투명성을 이상으로 삼는 박이문의 철학과 사유에는 몇 가지 개념들이 얽혀 있고, 모순을 일으키고 있다. 자연, 언어, 둥지 개념과 그리고 예술적/심미적 개념, 표상/비표상 개념, 투명성/애매성 개념이 착종되어 있음을 발견할 수 있다. 다시 말해 개념들 간에 내재하는 개념적 불가통약성이 문제시된다.

그가 사용하는 '자연'이란 개념은 문맥에 따라서 그 의미가 다양하다. 일반적인 입장에서 자연 개념을 사용하다가도, 그것을 자주 이탈하고 넘어선다. 말하자면 자연과학에서 언표하는 자연 개념을 사용하기도 하고, 그리스적 자연 개념인 '피시스(physis)'에서부터 노장의 '자연' 개념을 차용하기도 한다. 그리고 신화에서 사용되었거나 혹은 현대 유기체적 철학이나 생태적 철학에서 이야기하는 '자연' 개념을 인용하기도 한다. 더욱이 환경과 생태계, 그리고 자연의 구별이 형이상학적 근거를 갖지 않으며, 모든 것은 자연의 큰 테두리 안에서 볼 수 있는 것이다. 이것은 생태계가 자연으로 환원될 수 있다거나 자연이 물질이라는 개념으로 환원되어 이해될 수 있다는 말은 아니다. 전체로서 하나인 자연은 과학자가 아니라, 시인이 말하는 자연이다. 즉 철학자가 논하는 개념화된 자연이 아니라 종교인이 체험한 살아 있는 자연이다.[268] 이런 점에서 그의 자연 개념은 그 대립 개념인 문화 개념을 포섭하기도 하고, 전통적으로 초자연적인, 반자연적인 의식의 차원까지도 자연 개념으로 환원시키는 현대 자연주의적 세계관으로까지 그 스펙트럼이 너무 넓다는 것이 지적될 수밖에 없다.

다음으로 '언어'에 대한 그의 입장은 상당히 혼란스럽다. 그는 언어/비언어, 개념적 언어/시적 언어, 표상적 언어/시적 언어, 서술적 언어/은유적 언어를 구분한다. 그러나 그 경계가 애매모호하고, 그 용법도 때로는 일관성이 없다. "언어를 통한 언어의 제거작업이 시다"(DS 123)라는 주장에서 앞의 언어와 뒤의 언어가 구별하기 어렵다. 더욱이 시는 근본적으로 비정상적인 언어, '언어 아닌 언어'(DS 123)를 추구할 수밖에 없는데, 시인은 언어를 씀으로써 언어로부터 해방된 의미를 전달하고자 한다. 여기에서도 '언어'가 구분되지 않고 사용되고 있다. 그에 의하면 오감이나 감정, 정서와 같이 그 살아 있는 체험은 개념화된 언어에 잘 담겨지지 않는다고 한다. 언어에 담는 순간 살과 피와 체온인 체험, 감정, 정서 따위는 새어나가고 뼈다귀인 개념만 언어의 그물에 걸리기 십상이라고 한다. 여기에서 개념화될 수 있는 언어와 시적 언어로 구분되는데, 시적 언어는 언어의 그물 밖에 있는 것인가? 그는 일정한 목적을 위해 창조된 모든 것이 언어라고 한다. (SA 269) 그러면 자연적 산물도 언어가 아닐까 하는 의문이 든다. 과연 허무주의적 비언어적 예술(Non-Verbal Art) 인 베케트의 '숨소리'도 언어에 포함시키고 있다. 즉 언어와 비언어의 범주가 교차되고 있다. 예술작품도 언어를 사용하지 않고, 어떤 대상을 가장 충실

---

268) J. 사이어, 앞의 책, 77쪽.

히 표상 혹은 표현하고자 하는 '인간의 언어적 프로젝트'를 의미한다고 주장한다. (MH 41) 그러나 이 '언어적'이란 말은 아마도 '비언어적'이라고 수정해야 할 것 같다. 결국 '언어', '비언어', '예술적 언어'를 먼저 명확히 하고, 그다음에 언어의 확장으로 '비언어적 언어'를 거론해야만 이해함에 있어서 혼란과 착종이 없을 것이다.

또한 '둥지'라는 개념은 지나치게 다의적으로 사용되고 있다. 일차적으로 새의 둥지를 지시하고, 이차적으로 언어의 둥지, 생각의 둥지, 마음의 둥지를 가리킨다. 둥지는 또한 예술작품을 나타내는 메타포로도 사용된다. 둥지는 분명히 새들이 자신의 삶을 지속하고 향상시키기 위해서 구성한 거처이다. 그러나 그 소재와 그것이 지어져서 구성된 후 주변과의 생태적, 미학적 조화의 차원에서나 구조적 견고성의 차원에서나 약하면서도 견고한 구조물이다. 또한 그것은 놀랍고도 뛰어난 언어이자 구조물임을 나타낸다고 한다. (MH 42) 여기에서 그는 자연에서 해답을 찾은 것이 아니라, 오히려 인간과 자연이 융화된 '시적 세계'에 둥지를 튼 것이다. 그러나 예술작품은 인간이 자신의 인식적 투명성, 총체성, 일관성과 정서적 안정을 위한 마음의 거처로서의 자신의 알고 있는 모든 언어를 창조적으로 재조합해서 만든 언어적 둥지이다. 몸을 위한 물리적 둥지로서의 환경이 생물학적 욕망을 지니고 그것에 따라 움직일 수 있는 인간을 포함한 모든 동물에게 존재할 수 있다. 그러나 마음을 위한 언어적 둥지로서의 예술작품은 이성적, 언어적 동물로서의 인간에게만 가능한 제품이다. (IK 177) 그리고 둥지와 둥지 짓기가 잘 구분되지 않고 사용되고 있다. 이와 같이 '둥지의 메타포'에 대한 질문을 피할 수 없다. 둥지는 자연의 작품이고 새는 본능에 의해 둥지를 만들 뿐이다. 그러나 박이문은 새와 인간의 유비성을 부각시키면서, 새가 마치 문화적인 창조를 하는 것처럼, 즉 인공적, 의도적으로 거처로서의 둥지를 만드는 것으로 간주한다. 이런 점에서 '새의 둥지를 언어이자 그것의 구조물'[269]이라고 규정하는 것은 상당한 혼란을 가져오는 진술이 아닐 수 없다. 비록 새들의 둥지에는 새들의 의도가 깃들어 있을지라도, 인간의 자의식의 판단과 자유의지에 의한 의도와 결정과는 구별되어야 하지 않을까? 그리고 문학예술 작품을 제외한 예술작품 내지 예술적 언어의 모델로서 새들의 둥지를 거론한다.

박이문은 '예술적'이란 개념과 '심미적'이란 개념에 대해 착종된 세 가지 입장을 표명하고 있다. 첫째, '예술적'이라는 개념과 '심미적'이라는 개념은 서로 다른 범주에 속한다. 둘째, '예술적'이라는 개념은 '심미적'이라는 개념을 포함하지만 그 역은 참이 아니다. 셋째, '심미적'인 것은 '예술적'인 것을 포함하지만 그 역은 참이 아니다.[270] 이 세 주장은 이승종의 지적대로, 서로 충돌하고 모순적이다.

또한 표상과 비표상의 개념이 착종되어 있다. 표상은 어떤 대상의 존재를 전제로 하며 그 대상을 대치해 보임을 의미한다. 표상은 그것의 대상(Object)의 실제적 존재를 전제하며, 표상된 사실, 혹은 사건은 그것이 표상하고 있는 대상의 대치를 의미한다. 예술작품이라는 존재는 그것이 어떤 종류의 매개를 사용하고 있든 간에 넓은 의미에서 그 매개체는 '언어'라고 보아야 한다. 예술작품은 그냥 물질적으로만, 지각적으로 존재하지 않고 필연적으로 무엇인가의 의미를 지니고 있다. 그것이 무엇을 뜻한다는 점에서, 무엇인가를 상징하고, 표상하고 표현하는 매개체라는 점에서 그것은 언어로서만 존재한

---

269) 어떤 의미에서 '둥지'가 언어적 구조물일 수 있는지는 선언적 주장으로 끝날 것이 아니라, 정치한 논변과 납득할 만한 설명이 요구된다. "나는 바로 위와 같은 성격을 가장 잘 띠고 있는 예술적 언어의 모델로 새들의 '둥지'를 들 수 있다고 믿는다. 둥지는 분명히 새들이 자신의 삶을 지속하고 향상시키기 위해서 구성한 인공적, 즉 의도적 거처이지만, 그 소재와 그것이 지어져서 구성된 후 주변과의 생태적, 미학적 조화의 차원에서나 구조적 견고성의 차원에서나 약하면서도 견고한 구조물이라는 점에 있어서 놀랍게도 뛰어난 언어이자 구조물이다."(NP 42)

270) 이승종, 앞의 논문, 129쪽.

다고 보아야 한다. (IK 236) 이런 의미에서 각각의 예술작품은 하나의 세계를 각각 지니고 있다. 예술작품은 초월적 세계에 대한, 인생에 대한, 사랑에 대한, 책상에 대한, 일종의 표상으로 보아야 한다. 여기에서 '일종의'라고 덧붙인 이유는 예술적 표상은 그 대상의 실재성을 전제하지 않기 때문이다. 그 표상은 언제나 가상적인 것이며, 따라서 오직 가능한 것으로만 존재한다는 것이 전제되는 것이다. 그렇기 때문에 우리는 앞에서 예술적 표상이 프레게(F. L. G. Frege)가 말했듯이 지시대상(Bedeutung)과 구별되는 의미(Sinn)에 해당하는 것으로, 혹은 진술(Statement)과 구별되는 명제(Proposition)에 해당하는 것으로 보았던 것이다. (AP 266) 어떤 대상을 예술적 표상의 시각에서 접근할 때, 그 접근의 수단은 이성, 혹은 지성에만 의존하는 개념의 틀에 의해서가 아니라, 그것에 앞서 감각, 더 구체적으로 말해서 감각적 지각에 의존한다.

한마디로 말해서 예술적 표상은 그리스어의 어원적 뜻으로서 미학적 (aesthetic), 즉 감성적 의미를 내포한다. (IK 257) 예술작품은 세상에서 발견될 수 있는 사물, 사건, 혹은 어떤 사람이 갖고 있는 느낌, 사상들에 대한 정보를 제공하는 것이 된다. 그리고 예술 감상자들은 예술작품을 통해서 그들이 미처 알지 못했던 새로운 사실, 새로운 진리를 배우게 된다. (AP 35 이하) 앞서 고찰한 대로 어떤 언어 혹은 상징체를 예술작품이라고 분류할 때, 우리는 이미 그 언어의 허구성을 받아들이고 있는 것이다. 그러한 언어는 그것의 지칭 대상의 실제적 존재를 전제하지 않기 때문이다. 그리고 예술적 언어, 즉 허구적으로 쓰인 언어도 어떤 의미에서 지칭 대상을 갖는다고 가정하더라도 예술적 언어, 즉 예술적 표상은 결코 인식적인 의미를 가질 수 없다. 예술적 표상언어에 대한 진·위 판단이 결정적으로 불가능하다면, 그리고 진·위 판단이 전제되지 않은 표상언어가 인식적 의미를 가질 수 없다면, 예술적 표상, 즉 예술작품은 인식적 기능을 한다고 말할 수 없다. 인식, 혹은 진리는 예술작품의 충분조건이 아닐 뿐만 아니라 필요조건조차도 될 수 없다. (AP 48) 이상에서 살펴본 대로, 박이문의 표상론에 대한 입장은 선명하지 않다.

박이문의 철학은 투명성(transparence)을 향해 있고, 동시에 그의 문학과 예술은 애매성을 향해 있다. 즉 합리적 이성은 지적 투명성을 요구하고, 직관적 감성은 원초적 애매성을 드러내고자 한다. 그가 사유하거나 경험하고 상상하는 세계는 그 층위와 차원이 유기적이며, 포괄적이다. 말하자면 '존재-의미 매트릭스'라는 이론적 틀을 통해서 다가갈 수 있는 세계이다. 그 세계는 원초적으로 애매한 존재의 차원에서 시작하여, 투명한 의미의 차원에까지 펼쳐져 있다. 그의 예술적 철학과 철학적 예술을 통해 그 세계를 개념화하고, 나아가 은유를 통해 개념화되기 이전의 원초적 세계까지 표현해내고자 한다. 이런 노력의 결실이 바로 '둥지의 철학'이다. 여기는 투명성과 애매성이 교직되어 있고 공존하고 있다. 즉 우리는 빛 속에만 있지도 않는다. 우리의 세계는 투명치 않다. 그렇다고 우리의 세계는 어둠 속에 덮여 있는 것만도 아니다. 어둠과 빛, 빛과 어둠의 어릿어릿한 엇갈림 가운데서 우리는 완전히 좌절하지 않는다.[271]

그러나 박이문의 철학과 사상은 무엇보다도 지적인 투명성을 강조한다. 삶의 난제들과 세계의 어둠이 배태한 무의미와 부조리를 투명하게 밝히려는 지적 호기심과 열망이 그의 지적 행로 전체에 수놓아져 있다. 그리하여 그는 이성에 입각한 합리성과 판단력, 그리고 논리적 추론과 타당성을 그의 철학의 중심에 두고자 한다. 일관성 있게 문제가 있더라도 이성을 끝까지 신뢰하는 이성주의자이다. 인식의 이상은 총체성과 투명성이다. 이러한 두 가지 요소는 지성의 가장 근본적 본성이다. 그리하여 그는 철학적 세계 인식, 세계에 대한 글쓰기는 가장 포괄적이며, 투명한 세계구성/조직(제작)이라 할 수 있다고 선언한다.

---

271) 박이문, 《이성은 죽지 않았다》, 315쪽.

나는 이성이 정확히 무엇인지는 모른다. 그러나 이성의 존재를 확신한다. 나는 이성이 판단의 절대적 잣대라고는 믿지 않고, 이성을 무조건 의지할 수 있는 빛으로 신뢰하지 않는다. 그러나 이성은 역시 사유의 잣대이며, 이성보다 더 신뢰할 수 있는 빛은 아무데서도 찾아낼 수 없다. 나는 모든 사람들이 다 같이 이성적 기능을 갖고 있다는 것을 안다. 그러나 그들이 또한 이성을 잃는 때가 흔히 있다는 것을 안다. 나는 철학이 이성적 활동의 가장 대표적인 표현이라고 믿는다. [272]

그의 철학적 사유는 명석하고 명료한 개념에 의거한 표상적 사유를 지향한다. 심지어 실존적 반항조차 인간이 자신의 어둠과 벌이는 끊임없는 대결로서 불가능한 투명성에의 요구이다. 따라서 그의 철학은 존재론보다 인식론에 더 우선권을 부여한다. 언어를 매개로 하는 존재의 의미화 작업이 철학임을 도처에서 강조하고 있다. 다시 말해 어둠 속에 주어진 현상을 언어의 빛을 통해 의미 있는 세계로 드러내는 것이 그의 철학적 기획과 구성에 속하는 것이다. 이 언어는 표상 가능한 개념의 언어이다. 현실 자체에 대한 투명한 탐구를 목표로 하는 현상학에서도 현실에 대한 투명한 주장의 필요성을 강조한다. 철학은 믿음, 혹은 권력에 근거하여 현실에 대한 불투명한 주장을 하기를 거부한다. 그것은 항상 자기 주장의 정당성을 반성하는 자기 투명성과 철저한 자기 책임을 추구한다. [273] 예술에 대한 철학적 문제는 이러한 낱말들의 개념적 불투명성과 이러한 담론들의 논리적 혼란을 의식한다. 이런 경우에 예술에 대한 철학적 사유는 반성적으로 그러한 낱말들의 개념의 투명성과 그러한

272) 박이문, 앞의 책, 386~387쪽.

273) E. Husserl, *Husserliana V, Ideen zur einer reinen Phänomenologie und phänomenol-ogischen Philosophie*, edit. Marly Biemel, Martinus Nijhoff, 1971, 139쪽.

담론의 논리적 혼란을 반성적으로 밝히려 할 때 시작된다. (IK 21)

예술작품은 개념적 언어라는 매체를 삭제하고 인간의 의식 대상을 표현하려는 시도이다. 그렇다면 예술작품은 언어를 사용하지 않고, 어떤 대상을 가장 충실히 표상 혹은 표현하려는 인간의 언어적 프로젝트이다. 그러나 이것은 어떤 경우에도 완전히 성취될 수 없다. 왜냐하면 그것은 근본적으로 모순되기 때문이다. 이런 상황에서 그래도 차선으로 받아들일 수 있는 방법은 이렇다. 표상, 혹은 표현하는 언어로서의 예술작품을 가장 자연에 가까운 비인공적 언어, 즉 그 의미가 필연적으로 애매모호한 언어를 발명하는 데 있다. (MH 41 이하) 이는 마치 '뫼비우스의 띠'처럼 보인다. 명징한 주장은 아니지만 그 개념들 사이의 역동성과 과정성 속에서 어느 정도 이해를 할 수 있다. 그리고 박이문의 사상의 형성 과정 속에서 불가피하게 나타난 불일치일 수 있다.

> 우리는 지각 대상들에 명칭을 붙여 개념화하고, 그러한 것들을 구별하여 인식 대상으로 묶어 각기 다른 학문의 영역으로 나눈다. 그러나 그러한 것들의 경계가 분명한 것도 아니며, 따라서 실제로 서로 분리되어 존재하지도 않는다. 모든 것들의 차이와 구별의 경계는 언제나 불분명하고, 모든 것은 절대적으로 서로 간에 구별할 수 없는 하나의 전체, 세계, 우주로만 존재한다. (PU 203)

요약하자면 박이문의 사유는 투명성과 애매성의 상호충돌과 길항작용이 있고, 후기로 올수록 메를로-퐁티의 '애매성의 철학'으로 나아간다. 그가 자주 거론하는 우주의 총체적인 원초적 모습의 '뫼비우스의 띠', '로르샤흐의 잉크 얼룩(Rorschach Ink Blot)'은 형상을 갖지 않은 덩어리이다. 그는 존재론적 절대적 경계가 그렇게 확실하고 분명하지 않다는 주장에 동의한다. 그럼에도 불구하고, 명징성과 투명성을 이상으로 삼는 박이문의 철학과 사유에는 이상에서 밝힌 바대로, 몇 가지 개념들이 얽혀 있고, 모순을 일으키고 있다. 즉 그의 철학과 사유에는 개념의 착종과 혼합의 문제가 나타남을 확인할 수 있다.

주장의 일관성 문제

박이문 사유에는 여덟 가지 이유 있는 의혹들이 나타나고 있다. 첫째, 일원론과 이원론을 동시에 주장하면서 '절충주의(Eclecticism)'로 나아가고 있다. 말하자면 생태철학에서는 존재론적 일원론을 주장하고, '자비의 윤리학'에는 인간과 자연의 이원론을 지지한다. 일원론적 테두리 안에서 '어떻게 살아야 하는가?'라는 당위적 행동의 선택에 대한 물음은 가능하다. 그 가능성은 물질적 및 정신적인 모든 현상이 '존재론적' 및 '의미론적' 두 차원, 즉 '현상적' 및 '현상학적'인 두 차원에서 서술되고 이해된다는 사실로 뒷받침된다. '나'라는 존재는 '현상'으로 볼 때 다른 모든 존재, 즉 우주 전체와 마찬가지로 인과적 법칙에 의해서 지배된다. 하지만 경험·인식·주체로 볼 때, 즉 나의 경험·의식의 차원에서는 내가 내 행동을 선택하는 자율적 존재라는 사실은 아무도 부정할 수 없다. 그러므로 비록 존재론적으로는 나의 모든 생각과 행동마저도 인과론적 법칙에 의해서 결정된 것일지라도, 적어도 현상학적 차원에서 인간은 어떻게 살아야 하는가 하는 선택의 문제에 대해서는 고민하지 않을 수 없다.

박이문은 존재론적 차원에서 일원론을 주장하지만, 의미론적 차원/현상학적 차원에서 다시 이원론적 입장을 취한다. 물론 이원론적 일원론으로 그의 사유를 정리할 수 있지만 종래의 이원론과 크게 구분되지 않고 절충주의의 모습을 띤다. 말하자면 철학적 사유도, 역시 자연의 일부로서 자연, 세계 속에 갇혀 있다. 그러나 철학적 사유를 하는 한, 인간은 필연적으로 그가 태어나고 생존하는 사회, 세계, 자연을 초월한다. 오히려 우주는 그러한 철학적 사

유 속에 들어 있다는 것이다. [274]

　동시에 그가 이원론을 지지함을 엿볼 수 있다. 일원적 유물론에 문제가 있는 것과 똑같이 일원적 관념론에도 문제는 있다고 진단한다. 이를테면 의식이 자명한 것과 마찬가지로 의식과 독립된 대상, 즉 물리적 존재가 있음도 가장 자명한 사실 가운데 하나이다. 모든 존재를 물질적인 것으로만 볼 수 없고, 비물질적인 것도 근본적으로 다른 것에 환원될 수 없는 독립된 존재로서 취급될 수 있어야만 한다. (EC 50) 특히 그의 '자비의 윤리학'에서는 도덕적 삶은 인간으로서의 삶을 의미하며, 도덕적 테두리를 벗어난 삶은 인간의 삶이 아니라 동물의 삶임을 전제한다. 인간적인 삶이 도덕적인 것은 인간의 자의적인 결정에 매여 있지 않고 인간을 초월한 형이상학적 질서에 기인한다고 분명히 주장한다. (EC 193) 이와 같이 일원론과 이원론을 절충시킨 박이문의 이원론적 일원론은 메를로-퐁티를 따라 물질의 연장이 의식이요, 의식의 연장이 물질로서 그것들을 본질적으로 다른 두 개의 존재가 아니라, 어떤 개념 속에서도 묶어 넣을 수 없는 것, 단 하나의 존재임을 확신한다.

　　이러한 맥락에서 볼 때 자유의지와 결정론, 마음과 몸, 일원론과 이원론 간의 끝이 없는 철학적 논쟁은 무의미하다는 판단이 나오거나 아니면 근본적으로 재고되어야 한다. 철학이 무엇보다도 우주와 인간, 자연과 문화, 물질과 정신 등의 존재에 관한 진/위, 행동의 도덕적 선/악, 예술적 미/추에 관한 개념적 투명성과 가치판단의 절대적으로 투명한 잣대를 추구하는 인간적 욕망의 표현이라면 그러한 욕망은 포기해야 한다. 왜냐하면 그러한 욕망은 존재-의미 매트릭스의 관점으로 위에서 살피고 분석해본 여러 가지 사실들에 비추어 고찰할 때, 논리적으로 실현 불가능한 꿈에 지나지

---

274) 박이문, 《이성은 죽지 않았다》, 387쪽.

않기 때문이다. 모든 존재론적 및 의미론적, 사실적 및 개념 실들과 그것들 간의 존재론적 경계선과 인식론적 구별이 근본적으로 애매모호한 것으로 드러났기 때문이다. (PN 80)

결국 박이문은 일원론과 이원론 논쟁의 해법을 절충주의적으로 '존재-의미 매트릭스' 개념을 통하여 '이원론적 일원론'을 표방한다. 그리고 일원론과 이원론, 존재론과 인식론, 존재의 차원과 의미의 차원의 절충론이 드러난다.

둘째, 윤리적 측면에서 인격주의와 자연주의를 동시에 주장한다. 의식과 자기 결정권인 '인격'으로서의 인간이 정확히 무엇이라고 지적될 수는 없지만 어떤 방식으로든지 이해되어야 한다. 인간을 인격적 존재로 볼 때 그것은 무엇보다도 어떠한 물질적 존재로도 환원될 수 없는 영혼, 정신을 갖춘 자율적 존재를 지칭함에는 틀림없다. 따라서 인격적 존재는 다른 모든 현상이 인과관계의 법칙에 의해 설명된다 해도 같은 식으로 설명될 수 없다. 그런 의미에서 그것은 자유롭고, 그리고 자신이 갖고 있는 이성을 따라 자유롭게 자신의 행위를 결정하는 주체이다. 인과관계의 법칙에 의해 움직이는 다른 모든 사물 현상에는 결정, 혹은 선택, 그에 따른 책임이라는 말이 적용될 수 없다. 그러나 자유로운 인격적 존재로서의 인간에게는 그 본질상 싫든 좋든 자기 자신이 행위를 결정하고 선택할 수 있는 자유가 있고 그에 따른 책임이 뒤따른다.

그러나 전기의 박이문의 사유는 이성 및 언어의 초월성에 기초한 형이상학에 철저하다. "언어로 해서 인간은 동물 아닌 동물이 되어 자연과 뛰어넘을 수 없는 거리를 갖게 되었다. 우리는 이미 자연 속에서 살지 않고, 자연의 완전한 일부가 아니며, 언어의 세계, 의미의 세계 속에서 살고 있는 것이다."(DS 120) '자비의 윤리학'에서도 인간이 자연의 질서에 속해 있지 않고, 초월적 형이상학적 질서에 속해 있음을 주장하고 있다. 첫째, 도덕적 삶은 인간으로서의 삶을 의미한다. 도덕적 테두리를 벗어난 삶은 인간의 삶이 아니라 동물의 삶임을 전제한다. 인간적인 삶이 도덕적인 것은 인간의 자의적인 결정에 매여 있지 않고 인간을 초월한 형이상학적 질서에 기인한다.

> 인간은 싫건 좋건 윤리적 동물(homo ethicus)이다. 이는 마치 벌레가 땅바닥에 기어 다니며 살아야 하는 것과 마찬가지로 임의로 바꿀 수 없는 자연의 원칙이며 형이상학적 질서의 일부이다. 윤리적 가치평가를 떠난 인간의 삶이나 인간의 행동은 물건이나 동물의 존재 중의 하나에 불과하며, 사물 현상의 사건의 하나에 불과한 것이 될 뿐이다. (EC 142)

그리고 박이문은 도덕적 존재로서 인간은 도덕적 심성을 내면적으로 재발견하고 수양해가야 함을 강조한다. 인간의 내면적 덕목의 도야를 통해서만 인간관계의 갈등을 해소할 수 있고, 인간의 존엄성을 존중하는 것이 가장 중요한 덕목임을 밝힌다.

> 문제는 우리의 선한 심성을 닦아야 한다는 것이다. 그것은 각자가 자신과 타인의 인간적 존엄성을 의식해야 한다는 것이며, 그러한 존엄성을 의식한다는 것은 각 인간의 인격을 존중한다는 말이다. 이미 2천여 년 전에 공자가 강조했고, 벌써 2백여 년 전에 칸트가 밝혔듯이 인간의 인격성에 대한 의식이 깨어나고 나서 그것을 회복하지 않고는, 그리고 그러한 인간의 존엄성을 확인하지 않고는 인간은 남과의 갈등에 벗어날 수 없으며, 그러한 갈등이 빚어내는 혼란과 아픔으로부터 해방되지 못할 것이다. 문제의 궁극적 해결책은 물질적·기술적 그리고 제도적 방법만을 찾는 데 있지 않고 도덕적 심성을 내면적으로 재발견하고 닦아가는 데 있다.[275]

---

275) 박이문, 《과학의 도전, 철학의 응전》, 생각의나무, 2006, 191쪽.

박이문은 도덕공동체의 범위를 인간에서 생물로, 생물에서 무생물, 즉 자연으로까지 확장시키면서 윤리적 측면에서 인격주의를 넘어선 자연주의를 표방한다. 이를테면, 우리의 도덕적인 경험은 도덕공동체의 일원이 될 수 있는 자격을 모든 존재자들까지는 아니더라도 살아 있는 모든 존재자들로 확장시키는 데서 이해될 수 있다. 더 나아가 우리는 도덕공동체의 일원이 될 수 있는 자격을 모든 무생물까지 확장하지 않으면 안 된다. 도덕공동체는 인간에 한정되지 않으며, 생물에 한정되는 것도 아니다. 도덕공동체는 우주 전체를 포괄해야 한다. 돌멩이, 흙, 그리고 별들도 도덕공동체의 일원이 될 수 있도록 해야 한다. 요컨대 도덕공동체는 진정으로 보편적이고 우주적인 방식으로 이해되어야 한다.

이상에서 살펴본 대로, 박이문이 제안하는 도덕공동체가 생물종에 국한되는 것인지, 아니면 그것을 포함하여 모든 존재자로 확장되는지 주장이 엇갈리고 있다. 어떻게 존재에서부터 도덕적 당위의 영역에 이를 수 있는가? 인간의 기원을 우연에 정초한 모노의 자연주의에 근거한 박이문의 인간론은 인격적 도덕성의 근거를 찾기가 어렵다. 특히 이승종은 인간 중심주의적 윤리에 대한 박이문의 비판론과 동물복제 옹호론은 양립할 수 없다고 본다.

만일 동물들이 가치의 원천일뿐더러 고유한 가치를 가지며 선악과 옳고 그름을 경험하는 능력을 가질 수 있다는 의미에서 어느 정도 자의식을 가지는 존재라면, 동물복제는 윤리적 관점에서 전적으로 그릇된 것으로 판단되어야 한다. 그렇지 않다면 동물복제는 피조물이 고유한 본질적 가치를 가지며 따라서 가치의 원천이라고 여겨지는 것과는 다른 근거 하에서 어느 정도 윤리적으로 허용될 수 있을 것이다. 비록 인간의 의식과 동물의 의식 간의 차이가 대답되지 않은 채로 남아 있는 논쟁의 여지가 있는 과학적 문제이지만, 나는 개인적으로 어떤 동물도 인간과 같은 자의식을 갖지

않는다고 믿는다. [276)

박이문은 인간은 자연이면서 자연과 대립되는 존재라는 엇갈린 주장을 하고 있다. 즉 인간은 자연 아닌 자연이다. 자연으로서의 인간은 자연의 일부가 되지만 자연 아닌 자연, 즉 의식하고 표상화하는 자연으로서의 인간은 자연을 자기 속에 포괄한다. 이와 같이 인간이란 자연과의 모순되는 이중적 관계를 갖고 있다. (LT 95)

셋째, 실재론과 반실재론을 동시에 주장한다. 전자는 사실을 강조하고, 후자는 언어를 매개로 한 가치, 내지 의미를 강조한다. 전기의 박이문은 존재론에 이의를 제기하면서 언어가 매개된 인식된 존재만 존재로서 인정한다. "언어 이전의 인식이나 의미가 불가능"(DS 119)하다고 본다. 후기의 박이문은 인식 이전의 애매한 존재의 차원을 우선시한다. 전기에는 반실재론의 입장에 서지만, 후기에는 실재론의 입장으로 나아간다. 현대 영미철학은 철학의 기능을 '개념의 명료화'로 설정하고, 그 방법으로 '논리적 분석'을 채택했다. 분석철학은 일체의 초월적 존재를 부정하기에 반형이상학적이고 언어 내재적이다. 분석학적 전통을 대표하는 가장 대표적인 언어철학자인 콰인도 언어를 초월한 존재란 무의미하다고 한다. 존재는 특별한 것이 아니다. 그것은 개념화된, 즉 언어로 표상된 것에 지나지 않는다. (IW 377) 소위 언어적 철학(Linguistic Philosophy)으로 간주되는 분석철학은 철학의 대상이 구체적이고 경험적인 대상이 아니라, 그러한 대상을 이야기하는 언어라는 점이다.

특히 굿맨은 과학과 예술을 엄밀히 구분할 수 없다는 다원주의적 세계관을 표명한다. 즉 "예술과 과학은 서로 완전히 낯설지 않다."[277) 이런 입장은 문

---

276) Park. Y., *Challenge of genetic Enginneering and ethical Response*, unpublished maunscript, 1999. (이승종, 앞의 논문, 123쪽 재인용)

277) N. Goodman, *Language of Art*, New York, 1968, 225쪽.

학과 철학의 전통적인 구분에 대한 반론을 제기하는 데 이론적 뒷받침을 주고 있다. 그는 《세계 만들기 방식들》(1978)[278]에서 과학과 예술이 모두 이런 우열을 따질 수 없는 인식적 기능을 하고 있다고 한다. 비실재론(Irrealism)과 예술에 대한 인지주의적 관심을 기호학적으로 이해하고자 하는 입장에서 환원주의적 특성을 드러내는 논리실증주의의 단일한 세계에 대한 단일한 진리의 추구를 거부한다. 대신에 '우리가 만드는 다수의 세계'라는 생각을 통해 다원주의적 세계관을 제시한다. 즉 다원주의적 입장에서 동등하게 옳은 양립 불가능한 다수의 버전들이 존재한다는 것을 인정한다. 말하자면 상호 불일치하는 버전들이 동시에 참일 수 있다는 것이다. 즉 "다수의 세계-버전들이 단일한 기반으로의 환원 가능성이라는 요구나 가정 없이 독립적인 관심과 중요성을 갖는다."[279]

비실재론의 핵심적 의도의 하나는 경험주의와 합리주의, 실재론과 관념론 등 철학적 이론들의 대립적 구도를 거부하는 것이다. 그것은 단일하고 객관적인 세계, 그리고 진리 개념에 대한 강력한 반론이다. 굿맨은 프래그머티즘적 세계관을 견지하면서 예술이 과학과 함께 세계 제작에 참여한다고 말한다. 왜냐하면 언어 이외의 다른 기호로도 세계 제작이 가능하다 보기 때문이다. 그는 이해 개념을 도입하여 정서적인 것이 개입된 광의의 의미로 예술을 이해한다. 이런 비실재론에서 특징적으로 드러나는 것은 과학의 세계와 예술의 세계가 대립적으로 구분되지도 않는다. 동시에 그것은 그 어느 쪽으로도 환원되지 않는다는 다원주의적 생각을 표명한다. 그러나 일단 이 두 세계를 동

---

278) 박이문, 《철학전후》, 98쪽. "그의 영향력 있는 작은 저서인 《세계를 만드는 방법들(Ways of Worldmaking)》에서 굿맨은 별이고 무엇이고 모든 존재, 즉 우리가 '세계'라고 부르는 존재는 그냥 그대로 우리에게 주어진 것이 아니라 사실인즉 우리가 상징/기호/언어로 하여 제작한 것에 불과하다는 대담한 주장을 편다. 이러한 주장은 어떠한 언어도 언어 이전의 지칭 대상을 가질 수 없음을 말해준다."
279) 박이문, 앞의 책, 4쪽.

등한 것으로 인정할 때 각각의 세계에는 '맞음(Fit)'의 고유한 방식이 존재할 것이며, 적어도 그것은 그 세계에 상대적이다. 참과 기술, 재현, 예화, 표현— 디자인, 그림, 어법, 리듬—의 옳음은 기본적으로 맞음의 문제이다. 즉 언급된 어떤 것에, 또는 다른 해석들에, 또는 조직의 양식과 방법들에 이런 저런 방식으로 맞는 것이다. [280] 결국 굿맨은 예술의 기능을 언제나 인식적으로 봄으로써 예술과 철학의 경계를 허문다고 볼 수 있다.

박이문은 모든 것의 매트릭스(모체)로서의 언어에 방점을 찍는다. 그러므로 언어라는 개념은 육체와 정신, 혹은 물질과 의식, 그리고 삶보다도 더 근원적인 개념으로서 모든 종류의 사고의 모체, 즉 매트릭스가 된다. 물론 여기에서 언어가 사물이나 인간보다 먼저 있었다는 말은 아니다. 분명히 존재라는 관점에서 볼 때 언어는 역사적으로 뒤에 나타나는 현상이다. 그러나 의미의 관점에서, 즉 개념적 관점에서 볼 때 언어는 가장 원시적인 존재이다. 그러므로 현상학이나 분석철학이 다 같이 찾았다고 생각하는 '삶'의 개념보다도 '언어'라는 개념이 보다 더 근원적인 철학의 모체라고 주장하는 것이다. 언어는 존재가 의미로 변해가는 과정에서 그 의미가 응결되도록 하는 매개이며 모체인 것이다. 언어의 양극에 존재와 의미가 있다고 본다.

넷째, 환원주의와 비환원주의를 동시에 주장한다. 박이문은 모든 존재를 물질적인 것으로만 볼 수 없고, 비물질적인 것도 근본적으로 다른 것에 환원될 수 없는 독립된 존재로서 취급될 수 있고 또 그렇게 해야만 한다는 것이다. (EC 50)

이런 윤리적 혼선은 생명과학기술 발달로 낙태, 장기이식, 인간복제 등이 가능해지고, 생명의 의학적 공학에 인간을 비롯한 모든 생명체의 물질적

---

280) 박이문, 앞의 책, 138쪽.

환원주의가 전제됨으로써 윤리의 철학적 문제는 전통적 뜻으로서의 '윤리'
라는 개념이 내용 없는 공허한 낱말이라는 악몽과 같은 결론을 피할 수
없게 되었다. (EC 267)

그는 한편으로 비환원주의의 입장을 따른다. 사르트르의 철학에 동조하여,
인간의 의식, 즉 자아는 생물학적으로, 더 나아가 물리학적으로 설명할 수 있
는 심리현상으로 환원되거나 혼동될 수 없다. 이는 선험적이고 초월적인 순수
한 속성으로 파악된다. 인식 주체인 자아의 본질은 고정된 속성이 아닌, 속성
없는 속성이라고 파악된다. (IW 268) 동시에 모든 의식, 의미의 차원도 자연으
로 환원될 수 있다는 자연주의적, 생태 중심적 환원주의를 주장하고 있다.

다섯째, 인식론적 관념론과 존재론적 유명론을 동시에 주장한다. 먼저 그
는 언어를 매개로 한 인식론적 관념론을 주장한다. 그러면서도 다른 편으로
존재론적 유명론(Nominalism)을 주장한다. 이는 존재에 대한 어떠한 명칭도
이름에 불과하며, 존재론적 실체론에 다가간다. 그러나 프로이트나 융, 메를
로-퐁티나 그린 같은 철학자들은 언어 이전의 의식, 언어 이전의 인식이 있음
을 주장한다.

나는 언어를 떠난 인식을 믿지 않는다. 그러나 인식은 역시 인간의 인식과
독립해 존재하는, 개념화할 수 없는 무엇에 대한 인식이지 인간의 상상물
이 아니라고 생각한다. 나는 우리가 믿고 있는 모든 사실, 현상, 세계, 우
주 등등은 언어에 의한 인간적 제품이라고 믿는다. 그러나 그러한 사실,
현상, 세계, 우주는 단순히 인간에 의한 언어적 발명 이상이라고 확신한
다. 나는 인식론적 관념론자이며, 존재론적 유명론자이다. [281]

---

281) 박이문, 《이성은 죽지 않았다》, 385쪽.

박이문은 '인식론적 상대주의'의 입장을 취한다. 말하자면 인식론의 논의 지평에서 개념의 상대성, 관점의 상대성, 맥락의 상대성, 체계의 상대성, 차원의 상대성을 인정한다. 이런 점에서 과학적 관점과 종교의 관점의 층위의 차이와 상대성이 부각된다. 한걸음 더 나아가 진리의 선택 문제는 각각 그때그때의 믿음의 효용에 따라 상대적으로 결정된다는 실용주의적 관점도 수용하고 있다. 이런 입장과 윤리적 실재론은 충돌하고 있다.

여섯째, 박이문은 과학기술 합리성에 대한 자기모순적 주장을 하고 있다. 이승종은 〈박이문 철학의 중심 개념과 논증적 짜임새〉라는 논문에서 다음과 같이 그의 철학에 대해서 부분적으로 비판적 입장들을 제기한다. 말하자면 글쓰기의 명징성의 문제, 주장의 일관성 문제, 과학기술의 합리성에 대한 문제, 예술철학의 개념적 얼개 문제를 제시한다. 글쓰기의 명징성 문제는 그의 글쓰기 스타일이 논증적 글쓰기와 수사학적 글쓰기가 크로스오버하기에 어느 정도 이해될 수 있다. 그러나 이승종이 제기한 박이문의 주장의 일관성 문제 및 과학기술의 합리성 문제는 반드시 부연 설명과 교정이 필요한 오류라고 여겨진다. 이제 박이문의 과학기술 합리성에 대한 자기모순적인 입장을 살펴보자 첫째, 과학기술의 합리성은 생태계의 위기를 초래한 장본인이므로 비합리적이다. (KE 206) 둘째, 그러나 그 위기의 보다 궁극적 책임은 우리 자신에게 있다. [282] 셋째, 성스러운 아름다움을 지니고 믿을 수 없을 정도로 놀랍고 경이롭고 신기한 과학기술의 산물은 과학기술의 합리성과 객관성에 대한 충분한 증거 이상이다. [283] 이런 세 가지 주장들은 상호 충돌하고 있다.

일곱째, 그는 무신론과 불가지론을 동시에 주장한다. 여러 곳에서 무신론

---

282) Park, Y., *The Crisis of Technological Civilization and the Asian Response*, in: Park, Y., Hasumi, and Y. Chou, Asian Culture and the Problems of Rationality, Tokyo: Association of East Asian Research, 2001, 15쪽.

283) ibid.

적 허무주의를 명백하게 표방하고 있다. 그러나 신의 존재 여부를 열린 문제로 남겨두는 불가지론을 다음과 같이 옹호하고 있다.

> 초월적인 인격자의 존재 여부는 그에 대한 결론을 단정적으로 내릴 수 없는 '열린 문제(Open Question)', 즉 미결의 문제로 남아 있을 뿐이다. 위와 같은 결론은 우리가 알고자 하는 '인생의 의미'가 없다는 또 다른 결론을 내릴 수 없게 한다. 그것은 인생의 의미의 가능성을 남긴다. 그렇다면 종교가 주장하는 것처럼 인생의 의미는 우리로서는 알 수 없지만, 절대적 인격자인 신의 어떤 목적을 위해 기여하고 있는지도 모른다. (WR 238~239)

종교에 대해서 그것이 주장하는 진리를 긍정할 수도 없고 부정할 수도 없다고 본다. 왜냐하면 우리가 알 수 있는 것은 인간의 한계조건(Boundary Condition)과 종교적 문제가 소위 제한적 문제(Limiting Question)라는 사실 때문이다. (WR 173)

여덟째, '존재-의미 매트릭스'의 보편성과 특수성, 추상성과 구체성을 지적할 수 있다. 문화마다 다른 매트릭스의 문제와 서로 충돌하는 매트릭스의 문제가 제기될 수 있다. 상이한 존재-의미 매트릭스들을 비교하고 평가할 상위 기준이 없다는 데 문제가 있다. 그러한 상이한 것들의 차이는 기본적인 존재 이해 방식의 차이 때문에 생긴 것이므로, 그 갈등을 해결 불가능한 것으로 보이게 한다. 과연 '존재-의미 매트릭스'가 지닌 상대성과 차이의 문제는 '시적 차원'에서 해소될 수 있는 것인가?

로르샤흐의 잉크(Rorschach ink blot) -스위스 정신의학자인 헤르만 로르샤흐(Hermann Rorschach, 1884~1922)가 개발한 개인의 성격을 분석하는 검사법이다. 박이문은 이 잉크 덩어리처럼 존재론적 절대적 경계가 확실하고 분명하지 않다는 주장에 동의한다.

4. '자유주의적 개인주의'의 문제

> 철학자는 그가 살고 있는 사회에
> 어떤 방식으로든가 참여해야 할 의무가 있다.
> – 박이문

'홀로 주체성'의 문제

박이문의 사상은 직접적인 정치적 앙가주망(engagement)을 실천하지 않았던, 말하자면 실천 이성을 발휘하는 역사의식이 결핍된 '노회한 자유주의적 개인주의'로 평가받을 수 있는 여지가 있다. 그는 그 격동의 시대에 맞서서 새로운 세상을 열기 위한 실천적 지식인의 길을 가는 것을 선택하지 않고, 사색하는 실존적·현상학적 철학자의 길을 선택한다. 오히려 그는 당대와의 불화에서 오는 아픔을 참아내면서, 역사적 현실의 질곡과 왜곡이 발생하는 진원지를 찾기 위해 예민한 사색의 촉각을 곤두세운 것이다. 또한 실존철학, 현상학, 분석철학, 구조주의라는 현대사조의 격랑 속에서 파도타기를 감행하면서 독자적인 사색의 지경을 개척한다. 그는 인간적 주체의 상실을 추동하는 전체주의 및 실증주의가 팽배하던 시대에 맞서서 역사와 사회를 창조적으로 변혁할 수 있는 주체를 구하고, 그 토대 위에서 정립되는 '혼자 살다, 혼자 죽어가는' 주체적 삶을 옹호한다.

완전한 사랑이란 이미 사랑일 수 없다는 것이다. 사랑은 반드시 숙명적으로 실패하고 만다. 사르트르가 본 인간이란 그 하나하나가 마치 라이프니츠의 모나드처럼 타인의 유기적이고 내적인 관계없이 독립해 있을 수밖에 없다. 그는 언제나 자유롭지만 자기 행동에 대한 책임이 지워져 있다. 그리고 그의 모순된 욕망이 결코 충족될 수 없는 채 비극적 갈등 속에 혼자 살다 홀로 죽어가야만 한다. (PA 154)

박이문은 진보와 보수의 진영논리를 비판하면서 비판적·반성적 능력을 양 진영에 불어넣는 것이 철학적 임무라고 여긴다. 그는 자신이 사는 사회에 참여하여 문제를 발견하고 그것의 개혁을 위해 발언하는 것은 큰 특권인 동시에 시민으로서 지식인으로서의 책임으로 믿고 있다.[284]

그리고 여러 매체를 통해 정치평론, 사회평론에 대한 칼럼을 게재했다. 그가 그런 공적인 문제에 관심을 가지고 자신의 견해를 피력하는 이유를 다음과 같이 소개한다.

과학이 구체적이고 경험적인 개별적 사실을 다루는 반면 철학은 보편적 관념적 진리를 추구한다. 종교가 어떤 문제에 대한 규범을 제시하는 데 반해서 철학은 그러한 문제를 분석하고 해명하는 데 그치려는 경향이 있다. 그럼에도 불구하고 철학이 추구하는 보편적이며 개념적 인식은 구체적 사실을 떠나서는 존재할 수 없다. 철학자는 인식의 주체이기에 앞서 정치사회적 맥락에서 어떤 구체적 행동을 선택할 수밖에 없는 사회적 존재이다. 그러므로 철학적 진리는 일상적 진리에 뿌리를 박아야 하며 철학자는 그가 살고 있는 사회에 어떤 방식으로든가 참여해야 할 의무가 있다.[285]

---

284) 박이문,《바꿔바꿔 – 박이문 사회문화 비평 칼럼집》, 민음사, 2000.
285) 박이문,《우리 시대의 얼굴》, 1~2쪽.

그러나 박이문의 탈정치적 성향은 일체의 억압으로부터 자유롭고자 하는 자유주의적 개인주의로 사회학자 정수복은 평가한다. 말하자면 박이문의 도덕적 진실성은 개인 도덕적 차원을 크게 벗어나지 않으며, 역사와 사회적 차원에서 충분하게 문제를 제기하고 있지 않음을 지적한다.[286] 그의 자유주의적 개인주의 성향 때문에 남한 사회의 주류인 기독교, 북한 사회의 주류인 공산주의에 대해 비판적이다. 특히 그는 폭력과 전체주의를 증오하기에 근본적인 수준에서 반공의 입장을 취하고 있다.[287]

박이문은 닫힌 사회에서 열린 사회를 지향하면서 개인의 자유를 극대화한다. 이런 열림 속에서는 일체의 닫힘에 저항적이다. 그러나 사회는 각 개인의 여닫이 운동으로 이루어져 있다고 볼 수 있다. 개인은 자기의 정체성과 특성을 유지하기 위해 닫음을 필요로 할 때가 있고, 타자를 인정하고 수용하기 위해 엶을 행할 때가 있다. 그러나 열림은 닫힘을 원천적으로 배제해도 자기모순은 없다. 그러나 열림은 닫힘을 원천적으로 배제하거나 완전히 부정할 수 없다. 여는 행위는 닫음의 행위에도 열려 있어야 하기 때문이다. 그러지 않으면 자가당착적 결론에 빠진다.[288]

공동체 윤리의식의 결핍

'자유주의적 개인주의'에 반대하는 매킨타이어(A. MacIntyre)는 도덕철학에서 공동체 윤리를 표방하면서 현대사회의 양상을 '자유주의적 개인주의'로 특징짓고, 여기에 깃든 인간상을 도덕윤리의 입장에서 비판한다. 그에 의하면 자

---

286) 정수복, 앞의 책, 191쪽.
287) 정수복, 앞의 책, 182쪽.
288) 김용석, 앞의 책, 82~86쪽.

유주의적 개인주의는 사적인 영역에서 개인의 자율성을 극대화시키며 공적인 영역에서 사회적 관심을 사상시킴으로서 인간으로 하여금 실천이성을 발휘할 기회를 박탈한다. 그것은 인간의 정치적 본성을 약화시킴으로써 인간의 생존을 위협하고 있다고 본다.

이것을 극복하기 위해서는 개인의 사회적 정체성 회복을 위해 자신의 삶을 통일된 전체로서 드러낼 수 있는 서사적 통일성 회복과 지역공동체에 대한 정치적 참여를 제시한다.[289]

그리하여 인간의 도덕적 행위는 사회적·역사적 맥락을 체화하는 행위자의 삶을 통해 가능하다는 것이다. 도덕적 행위자는 자신의 구체적인 환경 속에서 사회적 역할을 찾고 무엇을 할 것인지 결정해야 한다. 결과적으로 자신의 행위 결과를 살아내는 사람이라고 한다면, 자유주의적 개인주의의 사고를 가진 자는 공동체의 윤리적 측면에서 실천적 합리성을 발휘하는 도덕적 행위자로 간주하는 데는 어려움이 있다.

매킨타이어는 현대적 자아는 구체적인 사회적, 역사적 맥락으로부터 소외되어 있으면서도 자신이 합리적 판단자이고, 현대의 도덕적 자아가 사회적 내용과 사회의 정체성을 결여하고 있는 정서주의자의 자아라고 규정한다. 도덕적 행위자는 사회적 관계를 통해서 합리적 담론에 참여할 기회를 갖지 못하며, 그는 사회적 관계로부터 자유롭다고 스스로 규정하기에 이성적 선택이나 책임감 있는 도덕적 행위자가 되지 못한다고 한다.[290]

따라서 매킨타이어의 입론에 의하면, 개인의 선은 그가 속한 공동체의 선과 분리될 수 없으므로 우리의 도덕적 성찰은 우리 자신뿐만 아니라, 공동체 내에서 변화를 이룰 수 있는 한계로 제한된다는 것이다.[291] 그러므로 자율적

---

289) 김수경, 〈매킨타이어의 자유주의적 개인주의 비판〉, 카톨릭철학 제13호, 2009, 39~40쪽.
290) A. MacIntyre, *After Virtue: A Study in Moral Theory*, 2nd ed., University of Notre Dame Press, 1984, 23~25쪽, 30~32쪽.

도덕 행위자의 위상을 회복하기 위해서는 개인의 삶 전반을 통해서 삶의 의미와 목적을 구하는 목적론을 전제하는 것이 요청된다. [292]

요약하면, 박이문의 자유주의적 개인주의는 공동의 선을 실현하기 위한 실천적 합리성을 발휘하는 공동체적 태도와 그 길을 달리하고 있다는 데 문제점이 있다는 지적이 가능하다. 박이문의 자유주의적 개인주의는 구체적인 사회적·역사적 맥락에서 소외된 유아론적 개인주의로 평가될 수 있다. 그의 허무주의는 실존주의로, 후자는 유아론으로 귀결된다. 지혜에 대한 개인적 깨달음만을 추구했다는 전제 하에 그와 같이 평가될 수 있다. 이러한 그의 태도는 '내가 나 자신에게로 던져져서 고독할수록 나는 미토스(mythos)를 사랑하게 된다'고 한 아리스토텔레스를 기억하게 한다.

개인적 깨달음의 차원에 머무르지 않고, 살아 있는 모든 것이 깨달을 수 있도록 도와주는 공동체적 책임의식을 수반한 지혜가 탐구하는 자의 책임에 속할 것이다. 즉 지식인에게는 인류의 정신적 증진과 향상을 위해 진력하는 것이 요구된다. 자신을 타자 속에 이전시켜 그 안에서 자신으로 사는 것이 사랑이라고 한다. 그러하기에 진적으로 사랑하는 자들은 상대방의 기쁨과 고통을 자기의 것으로 느끼는 것이다. 이러한 타자들과 인류공동체의 요구에 박이문의 철학과 사상은 얼마나 기여했는가?

물론 자유주의적 개인주의 노선을 선택한 박이문은 '누구를 위한 철학'을 하지 않았고, 자기 내면의 목소리인 다이몬(Daimon), 즉 양심과 이성에 따라 철학자의 길을 묵묵히 걸어왔다. 그럼에도 불구하고 동시대인들에게 그가 미친 지대한 지적 영향력을 높이 평가하지 않을 수 없다.

후기로 올수록 박이문의 관심사와 지적 행보를 통한 간접적인 사회적 참여

---

291) 김수경, 앞의 논문, 64쪽.
292) 김수경, 앞의 논문, 65쪽.

는 공동체의 윤리, 정치, 환경, 인류의 미래 문제로까지 확장되고 있음을 엿볼 수 있다. 그의 철학과 사유에서 보이는 탁월성과 독창성을 제대로 평가하여 전유하면서 동시에 그것의 균열과 흠결은 후학들이 타산지석으로 삼아야 할 과제로 여겨진다.

A. 매킨타이어(Alasdair Chalmers MacIntyre, 1929~) - 스코틀랜드 출신의 철학자. 그는 도덕철학에서 공동체 윤리를 표방하면서 현대사회의 양상을 '자유주의적 개인주의'로 특징짓고, 여기에 깃든 인간상을 도덕윤리의 입장에서 비판하고 있다.

5. 동·서양 사유의 양립 가능성의 문제

나는 철학이 가장 대표적인 표현이라고 믿는다.
– 박이문

박이문은 근원적으로 플라톤주의자요, 이성주의자이다. 플라톤에 의하면 '철학적 삶'이 가장 좋은 삶이라고 하지 않았던가! 모든 것의 궁극적 존재와 바탕인 이데아를 이성을 통해 인식하는 주지주의적인 태도가 좋은 삶을 담보한다. 이런 입장을 박이문의 철학은 계승하고 있다고 여겨진다. 궁극적 의미인 이데아를 보기 위해 쉼 없이 가시적 세계에서 가지적 세계에로의 '상승(anabasis)의 길'을 간다는 점에서 그는 플라톤의 후예이다. 이런 점에서 그의 철학과 사상은 서양적 기원과 유래를 가지고 있으며, 서양정신의 적자(嫡子)의 계보를 잇고 있다. 위에서 밝혔듯이, 비록 이성이 문제가 있다고 하더라도, 사유의 척도로서 이성보다 신뢰할 것은 없다는 것을 확신한다. 그의 확신은 이론적 확실성에 기초한다.

나는 이성이 정확히 무엇인지는 모른다. 그러나 이성의 존재를 확신한다. 나는 이성이 판단의 절대적 잣대라고는 믿지 않고, 이성을 무조건 의지할 수 있는 빛으로 신뢰하지 않는다. 그러나 이성은 역시 사유의 잣대이며, 이성보다 더 신뢰할 수 있는 빛은 아무데서도 찾아낼 수 없다. 나는 모든 사람들이 다 같이 이성적 기능을 갖고 있다는 것을 안다. 그러나 그들이 또한 이성을 잃는 때가 흔히 있다는 것을 안다. 나는 철학이 이성적 활동의 가장 대표적인 표현이라고 믿는다. [293]

박이문이 이성적 주체의 동일성에 기초한 서구의 관념주의 철학에 속해 있다는 평가도 가능하리라 본다. 그는 단호하게 말하기를, "언어를 떠나서는 엄밀한 뜻에서 의식도 없고 의미도 없다."(DS 27) 의식이 그 자체에 거리를 두는 능력, 즉 언어를 사용할 수 있는 능력은 오직 인간에게만 부여되어 있으므로, 인식의 근거이자 전제인 언어에 대한 탐구가 중심에 온다. (DS 119)

따라서 박이문의 인식론은 프로이트나 현상학의 그것과 범주를 달리하고 있다. '엄밀한 의미에서의 인식은 그 인식이 스스로 인식되었을 때만 가능하다'는 말은 엄밀한 인식은 의식일 때만, 의식을 기반으로 할 때만 가능하다는 말일 것이다. 데카르트의 코기토와 주체 동일성에 기반한 서구 관념철학의 이런 입장은 프로이트와 현상학의 문제의식과는 분명 거리가 있다. [294]

정세근도 '현재의 철학'이란 주제로 쓴 아래의 한 서평문에서 박이문 철학의 위상과 한계를 아래와 같이 평가한다.

1999년 12월에 포항공대에서 고별강연을 한 박이문 교수의 학문적 풍부함과 정력을 우리는 기억한다. 그는 앞으로 한국 현대철학사의 일정 부분을 차지할 것이다. 그러나 그의 세련된 해석과 제시에도 불구하고, 우리가

---

293) 박이문, 《이성은 죽지 않았다》, 386~387쪽.
294) 이상오, 〈분석철학과 낭만주의 시론 – 박이문 시론 비판 : '시적 언어'(《詩와 科學》을 중심으로〉, 인문과학 제36집, 2005, 127쪽.

아쉬웠던 것은 그 주장의 논거가 대부분 서양철학의 전통에 머물러 있기 때문에 '오늘'의 문제라기보다는 '저곳'의 문제라고 여겨지는 데 있었다. [295]

그러나 박이문은 후기로 올수록 플라톤의 철학을 전복시키거나 비대칭관계를 모색하는 니체와 메를로-퐁티 사유를 관통하는 '대지의 철학', '몸의 철학'으로 향한다. 궁극적으로는 그의 마음의 둥지로서 거론되는 동양의 노장사상에 친화적이고, 그곳으로 회귀하고자 한다. 거기서 그는 심정적 확실성을 찾고자 한다. 그러나 하이데거의 주장대로, 니체의 사유마저도 '전도된 플라톤주의'로 해석될 수 있다. 이런 점에서 박이문도 어떤 변형된 의미에서의 플라톤주의자이다. 그는 한편으로 동·서양 사상의 양립 가능성을 추구해야 함을 강조한다. 이른바 분석적이고 환원적이며 합리적인 사유의 결과물인 서양의 과학기술 지식과 동양의 자연-생태 중심적인 사유, 즉 종합적이고 전체적이며 조화로운 사유의 양립 가능성을 추구해야 한다는 것이다. [296] 그러나 다른 한편으로는 서양의 인간 중심적 세계관과 서구의 이원론적 세계관 내지 실재관에서 동양의 자연중심적 세계관 내지 아시아적 일원론적 사유로 전환해야 함을 강조한다.

현재 인류가 처한 위기는 근대문명의 이원론적 형이상학과 인간 중심적 가치관을 바탕에 둔 '서양적 세계관'에서 비롯된 것입니다. 따라서 인류의 미래를 보장하기 위해서는 일원론적 형이상학과 자연 중심적 가치관을 갖고 있는 동양적, 생태학적 세계관으로의 전환이 필요한 것입니다. [297]

---

295) 정세근, 〈현재의 철학〉, 김용석, 《문화적인 것 인간적인 것》, 푸른숲, 2001, 49쪽. (제2판 서문 주석)
296) 정수복, 앞의 책, 91쪽.
297) 정수복, 앞의 책, 89쪽.

이런 점에서 박이문은 결국 동·서양 사상의 양립 가능성과 불가능성을 동시에 주장하고 있는 점을 발견할 수 있다. 동서양 사유는 화합할 수 있지만 다른, 화이부동(和而不同)의 관계가 아니던가! 그런데 현대 서양의 과학적 사유 역시 자연주의적 세계관에 근거하고 있다는 점에서는 동양의 자연관과 근본적으로 연결되어 있는 듯이 보인다. 따라서 박이문의 입장은 동서양 사상의 심층적 차원에서의 조우 가능성을 정치하게 분석하기보다는, 표면적인 비교분석에 머무르고 있다는 인상을 주고 있다.

6. '지혜사랑'에서 '지혜실천'에로의 확장 가능성의 문제

타자는 나와 동등한 이가 아니다.
그가 당하는 가난과 고통 속에서 타자는 나의 주인이다.
− E. 레비나스

'코기토(cogito)'의 철학을 계승하다

서양철학과 사유의 주류적 전통은 자기 중심적인 사랑과 자기 연민에 근거한 나르시시즘 및 동일성의 철학으로 평가될 수 있다.[298] 박이문의 사상적 노선도 다분히 이 자아를 중심축으로 돌고 있는 철학의 궤도 안에 머무르고 있다고 여겨진다. 그의 남다른 철학적 삶은 참된 자기를 찾기 위한, 즉 완전하고 이상적인 자기를 찾기 위한 목숨을 건 구도의 여정이다. 그리고 완전한 '이상 시'를 쓰기 위한 꿈을 평생 동안 한 번도 포기한 적이 없었고, 완전한 존재인 신이 되기 위한 열망으로 가득 차 있다. 여기에서 그가 플라톤의 후예임을 가늠할 수 있다. 왜냐하면 완전하고 자족적인 이데아를 향한 광기어린 에로스의 철학이 바로 플라톤이 제시한 철학이기 때문이다. 자기애에 빠져 있어서 타자를 동일시하는 방법만을 통해 자기를 확장하려고 모색하는 플라톤적 나르시스트의 문제는 다음과 같은 것이다.

---

298) 김상봉, 《나르시스의 꿈》, 한길사, 2002. ; 《서로 주체성의 이념 − 철학의 혁신을 위한 서론》, 길, 2007.

자기 사랑을 찬미하는 플라톤의 후예들은 타자를 자기화/동일화할 수 있을지언정, 창조적인 미래의 타자를 잉태할 수 없다. 그들의 멜랑콜리는 타자의 자기 동화 과정에서 오는 소화불량의 고통일 뿐이지 이화되는 과정에서 오는 자기 희생의 고통이 아니다.[299]

그러나 플라톤도 《국가론》의 '동굴의 비유'에서 현상계(가시계, 동굴 안)에서 예지계(가지계, 동굴 밖)로의 '상승(anabasis)의 길'을 철학자가 가도록 권고한다. 동시에 이데아를 인식한 철학자는 다시 현상계로 '하강(katabasis)의 길'로 돌아와야 함을 강조한다. 차후에 이와 연관하여 개인 차원에서 어떻게 좋음을 이루어야 하는지, 동시에 사회와 공동체의 차원에서 '좋음(Goodness)'을 어떻게 이루어야 하는지를 《필레보스》편과 《법률》편에서 다루고 있다.[300]

그럼에도 불구하고 서구에서 플라톤의 후예들은 자아 중심적 철학의 전승을 만들어 간다. 이런 점에서 자기애와 자기연민으로 가득 찬 자아 중심적 철학은 타자와 공동체에 대한 주제는 언제나 이차적이거나 등한시 된다. 여기에서는 자아에 기초한 사유중심적인 코키토(cogito)의 철학에 머무르고 있고, 타자 중심적인 실천윤리가 철학에서 소외된다. 이를테면 진정으로 공동체를 위한 창조적인 일이란 타자를 사랑하여 자기 내부로 타자를 받아들이고, 그럼으로써 미래의 타자를 길러내는 사람이 진정한 철학자가 아닐까?[301]

이런 점에서 박이문의 철학에서는 타자를 섬기고 환대하는 사랑의 공동체를 향한 철학적 사유는 부족하다고 여겨진다. 물론 그의 환경철학에서는 생태계의 보존과 인간의 집단적 자살이라는 두 개의 가능성 가운데 하나만

---

299) 김동규, 앞의 책, 361쪽.

300) 이종환, 〈창조와 회복 그리고 플라톤의 두 세계〉, 한국기독교철학회, 춘계학술발표회 프로시딩(2014. 3. 29), 14쪽.

301) 이종환, 앞의 논문, 14쪽.

을 선택해야 한다면, 인간의 집단적 자살이 윤리적으로 옳은 선택이라고 한다. (EP 141) 이런 입장은 반휴머니즘적 근본주의 생태학적 입장에 속한다.

한편 레비나스(E. Levinas)의 '타자의 철학'에 의하면, 타자는 나에 대해서 완전한 초월과 외재성이요, 내가 완전히 파악할 수 없는 무한성이다. 타자의 얼굴에 직면할 때 나는 그곳에서 모든 사람들을 만날 뿐만 아니라, 나의 재산과 기득권을 버림으로써 타자와 동등한 사람이 된다고 한다. '타자의 얼굴'을 받아들임으로써 나는 인간의 보편적 결속과 평등의 차원에 들어갈 수 있다고 확언한다. 그러면 여기에서 타자는 나와 동등한가? 나와 친밀한 관계 속에 용해될 수 있는 자인가? 타자는 과연 누구인가?

> 타자는 나와 동등한 이가 아니다. 그가 당하는 가난과 고통 속에서 타자는 나의 주인이다. 나에게 명령하고 나를 질책한다. 나는 내 자신을 벗어나 그를 모실 때 비로소 그때 그와 동등할 수 있다. 타자를 처음부터 나와 동등한 자로 생각할 때 타자는 나에게 아무것도 요구하지 않을뿐더러 나와 마찬가지로 자기실현을 추구하는 사람에 지나지 않는다.[302]

박이문은 이성을 통한 '지혜사랑'의 길을 가고 있음을 부정할 수 없다. 그러나 이성을 바탕으로 한 결정은 '이성에 대한 하나의 비합리적 신앙'을 전제한다.[303] 이성에 기초한 지혜의 추구는 완벽하게 검증할 수 없는 것에 대한 믿음을 전제한다. 레비나스에 의하면, 서구철학의 전통에서 보일 수 있는 이론 자체의 체계성과 사유 중심적인 전체성도 인간 폭력의 원인이 될 수 있다는 것이다.[304]

---

302) 강영안, 《타인의 얼굴-레비나스의 철학》, 문학과지성사, 2007, 151쪽.
303) K. R. 포퍼, 이한구 옮김, 《열린사회와 그 적들》, 민음사, 1982, 321쪽.
304) 윤대선, 《레비나스의 타자철학 – 소통과 초월의 윤리를 찾아서》, 문예출판사, 2004, 17쪽.

'타자 철학'에로의 지평의 확대

따라서 이성 이외의 다른 가치의 토대에 의해 추구되는 지혜에도 열린 자세가 필요하지 않을까? 타자를 섬기고 배려하는 사랑에 기초한 '지혜실천'을 모색하는 '타자의 철학'으로 철학적 지평을 확장하는 열린 자세가 요구된다. 사랑은 자애심을 가짐과 동시에 자신과 다른 타자를 포용한다. 그것은 이성이 진실을 밝히려 하고 진리의 길을 찾아가려 하는 것을 보고 기뻐한다. 파이어아벤트(P. Feyerabend)가 '지성의 생존이 아니라 사랑의 생존'[305]을 바랐던 것처럼. 이런 점에서 '지혜사랑'의 이름으로 추구하는 자기사랑의 철학에서 '사랑의 지혜'를 실천함으로써 사랑의 공동체를 세우기 위한 타자를 환대하는 철학으로 나아가야 하지 않을까? 왜냐하면 사랑의 가치가 지혜의 가치보다 앞선다고 여겨지기 때문이다. 박이문 철학과 사상은 그가 살아온 시대의 한계, 사회의 한계, 문화의 한계와 연결되어 있다. 그러므로 그가 남긴 사유의 확장과 과제는 후학의 몫이 될 것이다.

사람은 누구나 묻는다. 가장 마음에 들고 만족할 만한 좋은 인간의 삶이란 무엇인가? 이 질문에 대해 플라톤은 그의 후기 작품 《필레보스》편에서 답을 주고 있다. 행복한 삶을 위해서는 지혜만으로는 가능하지 않고, 즐거움이 수반되어야 한다고 한다. 지혜가 주는 즐거움뿐만 아니라, 삶에서 느낄 수 있는 다양한 즐거움들을 인정하고 선택해야 함을 강조하고 있다. 지혜와 즐거움이 조화로운 삶이야말로 자신의 원래의 존재(원형)로 다시 돌아가는 데서 가능하다고 한다.[306] 그런 즐거움은 '지혜사랑'이 '지혜실천'으로 나아갈 때

---

305) P. Feyerabend, *Killing Time*, The University of Chicago Press, 1995, 181쪽.
306) 플라톤, 박종현 역주, 《필레보스》, 서광사, 2004, 32b. "한도 지어지지 않은 것과 한도로 자연스럽게 이루어진 생명체의 종류인 것이 와해될 때, 그 와해는 괴로움인 반면, 그것들의 원래의 존재(ousia)로 되돌아가는 과정, 즉 모든 것이 다시 돌아감은 즐거움이다."

얻어질 수 있 것이다. 그 이유는 이 추동력은 반드시 사랑(Eros)일 것이기 때문이다.

모름지기 우리에게 요구된 것은 실존적 개인이 경험한 주관적 폭압에 대한 거부와 반항을 넘어서서 객관적 폭력, 즉 상징적 폭력과 구조적 폭력에 대한 관심과 저항이 요구된다.[307] 왜냐하면 감추고 숨겨져 있는 폭력을 진실의 이름으로 폭로하는 것이 '지혜사랑'의 책무가 아닐까? 이런 점에서 박이문도 개인의 실존적인 차원에서 벗어나서, 타자들이 거주하는 공동체를 섬기기 위한 '하강의 길'로 나가야 하지 않을까 생각한다. 인간의 실천적 행위는 개인적 차원뿐만 아니라, 우리 인류의 보편적 목적이라는 관점에서 논의되어야 한다.

그러나 박이문에게는 정치적인 앙가주망의 결여뿐만 아니라, 또한 공동체와 그 삶을 주제로 한 역사철학, 정치철학, 사회철학적 작품들과 메시지가 결여되어 있다. 따라서 그가 '지혜사랑'과 아울러 공동체를 위한 사랑에 근거한 '지혜실천'을 통해 자신의 철학을 완성하리라 여겨진다.

---

307) S. 지젝, 이현우 외 옮김, 《폭력이란 무엇인가?》, 난장이, 2012, 24쪽.

에필로그
'예술적 철학'의 완성을 위한 '백조의 노래'를 위하여

저녁노을에 깃든 안식

이제 백발이 성성하신 원로 철학자 박이문은 슈트라우스(R. Strauss)가 84
세에 마지막으로 작곡한 관현악 반주에 의한 가곡인 〈네 개의 마지막 노래
(Vier Letzte Lieder)〉의 정조를 그대로 가슴에 품고 있다. 그 첫 번째 세 곡
은 헤세(H. Hesse)의 시에 노래를 부쳤고, 제4곡은 폰 아이헨도르프(J. von
Eichendorff)의 시 '저녁노을(Im Abendrot)'에 곡을 실었다. 작곡가의 말년의
심경을 대변하는 분위기의 음악이어서 듣는 사람에게 큰 감동을 주는 작품으
로 사랑받고 있다.

고달플 때나 기쁠 때나
우리는 손에 손을 잡고 지나왔노라.
이제 우리는
우리의 여행을 그만 두고
조용한 곳에서 쉴 수 있나니

계곡 주위는 온통 경사지고
하늘은 이미 어두워졌는데
두 마리 종달새만이 날아올라
향기로운 밤공기 속에서 꿈꾼다

좀 더 가까이 오라 그리고 그들이 날갯짓하도록 놓아두라
곧 잠잘 시간이 될 테니까
우리는 기를 잃어서는 안 되거늘.
이 외로운 시간에도

오, 한없이 고요한 안식이
저녁노을에 그토록 깊이 숨어 있을 줄이야!
우리는 여행 중에 얼마나 피곤해졌을까
이것이 어쩌면 죽음일까?

박이문은 두 번째 자서전인 《행복한 허무주의자의 열정》에서 인생의 종착점에 가까워지고 있음을 예감하면서 아직도 꼭 부르고 싶은 노래와 이야기가 있다고 고백한다.

나는 평생을 쓰려고 살아왔다
말이 되는 시를
그러나
어느덧 내 기억이 흐려져 가는데
내 앞에
아직도

메워야 할 빈 원고지만 남아 있다
나는 평생 언어를 발명하려 했다
모든 것의 의미, 존재를 밝혀주는 시어를
그러나

어느덧 나의 시간이 다 되어 가는데
내가 만들어본 낱말들은
아직도 아무 뜻도 없는 침묵일 뿐이다

시간이 얼마 남지 않았다
그래서 나는 뜻이 없고 말이 되지 않지만
쉬지 않고 언어를 실험하고 시를 습작한다[308]

아직도 부르지 못한 '백조의 노래'

지금까지 그는 저서, 시집, 에세이집, 번역서를 포함해서 약 100권에 육박하는 작품들을 발표했고, 2010년에는 드디어 자신의 철학과 사상의 결정판인 《둥지의 철학》을 출간했다. 그럼에도 불구하고 아직도 못다 부른, 이른바 북유럽의 전설에서 유래한 작가가 죽기 전에 마지막으로 지은 시가나 가곡 따위를 이르는 말인, 애절한 심정으로 부르고자 하는 '백조의 노래'가 있음을 부정하지 않는다. 그것은 이상의 시이고, 마음의 둥지이고, 지혜 자체이고, 인식을 초월한 존재의 타자적 목소리이다. 인간은 자신의 생각을 표현하지 않고는

---

308) 박이문, 〈아직 쓰여지지 않은 시를 위해서〉, 《아침 산책》, 민음사, 2006, 114~115쪽.

한시도 자신의 삶을 살 수 없다고 했던가! 이와 같이 박이문의 관심은 철학과 예술에서 떠난 적이 없다. 이러한 지적 호기심과 방황, 회의의 반성, 그리고 추구와 방랑은 백발이 된 지금도 끝나지 않고 계속되고 있다. 그야말로 창조적 생 자체는 욕망의 탄생과 그 소멸을 향해 끊임없이 진행하는 과정이던가!

자신의 심경을 담고 있는 에세이에서 스스로의 인생이 실패라는 사실! 그는 자신의 인생이 꽃을 피우지 못했다는 사실은 안타깝게도 너무나 자명하다고 술회했다. 그는 아무것도 해 놓은 것이 없으며, 물질적으로 또는 사회적으로는 물론 지적으로나 도덕적으로 자신이 이룬 것이라고는 단 하나도 없다고 잘라 말했다. 또한 인간관계에서도 후회되는 점이 많음을 안타까워했다. 이런 점에서 자신의 삶에 대한 정직한 평가는 후회로 점철된 삶이다. 이런 점에서 그의 '행복한 허무주의'는 난파하고 있는 셈이다. 그러나 이것은 아마 그의 이상이 너무 높고 자신에게 지나치게 가혹한 지적·도덕적 잣대를 적용하기 때문이 아닌가 생각된다. 그런데 이 세상에 후회가 없는 인생이 어디 있겠는가? 후회는 인간의 존재론적 방식이 아닐까! 그의 완전한 것에 대한 희구는 현실에서 상실된 것을 되찾고자 하는 갈망에서 비롯된 것이다.

그는 묻고 또 묻는다. "세계를 어떻게 보아야 하며 인간으로서 어떻게 살아야 하는가?" 그는 인생과 세계 전체를 볼 수 있는 통전적인 지혜를 파우스트처럼 추구해왔다. 파우스트는 훌륭한 학자가 되고 싶었고, 지상의 일과 천상의 일을 모조리 배우고 배워서 학문과 대자연에 통달하는 훌륭한 학자가 되려 했다. 이와 같이 파우스트적 지성을 지닌 박이문은 모든 것에 관한 물음에 대해 총체적이고 통합적인 대답을 찾고자 했던 것이다.

이제 존재의 근원과 진정한 삶의 방향의 탐구에 몰두하는 '철학자의 시간'은 지나간 것인가? 그렇지 않다. 박이문의 철학과 예술은 자신의 실존적 삶의 토양에서 발아하여 피어난 삶의 예술작품이다. 그 작업의 시간은 전쟁과 폭압이 난무하던 역사적으로 암울한 시대와 대결하면서, 그 안에서 고독을 벗

삼아 치열하게 대결하는 '성찰의 시간'이었다. 한 사람의 영혼의 깊이는 고독을 견딜 수 있는 힘에 비례한다고 했던가! 결국 그는 예술을 통해 존재와 의미 사이의 균열의 철학을 구원하고자 한다. 일찍이 하이데거도 사물과 예술적 관계를 맺는 것이 인간의 본래적인 존재 방식이라는 것을 상기시킴으로써 존재 방식의 변화가 다가오기를 기대했다. 모름지기 "인간은 이 땅에 시적으로 산다."[309] 또한 "예술은 진리를 작품 안에 창작하면서 보존하는 것이다."[310] 참된 예술가는 이제 '진리의 파수꾼'으로서 자신의 존재를 간직한 모든 사물과의 감응 속으로 자신을 내맡기고, 거기서 들려오는 존재의 진리(지혜)를 온 몸으로 표현할 수 있어야 한다. 말이 갈 수 없는 곳에 음악이 갈 수 있듯이, 철학이 이를 수 없는 그곳에 예술은 당도할 수 있을 것이다. 이런 점에서 아도르느(T. Adorno)의 말처럼 철학이 진리이기를 주장하는 기만으로부터 해방된 그곳에, 예술의 마법이 거주하고 있는지도 모를 일이다.

무엇보다 박이문은 세계를 '존재의 차원'과 '의미의 차원'으로 대별하고 그 사이를 매개하는 영역으로 '예술의 차원'을 정위(定位)시킨다. 예술을 통해 몸과 의식 사이, 그리고 자연과 문화 영역 사이를 유기적인 전체로 묶을 수 있다고 생각한다. 즉 전통적인 형이상학적 이원론을 예술을 통해 통합하고자 한다. 그의 철학적 계보는 '형이상학적 일원론'을 주장한 이른바, 플로티누스, 스피노자, 헤겔, 니체, 메를로-퐁티, 노장을 이어간다. 그의 사유는 과학적·기계론적 인식론에서 미학적·유기적 인식론으로, 그리고 인간 중심적 윤리에서 생태 중심의 윤리로, 관념론적 존재론에서 '표현의 존재론' 내지 미학적 존재론으로 중심 이동을 한다.

---

309) M. Heidegger, *Vorträge und Aufsätze(1936~1953)*, 4. Auflage, Pullingen(GA7), Frankfurt. a.M. 1978, 32쪽.
310) M. Heidegger, *Holzwege*, hrsg. von Friedrich-Wilhelm von Herrmann, Fankfurt a.M, 1977(GA5), 59쪽.

특히 그는 니체와 같은 생명으로의 부르짖음과 디오니소스적 긍정의 철학으로 자유롭고 건강한 생의 환희를 꿈꾼다. 그는 예술 철학자로서 미학적 지성으로 뜨거운 삶을 살아왔다. 그의 지혜사랑은 명사가 아니라 동사이다. 그에게 지혜는 사랑을 불러오고, 사랑은 지혜를 열망한다. 따라서 박이문의 삶과 철학은 고대 그리스 철학의 정신인 완전한 '지혜사랑'의 꿈의 여정으로 점철되어 있다. 그 꿈은 그의 사색을 이끌어가는 아리아드네의 실이요, 그의 발걸음을 인도하는 이상세계의 별이었다.

그러나 안타깝게도 그러한 꿈을 실현하는 것은 지상의 인간 그 누구에게도 허락되어 있지 않다. 이 사실을 박이문은 일찍부터 직관적으로 알고 있었다. 그럼에도 불구하고 그 꿈을 실현하기 위한 지난한 '지적 오디세이'를 감행해온 것이다. 오직 신만이 소유하고 향유할 수 있는 완전한 지혜를 얻기 위해 온몸을 던졌다. 그것을 구애해온 박이문의 구도적 삶은 한없이 어리석고 무모하며, 비현실적인 것으로 간주된다. 그 자신도 이 사실을 인정한다. 하지만 아직도 내면에서 쉼 없이 끓어오르는 완전한 지혜에 대한 에로스의 불길! 문제는 이를 잠재울 수 없음을 솔직히 고백한다. 그리하여 그는 아직도 그것을 포기하지 않고, 부르지 못한 완성된 '백조의 노래'를 부르고자 열망한다.

'영원한 실재'를 향한 에로스의 불꽃

이런 점에서 박이문의 사색은 '불가능성의 가능성'을 추구한다. 인생과 세계의 해독할 수 없는 암호 앞에서 결단코 물러서려 하지 않는다. 유한과 무한, 불완전과 완전, 인간적인 것과 신적인 것, 무상과 영원, 가상과 이상, 필연과 우연, 감성과 지성, 철학과 예술, 자연과 문화의 대립과 모순을 피하지 않고, 오히려 그것과 과감하게 맞서 나간다. 이런 지적 도전을 통해 자신만의 사유의 길을 열어간다. 그리하여 그의 사유는 언제나 젊고 푸르다. 노년의 완숙함과 물러섬이 도무지 보이지 않는다. 그가 내세우는 '둥지의 철학'도 완성된 것이 아니라 도상에 있고 또한 보완과 수리가 필요하다. 말하자면 영구적인 리모델링을 요하는 미완성의 예술작품이다. 그의 실존은 영혼에 가장 고유한 속성인 이성을 통한 사색의 힘을 통해 플라톤이 말하는 세계가 끊임없이 완전성을 향해 노력하는 장소에 거주한다. 즉 이데아를 향한 에로스의 장소인 '지금, 여기에서(hic et nunc)' '지혜사랑'을 구현하고자 한다. 아직도 무상한 현실의 저 '깊이'에 있는 영원한 실재를 향한 에로스의 불꽃은 그의 심장 속에 살아 있다.

> 산문과 운문이 서로 섞여 있고,
> 팩트와 상징이 서로 침노하고,
> 절망과 소망이 서로 껴안고 있는 혼돈 속의 정연한 질서.
> 냉정한 두뇌의 관찰이 심장으로 녹아들어
> 우주와 자연의 암인 인간의 생태환경을 바라보며 슬픈 심장으로 변해간다.
> 그 슬픈 심장의 시인은 마지막 불꽃으로
> 그 불꽃의 언어로
> 자신에게
> 그리고 우리 모두에게 묻고 있는 것이다. [311]

저 자명한 대립과 모순을 품고 가는 그의 사유의 길은 끝이 없는 현재진행형이며, 천재적 광기의 성격을 지닌다. 여기에 그의 꺼지지 않는 창조적인 예술혼이 내재한다. 수많은 작품들이 이 모태에서 탄생하고 있다. 말하자면 그의

---

[311] 김주연, 〈냉정한 두뇌, 슬픈 심장의 언어 – 박이문의 시세계〉(해설), 박이문, 《고아로 자란 코끼리의 분노》, 미다스북스, 2010, 179쪽.

철학과 사유는 니체가 탁월하게 밝혔던 아폴론적 요소와 디오니소스적 요소의 결합이다. 그는 허무주의의 비극성에 근거한 자기 존재의미의 정당화를 부단히 시도하고 있는 것이다. 그는 니체처럼 운명 앞에서 디오니소스적인 긍정의 철학을 제시하려 한다. 그리스 비극에서부터 오늘날까지 인간의 나약함, 실존의 부조리, 두려움, 연민, 모순 등이 비극적 사건을 이루는 요소들이다. 하지만 인간 비극성의 본질을 이루는 것은 인간 자신이 스스로 비극적 존재임을 '인정'하는 것이다. 그것은 그리스적 신들의 비열함과 숙명의 무자비함에 대항하여, 역설적으로 인간이 자신의 존재 의미를 정당화하는 방법이었다.[312]

앞서 언급했듯이, 박이문은 지적 정직성을 지니고 인간 조건이 지닌 비극성을 '벌거숭이 임금 앞에 선 순진무구한 아이'처럼 폭로한다. 인간 자신이 스스로 비극적 존재임과 인간 조건의 비극성을 인정한다. 그리고 '행복한 허무주의'라는 철학을 매개로, 즉 '비극적 해학'을 통해 새로운 의미의 삶과 세상을 창조하려 한다. 여기에 그의 철학이 지닌 위대함이 있다. 다시 강조하거니와 그에게 '행복'이란 이성에 준거한 삶을 실천함으로써 가능하다. 이는 서양철학이 지속적으로 전승시켜온 주장과 맥을 같이한다.

반면 그가 창조한 작품들이 타자들에게, 본인의 의도와는 달리 때로는 무책임하고 유해할 수 있는 가능성에는 닫혀 있는 듯이 보인다. 창작자와 작품과의 변증법적 관계는 어디에나 나타나며 후자는 사람에 무관심할 수 있다. 여기에 또한 그의 사유의 한계와 맹점이 있어 보인다. 이는 '창조적 인간(homo creator)'이 지닌 공통적인 창조의 비극성에 속할 수 있다. 특히 '행복한 허무주의'라는 작품은 모종의 결정론과 존재론적 근거를 상실한 무기력한 비관주의로 해독될 가능성도 있어 보인다. 이는 이성이 해결할 수 없는 문제 앞에서 황량한 회의주의에 빠져, 순수이성의 안락사를 경험하면서 귀결되는 허

---

312) 김용석, 앞의 책, 36~37쪽.

무주의를 내포하고 있다. 따라서 우리의 삶은 무의미의 바다에 계속 표류하거나 허무주의의 심연에 난파할 수 있는 위험에 처하게 될 것이다.

'행복한 허무주의'의 극복은 어디에서 오는가

이런 면에서 '행복한 허무주의'는 실천적일 수 없고, 번번이 난파하고 있음을 발견할 수 있다. 또한 형이상학적 허무주의는 정치적 허무주의를 배태한다. 이는 모두에게 좋은 세상, 즉 행복한 개인 및 공동체를 만들려는 일체의 기획과 의지를 무력화시키거나 인류의 건전한 문화적 동력을 약화시킬 수 있다는 점이다. 실제로 형이상학적 허무주의의 기원은 상당 부분 현실의 무상함과 그로 인한 '실천(Praxis)의 부재'에서 생긴다. 때로 현실의 바탕에 서식하고 있는 구조적인 악과 모순으로 인해 현실에서 등을 돌리고 싶은 허무와 좌절감을 느낄 수 있음을 인정한다. 그럼에도 불구하고 철학자는 허무주의를 배태하는 현실의 구조적인 폭력과 위선과 거짓을 조장하거나 정당화하는 이데올로기를 '지혜사랑의 이름으로' 폭로하고 그것을 개선할 수 있는 이론을 개발해야 하지 않을까! 그래야만 지혜사랑이 단지 '사색적 반성'[313] 에 그치는 것이 아니라, 실천적 삶을 통해 '지혜실천'으로 완성될 수 있을 것이다. 따라서 단순한 사색적 반성은 허구이며, 신화에 불과하다는 비판도 가능하다.[314]

박이문은 자신이 속해 있는 현실세계의 변혁보다는 세계인식에 대한 관심

313) J. Patočka, *Die natürliche Welt als philosophisches Problem. Phänomenologische Schriften I*, hrs. von Klaus Nellen und Jiri Nemec, Einleitung von Ludwig Landgrebe, Stuttgart, 1990, 241쪽.

314) J. Patočka, *Die Bewegung der menschlichen Existenz. Phänomenologische Schriften II*, hrs. von Klaus Nellen, Jiri Nemec und Ilja Srubar, Einleitung von Ilja Srubar, Stuttgart, 1991, 421쪽.

에 머무르고, 자기실현과 자기완성을 향한 내재적 목적론을 추구한다. 또한
체제와 권력으로부터 자유로운 예술적 창작 행위를 계속하고, 이해타산과 목
적성에서 해방된 창조적 놀이를 수행한다. 자신에게 좋은 것, 자신의 행복을
위해 필요하다고 여기는 것을 알기 위한 근원적인 열망을 향해 분투한다. 그
에게는 서양철학의 도도한 가르침처럼, 진정한 인식만이 인간 삶의 최고 형식
인 것이다. 여기에 자신의 살아 있음과 존재의 아름다움이 있다고 여긴다. 따
라서 그는 정치철학, 사회철학, 역사철학보다는 형이상학적 존재론, 의미론,
그리고 예술철학에 더 관심을 가진다. 물론 자비의 윤리학, 생태 중심적 환경
철학을 통해서 상대주의를 야기시키는 윤리적 반실재론과 환경 위기를 배태
한 가치론적 인간 중심주의에 대한 철학적 응전을 시도한다. 그러나 그러한
시도가 바로 이론적 반성에 머문다는 인상을 준다.

   그의 철학은 철학사에 나타나는 자신을 갈고 닦는 관조(觀照)와 수행(修
行)의 전통에 충실한 것 같다.[315] 일찍이 아리스토텔레스에 의하면 인간이 자
신에게 고유한 이성의 능력을 갈고 닦는 것, 그가 본래의 존재, 곧 이성적 생명
체가 되는 것이야말로 인간 존재의 의미라는 것이다.[316] 그는 한편으로 명상
적 삶을 실제적 삶보다 우위에 놓았다. 동시에 그는 인간의 기본적 행위를 이
론(theoria), 실천(praxis), 제작(poiesis)으로 구분했거니와 실천을 통해서만
행동이라는 궁극적 목적에 이를 수 있다고 확언했다. 이른바 박이문의 철학
은 '행동의 차원'에 대한 성찰이 상대적으로 미흡하다. "우리 내면의 삶에 대한
우리의 경험, 우리의 행동을 설명하기 위해 우리가 스스로에게 들려주는 우리

---

315) 박이문, 《과학의 도전, 철학의 응전》, 191쪽. "문제는 우리의 선한 심성을 닦아야 한다는
    것이다. 〔……〕문제의 궁극적 해결책은 물질적·기술적, 그리고 제도적 방법만을 찾는 데
    있지 않고 도덕적 심성을 내면적으로 재발견하고 닦아가는 데 있다." 이는 동양의 양명학
    의 심학적 전통과 연결된다.
316) W. 바이셰델, 안인희 옮김, 《철학의 에스프레소》, 98쪽.

자신에 대한 이야기는 근본적으로 거짓말이다. 진실은 외부에, 우리가 하는 행동 속에 있다."[317] 이런 지젝(S. Žižek)의 주장은 진실에 기초한 지혜는 말과 글에 있지 않고, 행동에 깃들어 있어야 함을 천명하는 것이리라.

'제일철학(prima philosophia)'으로서의 '둥지의 철학'

그럼에도 불구하고, 자발적으로 짊어진 서양철학의 대사 역할과 아울러 창조적인 '둥지의 철학'을 제시한 박이문의 업적을 긍정적으로 높이 평가하지 않을 수 없다. 한국 철학계를 위해 그는 프랑스 철학 일반, 즉 실존철학, 현상학, 구조주의, 그리고 분석철학과 예술철학 및 학문 방법론 등을 소개하는 선구자적 역할을 주저하지 않았다. 특히 '예술적 휴머니즘'과 '표현의 존재론', 그리고 '예술적 인식론'과 '생태적 자연주의'를 표방하는 박이문의 예술적 철학과 사상은 황량하고 핍절한 시대를 지나던 한국 현대 인문학사에 크게 기여했음을 부정할 수 없다.

오늘날의 지식인들은 인문학의 위기 속에서도 철학, 문학, 예술을 포괄하는 '표현 인문학'으로의 확장을 요청받고 있다. 이 시대에는 전문 지식보다는 통합적 지식을 통해 창조적 사고를 해야 한다는 주장이 설득력을 얻고 있다. 이런 점에서 형이상학이나 초월적 인식론 내지 윤리학에 앞서 통합학문이 제일철학(prima philosophia)이 될 수 있을 것이다. 박이문은 이런 시대에 훨씬 앞서서 철학과 문학, 그리고 철학 안에서도 유럽철학(실존철학, 현상학)과 영미철학(분석철학, 언어철학), 그리고 동·서철학의 사이를 크로스오버하면서 상호 학문적, 학문 내적인 횡단적 사유를 실험해오고 있으며, 괄목할 만한 연구

---

317) S. Žižek, 앞의 책, 83쪽.

성과를 내놓았다.

앞에서 밝혔듯이, '둥지의 철학'은 '관계의 철학', 그리고 '사이의 철학'으로서의 시의적절성을 지니고 있다. 그것은 '존재와 의미 사이의 노마디즘'으로 규정할 수 있다. 말하자면 그것은 존재와 의미의 사이를 통찰하면서 그 관계성을 천착한 연구이다. 그것은 표현(비인지적 명제)과 인식/재현적 표상(인지적 명제), 존재와 지성, 인간성 속의 자연성과 문화성, 인간과 자연, 문화와 자연, 무와 유, 무의미와 유의미 사이에 길을 내고 있다.

오늘날은 지식과 정보의 그물망(Net) 속에서 상호문화적 소통과 이해를 도모하기 위한 네트워킹이 요구된다. 우주 안에 있는 서로 다른 것들 간에는 절대적인 대립적 경계나 차이가 존재하지 않으며, 그것들 사이에는 순환적이며 상호의존적이고 상호보완적인 관계만이 존재한다. 이런 관계의 관점에서 존재 차원(0)과 의미 차원(1) 사이에는 무한 수치의 다양한 층위, 스펙트럼상의 차이가 존재한다. 이러한 차이들을 담아내고 그것을 '둥지'의 메타포로 조화시키는 '관계의 철학', 그리고 '사이의 철학'으로서 '둥지의 철학'은 우리 시대가 요구하는 철학으로 자리매김할 수 있을 것이다.

그럼에도 불구하고 '둥지의 철학'은 자연주의가 지니고 있는 한계와 범주적 오류를 그대로 지니고 있다. 언제나 자연에서의 인간의 자리가 문제가 된다. 즉, 우연적 기원을 가진 존재가 자신의 지적 능력을 신뢰할 수 있을까? 자연주의는 인간으로 하여금 인간 존재를 귀중히 여길 만한 충분한 근거를 제시하고 있는가? 의식이 자연의 부대 현상이라면 도덕성의 기초를 이루는 인간의 자유는 우연의 산물이 아닌가? 인간을 하나의 자연으로 간주하면서도 선택의 자유와 인간의 독특성을 이야기한다. 그 이유와 근거는 각각 무엇인가? 존재와 의식 차원의 구별, 자연과 문화의 범주적 구별은 어디에서 그 근거를 찾을 수 있는가? '둥지의 철학'은 기존의 철학들을 해체시키고, 그 자리에 새로운 신화로 재탄생할 수 있기를 바라고 있다. 이는 어떤 절대적 자명성을 내세우면서 다른 여타의 철학들에 대한 건전한 비판이 아닌 '본질적 배타성'을 가질 수 있는 듯이 보인다. 이런 점에서 다른 철학들에 대한 근본적인 닫힘의 요소가 보인다. 이것은 독창적인 철학이 가진 태생적 한계이기도 하다.

박이문의 '예술적 철학'이 여는 '다른 문'

무엇보다 자연의 둥지를 모방한 예술적 작업을 기초로 한다는 점에서, 그는 명실상부한 예술적 철학자이다. 그는 예술혼과 철학혼을 동시에 지닌 '예술적 아방가르드 철학자' 또는 '문 밖의 철학자'이다. 언어 놀이를 해보자면, '다른 글(異文)'을 쓰고, '다른 물음(異問)'을 던지고, '다른 문(異門)'을 여는 철학자로 평가될 수 있다. 영원한 예술적 철학자로 자처하는 박이문은 결단코 직업인으로 철학을 해오지 않았기에, 지상에 머무는 시간까지 정년 없이 '사색의 향연'의 한가운데 머물고자 한다. 그리고 그의 철학을 아끼고 사랑하는 애독자들이 있는 한, 그의 철학적 영향력은 그들의 '영혼의 밭'의 이랑 속으로 끊임없이 흘러들어갈 것이라고 확신한다.

그러면 그의 철학과 사상은 다차원적 복수문화시대에, 이른바 사이버 문화, 하이퍼텍스트 문화, 하이브리드 문화가 창궐하는 시대에 어떤 시사점을 던져줄 수 있는가? 예술과 첨단 과학기술의 만남으로 미학혁명이 일어난 시대에 그의 예술적 철학은 어떤 적실성과 시의적절성을 가질 수 있는가? 예술작품이 단지 '전시적 가치'로만 인정되는 시대에 '접근할 수 없는 그 무엇', 또는 '신비스러운 거리감'으로 남아 있어야 하는 예술의 본래적 가치는 어떻게 보존되어야 하는가? 박이문의 예술적 철학은 오늘날 글로벌한 상호 문화적 시대에 '철학문화 환경 균형론'에 어떻게 이바지할 수 있는가? 또한 그의 철학과 사상에서 무엇을 계승하고 극복해야 하는가? 과연 '존재-의미 매트릭스'

구조로 파악되는 '둥지의 철학'은 여타의 인문학의 모태가 될 수 있는가? 이런 주제들은 계속 연구되어야 할 과제에 속한다.

어떤 철학자가 그의 사상을 통해 영향을 미치는 경우는 다음과 같은 결과를 가져올 수 있어야 한다고 한 비평가는 확언하고 있다. 이를테면, 하나의 철학사상이 과연 진정으로 의미가 있으려면, 그 사상이 지닌 주요 개념적인 원리와 이론이 적어도 인문학과 예술에 대한 이론에 일종의 모태로서 활용되어야 하고, 더 나아가 주요 사회과학들에도 사유의 기본 장치들로 활용될 수 있어야 한다. [318]

이제 씨를 뿌리고 난 농부의 심정으로, 박이문 작품들의 영향사적 미래에 대해서는 허령불매한 마음으로 기다려 보아야 할 것이 아닌가! 다만 후학들이 그의 철학과 사상에 대한 애정어린 비판적 작업과 아울러 후속 연구를 더 정치(精緻)하게 수행해 나가는 길 밖에 없어 보인다.

필자는 이런 주장에 동의하면서, 평생을 바치면서 쉼 없이 격물치지(格物致知)의 모범을 보인 박이문의 철학과 사상은 어느 정도는 저러한 요구를 충족하고 있음을 확인 할 수 있다. 그러나 그것이 영향사적 관점에서 어떻게 한국의 인문학적 토양에서 자라 열매를 맺고, 학문 생태계에 어떤 모습으로 살아남아서 지속적으로 영향력을 미칠 것인지의 여부는 아직 미지수이다. 다만 후학들이 그의 철학과 사상에 대한 애정어린 비판적 작업과 아울러 후속 연구를 더 정치(精緻)하게 수행해 나가는 길 밖에 없어 보인다. 이제 씨를 뿌리고 난 농부의 심정으로, 박이문 작품들의 영향사적 미래에 대해서는 허령불매한 마음으로 기다려 보아야 할 것이 아닌가!

---

318) 조광제, 앞의 서평, 1쪽 이하.

'둥지의 철학은 끊임없이 재창조·재구성되는 인간의 철학'

박이문 선생님과의 특별 인터뷰

대담자 : 강학순

강학순 선생님을 뵌 지가 30년이 넘습니다. 그동안 사적으로나 학문적으로 가까이 지내왔지만 이번에 이렇게 대담을 하게 된 것을 무척 기쁘게 생각합니다. 선생님은 사람들에게 설교조의 좋은 말씀을 해주시거나, 혹은 도덕적 권면을 상대방에게 하는 것을 좋아하지 않는 것으로 알고 있습니다.

이는 타자가 누구이든 동등한 인격으로 대우하시며 존중해주시는 훌륭한 자세라고 생각합니다. 그러나 그런 태도는 선생님의 사상과 인격을 통해 무언가 배우고자 하는 후학들에게는 다소 냉정하게 느껴지기도 하고, 또한 무심

본 인터뷰는 2014년 7월에 일산에서 진행된 박이문 선생님과 저자와의 대담이다.

함으로 다가올 때가 많습니다. 이런 점에서 저는 오늘 대담에 임하면서 모종의 부담감을 갖게 됩니다.

하지만 선생님의 애독자를 위하여, 특히 젊은 독자들을 위하여 더 편안하고 열린 마음으로 소중한 답변을 해주시면 감사하겠습니다.

먼저 선생님께서 평생 탐구해 오신 철학과 예술을 완성하여 집대성한 '둥지의 철학'에 대해서 여쭤보겠습니다. 과연 이 '둥지의 철학'이 선생님 철학의 종착지입니까?

박이문 그렇지요, 그것은 종착지라고 할 수 있습니다. 그러나 아직 더 할 말이 있고, 더 정확한 답이 있을 수 있지 않느냐 하는 점에서 아쉬움이 남습니다.

강학순 그러면 '둥지의 철학'의 개념은 언제 처음으로 착안하셔서 독창적인 예술적 철학으로 발전시킨 것입니까?

박이문 거슬러 올라가면, 대학에서 프랑스 문학을 공부하던 때부터 세상의 모든 것을 총체적으로 일관성 있게 '단 하나의 이론'으로 설명하고 싶은 관심을 품게 되었어요. 무엇보다 '둥지의 철학'의 궁극적 의도는 말라르메(S. Mallarméé)가 구성했던 우주의 모든 것을 담은 단 한 편의 절대적 시로서의 '책(Le Livre)'이 암시하는 의도와 유사한 것이지요.

그리고 1974년의 〈시와 과학〉이란 논문에서 '존재 차원'과 '의미 차원'이라는 새로운 개념으로 세계를 설명할 수 있다는 단초를 소개했지요. 2003년 출간된 《이카루스의 날개와 예술》에서 〈둥지의 건축학〉을 소개했고, 2009년에 《통합의 인문학》에서 '둥지의 철학'이 본격적으로 다루었습니다. 이를 통해 '둥지의 철학'이 통합 인문학의 가능성으로 제시되었어요.

드디어 2010년에 '둥지의 철학'이 세상에 나오게 되었지요. 마지막으로 2012

년에는 《둥지의 철학》의 간결한 해설을 담은 프롤레고메나(Prolegomena)로서 《철학의 흔적들》이 출간되었어요.

강학순 '둥지의 철학'에서는 인간과 세계를 어떻게 바라보고 있습니까?

박이문 인간은 고정된 존재가 아니라, 끊임없이 재창조되는 세계에 속한 존재이지요. 다시 말해 인간은 선험적으로 결정된 존재가 아니고, 항상 열려 있고 다시 만들어질 수 있는 존재라는 것이에요. 내 생각으로는 정신과 몸으로 이루어진 인간은 서로 분리되는 것이 아니라, 하나로 연결된다고 보아요. 그것들은 마치 찰흙처럼 엉켜 있어서 어떤 모양으로든지 바꿀 수 있고, 언제든지 리모델링될 수 있다는 얘기입니다. 말하자면 정신과 몸은 상호 침투하는 것이죠. 인간은 자신의 자유를 발휘해서 세계를 지배하거나 군림하는 존재가 아니고 세계 속에, 즉 둥지 속에 있으면서 끊임없이 재구성되는 것이라고 할 수 있어요. 몽골의 게르(Ger, 이동식 천막)처럼 그 안에 살면서 계속해서 움직이는 것으로 비유할 수 있을 거예요.

나 역시 철학과 예술 사이를 옮겨 다니며 둥지를 계속 만드는 과정 속에 존재한다고 말할 수 있겠지요. 결국 인간이 세계에 속하기도 하고, 세계가 인간에 의해 계속 만들어지는 상호작용이 있다는 것이 '둥지의 철학'의 관점이라고 볼 수 있겠지요.

강학순 오늘날 젊은 세대들은 치열한 자본주의 사회에서 살아가면서 어쩔 수 없이 삶의 가치보다는 물질적 가치에 대한 애착을 더 가지게 됩니다. 이들에게 철학자로서 어떤 조언을 해주고 싶습니까?

박이문 과거의 세대들도 정신적 가치보다 물질적 가치를 추구하기는 마찬가지였어요. 지금은 물질적 가치 추구를 통해 얻을 수 있는 것들도 다양할 뿐만 아니라, 그 가능성의 기회들도 열려 있지 않습니까? 오늘날 시장 자본주의의 물질적 유혹에서도 인간다움을 지키기 위한 여러 가지 방법이 있겠지만 그것을 젊은 세대에게 일방적으로 강요할 수는 없다고 생각해요. 그러나 무엇보다 중요한 것은 자기 자신에게 정직하고 윤리적으로 살아야 해요. 다시 말해 사람이라면 '물질적 가격'에 관심을 가지기보다는 '도덕적 가치'에 따라 살아야 한다고 생각해요.

강학순 그러면 선생님이 강조하시는 '도덕적 가치'란 무엇입니까?

박이문 그것은 우리가 속한 공동체에 기여하는 것이지요. 물질주의가 팽배할수록 도덕적 가치를 지니고 공동체의 이익에 기여하는 일을 중요시해야 해요. 이는 더불어 사는 것의 규칙이니까요. '도덕적 가치'를 추구해야 하는 것이 인간의 당위라고 봐요.

강학순 그렇다면 오늘날 소위 '휴머니즘의 위기' 시대에 인간에게는 변하지 않는 도덕성이라는 상수가 있는 건가요? 그 근거는 무엇인가요? 요즘은 사람의 본성을 조작하고 얼마든지 인위적으로 가공할 수 있다고 보지 않습니까? 말하자면 안티-휴머니즘, 포스트-휴머니즘 그리고 트랜스-휴머니즘까지 거론되지 않습니까?

박이문 단언컨대, 인간의 본성은 상수가 아니라 변수라고 할 수 있어요. 그것은 시대와 환경이 변하더라도 인간의 고유한 본질로서 고정되어 있지 않고, 열려 있는 상태에 변화하는 것으로서 본성 역시 변화한다고 생각해요. 상황에 따라 그 본성은 다른 모습으로 드러나지요. 즉 시대에 따라 다양한 본성들이 나타납니다. 따라서 인간의 본성은 상수가 아니라 변수라고 할 수 있죠. 무엇보다 나의 견해로는 선과 악도 확실하지 않아요. 상황에 따라, 역사에 따라 변하는 것이죠. 시대와 상황에 따라 인간의 본질 역시 영향을 받기 때문이지요. 지금은 그런 본성을 논의하는 것보다도 더불어 살아가는 지혜를 찾아가는 것이 더 절실하게 요구된다고 봐요.

강학순 그러면 선생님은 인간의 본성과 그것에 기반한 도덕과 문화에 대해서 역사적 상황에 따른 상대주의 및 다원주의를 주장하는 셈인데요. 고유의 관습을 지닌 지역적 문화도 다른 문화권과 비교해보면 인권 유린, 억압, 폭력으로 비쳐질 수 있습니다.

예를 들면, 도처에서 사이비 이단종교들이 창궐하여 혹세무민을 하고 있고, 사회악을 조장하고 있으며, 특정 이슬람 문화권에서는 오늘날에도 소녀들에게 끔찍한 할례의식이 이어지고 있습니다.

이런 것은 문화적 존중의 대상이 아니라 지구상에서 사라져야 할 야만 행위로 보아야 하지 않을까요? 획일적이고 절대적인 잣대는 아니더라도 인류사회에서 보편적으로 용인할 수 없는 일이기 때문에 그때그때마다의 보편타당한 판단 기준이 있어야 하지 않을까요? 만일 용인한다면 인류는 다시 야만의 세계로 돌아가지 않을까요?

박이문 그런 판단 기준은 있을 수 없다고 생각해요. 시대마다 기준이 다를 수밖에 없기 때문이지요. 이 시대에는 선이지만 다음 시대에는 이것이 악이 될 수 있고 그 반대도 가능합니다. 상대적이고 상황에 따른 윤리가 있을 뿐, 절대적 잣대의 기준은 있을 수 없다는 것이에요. 나는 영원한 옳음도, 거짓도 없다고 생각해요.

강학순 이론적으로는 선생님의 상대주의적 입장이 가능할 수 있겠지만, 구체적 역사적 세계에서 일어나는 야만적 폭력과 반인륜적 범죄에 대한 시시비비와 선악의 판단기준은 여전히 유효하다고 여겨집니다. 이 지점에 대해서는 앞으로 더 여쭙도록 하고, 다음 질문으로 넘어가겠습니다.

그런데 젊었을 때부터 세상을 바꾸어 놓을 철학을 만들어보겠다는 그런 꿈이 있지 않았습니까? 선생님은 젊은 시절부터 지닌 그 이상을 향한 열정을 지금까지 한 번도 변하지 않고 유지하고 계십니다. 그 이유가 궁금합니다.

박이문 내가 맞닥뜨려온 젊은 시절은 혼돈 그 자체였어요. 나의 이상을 향한 열정을 위한 출발점은 세상의 혼란과 부조리, 병듦, 애매함 등이었어요. 나는 이것들을 투명하고 명료하고 명석하게 밝혀 보고 싶었어요. 그때의 열정이 지금까지도 유지되어 오고 있지요.

열정이라는 뜻을 가진 영어 단어로 passion과 intensity가 있습니다. 나는 intensity를 주로 사용하는데, '밀도 있는 열정'이라는 의미입니다. passion은 밖에서 우리를 엄습하고 덮쳐오는 그런 뜻으로, 외부의 어떤 것에 사로잡히는 것을 말합니다. 이에 비해 intensity는 스스로가 능동적으로 분출하는 열정을 의미합니다.

저의 열정은 적당히 사는 데 그치는 것이 아니라 온 정성을 다해 몰입하고 자신의 에너지를 쏟는 것입니다. 삶에 대한 집념이랄까?

강학순 선생님의 그런 집념은 글쓰기에서 가장 탁월하게 나타나고 있습니다. 100여 권의 저서를 마무리하신 가히 영웅적인 창작혼은 모든 사람을 압도하고도 남음이 있습니다. 그러면 선생님의 삶에서 '글쓰기'란 무엇이고 어떤 의미입니까?

박이문 그것은 내 생각을 정리하는 수단이지요. 말하자면 생각들을 정리해서 내 것으로 삼는 행위이지요. 강 교수도 잘 알다시피, 흩어진 생각들을 광주리에 담아 정리하는 것, 사실 이것이 그리스의 로고스(logos)의 개념이에요. 생각들을 모아 질서를 잡고 의미를 부여하고 낯선 세계를 개념으로 포착하여 나의 세계로 만드는 과정인 것이지요. 글쓰기가 바로 철학하는 것이고, 이 방법이 그 세계를 개념적으로 다시 창조하는 창조적 작업입니다. 한마디로 존재의 증명이고 실존의 표현인 것이지요. 또 나는 다른 취미가 없어요. 지금도 글을 쓸 때가 가장 편하고 행복해요.

강학순 이제 오늘날 일상생활에서 일어나는 문제에 대해 선생님의 고견을 여쭤보도록 하겠습니다. 예전과 달리 최근 젊은이들에게 결혼은 필수가 아닌 선택입니다. 결혼에 대해 어떻게 생각하십니까? 그리고 미국 대통령 오바마나 UN 사무총장 반기문은 동성 간의 결혼을 합법적으로 인정했습니다. 어떻게 생각하십니까?

박이문 결혼은 생물학적인 관점에서는 필수일 수 있습니다. 그러나 인간은 생물학적으로만 존재하는 것이 아니기 때문에 사회학적인 관점에서는 결혼이 필수가 아닐 수 있습니다. 동성 간의 결혼도 역시 사회학적으로는 가능하다고 봅니다. 물론 생물학적 관점에서 문제는 있다고 여겨져요.

강학순 가슴 뛰는 열정 없이 뚜렷한 이상도 가질 수 없이 그저 소시민으로서 살아가도록 강요받는 세상에서, 단지 생존만을 위해 살아가는 동시대인들에게 어떤 조언을 해주실 수 있으신지요?

박이문 원래 인간이란 존재가 그렇지 않나요? 사람들에게 변화와 각성을 강요할 수는 없는 일이지요. 기독교인들이라도 무조건 사람들에게 교회에 가서 기도하며 회개하라고 강요할 수 없듯이 말입니다.

강학순 그러면 스스로 자신 안에서 해답을 찾으라는 이야기가 되겠군요. 그러면 철학 및 철학자의 참된 사명은 무엇입니까?

박이문 삶을 살아가는 데 필요한 잣대를 제시하는 것입니다. 물론 잣대는 언제든 변할 수 있습니다.

그러나 그때그때마다의 올바름의 척도는 필요한 법입니다. 그 척도를 마련하는 것이 바로 철학이라고 생각해요. 사람들에게 이래라 저래라 강요할 수는 없지만 그 척도는 필요한 것이지요.

강학순 선생님의 전기 철학에서는 실존적 측면에서 '주체'를 강조하십니다. 자신의 주체적 결단, 선택이라는 사르트르 및 키에르케고르 식의 주체관을 많이 거론하셨습니다.

그런데 후기 철학에서는 노장사상에 영향을 받으면서 주체보다는 관계, 그물망을 강조합니다. 우리 모두는 연대적 고리로 연결되어 있다고 말하며 이러한 측면에서 관계를 강조하십니다. 그렇다면 이 '주체'와 '관계'는 어떻게 조화시켜야 할까요?

박이문 어떠한 경우에라도 절대적인 규범은 없어요. 주체와 관계의 관계는 각 시대마다 상황마다 가장 최선의 선택을 통해 조화를 이루어야 하는 것이지요. 의미, 규범, 이성 등이 어느 사회마다 있어왔지만 이것은 의미다 아니다, 이것은 규범이다 아니다, 이것은 이성이다 아니다를 구분 짓는 절대적으로 구분선이 분명하지 않아요. 참 어려운 문제이지요.

강학순 선생님의 사유에는 분면 창조적 혼돈(chaos)과 순환론적 동학(dynamic)이 엿보입니다. 그것에는 투명성과 애매성, 주체와 관계, 철학과 예술, 자연과 문화의 길항작용과 변증법이 깃들어 있습니다. 사유의 길이 연결되다가도, 어느 곳에 이르면 갑자기 길이 끊겨져 있음도 동시에 발견하게 됩니다.

그러면 선생님이 마지막으로 도달하고자 하는 시(詩)란 무엇입니까?

박이문 이성에는 분명 한계가 있지요. 나는 이성으로 포착할 수 없는 것, 그러니까 이성의 그물망에 들어오지 않는 것들을 시로 표현하고자 했어요. 이성은 보편적인 것들만 포착하기 때문에 구체적인 것들은 다 빠져나가지요. 이 구체적인 것들을 이성으로는 잡을 수 없기에 시가 필요한 것입니다. 그래서 나는 보편적인 것과 개체적인 것들을 모두 잡아 이 세계를 설명하고 싶었어요. 의식과 무의식은 모두 연결돼 있어요.

그런데 이것을 구별하는 순간 인위적인 경계가 생겨요. 이 경계는 실로 애매하죠. 로르샤흐의 잉크나 에서의 판화 작품이 그렇듯 차원과 경계의 구분은 어느 순간 의미를 잃게 돼요. 실상은 개념 전에 이미 한 덩어리로 모두 연결돼 있는 거예요.

나는 처음에 카오스적인 세계를 못 견뎌서 질서가 잡힌 세계를 보기 위해 노력했는데 거기에서 어떠한 만족도 느낄 수 없어 카오스의 세계로 회귀했어요. 투명성을 위해 서양철학에 기대었다가, 전일적인(holistic) 세계관을 품고 있는 동양사상에 호감을 가지게 된 것이지요.

강학순 그런데 선생님은 노장사상, 불교, 힌두교에는 호의적이신 것 같습니다. 유가사상의 전통이 뿌리 깊은 집안에서 성장하셨는데, 이러한 전통에 대해 어떻게 생각하십니까?

박이문 그것은 지금 시대에는 설득력이 별로 없다고 생각해요. 그 사상은 당대의 사회를 유지하기 위한 사상적 도구였을 뿐이에요. 물론 지금도 아버지는 아버지답고 자식은 자식다워야 한다는 전통이 이어지고 있지만 가부장적인 수직적 관계가 아니라 평등한 수평적 관계가 중시되지 않습니까? 이것은 앞으로 사고의 틀이 변화하면 또 다른 모습을 띨 것입니다.

강학순 동시대의 지성인들은 대부분 현대의 부도덕한 반인륜적 세상이 변혁되어야 한다고 생각합니다. 많은 사람들이 지적하듯이, 자본주의 세계에서는 시장의 가치가 도덕적 가치를 잠식하고 있는 현실입니다. 말하자면 오늘날의 자본주의는 카지노식 자본주의와 승자독식의 원리를 바탕으로 계속해서 위세를 떨치고 있습니다. '인간의 얼굴을 한 자본주의'는 과연 가능한 일일까요? 시장 자본주의 미래나 비전을 말씀해주십시오.

박이문 한때 유럽의 사회주의적 복지국가가 대안이 될 수 있었지만, 현재는 그런 나라들이 다시 경쟁적인 자본주의 정책에 집중하는 모습을 보이고 있습니다. '따뜻한 자본주의'도 어느 정도 가능하겠지만 우리가 바라는 이상적인 모델이 될 것인가에 대해서는 회의적입니다.
나는 현재 '인류는 종말을 향해 다가가고 있다'는 불편한 진실을 말하지 않을 수 없어요.

강학순 인류가 종말을 맞이하는 가장 큰 원인은 무엇이며, 해결책은 무엇입니까?

박이문 인간의 얼굴을 잃어버린 천박한 자본주의를 추동하는 것은 본질적으로 인간의 탐욕입니다. 이 탐욕으로 인해 인류는 종말을 맞이할 것입니다. 이

탐욕은 공동체의 이익에 반하는 것이지요.

결국 이를 해결할 수 있는 길은 개인의 탐욕과 공동체의 이익 사이의 양립가능성을 모색해 나가는 것뿐이겠지요.

강학순 최근 이스라엘이 팔레스타인에 가한 군사적 폭력으로 인한 민간인 학살에 세계 여론이 들끓고 있습니다. 왜 21세기에도 여전히 이런 만행이 반복되는 것일까요?

박이문 이스라엘 사람들이 큰 잘못을 저지르고 있다고 생각해요. 알다시피, 이스라엘은 제2차 세계대전이 끝난 뒤 전 세계 유대인들이 자기들이 가진 권력과 경제력을 이용해 세운 국가입니다. 평화롭게 살아가던 팔레스타인 사람들을 몰아내고 강압적인 힘을 행사한 결과입니다. 나는 옛날부터 팔레스타인에 대해 동정적이었습니다.

하지만 이를 개인적으로 함부로 말할 수는 없었어요. 내가 가르침을 받은 선생님들 대부분이 유대인이었어요. 소수의 유대인들이 현재 미국은 물론 세계를 지배하고 움직이고 있고 있는 실세라는 사실은 누구나 알고 있을 거예요. 내가 미국에 간 70년대에 간 보스턴의 대학들의 대부분 교수들이 유대인이었어요. 이분들은 개인적으로 내게 무척 많은 가르침을 주신 분들이었어요. 그럼에도 불구하고 이스라엘의 선민사상으로 무장한 폭력행위는 정당화될 수 없다고 생각해요. 이스라엘과 팔레스타인 하마스 사이에 상존하는 테러와 전쟁의 악순환의 고리가 단절되지 않는 것은 그들 속에 내재하는 유대교 근본주의와 이슬람 근본주의라고 봐요.

이 종교적 근본주의를 해결하지 않고는 그런 만행은 반복될 수밖에 없어요. 강 교수가 평소 계속 관심을 가지고 연구하고 있는 근본주의 문제에 대한 철학적 접근이 의미 있는 작업이 되리라 믿어요.

강학순 '더욱 분발하라'는 격려의 말씀으로 받겠습니다. 마지막으로 미다스북스 출판사가 기획하는 전집출간 기획에 대한 선생님의 기대와 바람은 무엇인지요?

박이문 미다스북스 출판사가 그러한 기획을 제안한 것을 매우 고맙게 생각하고 있어요. 출판계의 상황이 어려움에도 불구하고 한국 인문학의 진흥을 위하여 모험을 감수하고자 하는 모습에 경의를 표할 수밖에 없지요. 내가 살아 있을 동안에 전집이 출판될 수 있다면 나에게는 더 없는 기쁨이 되리라 믿어요.

그리고 그것을 위한 준비로서 이번 강 교수의 저서, 《박이문 – 둥지를 향한 철학과 예술의 여정》도 의미 있는 작업이라 여겨져 감사한 마음을 가지고 있어요. 무엇보다 강 교수가 나와 오랫동안 친밀한 인간적, 학문적 교류가 있었고, 내 저작물 대부분을 섭렵하여 독해했다는 점에서 그래요.

강학순 삼복 더위에도 불구하고 이렇게 대담에 응해주셔서 감사드립니다. 더 드리고 싶은 질문들은 다음 기회를 위해 남겨두겠습니다. 모쪼록 선생님의 건필과 강녕하심을 빌겠습니다.

■ 부록 : 박이문 저작의 분류[317]

여덟 가지 분류법을 참조하여 장르별, 출판연도별, 집필 방법별로 분류한 박이문의 저서 목록을 제시하면 다음과 같다.

프랑스문학 번역

● 폴 발레리 지음, 박이문 옮김, 《발레리 시집》, 교양문화사, 1959.

● 샤를 보들레르 지음, 박이문 옮김, 《파리의 우울 : 산문시》, 정문사, 1959.

● 장-폴 사르트르 지음, 박이문 옮김, 《어떻게 사느냐?》, 경지사, 1959.

● 알베르 카뮈 지음, 박이문 옮김, 《카뮈 예술관 : 예술과 저항》, 오성출판사, 1959.

● 아나톨 프랑스 지음, 박이문 옮김, 《목마른 제신(諸神)》, 정음사, 1959.

● 르네-마릴 알베레스 지음, 이진구·박이문 옮김, 《20세기 문학의 결산》, 신양사, 1960.

● 에밀 졸라 지음, 박이문·정명환 옮김, 《나나 : 떼레에즈의 비극》, 정음사, 1962.

  (이 책은 《테레즈 라캥》, 문학동네, 2003으로 재출간되었다)

● 빅토르 위고·알프레드 드 비니 등 지음, 박이문 옮김, 《프랑스 낭만주의 시선》, 민음사, 1976.

● 알랭 로브-그리에 지음, 박이문 옮김, 《질투》, 민음사, 2003.

프랑스문학 소개

  이 분류의 두 책은 젊은 시절에 박이문이 프랑스문학을 소개했던 글들을 묶은 것이다. 오래전에 쓴 글들을 모아 편집했다.

● 《파리의 작가들》, 민음사, 1976.

● 《다시 찾은 빠리수첩》, 당대, 1987.

---

317) 정수복, 같은 책, 217~224쪽

철학 저서

① 박이문 고유 형식의 철학입문서

● 《철학이란 무엇인가》, 일조각, 1976.

한국의 철학자는 대부분 대중과의 소통 능력이 없는 강단철학자다.* 대중과 소통한 철학자들이 아주 없지는 않았다. 1960년대와 1970년대에는 김형석, 안병욱 같은 철학자들이 강연을 통해 대중과 만났고, 1990년대에는 김용옥이 강연과 방송 출연, 저술활동을 통해 대중적 관심을 얻었다. 최근에는 인문학을 되살리려는 노력이 번지는 분위기 속에서 강신주 등이 저술활동을 통해 철학에 대한 대중적 관심을 불러일으켰다.

박이문은 1970년대 중반부터 일반 교양인들과 소통하는 철학적 저서들을 발표해왔는데, 대표적인 저작으로 이 책을 들 수 있다. 1975년 여름방학에 이화여자대학교 대학원에서 열린 특강의 강의노트를 기초로 쓴 책으로, 2008년 재출간되었다. 200쪽에 불과한 작은 책이지만 박이문 철학의 기초 테두리와 입장이 설정되어 있다.

박이문은 자신의 책을 이렇게 소개했다.

"이 책은 일종의 철학개론이다…… 이 개론의 방법론은 서술적이 아니라 분석적이며, 파편적이 아니라 통합적이며, 교과서적이 아니라 담론적이라는 점에서 기존의 철학개론의 방법론과 차별화된다. 필자가 아는 한 한국의 현재까지의 상황에서는 그렇다고 믿는다…… 이 개론을 집필한 지 33년의 세월이 흘렀지만, 나의 철학관의 기본 골격은 지금도 그때와 큰 변함이 없다."

● 《사유의 열쇠 - 생각의 지평을 넓혀주는 길잡이: 철학》, 산처럼, 2004.

《철학과 현실》에 연재한 20개의 글을 바탕으로 항목을 늘려 쓴 철학 개념어 사전이다. 그는 이 책 서문에서 자신의 뜻을 이렇게 밝혔다.

"계몽과 교육적 차원에서 적어도 교양인들, 특히 많은 문제를 철학적으로 좀더 투철하게 생각해보고자 하는 지식인들에게 도움이 될 수 있는 일을 했으면 하고 생각해왔다."

● 《당신에겐 철학이 있습니까?》, 미다스북스, 2006.

이 책도 《철학과 현실》에 연재했던 글들을 다시 추려 책으로 만든 독특한 철학입문서다.

② 분야별, 문제 영역별 철학 저서

● 《시와 과학》, 일조각, 1975.

이 책에서 출발해, 박이문은 1970년대 중후반부터 문제 영역별 철학 저서를 쓰기 시작했다.

● 《문학 속의 철학》, 일조각, 1975.

● 《현상학과 분석철학》, 일조각, 1997.

- 《종교란 무엇인가?》, 일조각, 1985.
- 《자비의 윤리학》, 철학과현실사, 1990.
- 《과학철학이란 무엇인가》, 민음사, 1993.
- 《환경철학》, 미다스북스, 2002.

③ 동양철학의 재해석
- 《노장 사상 : 철학적 해석》, 문학과지성사, 1980.
  박이문은 인습적인 한국 문화를 벗어나 서구적 지식인이 되었는데, 스테디셀러인《노장사상》, 이와 짝을 이루는《논어의 논리》에서는 동양철학을 긍정적으로 해석하고 있다.
- 《논어의 논리: 철학적 재구성》, 문학과지성사, 2005.

④ 문학과 예술철학
- 《예술철학》, 문학과지성사, 1983.
  박이문 예술철학의 기본을 담고 있는 책으로, 20쇄를 넘어선 스테디셀러다.
- 《문학과 언어의 꿈 : 박이문 선집 1》, 민음사, 2003.
  30년 동안 문학에 대한 철학적 사색을 하며 쓴 글들을 체계를 갖춰 모아놓은 논문선집이다.
- 《이카루스의 날개와 예술 : 박이문 선집 2》, 민음사, 2003.
  지난 40여 년간 발표한 논문 중 예술철학에 관련된 글을 뽑아 체계화한 논문 모음집이다.

⑤ 박이문 철학사상 선집
- 《이성은 죽지 않았다 : 박이문 사상선집》, 당대, 1996.
  이 책에서 시작되는 세 권의 선집은 박이문이 쓴 철학 글들을 자신의 시적 편력의 역사와 나란히 편집하여 재구성한 책들이다.
- 《이성의 시련》, 문학과지성사, 2001.
- 《나는 왜 그리고 어떻게 철학을 해왔나》, 삼인, 2006.

⑥ 박이문 철학의 종합
- 《통합의 인문학》, 知와사랑, 2008.
  박이문이 자신의 고유한 철학인 '둥지의 철학'을 체계화해가는 과정에서 쓴 책이다.
- 《둥지의 철학》, 생각의나무, 2010.
- 《예술과 생태》, 미다스북스, 2010.

이 책과 아래 《철학의 흔적》은 '둥지의 철학'을 보완하고 있다.
- 《철학의 흔적》, 소나무, 2012.

문학과 철학 사이의 저서

- 《시와 과학》, 일조각, 1975.
  문학에서 출발해 철학으로 건너갔다가 다시 문학과 철학 사이를 오가며 쓴 글들이
  이 분류에 속한다.
- 《문학 속의 철학》, 일조각, 1975.
- 《인식과 실존》, 문학과지성사, 1982.
- 《철학 전후》, 문학과지성사, 1993.
- 《문학과 철학》, 민음사, 1995.
- 《철학의 여백》, 문학과지성사, 1997.
- 《박이문의 문학과 철학 이야기》, 살림출판사, 2005.

자전적 저서

- 《하나만의 선택》, 문학과지성사, 1978.
- 《사물의 언어 : 실존적 자서전》, 민음사, 1988.
- 《행복한 허무주의자의 열정》, 미다스북스, 2005.

시집

- 《눈에 덮인 찰스강변》, 홍성사, 1979.
- 《나비의 꿈》, 일조각, 1981.
- 《보이지 않는 것의 그림자》, 민음사, 1987.
- 《울림의 공백 : 시선집》, 민음사, 1989.
- 《공백의 그림자》, 문학동네, 2006.
- 《아침 산책 : 박이문 시집》, 민음사, 2006.
- 《부서진 말들》, 민음사, 2010.
- 《고아로 자란 코끼리의 분노》, 미다스북스, 2010.

수필집 및 산문집

- 《명상의 공간: 박이문 수상집》, 일조각, 1984.

- 《삶에의 태도》, 문학과지성사, 1988.
- 《아직 끝나지 않은 길 : 박이문 에세이》, 민음사, 1999.
- 《나의 출가 : 영원한 물음》, 민음사, 2000.
- 《길 : 박이문 산문집》, 미다스북스, 2003.
- 《철학의 눈》, 미다스북스, 2007.

사회비평 칼럼집 및 서평집
- 《우리시대의 얼굴》, 철학과현실사, 1994.
- 《상황과 선택》, 서울대출판부, 1997.
- 《바꿔! 바꿔!》, 민음사, 2000.
- 《지금 한국은 어디로 가고 있는가》, 철학과현실사, 2007.
- 《나는 읽는다 고로 나는 존재한다 : 서평집》, 베스트프렌드, 2008.

환경과 과학문명에 관한 저서
- 《문명의 위기와 문화의 전환》, 민음사, 1996.
- 《자연, 인간, 언어》, 철학과현실사, 1998.
- 《문명의 미래와 생태학적 세계관》, 당대, 1997.
- 《더불어 사는 인간과 자연》, 미다스북스, 2001.
- 《역사적 전환기의 문화적 재편성》, 철학과현실사, 2002.
- 《과학의 도전 철학의 응전》, 생각의나무, 2006.
- 《나비의 꿈이 세계를 만든다 : 동서 세계관의 대화》, 웅진뿔, 2007.
- 《철학적 경영이 미래를 연다 : 에콜로지와 문명의 미래》, 웅진뿔, 2007.
- 《과학, 축복인가 재앙인가 : 과학 문명에 대한 철학적 성찰》, 이화여대출판부, 2009.

프랑스어와 영어 저서

- *L'idee chez Mallarme*, Paris : Centre Documentation Universitaire, 1966. [개정판 Seoul : Sejon, 2005.]

  1965년 소르본대학교 문학박사학위 논문.

- *Being and Meaning in Merleau-Ponty*. Seoul: Pan Korea, 1981.

  1970년 미국 서던캘리포니아대학교 철학박사학위 논문. 우리말로 번역되어 《존재와 표현 : 메를로-퐁티의 철학》(생각의나무, 2010)으로 출판되었다.

- *Reason and Tradition*, Tokyo : International Christian University, 1990.

  ICU(International Christian University) 강의안으로 미국, 영국, 프랑스, 독일의 현대철학을 나름의 관점에서 정리한 책. 박이문을 ICU에 초청한 토루 아라키(Toru Araki) 교수는 파리국립동양학대학교(INALCO) 교수였다. 이때 오귀스탱 베르크(Augustin Berque)를 만나 파리와 도쿄에서 열린 학술모임에 여러 차례 참석하게 되었다.

- *Essais Philosophiques et litteraires*, Seoul National University Press, 1997.

  프랑스어로 쓴 논문 모음집.

- *Reality, Rationality and Value*, Seoul : Seoul National University Press, 1999.

  박이문의 영어 저서 가운데 가장 중요한 책. 그의 사유의 기본 틀이 나타나 있다.

- *Man, Language and Poetry*, Seoul : Seoul National University Press, 1999.

- *Broken Words*, Seoul : Mineumsa, 1999.

  독일어로 번역되어 *Zerbro-chene Worter: Gedichte*(Hamburg : Abera, 2004)로, 우리 말로 번역되어 《부서진 말들》(민음사, 2010)로 출판되었다.

- *The Crisis of Civilization and Asian Response*, Seoul : Seoul National University Press, 2012.

  이 책을 비롯해, 박이문 사상의 핵심적인 요소가 영어와 프랑스어로 쓴 책에 들어 있다. 가장 접근하기 어려운 저술들이지만 가장 중요한 것들이다. 영어와 프랑스어 사전에 실린 아이디어는 대부분 한국어 저서들을 통해 다양한 방식으로 표현되었다.

■ 참고문헌

박이문 저서 및 논문

- 《노장 사상 : 철학적 해석》, 문학과지성사, 1980.
- 《시와 과학》, 일조각(중판), 1990.
- 《예술철학》, 문학과 지성사, 1990.
- 《철학 전후》, 문학과 지성사, 1993.
- 《우리시대의 얼굴》, 철학과 현실사, 1994.
- 《문학과 철학》, 민음사, 1995.
- 《이성은 죽지 않았다: 박이문 사상선집》, 당대, 1996.
- 《현상학과 분석철학》, 일조각, 1997.
- 《문명의 미래와 생태학적 세계관》, 당대, 1997.
- 《바꿔바꿔 – 박이문 사회문화 비평 칼럼집》, 민음사, 2000.
- 《나의 출가 – 영원한 물음》, 민음사, 2000.
- 《과학철학이란 무엇인가?》, 사이언스북스, 2001.
- 《더불어 사는 인간과 자연》, 미다스북스, 2001.
- 《이카루스의 날개와 예술 : 박이문 선집 2》, 민음사, 2003.
- 《길 : 박이문 산문집》, 미다스북스, 2003.
- 《문학과 언어의 꿈》, 박이문 선집 1, 민음사, 2003.
- 《이카루스의 날개와 예술》, 박이문 선집 2, 민음사, 2003.
- 《행복한 허무주의자의 열정》, 미다스북스, 2005.
- 《박이문의 문학과 철학 이야기》, 살림, 2005.
- 《아침 산책》, 민음사, 2006.
- 《과학의 도전, 철학의 응전》, 생각의나무, 2006.
- 《당신에게 철학이 있습니까?》, 미다스북스, 2006.
- 《나는 왜 그리고 어떻게 철학을 해왔나》, 삼인, 2006.
- 《철학의 눈》, 미다스북스, 2007.
- 《자비 윤리학 – 도덕철학의 근본문제》, 철학과현실사, 2008.
- 《통합의 인문학 – 둥지철학을 향하여》, 知와사랑, 2009.
- 《박이문의 문학과 철학이야기》, 생각의나무, 2010.
- 《둥지의 철학》, 생각의나무, 2010.

- 〈전쟁의 기억들〉, 《부서진 말들》, 민음사, 2010.
- 《고아로 자란 코끼리의 분노》, 미다스북스, 2010.
- 《둥지의 철학》, 생각의나무, 2010.
- 《존재와 표현》, 생각의나무, 2010.
- 《부서진 말들》, 민음사, 2010.
- 박이문 외, 《미술관에서 인문학을 만나다》, 미술문화, 2010.
- 《문학 속의 철학》, 일조각(개정판, 초판 1975), 2011.
- 《철학의 흔적들》, 소나무, 2012.
- 〈이념학과 현대사상〉, 《철학》, 1977 봄호.
- 〈철학 에세이 – 사유의 가시밭 – 어디서 어떤 이들과 어떻게 살아야 하는가?〉, 철학문화연구소, 《철학과 현실》, 통권 51호, 철학과현실사, 2001.
- 〈시와 과학〉, 《문학과지성》, 1974년 겨울호, 1975년 봄호.
- 〈둥지의 건축학〉, 《건축》 제47권 제5호, 대한건축학회, 2003.
- 〈나의 스승 데리다〉, 《철학과 현실》 63, 철학문화연구소, 2004.
- 〈학문의 경계와 무경계의 인문학〉, 《탈경계의 인문학》 제3권 2호, 2010.
- 〈"예술의 종말 이후"의 예술·미술사〉, 《미술사학》 제27집, 2006.
- 〈예술과 철학과 미학〉, 《한국미학회지》 18호, 1993.
- 〈문학과 철학의 관계〉, 〈철학적 허구와 문학적 진실〉, 〈철학과 문학의 양상론적 구별〉, 〈시와 철학〉, 〈시와 철학 사이〉. in : 《문학과 언어의 꿈》, 민음사 2003.

국내 저서
- 강영안, 《타인의 얼굴 – 레비나스의 철학》, 문학과지성사, 2007.
- 강학순, 《존재와 공간》, 한길사, 2011.
- 김동규, 《하이데거의 사이 예술론 – 예술과 철학 사이-》, 그린비, 2009
- 김동규, 《멜랑콜리 미학》, 문학동네, 2010.
- 김상봉, 《나르시스의 꿈》, 한길사, 2002.
- 김상봉, 《서로 주체성의 이념 – 철학의 혁신을 위한 서론》, 길, 2007.
- 김상환, 《예술가를 위한 형이상학》, 민음사, 2007.
- 김우창, 《전집 제2권, 지상의 척도》, 민음사, 2006.
- 김우창, 《전집 제3권, 시인의 보석》, 민음사, 2006.
- 김우창, 《전집 제4권, 법 없는 길》, 민음사, 2006.

- 김용규, 《철학카페에서 문학읽기》, 웅진지식하우스, 2006.
- 김용석, 《문화적인 것과 인간적인 것 – 포스트 글로브 시대의 철학 에세이》, 푸른숲, 2010.
- 박철화, 《문학적 지성》, 이룸, 2004.
- 배국원, 《현대종교철학의 이해》, 동연, 2000.
- 소광희, 《자연 존재론 – 자연과학과 진리의 문제》, 문예출판사, 2009.
- 윤대선, 《레비나스의 타자철학 – 소통과 초월의 윤리를 찾아서》, 문예출판사, 2004.
- 정대현 외, 《표현인문학》, 생각의나무, 2000.
- 정수복, 《삶을 긍정하는 허무주의》, 알마, 2013.
- 정종, 《철학과 문학의 심포지엄》, 고려원, 1992.

국내 번역서

- M. 콜로, 정선아 옮김, 《현대시와 지평구조》, 문학과지성사, 2003.
- M. 엘리아데, 이은봉 옮김, 《성과 속》, 한길사, 1998.
- S. 프로이트, 임홍빈 외 옮김, 《정신분석 강의》, 열린책들, 1997.
- M. 하이데거, 이선일 옮김, 〈휴머니즘 서간〉, 《이정표》, 한길사, 2005.
- W. 괴테, 정서웅 옮김, 《파우스트》, 민음사, 1999.
- I. 칸트, 백종현 옮김, 《순수이성비판》, 아카넷, 2006.
- I. 칸트, 백종현 옮김, 《판단력 비판》, 아카넷, 2009.
- 메를로-퐁티, 류의근 옮김, 《지각의 현상학》, 문학과지성사, 2002.
- R. 몽크, 남기창 옮김, 《루드비히 비트겐슈타인 : 천재의 의무》, 문화과학사, 2000.
- F. 니체, 강수남 옮김, 《권력에의 의지》, 청하, 1988.
- M. 피터슨 외, 하종호 옮김, 《종교의 철학적 의미》, 이화여대출판부, 2005.
- 플라톤, 박종현 역주, 《국가·政體》, 서광사, 2009.
- 플라톤, 조대호 옮김, 《파이도로스》, 문예, 2008.
- 플라톤, 조우현 옮김, 《잔치(Symposium)》, 두로, 1983.
- 플라톤, 박종현 역주, 《필레보스》, 서광사, 2004.
- K. R. 포퍼, 이한구 옮김, 《열린사회와 그 적들》, 민음사, 1982.
- W. 콰인, 허라금 옮김, 《논리적 관점에서》, 서광사, 1993
- J. 사이어, 김헌수 옮김, 《기독교 세계관과 현대사상》, IVP, 2007.
- W. 바이셰델, 안인희 옮김, 《철학의 에스프레소》(*Die philosophische Hintertrppe 1966*), 아이콘 C, 2004.

- B. 벨테, 오창성 옮김, 《종교철학》, 분도출판사, 1998.
- E. 윌슨, 최재천·장대익 옮김, 《통섭. 지식의 대통합》, 사이언스북스, 2005.
- L. 비트겐슈타인, 이영철 옮김, 《논리 – 철학 논고》(*Tractatus Logico-Philosophicus*, 1922), 책세상, 2006.
- S. 지젝, 이현우 외 옮김, 《폭력이란 무엇인가?》, 난장이, 2012.

국내 논문 및 서평

- 강학순, 〈한 편의 시를 위한 철학적 프롤레고메나〉(서평, 박이문, 《문학과 철학》, 민음사 1995), 《외국문학》 제47호, 1996.
- 강학순, 〈문학과 철학의 양상적 차이-'박이문의 텍스트 양상론'을 중심으로〉, 《철학연구》 제102집, 2013 가을호.
- 강학순, 〈'둥지의 철학'의 근본개념과 사상에 대한 고찰 – '존재-의미 매트릭스'를 중심으로〉, 《존재론연구》 2013년 겨울호, 한국하이데거학회, 2013.
- 강철웅, 〈시와 철학 그리고 향연 – 크세노파네스 단편 1을 중심으로〉, 《서양고전학연구》 제48집, 2012년 가을호.
- 김광수, 〈문학과 철학의 어우러짐〉(서평, 박이문 저, 《문학과 철학》, 민음사, 1995), 《철학》 제45집 25, 1995.
- 김동규, 〈상상과 기억의 불협화음 : 시와 철학의 불화에 대한 하이데거의 해법〉, 《철학연구》 제98집, 2012.
- 김상환, 〈심미적 이성의 귀향 – 김우창의 초월론〉, 《예술가를 위한 형이상학》, 민음사, 2007.
- 김성한, 〈젊은 후학들에게 준 치열한 실존적 고민〉(서평, 《자비 윤리학 – 도덕철학의 근본문제》, 철학과현실사, 2008).
- 김주연, 〈냉정한 두뇌, 슬픈 심장의 언어 – 박이문의 시세계〉(해설), 박이문, 《고아로 자란 코끼리의 분노》, 미다스북스, 2010.
- 시영주, 〈철학의 탈철학화: 콰인의 철학연구〉, 새한철학회, 철학논총 24, 2001.
- 신중섭, 〈인문학의 위기와 '둥지의 철학' : 《통합의 인문학》, 박이문 저〉(서평), 《시대정신》 제45호, 2009.
- 이기상, 〈세속화된 세계에서 신에 이르는 길찾기〉(베른하르트 벨테, 《종교철학》, 오창성 옮김, 분도출판사, 1998).
- 이상오, 〈분석철학과 낭만주의 시론-박이문 시론 비판 : '시적 언어'(《詩와 科學》)를 중

심으로〉), 《인문과학》 제36집, 2005.

● 이승종, 〈박이문 철학의 중심개념과 논증적 짜임새〉, 철학적분석 17, 2008.

● 이승종, 〈비트겐슈타인 : 고행의 방랑자〉, 레이몽크, 남기창 역, 《루드비히 비트겐슈타인 : 천재의 의무》, 문화과학사, 2000.

● 이승종, 〈예술과 언어 : 박이문 교수의 철학 세계〉(서평, 박이문, 《문학과 언어의 꿈》, 《이카루스의 날개와 예술》, 민음사, 2003), 철학과현실 61, 2004.

● 이종환, 〈창조와 회복 그리고 플라톤의 두 세계〉, 한국기독교철학회, 춘계학술발표회 프로시딩(2014. 3. 29).

● 임재해, 〈문학과 철학의 관련양상〉, 《한민족어문학》 제11권, 1984.

● 장회익, 〈시와 철학으로 '언어적 둥지짓기' : 박이문, 《둥지의 철학》, 생각의나무, 2010〉(서평), 《창작과비평》 38(3), 2010.

● 정과리, 〈예술에 대한 가능적 노미날리즘〉(서평, 박이문, 《시와 과학》, 일조각, 1990), 업코리아, 2003.

● 정대현, 〈고통에 근거한 생명 공동체의 윤리학〉(서평, 박이문, 《자비 윤리학-도덕철학의 근본문제》, 철학과현실사, 2008).

● 정대현, 〈둥지철학의 언어와 진리, 박이문 저, 《둥지의 철학》, 생각의나무, 2010〉(서평, 《철학》 제102집, 2010).

● 정대현, 〈둥지철학의 두 가지 기여, 박이문 저, 《둥지의 철학》, 생각의나무, 2010〉(서평), 《철학과현실》 제85호, 2010 여름호.

● 정세근, 〈현재의 철학〉, 김용석, 《문화적인 것 인간적인 것》, 서울, 푸른숲, 2001. 1. 49쪽(제2판 서문 주석).

● 정해창, 〈둥지, 박이문 철학세계의 모태 : 시인과 철학자가 만나는 곳 : 《둥지의 철학》, 박이문 저〉(서평), 《철학연구》 제92집, 2001년 봄.

● 조광제, 〈삼라만상을 하나의 전체로 파악코자 했던 한국의 지성〉(서평, 정수복, 《삶을 긍정하는 허무주의》, 알마, 2013), 프레시안, 2014. 3. 27(인터넷 판).

● 조동일, 〈둘이면서 하나인 문학과 철학〉, 《시와 시학》 35, 1999.

국외 저서 및 논문

- Aristoteles, *Problems II, Book XXX, trans.* W. S. Hett, London and Cambridge, 1957.

- Ayer, Alfred Jules, *"Language, Truth and Logic"*, London, 1936(초판).

- Danto, Arthur C., *Mysticism and Morality : Oriental Thought and Moral Philosophy*, Columbia University Press, 1972.

- Danto, Arthur C., *After the End of Art : Contemporary Art and the Pale of History*, Princeton, 1995.

- Danto, Arthur C., *Philosophy as·and·of Literature, in Post-analytic Philosophy*, ed., John Rajchman & Cornel West Columbia University Press, 1985.

- Danto, Arthur C., *The Transfiguration of the Commonplace : A Philosophy of Art*, Ar Harvard University Press Cambridge, 1981.

- Dawkins, Richard, *The Blind Watchmaker*, New York, 1986.

- Derrida, Jacques, *Positions*, University of Chicago Press, 1981.

- Feyerabend, Paul, *Killing Time*, The University of Chicago Press, 1995.

- Fink, Eugen, *Metaphysik und Tod*, Stuttgart, 1969.

- Goodmam, Nelson, *Language of Art*, New York, 1968.

- Goodmam, Nelson, *Ways of Worldmaking*, Indianapolis, 1978.

- Heidegger, Martin, *Holzwege(1935-1946)*, hrsg. von Friedrich-Wilhelm von Herrmann, Fankfurt a.M., 1977(GA5).

- Heidegger, Martin, *Vorträge und Aufsätze(1936-1953)*, 4. Auflage, Pfullingen, 1978(GA7).

- Heidegger, Martin, *Unterwegs zur Sprache*. Frankfurt a.M., 1985(GA12).

- Heidegger, Martin, *Aus der Erfahrung des Denkens(1910~1976)*, 4. Auflage, Pfullingen, 1977(GA 13).

- Heidegger, Martin, *Beiträge zur Philosophie(vom Ereignis) hrsg.* von Friedrich-Wilhelm von Herrmann, Fankfurt a.M., 2009(GA 65).

- Heidegger, Martin, *Die Grundbegriffe der Metaphysik*, Frankfurt a.M., 1983(GA 29/30).

- Martin-Heidegger-Gesellschaft, *Jahresgabe*. Stuttgart, 1987.

- *Humanist Manifestos* I (1933), and II (1973).

- Husserl, Edmund, *Husseliana XIV, Zur phaenomenologie der Intersubjektivität, Text aus dem Nachlaß*, hrsg. von Iso Kern, Den Haag, 1973.
- P. Feyerabend, *Killing Time*, The University of Chicago Press, 1995, 181쪽.
- Husserl, *Husseliana XIV, Zur phaenomenologie der Intersubjektivitaet, Text aus dem Nachlass*, hrsg. von Iso Kern, Den Haag, 1973.
- Husserl, Edmund, *Husserliana V, Ideen zur einer reinen Phänomenologie und phänomenologischen Philosophie*, Edited by Marly Biemel, Martinus Nijhoff, 1971.
- Lawry, Edward G. *"Literature as Philosophy"*, The Monist III, Oct. La Salle, 1980.
- MacIntyre, Alasdair, *After Virtue : A Study in Moral Theory*. 2nd ed., University of Notre Dame Press, 1984.
- Merleau-Ponty, *Signs*, trans. by Richard C. McCleary, Evanston, 1964.
- Merleau-Ponty, *The Visible and the Visible*. trans., by Alphonso Lingis, Evanston, Northwestern University Press, 1968.
- Monod, *Jacque Chance and Necessity*, trans., Austryn Wainhause, New York, 1971
- Nagel, Ernest, *Naturalism Reconsidered*, Proceedings and Addresses of the American Philosophical Association Vol. 28:5~1, 1954.
- Nietzsche, Friedrich, *Der Wille zur Macht*, No. 2, Kritische Gesamtausgabe der Werke Nietzsches in 30 Bänden von G. Colli und M,. Montinari, 1967ff.
- Northrop, F. S. C., *The Meeting of East and West* : An Inquiry Concerning World Understanding, New York : The Macmillan Company, 1946.
- Park, Y., *The Crisis of Technological Civilization and the Asian Response*, p. 15 in : Park, Y., Hasumi, and Y. Chou, *Asian Culture and the Problems of Rationality*, Tokyo: Association of East Asian Research, 2001.
- Park, Ynhui, *Man, Language and Poetry*, Seoul National University Press, 1999.
- Patočka, J., *Die natürliche Welt als philosophisches Problem, Phänomenologische Schriften I .*, Herausgegeben von Klaus Nellen und Jiri Nemec, Einleitung von Ludwig Landgrebe, Stuttgart, 1990.
- Patočka, J., *Die Bewegung der menschlichen Existenz. Phänomenologische*

Schriften II. Herausgegeben von Klaus Nellen, Jiri Nemec und Ilja Srubar, Einleitung von Ilja Srubar, Stuttgart 1991.

● Plantinga, Alvin and Woterstorff, Nicholas(ed.), *Faith and Rationality : Reason and Belief in God*, University of Notredam Press, 1983.

● Quine, Willard Van Orman, *"Things and their place in theories"*, in Things and Theories, Harvard University Press, 1981.

● Quine, Willard Van Orman, *"Two Dogma of Empiricism"*, in From a Logical Point of View, New York and Evanston, 1963.

● Ricoeur, Paul, *Mémoire, l'histoire, l'oubli(Memory, History, Forgetting)* trans., by K. Blamey and D. pellauer, Chicago and London: The University of Chicago Press, 2004.

● Rorty, Richard, *Contingency, Irony and Solidarity*, Cambridge University, Press. 1989.

● Rorty, Richard, *Consequences of programatism*, University of Minesota Press, 1982.

● Rorty, Richard, *"Is Derrida a Transcendental Philosopher?"*, in Essays on Heidegger and Others, Cambridge University Press, 1991.

● Sagan, Carl, *Cosmos*, New York, 1980.

● *Société française de philosophie*, Revue de Métaphisique et de Morale, Paris, 1981.

● Simpson, George Gaylord, *The Meaning of Evolution : A Study of the History of Life and of Its Significance for Man*, Yale University Press, 1967.

● Tillich, Paul, *Dynamics of Faith*, Harper and Row, 1957.

박이문
– 둥지를 향한 철학과 예술의 여정

초 판 1쇄 2014년 7월 29일

지은이 강학순
펴낸이 류종렬

펴낸곳 미다스북스
등록 2001년 3월 21일 제313-201-40호
주소 서울시 마포구 서교동 486 서교푸르지오 101동 209호
전화 02)322-7802~3
팩스 02)333-7804
홈페이지 http://www.midasbooks.net
블로그 http://blog.naver.com/midasbooks
트위터 http://twitter.com/@midas_books
전자주소 midasbooks@hanmail.net

ISBN 978-89-6637-168-6 (93100)
값 25,000원

「이 도서의 국립중앙도서관 출판시도서목록(CIP)은
e-CIP홈페이지(http://www.nl.go.kr/ecip)와
국가자료공동목록시스템(http://www.nl.go.kr/kolisnet)에서 이용하실 수 있습니다.
(CIP제어번호:CIP2014022096)」